北海
亞泥俺國
小東洋
大東洋
馬路古地方

記録された記憶

東洋文庫［編］

山川出版社

はじめに

大河ドラマ、映画、時代劇、史跡観光等々、歴女でなくとも、歴史は私たちにいろいろなドラマと感動を与えてくれます。もちろん、ドラマの場合には、一部創作部分があることはわかっているわけですが、それでも感動させられます。ただ少し冷静になると、あのドラマのどの部分が歴史的事実で、どの部分が創作か、ちょっと知りたくなります。

歴史学は、実際にどういう事があったのかを科学的・客観的に確認・検証する学問ですが、タイム・マシーンが無く、また、その時の経験者は生きていない今、どうやって歴史的事実を科学的・客観的に検証できるのでしょうか。そのよりどころとなるのは資料です。特に一次資料と呼ばれる歴史の記録としての資料は、歴史学の基礎となります。

昔の歴史の記述は、主にその時の為政者が、多分に自分に都合の良いようにとりまとめたものがほとんどでした。19世紀初頭のヨーロッパで、資料に基づく研究という、科学的歴史学が発生します。そして、この科学的歴史学の手法は19世紀末に日本にも伝わります。日本では1889年に「史学会」が発足しますが、これが日本での近代的な歴史学の始まりと言えます。

その当時、日本で科学的歴史学を進める為には資料が不足していました。この働きをサポートする動きの一つとして、1901年に三菱第三代当主で東洋文庫創設者の岩崎久彌は、オックスフォード大学のマックス・ミュラー教授のサンスクリット蔵書を購入し東京帝国大学に寄付しています。そして、1917年には北京駐在のタイムズ記者モリソンが集めたモリソン文庫を購入、さらに追加購入で蔵書を充実し、また、岩崎家に伝わる岩崎文庫もあわせ、1924年に東洋文庫を設立しました。これが日本の東洋学の研究図書館の始まりです。

それでは、このようにして集められた東洋文庫の史資料、すなわち「記録された記憶」をたどると、どのような歴史が見えてくるのか、皆様と一緒に見て行きましょう。

公益財団法人 東洋文庫
文庫長 **斯波義信**

第1章 文明・国家・宗教の成立

第2章 民族の移動と東西交流のあけぼの

第3章 広がりゆく世界

第1章

文明・国家・宗教の成立

――紀元前〜7世紀

之れを知るを之れを知ると為し、
知らざるを知らずと為す。
是れ知る也。

孔子（紀元前551頃〜前479）

世界各地で生まれた文明は、それぞれの風土にあわせて発展し、地域世界を形づくります。孔子が生きた紀元前六世紀の中国は分裂の時代にあり、さまざまな思想家があらわれて諸侯に仕える道をもとめました。これは、ともすれば出世のために自分を大きく見せようとする弟子を、孔子がやんわりといましめた言葉です。

甲骨文字《こうこつもじ》

紀元前14世紀〜前11世紀（殷代後期）

古代王朝 殷からのメッセージ

甲骨文字発見の衝撃

1899年、清の最高学府である国子監《こくしかん》の長官・王懿栄《おういえい》は、持病のマラリア治療のために漢方薬店から竜骨を買い求めました。竜骨は、大型ほ乳類の骨の化石ですが、生薬として鎮静作用があると言われています。竜骨を粉末にしようとした王懿栄は、ふと、その表面に奇妙な文字が刻まれていることに気付きます。驚くべきことに、それは古代の青銅器に鋳込まれた金文《きんぶん》よりもはるか昔の文字の形をしていたのです。

この逸話は、甲骨文字発見のエピソードとしてしばしば語られますが、真実かどうかはわかりません。しかし、王懿栄が甲骨文字の初期の研究者であることは確かです。中国最初の正史である『史記』は、五人の帝王の伝説を記した五帝本紀から始まり、次いで順に夏・殷・周の三つの王朝の歴史が記されています。「三代」とも総称されるこれら三王朝にかんする文献の記述は、その多くが戦国時代以降の儒家によって著しく潤色され、美化・理想化されたきらいがあります。そのため、清代中期（18世紀後半〜19世紀前半）以降の学者たちの間では、文献に見える五帝や三代に関する伝承は史実ではないとする考えが強まっていました。ところが、甲骨文字が発見され、学者たちが大量に竜骨を買い求めてその文字を分析した結果、『史記』に記された殷王朝（前1600頃〜前1046頃）の王名と、甲骨に記された王名が、ほぼ一致することが明らかとなり、殷王朝の実在が証明されたのです。これ以降、甲骨文にもとづいて殷王朝の実態を明らかにする研究が盛んに行われるようになりました。甲骨文の発見は、当時の歴史学界に衝撃を与えた、中国古代史研究の画期となる大事件でした。

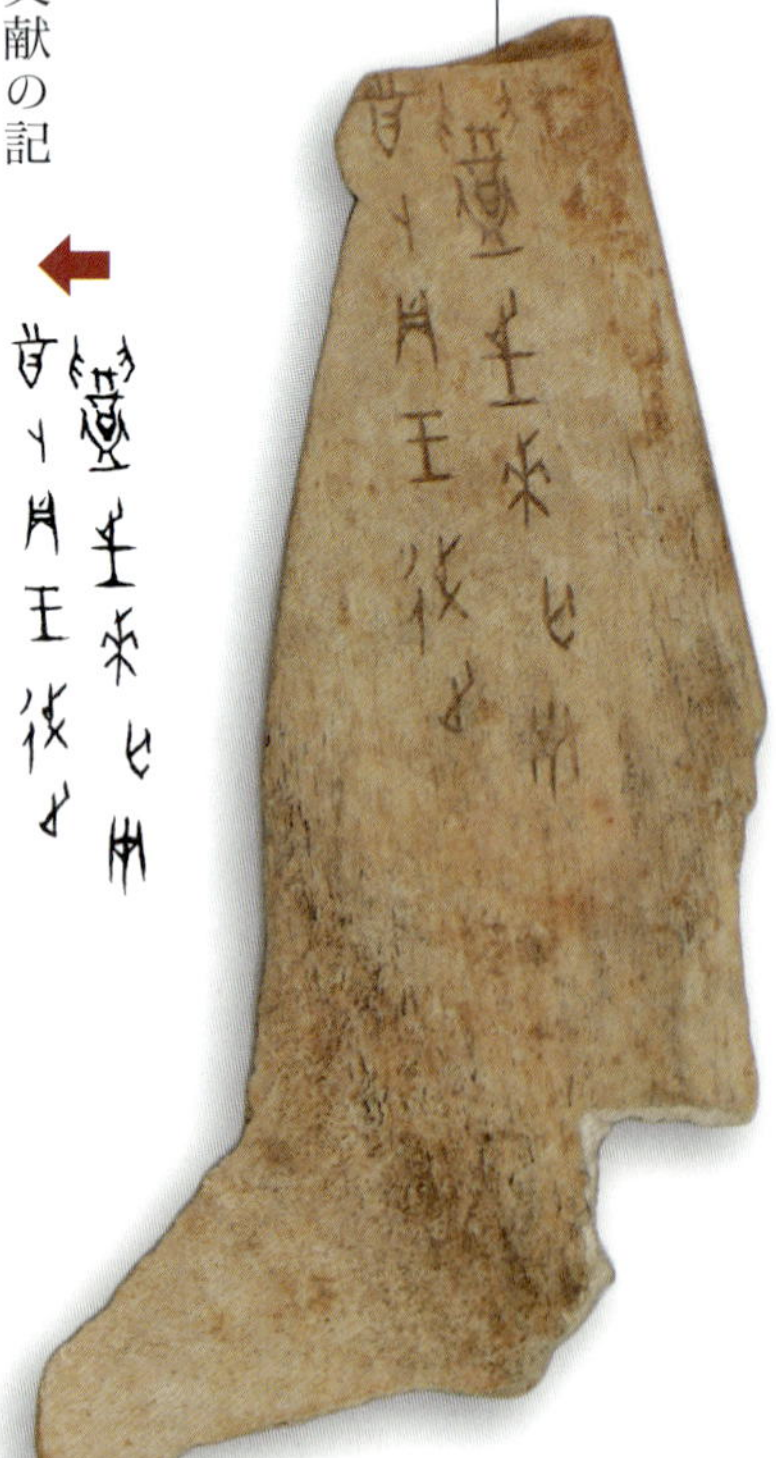

〔釈文〕 鼉往来亡災
西卜貞王徃

牛の肩甲骨
最初の一文字が欠けていますが、「□酉トい貞う。王は鼉(しょう、地名)に徃(せん)するに、往来に災なからんか(□酉の日に占い問う。王は鼉の地で徃〈地霊を鎮める儀礼〉を行うが、その往来に災いを受けないだろうか)」とあり、殷王の往来についての吉凶を占ったものです。

甲骨文が伝えるもの

甲骨とは、これを火で炙ることで生じたヒビ割れ（卜兆《ぼくちょう》）の形状によって吉凶を判断する骨卜《こつぼく》という占いに用いられた亀の腹甲（腹側の甲羅）や牛などの肩甲骨《けんこうこつ》のことで、そこに刻まれた文字を甲骨文字（甲骨文）といいます。甲骨文は第一九代殷王の盤庚《ばんこう》が遷都したと伝えられる殷墟（殷墟とは殷の都のあとの意。現在の河南省安陽市小屯村）から出土したもので、殷代後期の武丁《ぶてい》の時代から殷王朝が滅亡するまでの約二五〇年間に殷王室で行われた占いの記録で、骨卜を行ったあと、占った内容や王による吉凶の判断、占いの結果などを刻んだものです。そのため甲骨文は占い（卜）を示す言葉（辞）として卜辞と呼ばれます。甲骨で占

＊下の帯年表は上段赤線が日本に関すること、
下段黒線が世界に関することを示しています。

BC16–11c エジプト新王国
BC16–14c クレタ文明
BC26–18c インダス文明

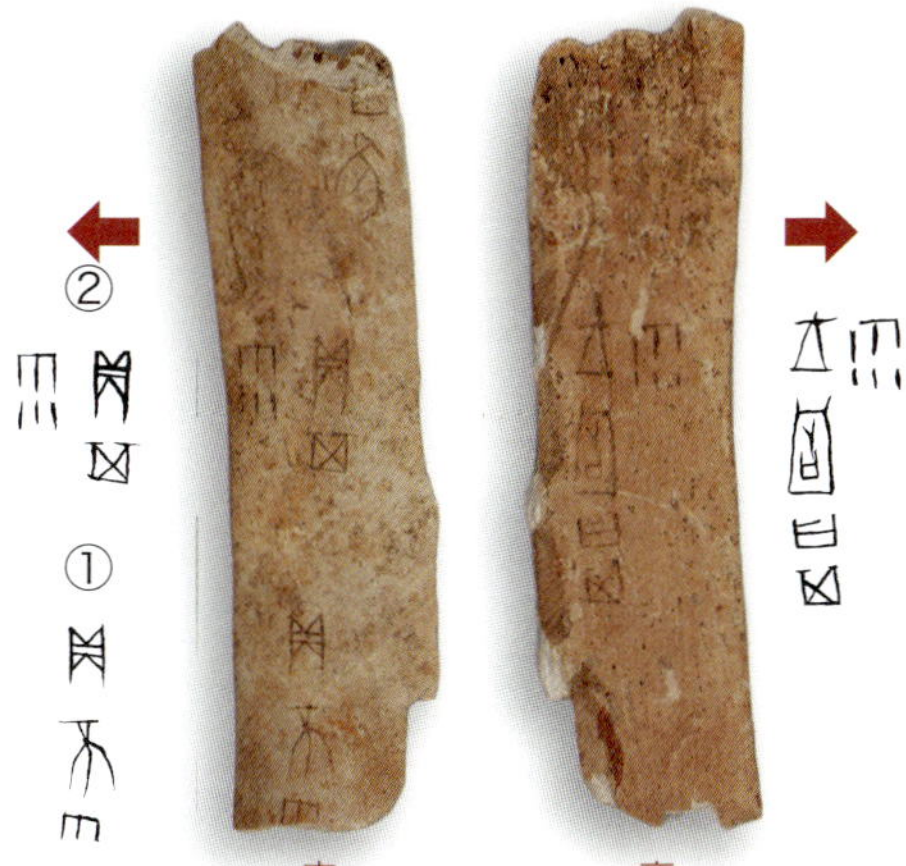

表　裏

〔釈文〕②貞其雨

〔釈文〕①貞不雨

〔釈文〕王固日其雨

牛の肩甲骨
下から上の順に「①貞(と)う。雨ふらざるか。②貞う。其(そ)れ雨ふるか」と、雨の有無について、肯定文と否定文で問う形式で二つの卜辞が刻まれており、その背面には「王固(うらない)みて日わく、其れ雨ふらん(王は卜兆を見て言った。雨がふるであろう、と)」と、王による占い結果の判断が刻まれています。

〔釈文〕甲申卜貞
王今夕亡猷

亀の腹甲
卜夕(ぼくせき)と呼ばれる毎夜ごとの吉凶を占った卜辞で、「甲申卜い貞う。王は今夕、猷(とが)なからんか(甲申の日に占い問う。王は今夜、災いを受けないだろうか)」とあります。殷の人々は太陽の出ていない闇の時間を不気味な時間帯として恐れていたために、このような占いが行われたと考えられています。

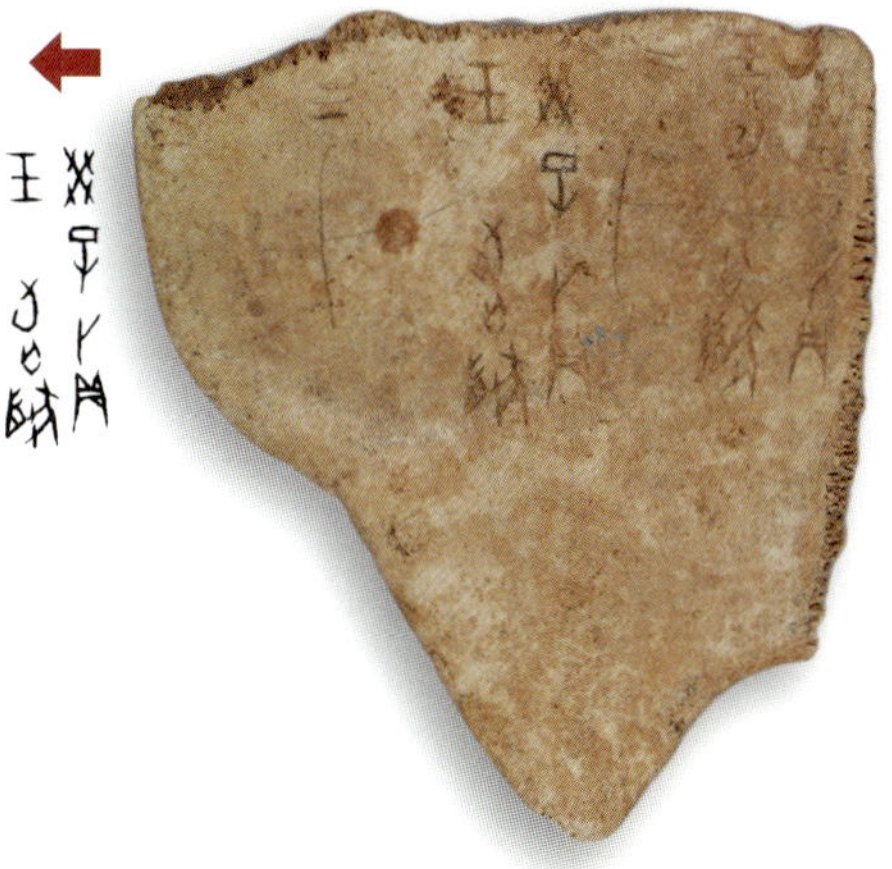

〔釈文〕癸巳卜貞
王旬亡猷

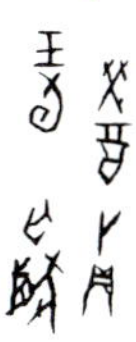

〔釈文〕癸酉卜貞
王旬亡猷

亀の腹甲
卜旬(ぼくしゅん)と呼ばれる旬(10日間)ごとの吉凶を占った卜辞で、「癸酉卜い貞う。王は旬に猷なからんか(癸酉の日に占い問う。王は来旬(次の10日間)に災いを受けないだろうか)」とあります。

われた内容は、風・雨・雷の有無といった自然現象や、農作物の豊凶、祭祀・戦争・狩猟の可否のほか、殷王個人の病気・怪我の有無などあらゆることに及びます。これらはいずれも、殷の人々が至上神と考えていた帝や殷の祖先神、自然神などの意志を確かめるために行われました。殷王朝では、占いの結果を絶対的な神意とし、これによって国事の全般が決定されました。このような神権政治とも呼ばれる政治形態において、殷王は、現世にあっては、神意の現れである卜兆を判断することのできる唯一の存在、死後は祖先神として祭祀される存在であり、人と神の接点という役割を果たしていました。

東洋文庫が所蔵する甲骨

東洋文庫は、現在六一四片の甲骨を所蔵しています。これらは、日本で初めて甲骨文の研究に着手した林泰輔博士が、１９１８年に殷墟を調査したさいに収集したものや、日本に持ち込まれていたものを収集したもので、その一部は林博士が１９２１年に刊行した『亀甲獣骨文字』にも収録されています。

東洋文庫が所蔵する甲骨卜辞片は、１９７９年に東洋文庫が刊行した『東洋文庫所蔵甲骨文字』にその拓本と釈文が公開されており、同書は東洋文庫で閲覧することができます。

古《こ》文《ぶん》尚《しょう》書《しょ》と論《ろん》語《ご》集《しっ》解《かい》

『古文尚書』孔安国伝　7世紀前半書写（唐代）国宝／『論語集解』何晏撰　1268年書写（鎌倉時代）重要文化財

東アジア世界に共通するメンタルベース

儒教の開祖孔子が求めた理想社会

孔子（前551頃〜前479）は、春秋時代末期の魯国に生まれ、周王朝の基礎を築いた周公旦にあこがれ、魯国に仕えて理想の政治を実現しようとしました。しかし五〇代半ばで政争に巻き込まれ失脚し、その後十余年間、諸国を放浪しました。他国への仕官を試みたものの、周の封建秩序が衰え、諸侯が覇権を争う世の中に、孔子の理想を理解する者は少なく、郷里に戻って弟子たちの教育に専念しました。孔子の思想は孟子・荀子などの後継者によって発展し、儒家と呼ばれる思想集団を形成していきます。

秦の始皇帝は、前221年に天下を統一すると、法家の李斯を宰相として法治国家の道を歩み、焚書坑儒を行って儒家を弾圧しました。前漢に入ると、儒家は次第に勢力を盛り返し、武帝の時代には儒教が国教化され、以後、清王朝の滅亡まで王朝支配の体制教学となりました。

古代の帝王の言行録『尚書』

『尚書』は、孔子が編纂したとされる書物です。儒教の最も重要な経典「五経」の一つで、『書』・『書経』とも呼ばれます。伝説の帝王尭・舜から、夏・殷・周三代の王の言行を記録したもので、もと一〇〇篇あったと言われます。焚書坑儒により一時散失しましたが、漢代になって二種類の『尚書』が現れました。

一つは、秦の博士伏生が焚書坑儒の際に壁中に隠しておいたもので、前漢の文帝の時に発見され、全二八篇ありました。当時使われた隷書という書体で伝授されたことから、『今文尚書』と呼ばれています。

もう一つは、前漢の景帝の時に孔子の旧宅の壁中から発見されたもので、『今文尚書』より一六篇多く、戦国時代の古い文字で書かれていたため、『古文尚書』と呼ばれています。孔子の子孫孔安国が隷書に改めて武帝に献上しましたが、西晋末の戦乱で散失しました。その後、東晋の元帝の時、孔安国の注釈が付された『古文尚書』五八篇が発見され、朝廷に献上されました（偽古文尚書）。この五八篇は、唐代に編纂された五経の公認解釈集『五経正義』に採用され、以後、広く流布しました。しかし、清代の初めに、このうち三三篇は『今文尚書』二八篇を再編したもので、残りの二五篇と孔安国の注は後代の偽作であることが判明しました。

国宝『古文尚書』は、唐代初期（7世紀前半）に書写された日本最古の『尚書』の写本で、禹貢・盤庚（上・中・下）・説命（上・中・下）・高宗肜日・西伯戡黎・微子・畢命・君牙・冏命・呂刑の一四篇からなります。図版にあげた「盤庚」篇は、「孔氏伝」とある割り注で記された孔安国の注は後代の偽物ですが、本文は『今文尚書』に含まれる本物です。

孔子と弟子の言行録『論語』

『論語』は、孔子や弟子たちの言行や問答を記録したもので、中国で最もよく読まれた書物の一つです。数多くの注釈書が作られましたが、短いフレーズが多いため、本文の解釈に諸説が生じました。そこで魏の何晏（190?〜249）は漢・魏の諸家の注釈を集め、『論語集解』を著しました。完全な形で伝わる『論語』の注釈書としては、現存最古のものです。

『論語』は、5世紀頃、日本に伝来し、平安

BC770　春秋時代の始まり
BC753　ローマ建国
BC6c　バビロンの繁栄

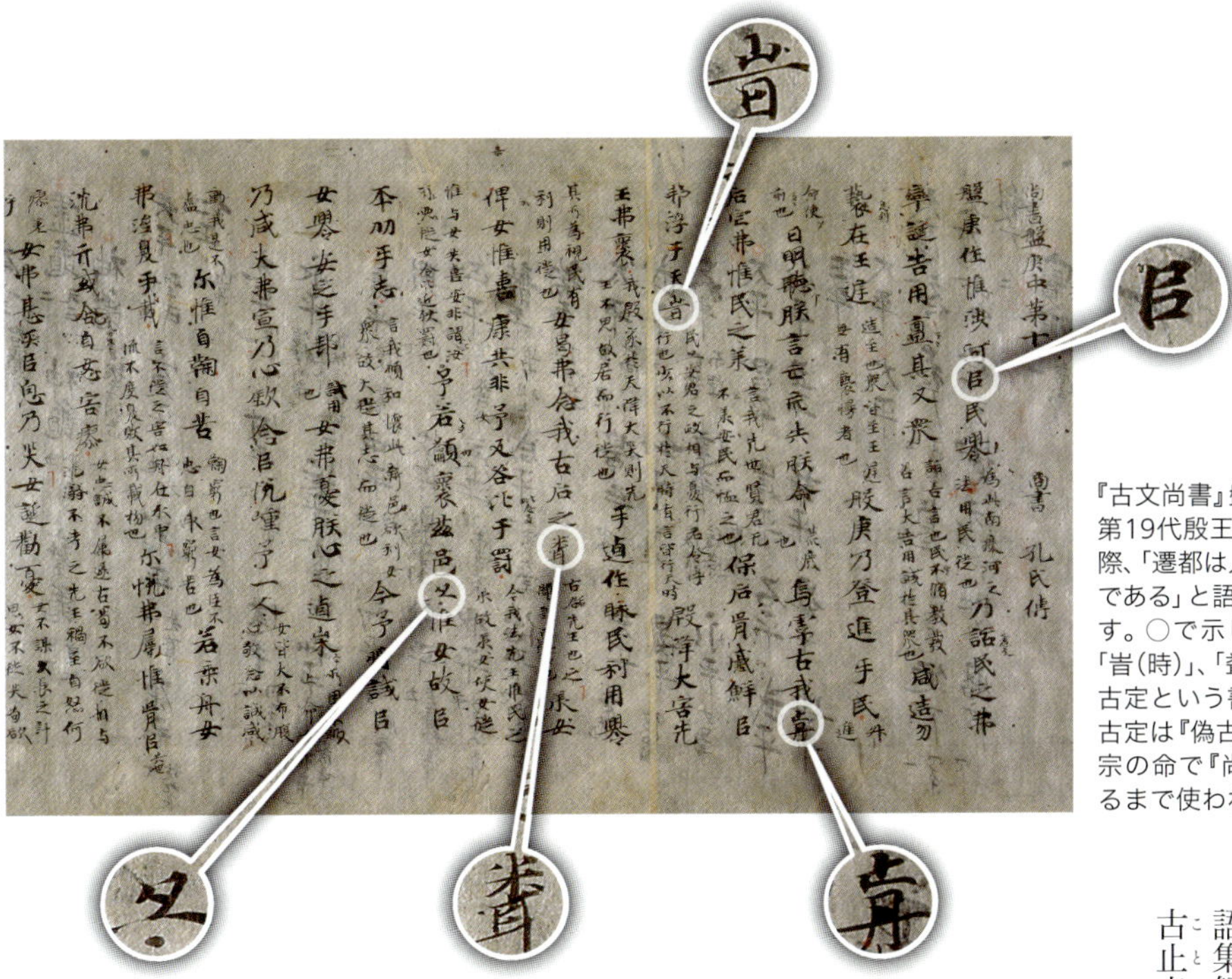

『古文尚書』盤庚篇
第19代殷王の盤庚が殷墟に遷都する際、「遷都は人民の利益を考えてのものである」と語った言葉が7行目に見えます。○で示した「㠯(以)」、「寿(前)」、「旹(時)」、「耷(聞)」、「亽(亦)」などは隷古定という書体で記されています。隷古定は『偽古文尚書』出現以降、唐の玄宗の命で『尚書』の文字を楷書に改めるまで使われました。

時代、式部省の官吏養成所である大学寮で教科書の一つに採用され、「釈奠《せきてん》」(大学寮に孔子やその弟子の肖像を掛けて祀った儀式)や講書に使われました。鎌倉時代には『論語集解』が日本に伝わりました。東洋文庫の所蔵する『論語集解』もその一つで、訓点の一種である乎《を》古《こ》止《と》点や片仮名が書き込まれています。

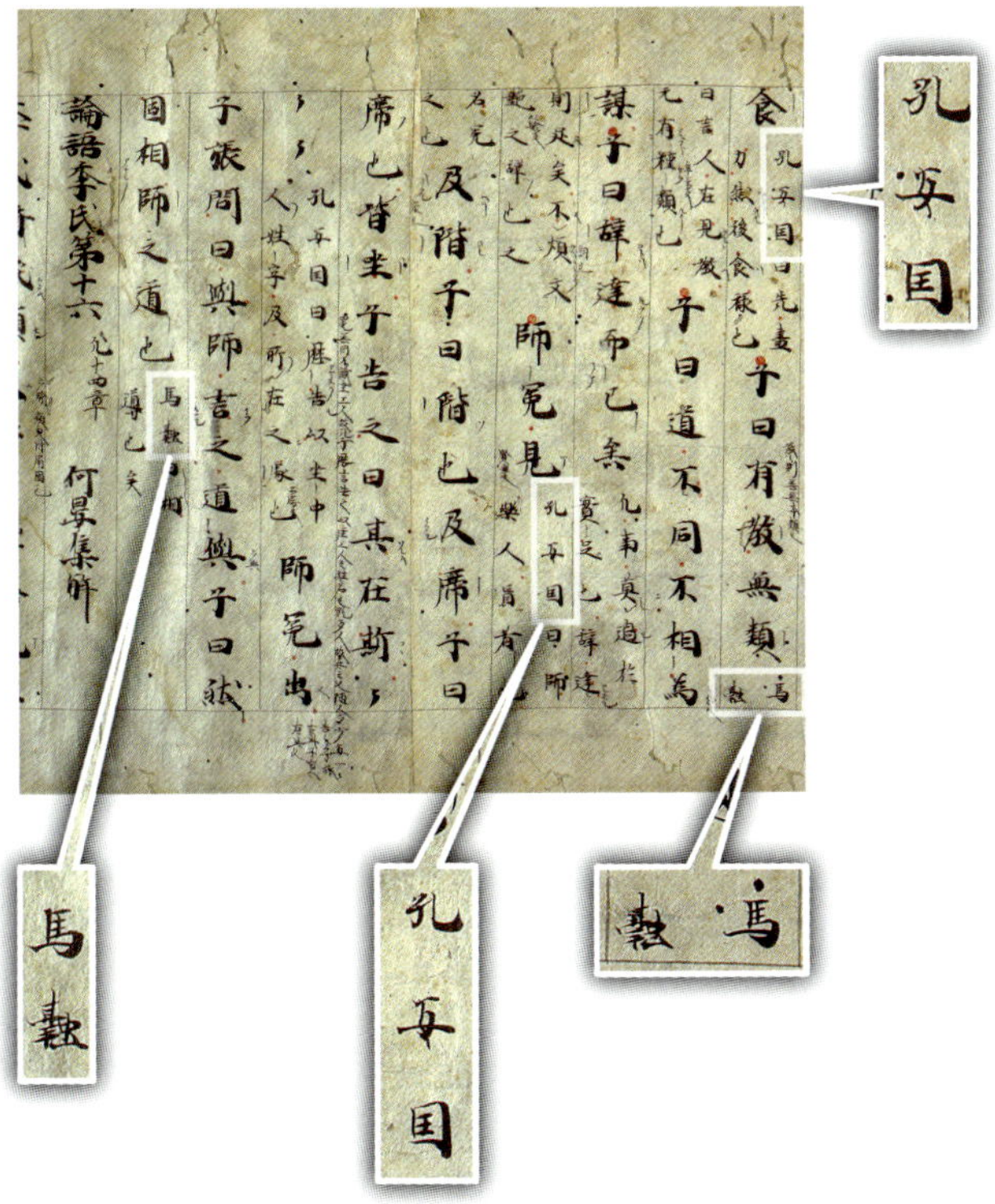

『論語集解』巻第8
衛霊公第15(首欠)と季氏第16が収録されています。割り注には孔安国、馬融など漢代の学者の名が見えます(上)。何晏はこれら取捨選択された諸家の注釈を通して自説を示しています。
1268年に中原師秀(もろひで)が書写したもので、奥書には「文永五年八月三日以家本書写畢」と記されています(左)。中原家は、10世紀末以来、明経道(みょうぎょうどう)の博士家として、清原家とともに大学寮で経書を講じました。

江戸時代に朱子学が官学となると、『論語集解』に代わり、南宋の朱熹(1130〜1200)の『論語集注』が読まれるようになり、寺子屋を通して庶民に広まりました。

『論語』には人が生きていく上で実践すべき道徳や進退のあり方が説かれているため、現代でもビジネスマンや政治家など、『論語』を愛読する人がたくさんいます。

妙《みょう》法《ほう》蓮《れん》華《げ》経《きょう》

1〜2世紀頃

聖《しょう》徳《とく》太《たい》子《し》も熟読した仏教界のベストセラー

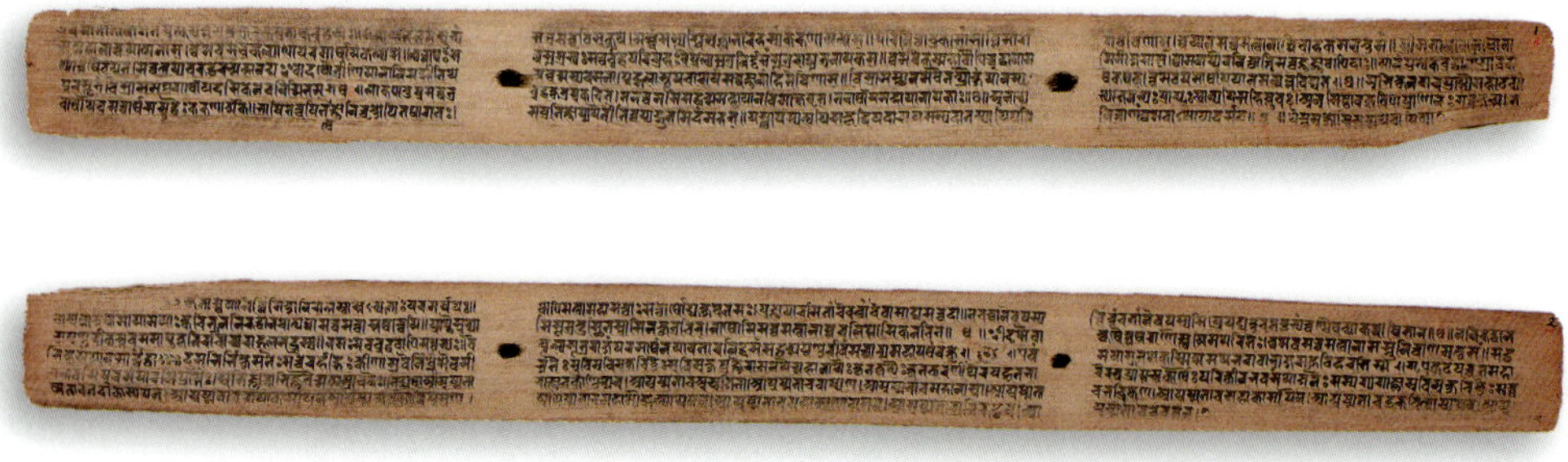

『妙法蓮華経』の原典にあたる、ネパール系のサンスクリット語写本
1915年に河口慧海（1866〜1945）がチベットのシャル寺で入手し、日本へと持ち帰りました。クティラ体といわれる字体で記され、その奥書から1070年に書写されたと考えられています。同経典のネパール系写本は世界各地に数多く伝わりますが、その中でも本書は古い部類に入り、世界的にも貴重な資料といえます。

仏教の成立と分裂

仏教の開祖仏陀《ぶっだ》は、紀元前5世紀頃、北インドのシャカ族の王子として、ルンビニー（現在のネパール南部）で生まれました。俗名はゴータマ・シッダールタといいます。正確な生年はわかりませんが、儒教の開祖孔子（前551頃〜前479）が亡くなった頃にあたります。

王族として何不自由なく生活していましたが、ある時、「老」「病」「死」の苦しみは人が生きていく上で避けて通れないことを知り、二九歳のとき出家を決意しました。当時のインドには、バラモン教やジャイナ教などの宗教がありましたが、仏陀はそれらの教えに道を求めず、約七年もの間、厳しい苦行を積みました。しかしそれでは真理に達し得ないと考え、苦行を捨ててブッダガヤーの菩提樹の下で瞑想に入り、ついに悟りを開きました。仏陀は当時インドの中心地であったガンジス川中流地域で教化の旅を続け、八〇歳の時インド北部のクシナガラで亡くなりました。これを入滅・涅槃などといいます。

仏陀の入滅後、摩訶迦葉《まかかしょう》をはじめとする弟子たちはラージャグリハ（王舎城）郊外で仏典《ぶってん》結集《けつじゅう》と呼ばれる聖典編纂会議を行い、仏教教団はブッダの教え・言行を忠実に守り伝えました。しかし一〇〇年もたつと、伝統的な戒律を遵守しようとする保守的な上座部と、革新的な大衆部《だいしゅぶ》の二派に分裂し、やがて小乗二〇部と数えられるほどに分派しました。上座部の仏教は、やがてスリランカからビルマ、タイなど東南アジアに伝えられ、南伝仏教とも呼ばれます。

大乗仏教の発生と『法華経』の流行

西暦紀元前後になると、大衆部の系統から仏教の革新運動が起こりました。その特色は、

BC5c 呉越の闘争
BC500〜449 ペルシア戦争
BC509 ローマ共和制の開始

「空」や「慈悲」の思想を唱え、あらゆる人々を平等に救済することこそ仏陀の真の教えであるとした点にあり、理想に達するための大きな乗り物という意味で、みずからを「大乗」と呼びました。大乗仏教は、中央アジアからシルクロードを通って、中国・朝鮮・日本など東アジア諸地域に広まりました(北伝仏教)。彼らは、上座部の仏教を自己の悟りだけ考えるものと批判し、「小乗」つまり小さな乗り物とさげすみました。有名な『般若経』・『阿弥陀経』・『華厳経』・『涅槃経』などは、みな大乗仏教の経典です。

『妙法蓮華経』は、大乗仏教の中でも最も有名な経典の一つで、梵語でサッダルマ・プンダリーカ・スートラといい、「白い蓮の花のような正しい教え」という意味を持ち、一般に『法華経』の名で親しまれています。竺法護《じくほうご》や闍那崛多《じゃなくった》等による漢訳本もありますが、鳩摩《くま》羅什《らじゅう》(344〜413)訳の『妙法蓮華経』がよく読まれ、その注釈書が数多く作られました。日本では聖徳太子が著わしたとされる『法華《ほっけ》義疏《ぎしょ》』が著名です。煩悩や苦しみに満ちたこの世を、燃えさかる家にたとえるなど(「火宅《かたく》喩《ゆ》」)、「法華七喩」と呼ばれる巧みな比喩を混じえて、仏教信仰を勧め、『法華経』を尊重すべきことが説かれ、天台宗や日本の日蓮宗の根本経典となりました。

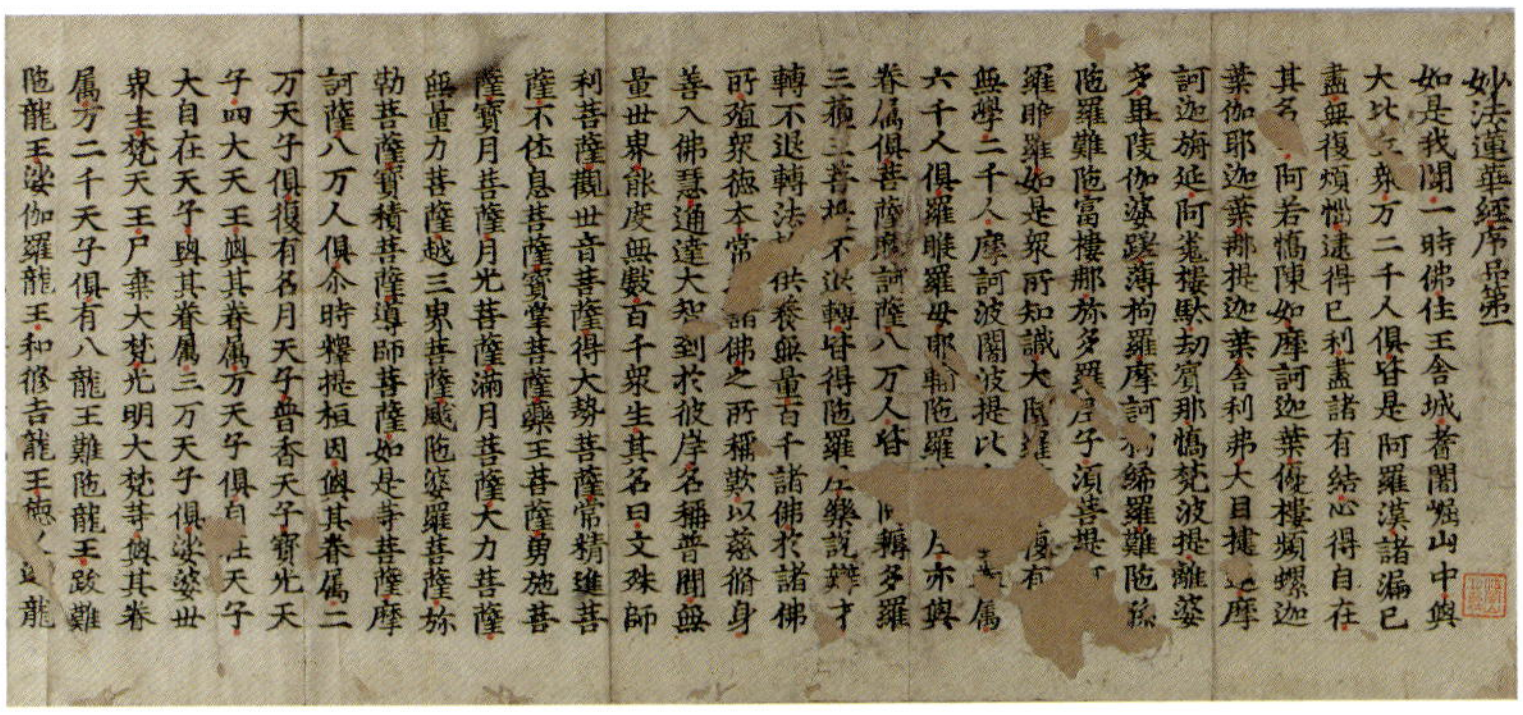

『妙法蓮華経』1519年刊
人気経典であった『法華経』は、日本でも星の数ほど出版されました。本書は室町後期に奈良県中北部の多武峰(とうのみね)絹蓋寺(けんがいじ)の英宗という僧侶が願主となって出版したものです。

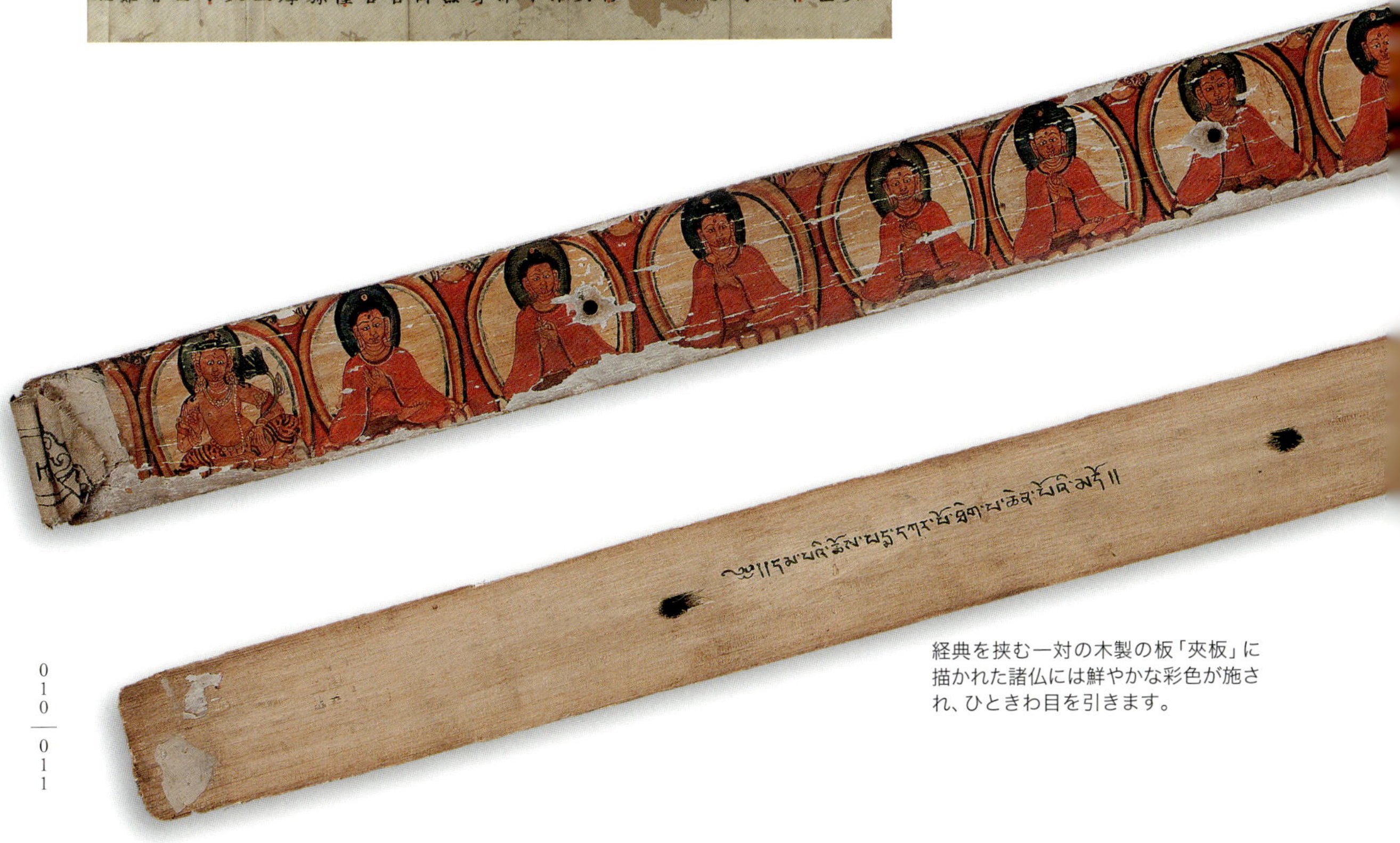

経典を挟む一対の木製の板「夾板」に描かれた諸仏には鮮やかな彩色が施され、ひときわ目を引きます。

BC5–BC4c 仏教の誕生
BC403 戦国時代のはじまり
BC5c マガダ国によるガンジス川流域の統一

史《し》記《き》秦《しん》本《ほん》紀《ぎ》

司馬遷撰　紀元前97年（前漢）国宝

中国正史の筆頭にして、東アジアにおける歴史書の模範となる

　『史記』は前漢の司馬遷によって撰述された歴史書で伝説時代の黄帝から前漢の武帝まで約二千数百年の事件や人物が記されています。それまで中国にあった年代の順序を追って叙述する「編年体」という形式ではなく、帝王の伝記を紹介する「本紀《ほんぎ》」や多様な人物の伝記をまとめた「列伝」などから構成されています。このように人物や制度を中心に記録する「紀伝体」で編集された歴史書は『史記』が最初であり、それ以後の中国の正史はこの「紀伝体」を基本の形式として編集されるようになりました。

苦難の生涯 不朽の著述

　司馬遷は代々天文観測や暦の作成に携わる家柄に生まれ、父・司馬談《しばたん》の遺志を受け継ぎ『史記』を執筆していました。ところが、その当時、匈奴征伐に向かった名将李陵《りりょう》が、善戦の甲斐なく捕縛され、匈奴に降伏してしまうという事件が起きました。李陵と親しかった司馬遷は、彼を弁護しますが、それが漢の武帝の怒りを買い、死刑の次に重く悲惨な宮刑に処せられてしまいます。宮刑とは、生殖器を除去、男性なら切断されてしまうというもので、肉体だけでなく精神的にも深く傷つけられる刑罰です。その屈辱と悲憤の中で、司馬遷は自ら命を絶つことも考えたようですが、それを堪えて『史記』を書き上げることに命を懸けました。人生の辛酸をなめた司馬遷の筆は、挫折や不遇の生涯を送った人物には同情と悲哀の眼をむけ、武帝や高級官僚には鋭い諷刺と批判を加えたとの指摘もあります。『史記』が今日でも多くの人々に読まれるのは、司馬遷という人物の文学的な才能はもちろんのこと、その劇的な生涯と悲憤の決意が大きく関係しているのでしょう。

　図版資料は、現存する『史記』注釈書の中で最古のものと言われる南朝宋・裴駰《はいいん》の『史《し》記集解《きしっかい》』を平安時代の日本で書写したものです。「秦本紀」としては現存本の中で最古の写本で、現在は国宝に指定されています。

日本では基本学習テキストに

　日本で現在使われている言葉の中には、『史記』の中から取られた言葉がたくさんあります。例えば「完璧」「四面楚歌」「背水の陣」や、その他年号に用いられている「平成」という言葉もそうです。このように現代にも『史記』の影響は多く見られますが、図版資料が日本で書写された平安時代には、『史記』はもっと重要なものでした。官僚となるために大学寮で学ぶ学生にとっては必修科目であったばかりでなく、天皇家の重要な儀礼にも、『史記』はなくてはならない書物でした。例えば、皇子などの誕生の時、新生児を入浴させる御《お》湯殿儀《ゆどののぎ》という儀式があり、その儀式の間に、『史記』の五帝本紀や『漢書』の文帝紀等の漢籍からめでたい漢文の一節を読み上げる「読《とく》書儀《しょのぎ》」という儀式があります。清少納言の『枕草子』にも漢籍や漢文の中で注目すべきものとして「ふみは文集。文選、新賦。史記、五帝本紀」と書かれているように、当時読まれていた中国の歴史書、三史（『史記』『漢書』『後漢書』）の中では、『史記』が最も重要と考えられ、貴族の子弟が初めて書物を読む「読書始《とくしょはじめ》」にも用いられていました。平安時代の日本において、『史記』はすでに上流階級の人々の生活に深く根付いていたのです。

BC221　秦の始皇帝が中国を統一
BC3c　ヘレニズム文化の繁栄
BC334　アレクサンドロスの東方遠征
BC4c　戦国の七雄が割拠

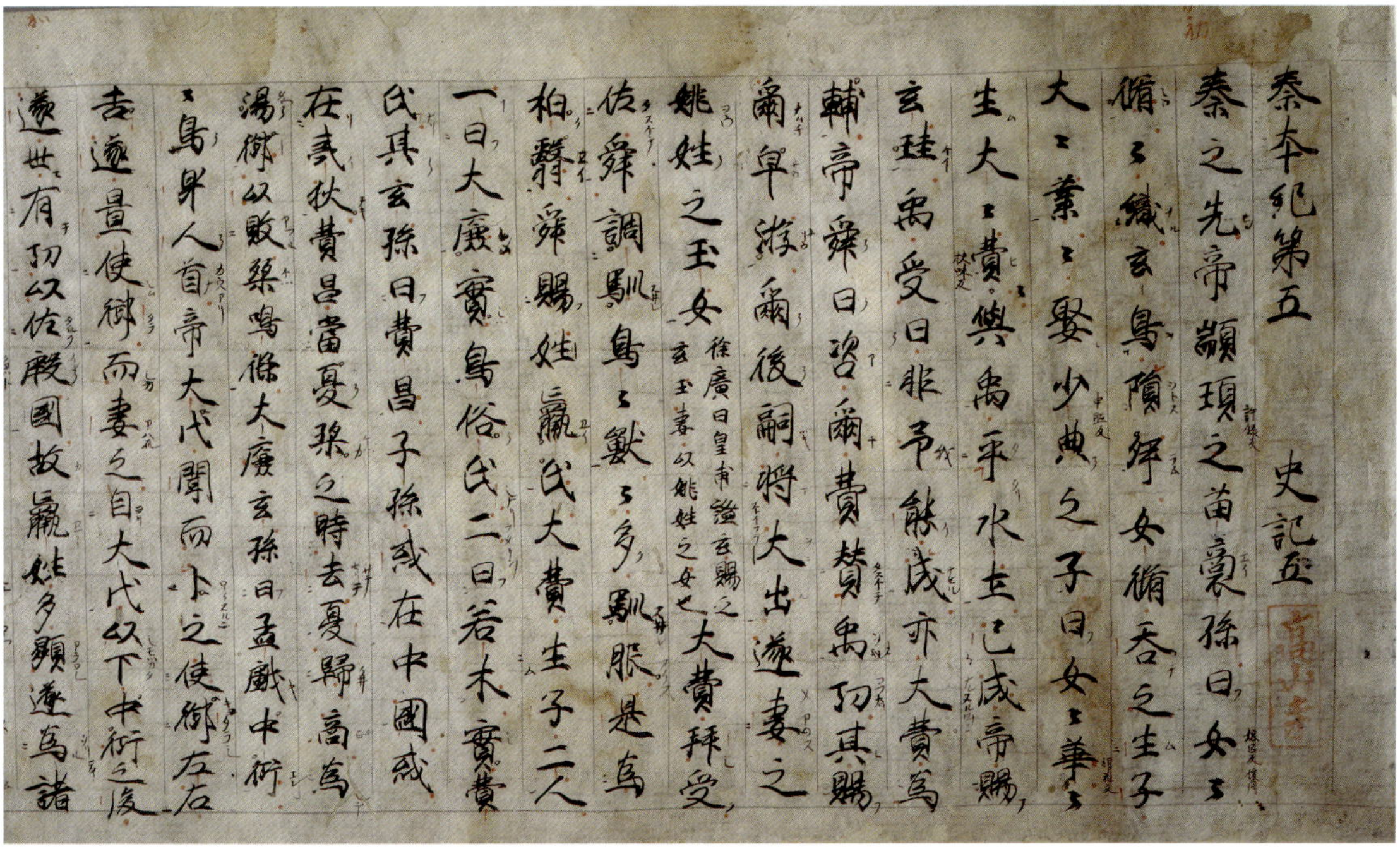

高山寺伝来本『史記』
文字の周囲に送り仮名や補助記号を示す訓点が見られます。漢文を読むための手がかりとなるもので、レ点や一二点といった「返り点」などはみなさんもご存じのことでしょう。訓点にはいくつか種類があって、漢字の左肩、右肩、左裾、右裾などに朱点を記して、それぞれ助詞のテ・ニ・ヲ・ハを示すこともあります。これは『古文尚書』にも登場した「乎古止(をこと)点」です。漢文を翻訳するための訓点を載せた写本は、とても重要でした。

このような訓点を載せた写本は、父祖の代から伝わった翻訳技術として、大切に保存されました。1145(天養2)年、1166(永萬元)年、1170(嘉應2)年の識語が見られ、それぞれ院政期(平安時代)から複数回にわたり訓点が加えられ、鎌倉時代以降にも加点されていたようです。

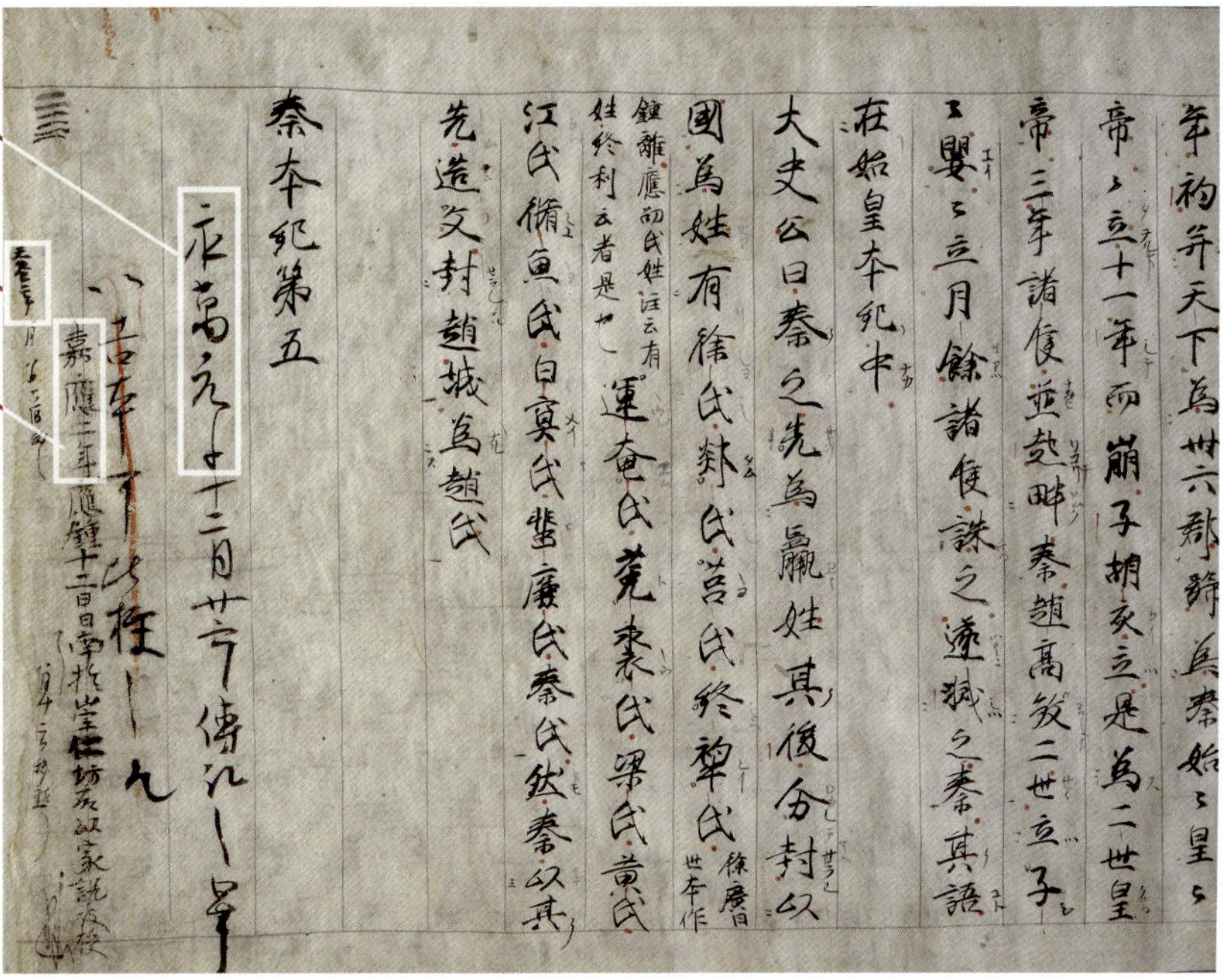

BC97 司馬遷の『史記』が完成
BC146 カルタゴがローマにより滅亡
BC202 劉邦が漢を建国
BC206 秦の滅亡

聖《せい》書《しょ》

1〜4世紀頃

「原典」にかえれ

ユダヤ教からキリスト教へ

聖書が『旧約聖書』と『新約聖書』とから成ることは、よく知られています。エジプトやオリエントに展開した古代都市の神殿を中心とする多神教世界のなかで、ヘブライ人のユダヤ教はただ一つの一神教でした。このユダヤ教の一派からキリスト教が形成される過程で、神と信徒との旧い契約と新しい契約とが、それぞれ経典とされたのです。古代ユダヤ教の経典は律法・予言書など大部分がヘブライ語ですが、イエス時代以前すでにギリシア語訳が広まっていました。これがのちの『旧約聖書』となります。イエスの言行録やパウロなど使徒が各地の初期教会にあてた手紙は、はじめから、ローマ帝国にひろく通用した共通ギリシア語のコイネーで記録され、やがて『新約聖書』としてまとめられました。

イエスを神の子と信じ、救い主キリストが十字架上で罪のあがないの死をとげたために人類の救済が可能になったと考える人々がキリスト教徒です。古代ローマ帝国はかれらを迫害しましたが、キリスト教を統治に利用するようになり、4世紀末には国教とします。教会の組織も発達し、公会議により「三位一体説」などの正統信仰がさだめられ、対立する説は異端として排斥されていきました。有力なローマ教会はカトリックと称しましたが、これはギリシア語やラテン語で「普遍」を意味します。

西方教会と東方教会の分裂

ローマ帝国が東西に分裂し、西ローマ帝国が滅亡すると、政治的統一は失われましたが、西方のローマ・カトリック教会は組織の統一を守りました。世俗の政治権力は各国の支配者がにぎり、教会が宗教的な権力をもつ二元的な体制です。いっぽう東ローマ帝国では、コンスタンティノポリスの教会が皇帝の権力をうしろだてに「正統の教え」をまもる正教会と称して、ローマ教会に対抗しました。東ローマ帝国は強力な統一国家ビザンツ帝国として存続し、皇帝と教会が結束した聖俗の一元的な支配体制がつづきます。

西方教会が採用した聖書は、ローマの言語であるラテン語訳でした。教会の典礼言語をラテン語に統一したことが西欧にラテン語が普及する一因となり、また教会と聖書の統一に寄与したといえるでしょう。それに対して東方教会はギリシア語聖書を維持しましたが、各地の教会が連帯しつつも独立するという方向に進みました。これが、ギリシア正教会、ロシア正教会、セルビア正教会などで、聖書も各地の言語に翻訳されていきました。

ルターの宗教改革とドイツ語版聖書

ラテン語訳聖書はカトリック教会によって

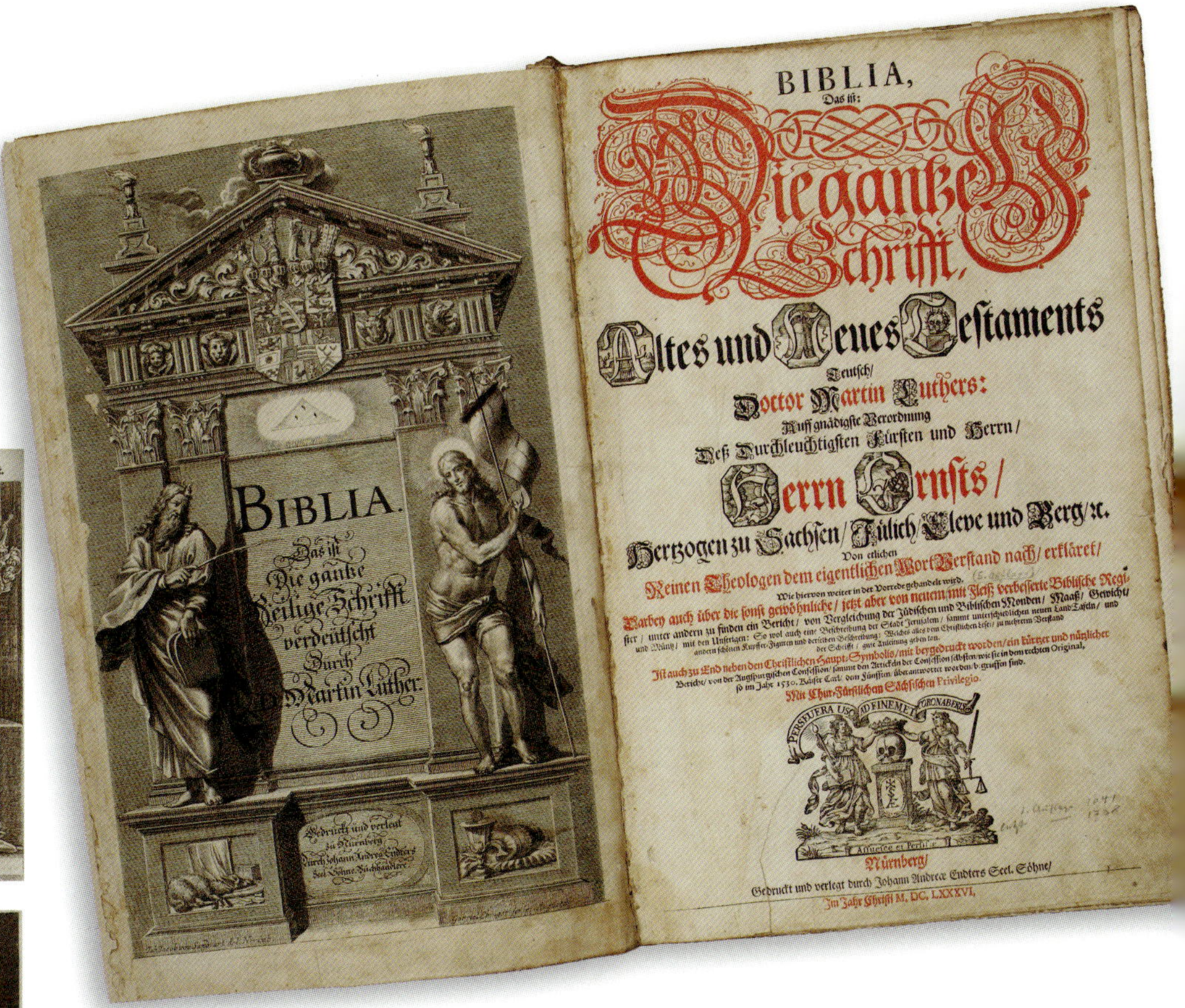

1686年にニュルンベルクで刊行されたルター訳の『聖書』
旧約聖書と新約聖書が1冊にまとめられ、威厳にみちた装丁がほどこされています。

フリードリヒ3世（上）とルター（下）
この『聖書』の巻頭には歴代ザクセン公の肖像画と経歴が掲載されています。

秘匿されており、また西欧の文化程度があまり高くなかったこともあり、聖書は一般の読者を得ませんでした。教会の財政基盤として重税を課されていた神聖ローマ帝国では、諸侯がそれに便乗して「贖宥状《しょくゆうじょう》」がさかんに販売されました。これは、購入することで生前の罪が許されるとのカトリック教会お墨つきの免罪符です。このような状況にあって、修道士マルティン・ルター（1483～1546）は、1517年、教会の方針に疑問を呈し、人は信仰のみにより救われると述べた「九十五カ条の論題」を公表しました。これが、宗教改革のはじまりです。ルターは、神との結合の根拠を聖書に求め、聖書に書かれていない制度や考えを否定しましたが、聖書にはない三位一体説については認めています。

ルターはザクセン公フリードリヒ3世の庇護をうけ、聖書をギリシア語・ヘブライ語からドイツ語に翻訳しました。日常の言語にうつされた聖書のことばは、15世紀にグーテンベルクが開発した活版印刷術によってまたたくまに普及します。聖書中心主義をとなえてカトリックとは異なる道を歩みだした人々は、「抗議する人」という意味をこめて「プロテスタント」と呼ばれました。この宗教改革の運動は、言語や思想により多くの分派を生みました。

64 ネロ帝のキリスト教徒迫害
30 イエスが刑死
25 光武帝が後漢を建国
BC4頃 **イエスの誕生**

魏志倭人伝《ぎしわじんでん》

『三国志』陳寿撰　3世紀後半（西晋）

倭の女王、その名は卑弥呼《ひみこ》！

そんな書名の本はない？

「魏志倭人伝」という名前の書物は中国の古典籍には存在しません。それは中国の歴史書『三国志』中の一つ、「魏書」第三〇巻烏丸鮮卑《うがんせんぴ》東夷伝《とういでん》の「倭人」の条の通称です。

『三国志』は、西晋の陳寿（233～297）が、後漢末の混乱期から西晋による天下統一までの時代（180頃～280頃）を書いた歴史書です。「魏書」三〇巻（「本紀」四巻、「列伝」二六巻）、「呉書」二〇巻、「蜀書」一五巻の計六五巻からなり、その成立は3世紀後半頃です。

後漢王朝末期、太平道の教祖張角が起こした農民反乱、黄巾の乱（184）によって朝廷の力が弱まり、群雄割拠の時代がはじまると、黄巾兵を配下に収め、漢の皇帝を庇護した曹操（155～220）が台頭しました。丞相となった曹操は、勅命のもとに次々と群雄を廃除し、北中国支配の土台を築いて漢王朝から王の位を授けられます。そして、220年に曹操が死ぬと、その子曹丕（文帝　在位220～226）が、魏王と後漢の丞相の地位を継ぎ、次いで後漢最後の皇帝献帝から禅譲を受け、国号を魏（220～265）と称して皇帝となりました。その翌年には、蜀の劉備が、さらに229年には呉の孫権も皇帝を称し、これにより中国は、三国が鼎立する時代をむかえるのです。

女王が君臨する国へ

「魏志倭人伝」として知られる烏丸鮮卑東夷

『魏書』1600年、北京・国子監刊、30巻（9冊）。巻30の烏丸鮮卑東夷伝。

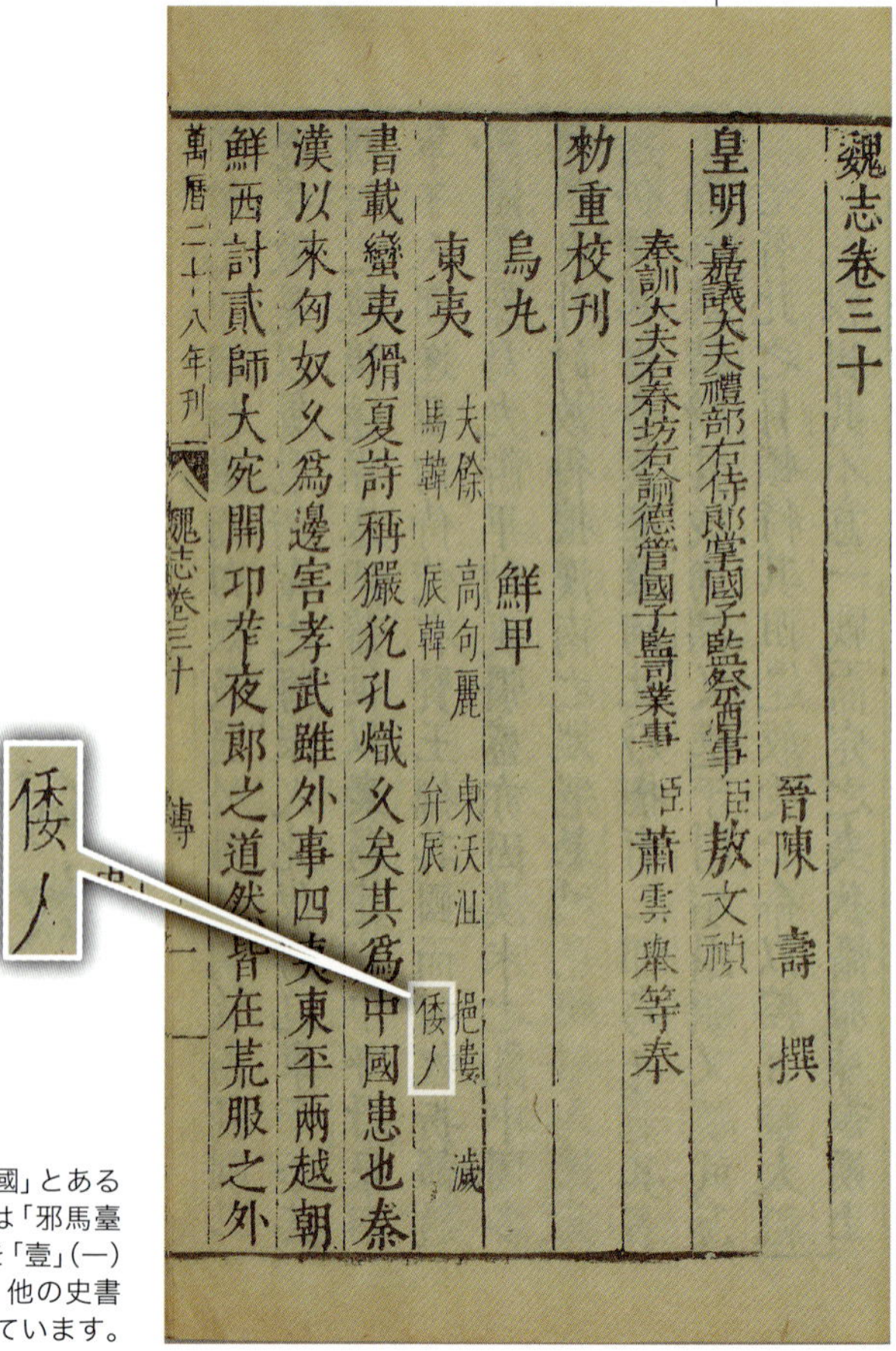
魏志卷三十
晉陳壽撰
皇明嘉議大夫禮部右侍郎掌國子監祭酒事臣敖文禎
奉訓大夫右春坊右諭徳管國子監司業事臣蕭雲舉等奉
勅重校刊
烏丸　鮮卑
東夷　夫餘　高句麗　東沃沮　挹婁　濊　馬韓　辰韓　弁辰　倭人
書載蠻夷猾夏詩稱玁狁孔熾久矣其爲中國患也秦
漢以來匈奴久爲邊害孝武雖外事四夷東平兩越朝
鮮西討貳師大宛開邛苲夜郎之道然皆在荒服之外
萬曆二十八年刊　魏志卷三十　傳　一

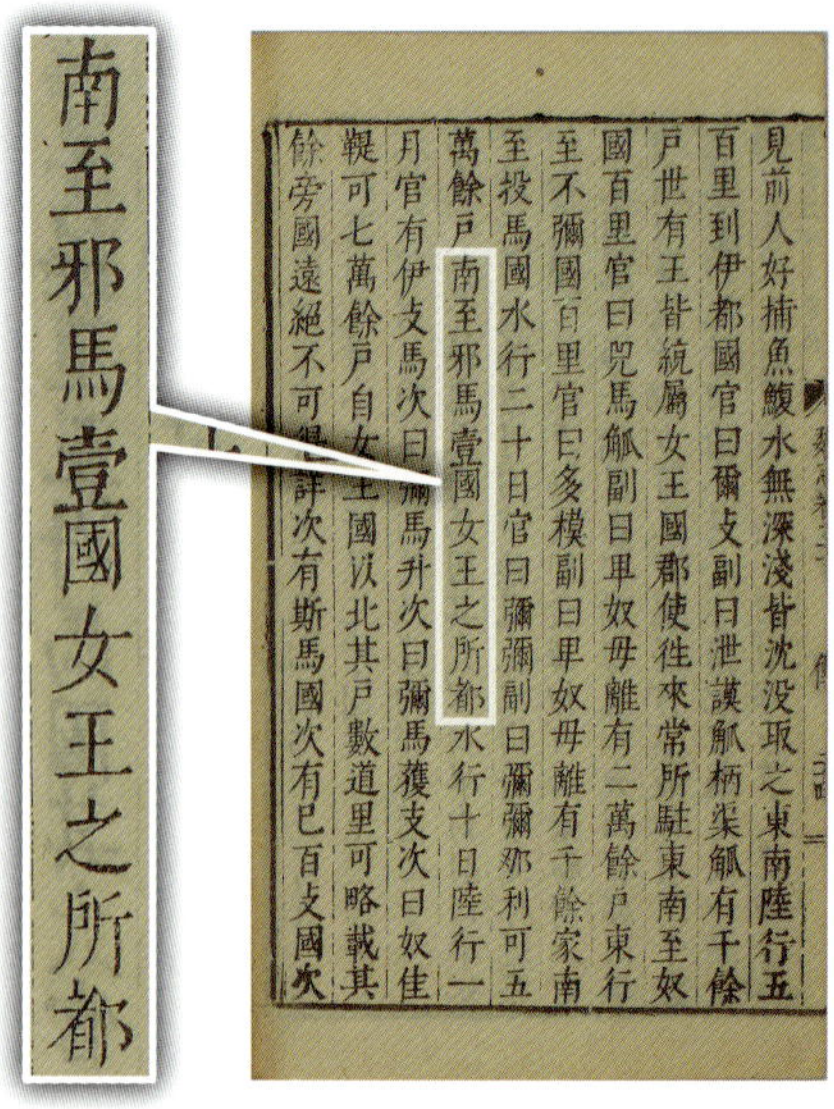
見前人好捕魚鰒水無深淺皆沈沒取之東南陸行五
百里到伊都國官曰爾支副曰泄謨觚柄渠觚有千餘
戸世有王皆統屬女王國郡使往來常所駐東南至奴
國百里官曰兕馬觚副曰卑奴母離有二萬餘戸東行
至不彌國百里官曰多模副曰卑奴母離有千餘家南
至投馬國水行二十日官曰彌彌副曰彌彌那利可五
萬餘戸南至邪馬壹國女王之所都水行十日陸行一
月官有伊支馬次曰彌馬升次曰彌馬獲支次曰奴佳
鞮可七萬餘戸自女王國以北其戸數道里可略載其
餘旁國遠絕不可得詳次有斯馬國次有已百支國次

7行目に「邪馬壹國」とあるように、「魏志」は「邪馬臺國」の「臺」（台）を「壹」（一）と記載しますが、他の史書はみな「臺」としています。

光武帝が倭人に金印を授ける

57　79　166　220～222

ヴェスビオス火山の爆発　ローマのアントニヌス帝の使者が中国に至る　魏・呉・蜀の建国（三国時代）

伝の倭人の条は、「魏書」全三〇巻の末巻第三〇巻のさらにその末尾にあります。

その記述は、倭の地理的位置から始まり、続いて帯方郡から倭の諸小国をへて、「南のかた邪馬台国に至る。女王の都する所なり」と、邪馬台国への行程が書かれています。ここが今なおその解釈をめぐり論争が続く邪馬台国の位置の根拠とされるところです。

その他、倭人の条には続いて人々の生活、風俗、習慣や、外交について記されています。特に、239(景初3)年、邪馬台国の女王卑弥呼が、魏に大夫難升米《なしめ》を派遣し、男女計一〇名の奴隷や貢物を贈り、それに対し魏の皇帝から、「親魏倭王」の金印や銅鏡一〇〇枚などが贈られたという記述は、卑弥呼が中国皇帝の権威をかりて、自国の支配権を安定させていたことを示しています。これらは、中国の歴史書の中でも、日本に関するはじめてのまとまった記事といえ、当時の日本を知る史料として重視されています。

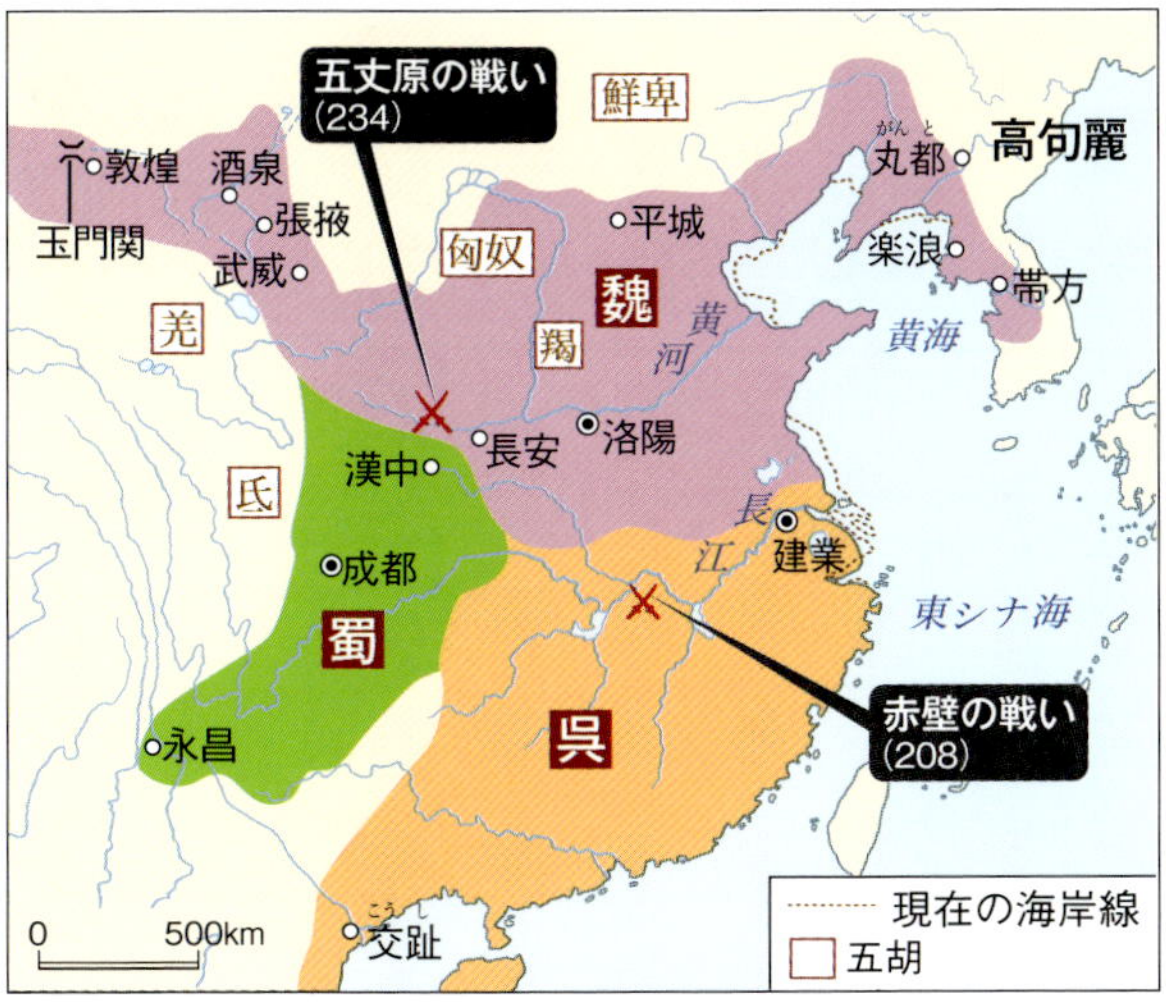

最高学府・国子監が出版

図に挙げた東洋文庫所蔵本は、明の万暦年間に、北京の国子監から出版された「二十一史」(史記、漢書、後漢書、三国志、晋書、宋書、南斉書、梁書、陳書、魏書、北斉書、周書、隋書、南史、北史、新唐書、新五代史、宋史、遼史、金史、元史)の一つで、1600(万暦28)年に出版されたものです。

国子監とは、中国において隋代以降に置かれた教育機関で、当時の最高学府でした。各王朝の都に設けられ、明代には北京と南京の二都に設けられました。そこでは出版事業も行われ、北京で出版されたものを「北監本《ほっかんぼん》」、南京で出版されたものを「南監本《なんかんぼん》」といいます。北京の国子監で出版されたこの「二十一史」は「北監本」にあたります。

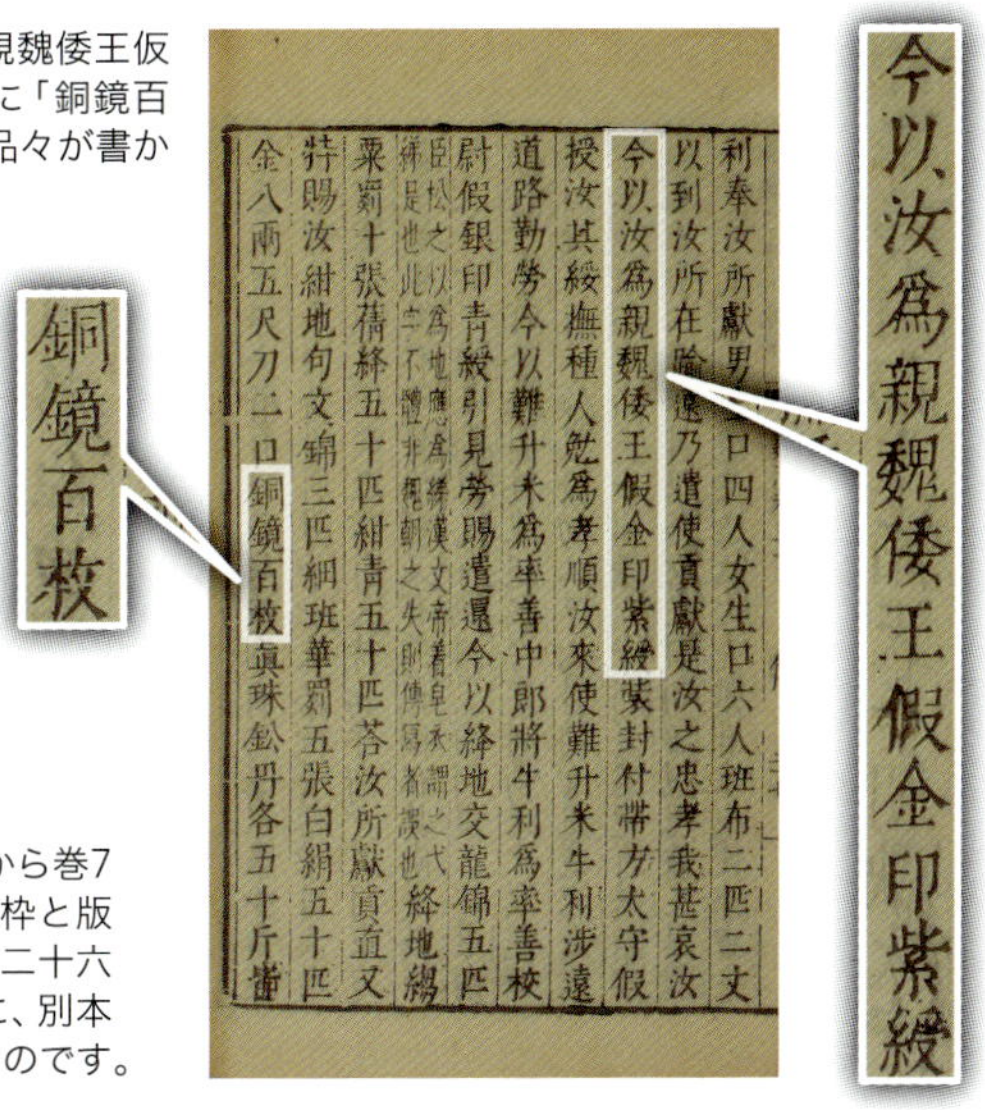

3行目に「今以汝為親魏倭王仮金印紫綬」、10行目に「銅鏡百枚」と賜った称号や品々が書かれています。

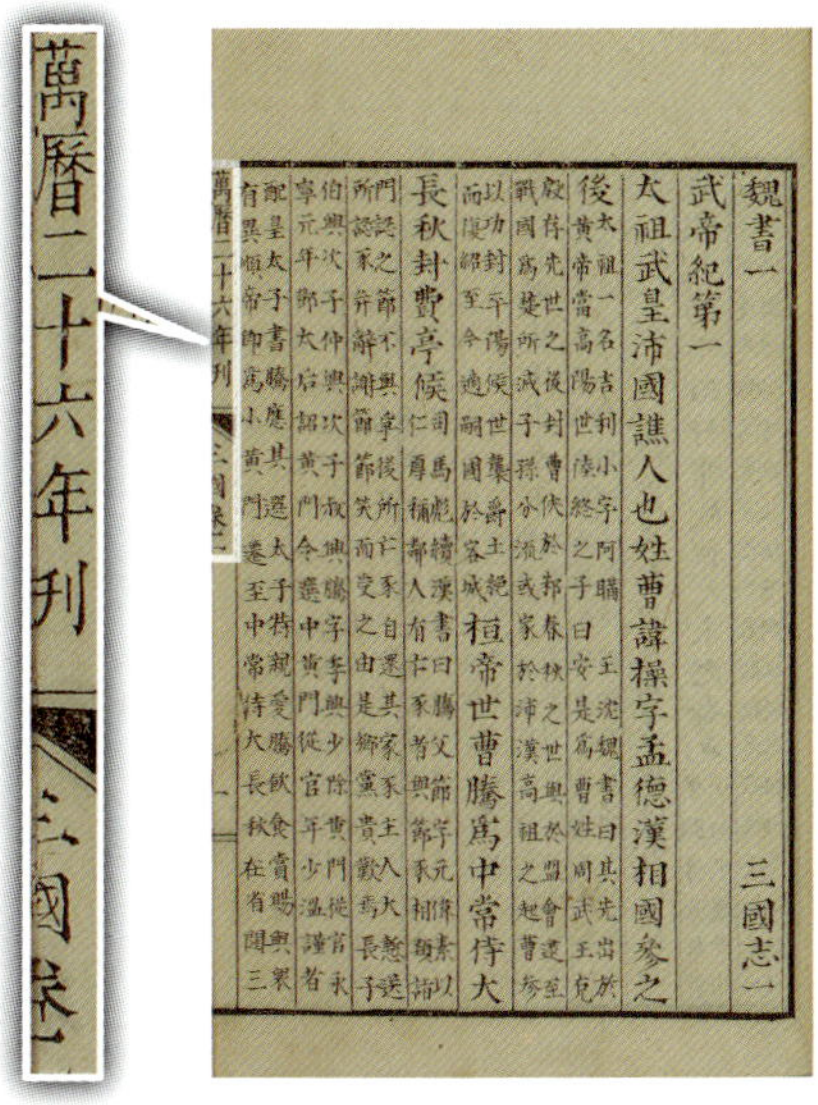

東洋文庫所蔵本は、巻1から巻7までは原版ではなく、外枠と版心(版木の中心)に「萬暦二十六年刊」と印刷された紙に、別本によって書き写されたものです。

邪馬台国女王卑弥呼、魏に遣使　239

313　ミラノ勅令によりローマがキリスト教を公認

3c末　朝鮮半島の三韓時代

296　ササン朝ペルシアがローマと交戦

広《こう》開《かい》土《ど》王《おう》（好《こう》太《たい》王《おう》）碑《ひ》文《ぶん》

高句麗第二〇代長寿王建立　414年

碑文のみが伝える「空白の四世紀」

4～5世紀の東アジア世界

4世紀から5世紀にかけての東アジア世界では、北方諸民族が勢力をのばして大規模な移動を開始しました。中国では北方の匈奴を初めとする遊牧諸民族(五胡)が華北に進出し、多くの漢人は華北から江南(長江下流域)へと移住して南北分裂動乱時代(南北朝時代)を迎えました。このため周辺諸民族に対する中国の影響力は弱まり、東アジアの諸地域では次々と国家が形成されました。

中国東北部に前1世紀頃おこった高句麗(前1世紀～668)は、朝鮮半島北部に領土を広げ、313年、漢の支配地であった楽浪郡を滅ぼしました。このころ朝鮮半島南部では馬韓《ばかん》・弁韓《べんかん》・辰韓《しんかん》といった小国が分立していましたが、4世紀には半島西側に馬韓から百済が、東側に辰韓から新羅がおこり国家を形成しました。さらに4世紀後半に高句麗は、半島南部の鉄資源を求めて、かつて弁韓からおこった加耶《かや》(加羅)諸国の支配をめざし、南下していました。そのころ倭と呼ばれた日本では、ヤマト政権による地方征討がすすめられました。その結果、鉄資源の確保のため半島南部の加耶を初め新羅・百済と密接な関係を持ち、高句麗に対抗しました。高句麗の広開土王碑の碑文には、倭が高句麗や新羅と戦ったことが記されています。

荒野に立つ

広開土王碑は、高句麗の最盛期を築いた第一九代広開土王(好太王、在位391～412)の治績を後世に示すために、王の死後の414年に、子の長寿王(在位413～491)によって都の丸都城《がんとじょう》(現在の中国吉林省集安市)に建てられました。高さ六・三九メートルに達するやや歪んだ自然石の石柱で、長いあいだ荒野の中に忘れられていたのを、1880年頃に偶然発見されました。一行四一字、四面にわたり計四四行一七七五字が刻まれています。

書体が隷書という中国で確立した漢字の古い書体を用いていることから、書道の分野でも手本として珍重され、拓本が多くとられました。拓本とは、青銅器や石碑などの金石に刻まれた文字や文様を紙に写しとったものです。

内容は三部から成り、まず高句麗の建国神話から一七世孫・広開土王(永楽太王とも呼ばれる)までの高句麗王統を記したのち、本論として広開土王の治績を年代順に記し、最後に王の死後、王の陵墓を守るために高句麗全域からかりだされた守墓人について記しています。広開土王の名は、碑文の第Ⅰ面第四行末にある「國罡上廣開土境平安好太王(国岡上広開土境平安好太王)」の諡号《しごう》(おくりな)に由来します。記載の大半は領土拡大に関することで、倭軍との戦いについても述べられています。なかでも第Ⅰ面第八～九行に見える「辛卯年(三九一年)条」については、日本のことを指す「倭」字が出てくること、2～3字相当の判読不明の文字があることから、従来様々な解釈がなされ、広く注目を集めています。
　この碑は、広開土王の治績を顕彰するために建立されたことから、記述には多少の誇張が含まれていると考えられます。しかし高句麗史研究における同時代の史料として、貴重であることには変わりありません。このように広開土王の活動を通して、百済・新羅・任那と呼称された加羅・安羅等の諸国、そして倭・契丹・粛慎《しゅくしん》・東夫余等周辺諸国と高句麗との諸関係を伝えており、4世紀から5世紀にかけての古代東アジア諸民族の動向を知る上でも貴重です。
　こうした碑文史料は、歴史文献の欠けている部分を補う点で大変重要といえます。とりわけこの時期の「倭」の動向については、中国の史料にも記述がないことから「空白の四世紀」といわれています。それを補うのがこの「広開土王碑」なのです。

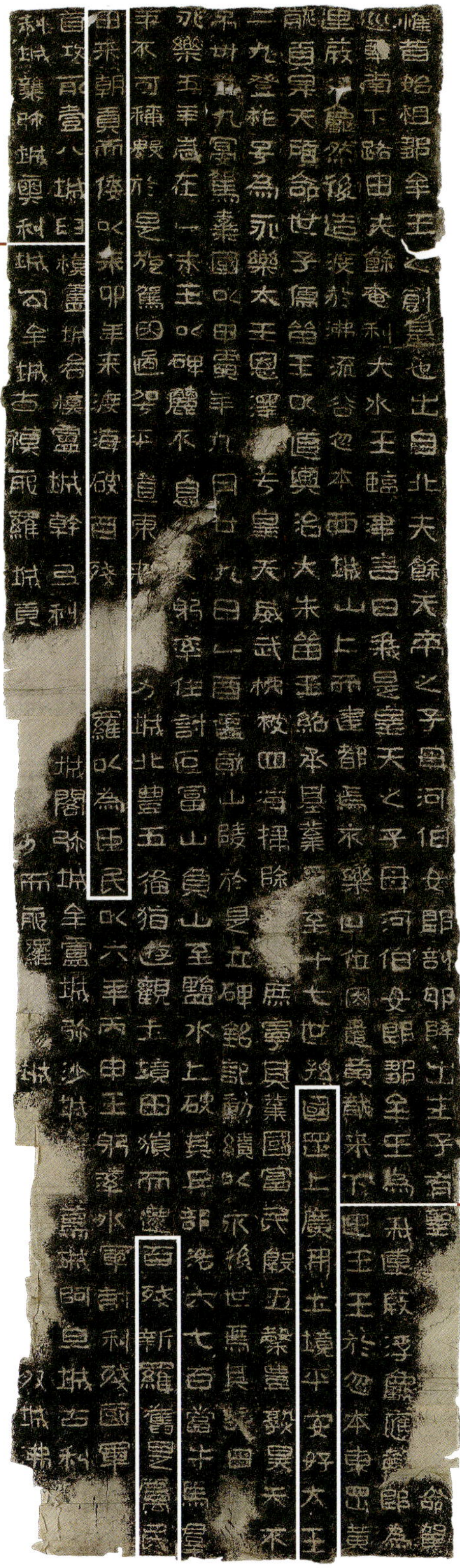

國罡上廣開土境平安好太王《こくこうじょうこうかいどきょうへいあんこうたいおう》(岡)

百殘新羅、舊是屬民、由來朝貢、而倭以辛卯年來、渡海破百殘、□□新羅、以爲臣民

百殘・新羅は、舊《もと》是れ屬民なり。由來朝貢す。而るに倭、辛卯の年よりこのかた、海を渡りて百殘を破り新羅を□□し、以て臣民と爲す。

(海：推定した碑字、□：釈文できない碑字)

広開土王(好太王)碑拓本　第Ⅰ面　石灰拓本
広開土王碑の拓本は数種知られていますが、東洋文庫で所蔵するものは、風化して読みにくい文字を碑面に石灰を塗って読み易く調整してから拓本を採った「石灰拓本」です。

414 広開土王碑文建立
395 ローマ帝国が東西に分裂
392 キリスト教がローマの国教になる

文選《もんぜん》

蕭統撰　6世紀／『文選集注』(平安時代中期)　国宝

絢爛たる詩文　知識人必読の書

貴族文化隆盛の時代に

『文選』は、中国の南朝梁の蕭統《しょうとう》(昭明太子 501〜531)が編集した詩文のアンソロジーです。全三〇巻で、収録対象期間は、東周時代から梁までの約千年に及び、百数十人、約八〇〇篇の作品を収めています。

梁の時代にそれまでの詩文の優品が集大成された背景には、都の建康(現在の江蘇省南京市)を中心とする貴族文化の盛り上がりがあります。4世紀の初め、中国を支配していた西晋王朝は、非漢民族の侵入を受けていったん滅ぼされましたが、建康で再興され、その後、宋・斉・梁・陳の各王朝が建康を都として興亡しました(南朝)。

南朝梁を建国した武帝は名を蕭衍《しょうえん》といい、若いころ南斉の竟陵王《きょうりょうおう》蕭子良の邸宅に出入りし、第一級の文化人・学者と交わりました。このため、蕭衍は最先端の文化に触れ、自身も文学や儒教・仏教・道教などに通じる知識人となりました。やがて、東昏《とうこん》侯《こう》が即位し、暴政によって政治が混乱すると、蕭衍は挙兵して和帝を擁立し、建康を攻撃しました。東昏侯は臣下に殺され、暴政を主導していた取り巻きも蕭衍によって粛清されます。

蕭衍は東昏侯打倒の功績により、梁公に封ぜられ、次いで梁王に昇りますが、502(中興2)年、帝位を自身に譲ることを和帝に強要して梁を建国しました。蕭衍(武帝)は官僚の登用に当たって家柄ばかりでなく、個人の能力をも重視しました。そのため、半世紀近くにも及ぶ武帝の治世は、その最末期を除いて極めて安定し、文学・宗教・芸術などの多方面の文化が興隆したのです。

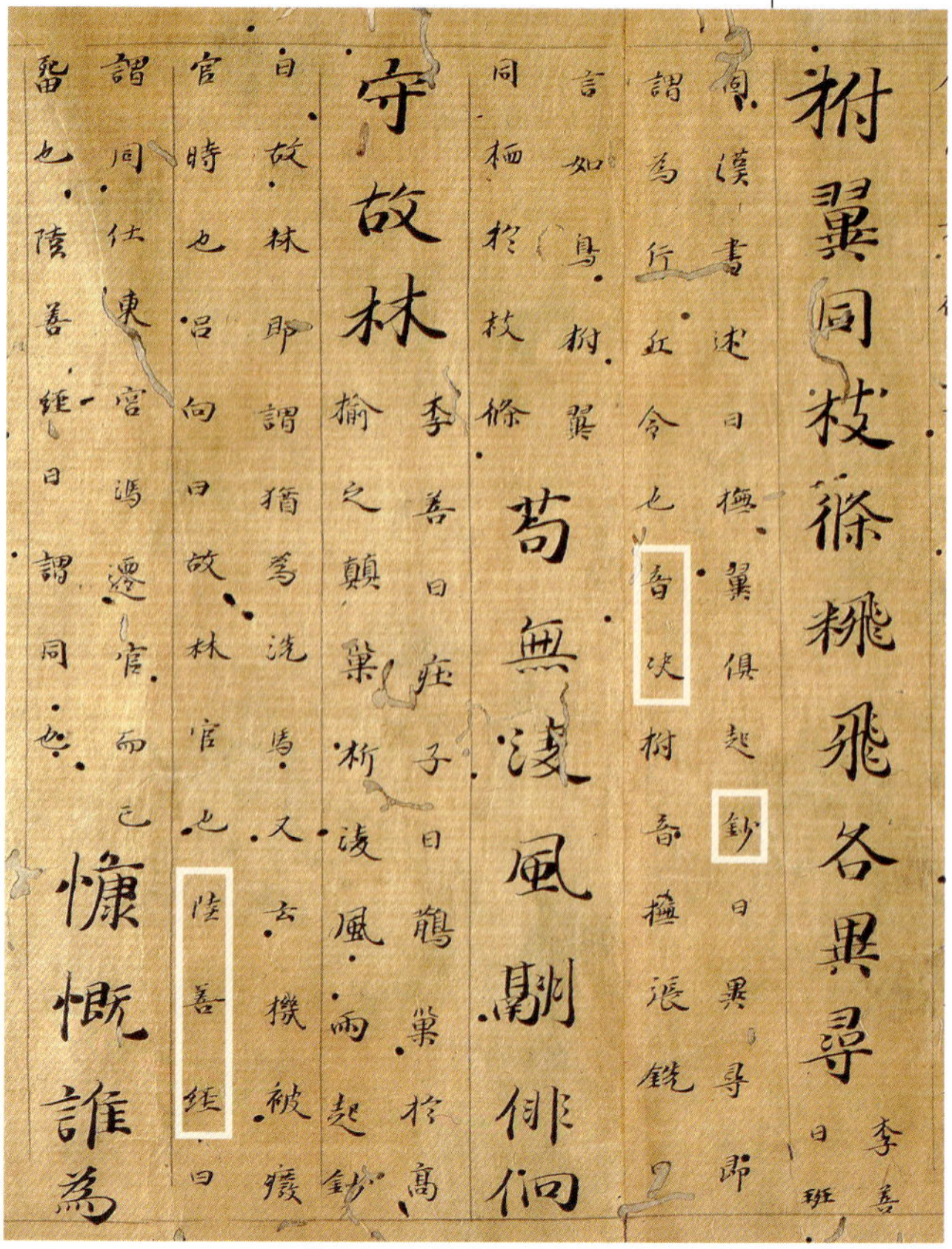

『文選集注』
小さい字の部分が注です。四角で囲んだ部分に「鈔」「音決」「陸善経」の字が見えます。

昭明太子の文芸サロンと『文選』の編纂

このような平和で豊かな文化の開花した時代に、『文選』を編纂した蕭統は生きていました。蕭統は梁建国前年の501(中興元)年に蕭衍の長男として誕生し、梁王朝が開かれると二歳で皇太子に立てられました。昭明太子は幼少のころから聡明で、五歳にして五経をそらんじたといいます。また、成人後は詩作に才能を発揮し、住まいである東宮には三万巻に近い書物が蔵せられ、才知溢れる人士が集まりました。昭明太子が『文選』を編むこ

古墳時代

439 北魏が北中国を統一

420 江南に宋が成立。このころ仏教栄える

とができたのは、貴族文化が隆盛した時代の状況に加え、太子自身に学問的な素養があり、書物を博捜し、太子周辺に集う知識人を動員することが可能であったためと思われます。

昭明太子は『文選』の序文で、掲載作品の選択基準を、深い思索があり、修辞にすぐれたものとしています。このように、選りすぐりの美文を集めた『文選』は、唐代に官僚登用試験である科挙のテキストとされたことから大いに世に広まり、注釈が付けられました。その代表が唐の李善による注で、次いで呂延《りょえん》済《せい》・劉良《りゅうりょう》・張銑《ちょうせん》・呂向《りょきょう》・李周翰《りしゅうかん》による五人の注が、五臣注としてまとめられました。

国宝『文選集注《もんぜんしっちゅう》』

『文選』は中国で盛行したばかりでなく、日本にも舶載されました。その時期は、古く7世紀のころとみられます。ここに掲げた写真は、東洋文庫所蔵の『文選集注』です。本書は『文選』の注釈書で、日本人が著したものですが、撰者は不明です。平安時代中期に書写され、もとは一二〇巻あったとされますが、現在残るのは二四巻分のみです。このうち東洋文庫が所蔵するのは残巻を含む五巻分で、国宝に指定されています。注の部分には李善注・五臣注のほか、陸善経《りくぜんけい》注や「鈔」「音決」と称される注が付けられ（右頁写真参照）、撰者の考えが「今案（今案ずるに）」と記されることもあります。陸善経注・鈔・音決は、『文選集注』のみに見える注で中国には伝わっておらず、大変貴重なものです。

このように、中国はもちろん、日本においても知識人の教養書とされた『文選』は、昭明太子の晩年にまとめられました。太子は、舟遊びに興じていた際、宮女が戯れに舟を揺らしたため水中に落ち、それがもとで病にかかって亡くなりました。享年三一でした。太子の最期は悲劇的ですが、『文選』の編纂によって不朽の名声を残すこととなったのです。

南宋版『文選』見つけた！

中国では宋代（北宋960〜1127、南宋1127〜1276）に印刷術が発達し、たくさんの書物が出版されました。これを「宋版」と呼びます。現存するものが少ないため、たいへん珍重されています。東洋文庫の蔵書では、国の重要文化財『楽善録』や天下の孤本『歴代地理指掌図』が宋版として有名ですが、ここに紹介する『文選』も引けをとりません。南宋の紹興年間（1131〜62）に出版されたもので、これと同じものが台湾の国立故宮博物院にも清の乾隆帝秘蔵本として伝わりますが、それよりもはるかに印刷状態が良好です。重厚な作りのけんどん箱に納められ、大切に伝承されてきたことがうかがわれます。

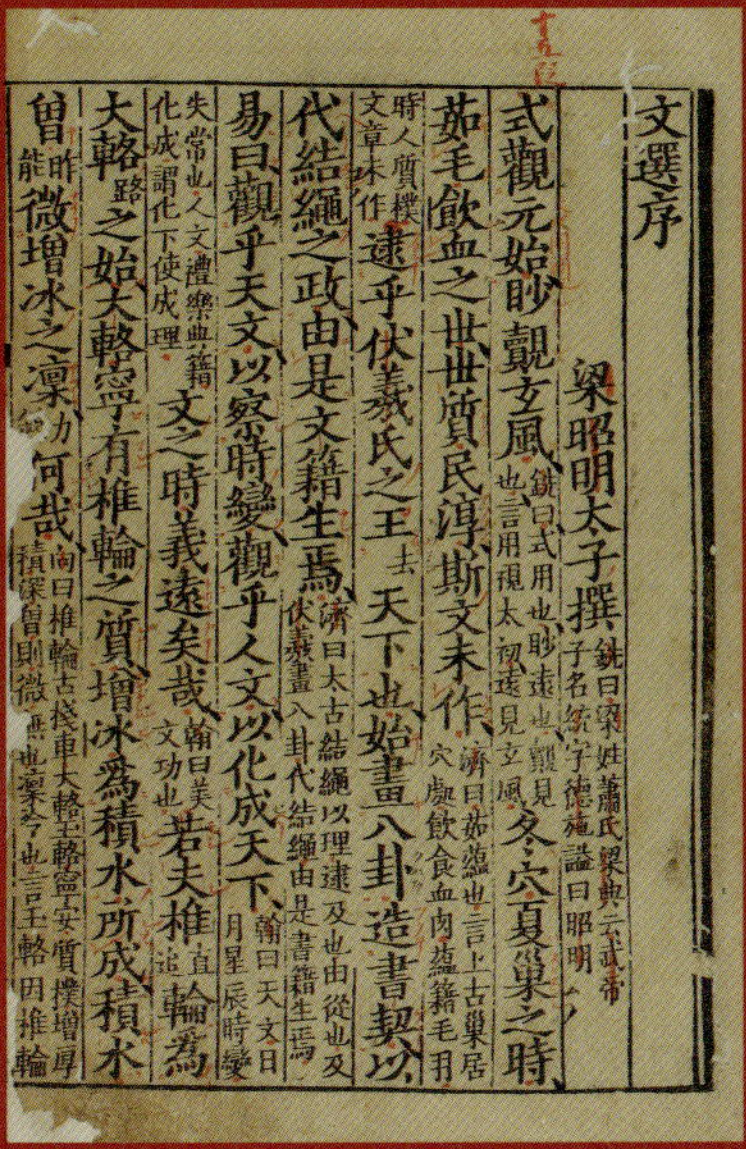
文選序
梁昭明太子撰
式觀元始眇覿玄風冬穴夏巢之時
茹毛飲血之世世質民淳斯文未作
逮乎伏羲氏之王天下也始畫八卦造書契以
代結繩之政由是文籍生焉
易曰觀乎天文以察時變觀乎人文以化成天下
文之時義遠矣哉若夫椎輪為
大輅之始大輅寧有椎輪之質增冰為積水所成積水
曾微增冰之凜何哉

梁の武帝が倭王武を征東将軍とする

6c ｜ 502 ｜ 476

ヒンドゥー教の隆盛／サザン朝ペルシアの最盛期 ｜ 梁の建国（南北朝時代） ｜ 西ローマ帝国滅亡

百《ひゃく》万《まん》塔《とう》陀《だ》羅《ら》尼《に》

称徳天皇　770年(奈良時代)

仏教の日本伝来——仏教が導く最先端の精華

呪文《おまじない》が世界最古の印刷物

ここに、百万塔とよぶ小さな木製の塔に納まる、仏教の呪文(陀羅尼)を印した紙片があります。制作年代が確かな現存する世界最古の印刷物です。735年、中国から日本に『無垢浄光大陀羅尼経』という最先端の経典が伝わりますが、そこには、仏塔を造ることの本

百万塔
塔:高21.5×径9.7cm、紙片:5.2〜6.0×19.0〜52.0cm。
用材は、本体が檜。上部が榊・桂・桜と塔により異なります。「三重小塔」と呼ばれ、円筒台形の基壇上に3層の屋根が載る本体と、天に向けて突き出た取外し可能な上部(相輪)からできています。本体の屋根の頂上から孔を真下に削りこみ、本体に巻紙の呪文を1枚だけ納め、上部の凸部を孔にさしこんで蓋とします。

陀羅尼の文字
用紙は、麻が原料の麻紙、麻紙を虫損防止用に黄檗(きはだ)で染めた黄麻紙、楮でできた穀紙の3種があり陀羅尼により異なります。4種の陀羅尼は、文字書体の大小や太さ細さの差異による2系統の版があり8種の変形が確認されています。印刷様式は、X線・顕微鏡などの科学調査の結果、木版と推定され、印刷方法は、版木をスタンプとして用いたとされるものの、未だ結論を得ていません。

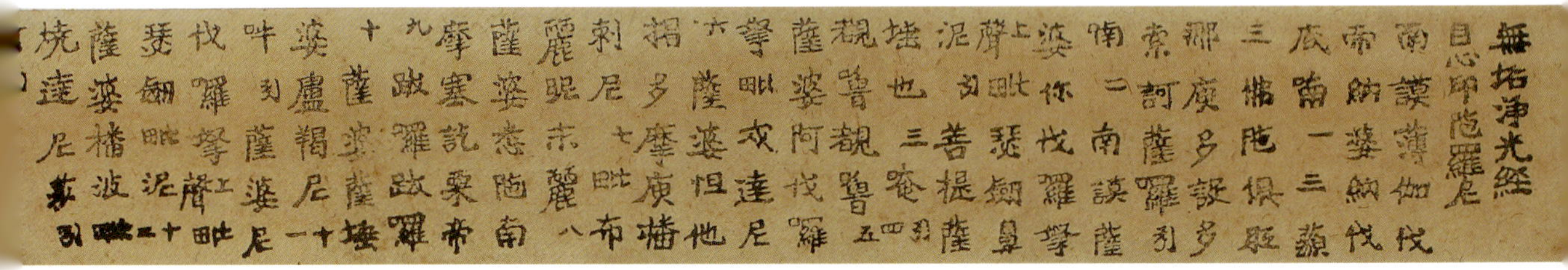
無垢浄光経
自心印陀羅尼

日本に仏教が伝来　538頃(一説552)
筑紫国造磐井の乱　527
520
百済が五経博士を倭に送る　513
6c
グプタ朝が分裂し、インドが分裂時代に入る
クメール人がカンボジアを建国

来の意味と、それを具体化する方法とが説かれていました。一般に、信仰の祈りや願いを実践する最も身近な方法は、写経です。これは、6世紀中頃までに日本に仏教が伝来してから今日まで変わりません。百万塔陀羅尼が独特なのは、その行為を呪文で唱え、摺経として印刷した点です。この方法を展開し、人間が犯すさまざまな罪過を解消して国家を平和に保ち、この世にある人々が病気や災害から逃れて長寿を全うし、あの世で生活する故人の魂を慰め、その幸福も実現しようと考えたのが称徳天皇でした。

陀羅尼の実体と小さい塔に込められた意味

陀羅尼とは、よく種々の善法を固くたもつことを意味します。古代インドの言語・梵語を音写した漢字をそのまま音読するのに加え、神秘的な言葉の響きを持つため、膨大な教えを簡潔に示すエッセンスとも考えられていました。一二四〇年あまりをへた現在、百万塔陀羅尼で確認できるのは、『無垢浄光大陀羅尼経』中の六種の陀羅尼のうち根本(国家の平和祈願)・相輪(成仏のための障害除去)・自心印(罪過の消滅)・六度(理想実現の方法)のみです。これが当時の人々にとって切実な願いだったのでしょう。

当時は、寺院が壮麗華美を極め塔も巨大化しました。称徳天皇の父・聖武天皇は、その行き過ぎを何度も戒めています。一方、百万塔は、底に開く三つの臍《ほぞ》から轆轤《ろくろ》で削る製法とみられ、安価で大量な塔がいち早く製作できました。かつては、全体に白土が塗られ、光の反射で光明(仏の心身から放つ光)が輝いて観える細工もされましたが、それは、まるで釈迦の真骨を納める舎利容器でした。しかし、その中身を宝石などの代替品とせず、真言すなわち教えの呪文を護符として納めた点に称徳天皇の願いの真骨頂がありました。

陀羅尼の書体比較と摺経の断絶

ところで、日本最初の流通貨幣・和同開珎(708)には、中国・唐の開元通宝(621)の書体が模倣されています。また、日本三大古碑の碑文には、5世紀初〜6世紀末の中国で流行した六朝楷書が採用されていますが、ほぼ同じ頃の呪文の書体は、そのいずれにも似ず、写経であれば丁寧に写し取られる書風も、形跡すら窺えません。しかし、文字が稚拙に見えるのは、渡来した技術者を頼まず、外国の書体もあえてまねずに、日本独自の書体を展開したからともいえましょう。

こうした印刷事業もやがて顧みられなくなります。8世紀末〜12世紀の平安時代では、必要な書物のすべてが書写でこと足り、貴族間に定着するからです。仏教信仰の祈りや願いは、これまでと同様に変わりませんでしたが、写経の効果がますます盛んに説かれたため、ついに藤原道長(966〜1027)の御堂関白記に記される法華経一千部(現存せず)の印行まで、約三〇〇年間断絶することになりました。

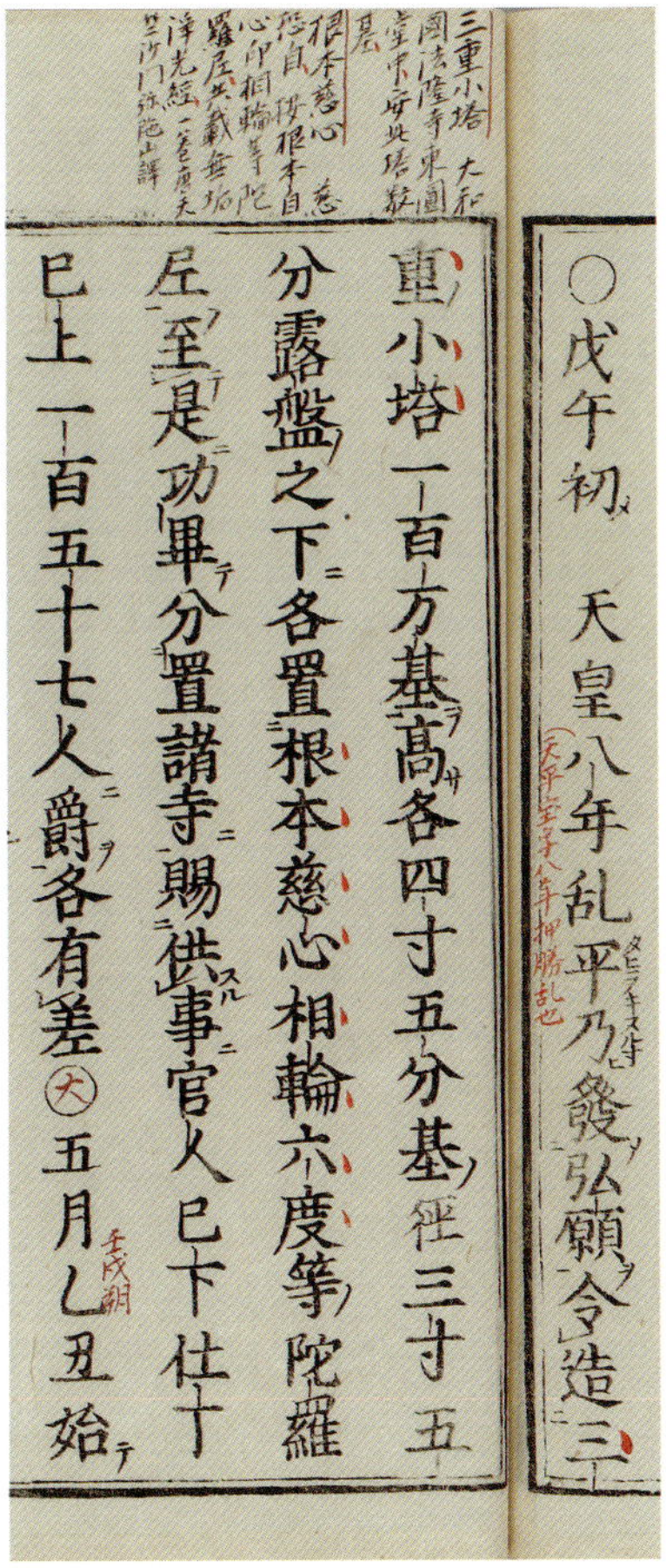

百万塔陀羅尼の完成を伝える記事
称徳天皇(在位764〜770)の発願により、約6年を費やして天皇の崩御3カ月前に完成しました。出典は、『続日本紀』「神護景雲4(770)年4月26日条」です。

蘇我氏が物部氏を滅ぼす
589 587 570頃 552
隋が中国統一 ムハンマド誕生 突厥帝国成立

隋《ずい》書《しょ》

魏徴ほか撰　656年（唐代）

日出ずる処《ところ》の天子、書を日没する処の天子に致す

中国最初の王朝公式歴史書「正史」

『隋書』は、中国、隋（581〜618）の歴史を記した正史で、本紀五巻、志三〇巻、列伝五〇巻からなります。

正史とは、中国で王朝により公式に編纂され、正当と認められた紀伝体の歴史書のことで、ひとつの王朝が滅びた後、次の王朝により編纂されるものです。唐代に歴史書の編纂が国家的事業となり、『隋書』も、唐の太宗の勅命を受けた魏徴《ぎちょう》と長孫無忌《ちょうそんむき》らが中心となり、編纂が始まりました。636（貞観10）年に、魏徴によって本紀五巻、列伝五〇巻が完成し、その後、第三代の高宗の656（顕慶元）年に、長孫無忌によって志三〇巻が完成し、本紀、列伝に編入されました。

中国古典籍分類法を確立

『隋書』八五巻のなかでもそのうち三巻を占める「経籍志」（歴史書における図書目録）は後世に大きな功績をもたらしています。その分類は、経部（四書五経など儒教の経書とその注釈、文字に関する研究や字書類等）、史部（歴史、地理、政治、法令、目録等）、子部（諸子、天文学、暦学、医学・薬学他自然科学関係等）、集部（文学作品、文芸評論、個人の文集、作品集等）からなる四部分類と、道経、仏経からなり、これまで試行錯誤されていた図書の分類がここに確立されます。そしてこの分類は、現在でも中国古典籍の分類法の規範となっています。また「正史」という呼称もこの「経籍志」から始まります。

貴重な遣隋使の記録

巻八一の列伝第四六「東夷伝」には、高麗、百済、新羅、靺鞨《まっかつ》、琉求国に次いで倭国（俀国）の条があり、当時の日本の社会、風俗に関する記述とともに、倭国からの遣使、遣隋使に関する記述があります。

まず、600（開皇20）年に、倭王（姓は阿《あ》毎《ま》、字は多利思比孤《たりしひこ》、号は阿輩雞彌《あはきみ（おほきみ）》）が使者を派遣したことが書かれています。

そして、607（大業3）年には、倭国が国書を携えて朝貢したことが書かれています。これが遣隋使第二回にあたり、その国書の一句「日出処天子致書日没処天子無恙云云」がよく知られる「日出ずる処の天子、書を日没する処の天子に致す。恙《つつが》無しや、云々」です。

なお、これら遣使の記録については、600年の派遣は日本の史料には残らず、『隋書』

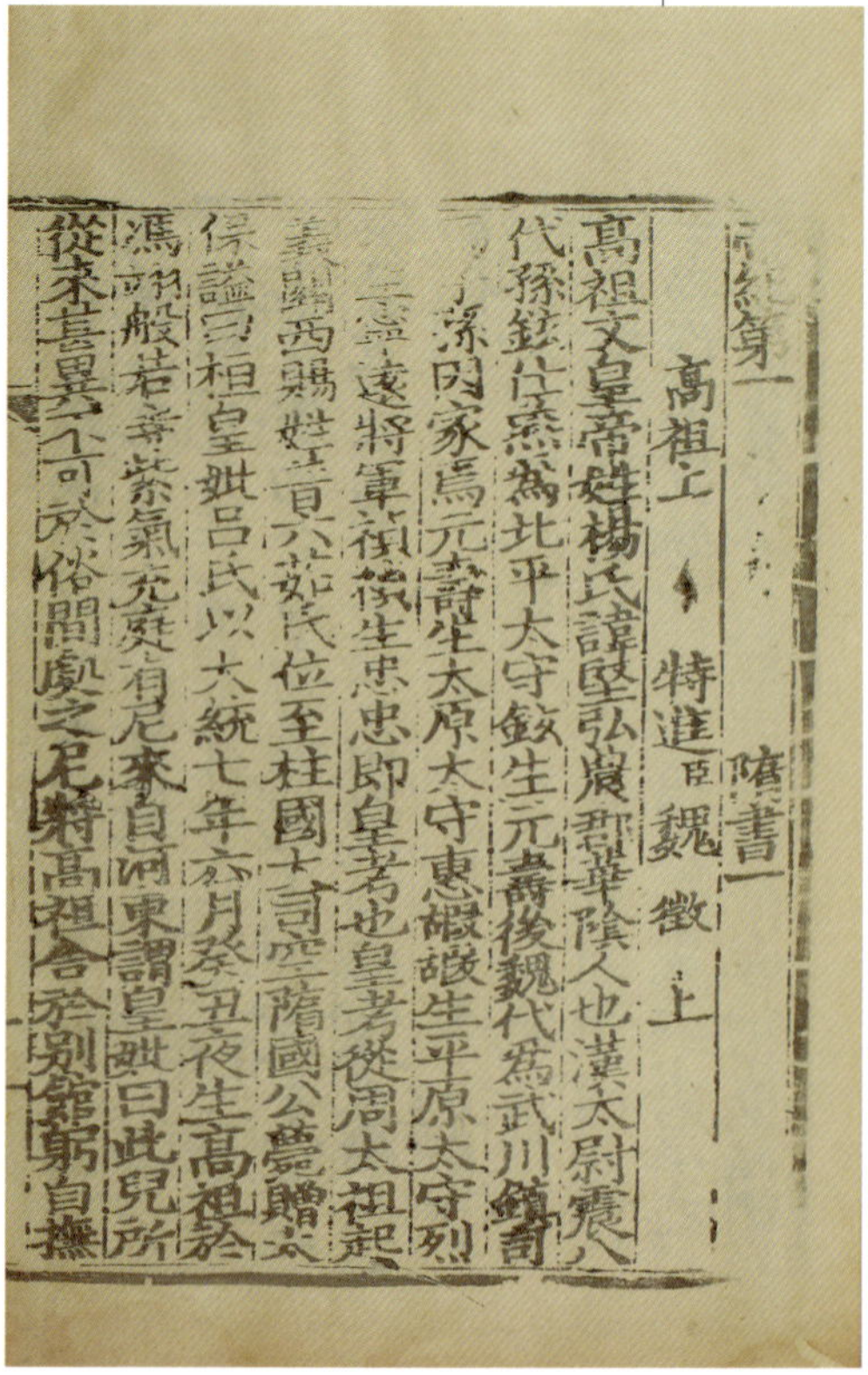
隋書一
帝紀第一
高祖上　特進臣魏徵上
高祖文皇帝姓楊氏諱堅弘農郡華陰人也漢太尉震八代孫鉉仕燕爲北平太守鉉生元壽後魏代爲武川鎮司馬子孫因家焉元壽生太原太守惠嘏嘏生平原太守烈烈生寧遠將軍禎禎生忠忠即皇考也皇考從周太祖起義關西賜姓普六茹氏位至柱國大司空隋國公薨贈太保謚曰桓皇妣呂氏以大統七年六月癸丑夜生高祖於馮翊般若寺紫氣充庭有尼來自河東謂皇妣曰此兒所從來甚異不可於俗間處之尼將高祖舍於別館躬自撫

『隋書』
1297〜1307年刊、1515・1529・1530・1531・1587補刊、85巻、巻19至23欠（存18冊）。

年	日本	世界
593	聖徳太子が摂政となる	
604	十七条憲法を制定	
605		隋の煬帝が大運河建設
607	小野妹子を隋に派遣（遣隋使）	
610		イスラーム教成立
611		隋の高句麗遠征

から知れるのみで、607年の派遣は、『日本書紀』には、小野妹子ら遣使の名とともに記録が見えますが、『隋書』にはそれら遣使の名は見えません。

さて、図に挙げている東洋文庫所蔵本は、元の大徳年間(1297〜1307)に出版されたものです。文字がつぶれて読みづらいのは、その元となる版木に摩滅や傷みが生じたからです。そのため、その後、明の正徳10(1515)年、嘉靖8、9、10(1529、1530、1531)年、そして万暦15(1587)年と、五回にわたって、傷んだ箇所が新たな版木で補われています。その箇所には、それぞれ補刻した年代が版心に彫られています。

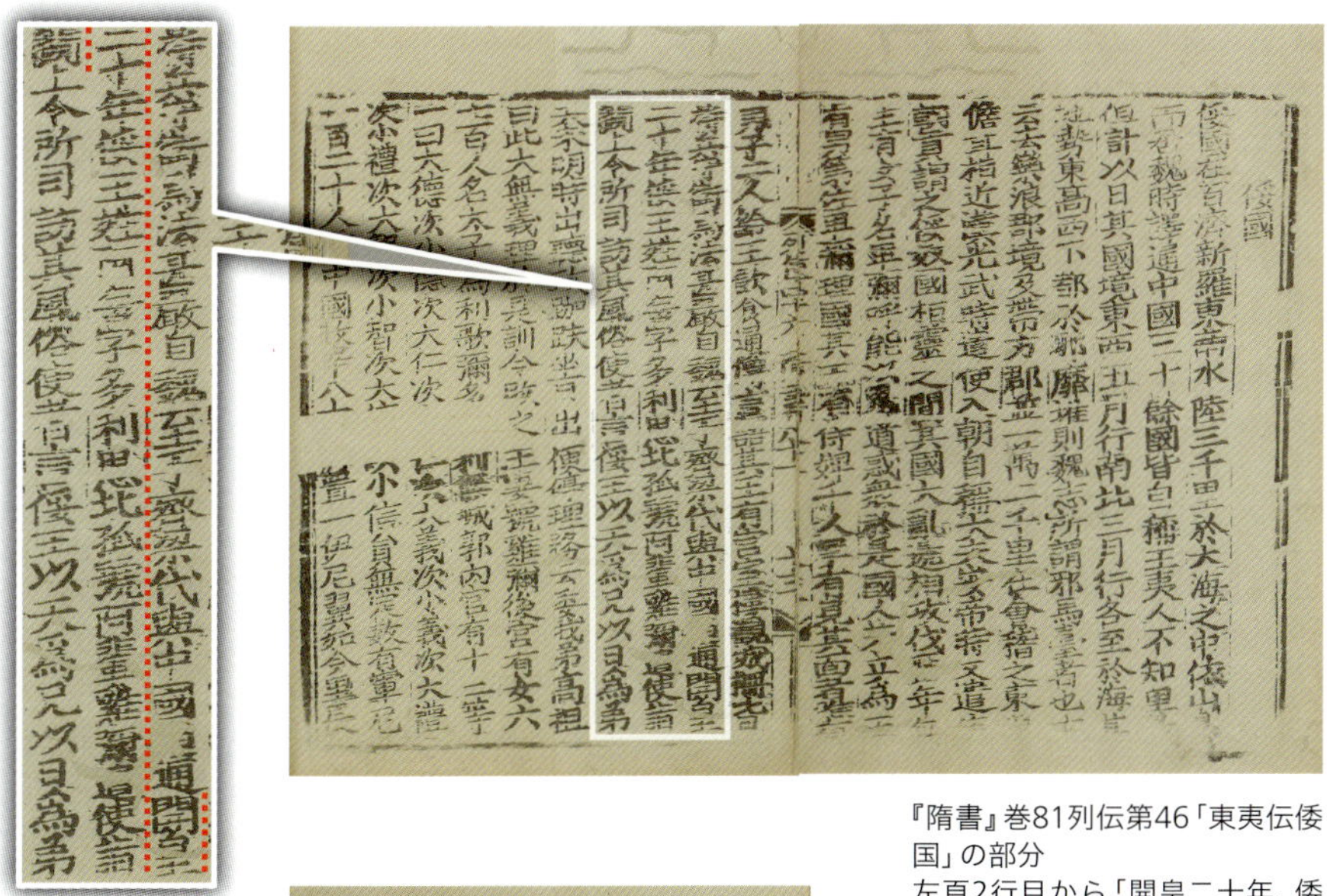

『隋書』巻81列伝第46「東夷伝倭国」の部分
左頁2行目から「開皇二十年、倭王姓は阿毎、字は多利思比孤、號は阿輩雞彌、使を遣して闕に詣る。」と記されています。

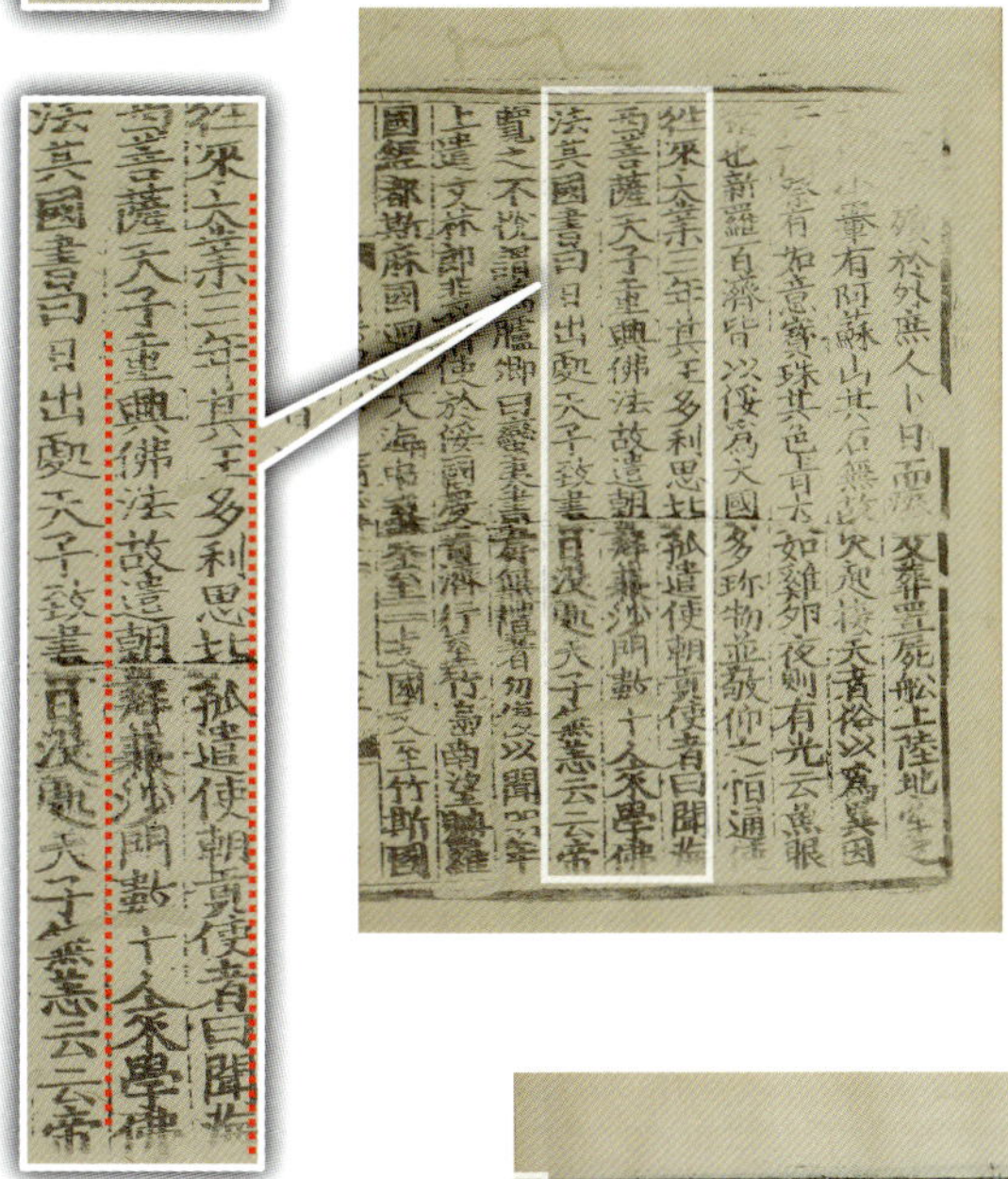

5行目「大業三年」から遣隋使第二回の記述があり、7行目に「日出ずる處の天子…恙無しや云々」と記されています。

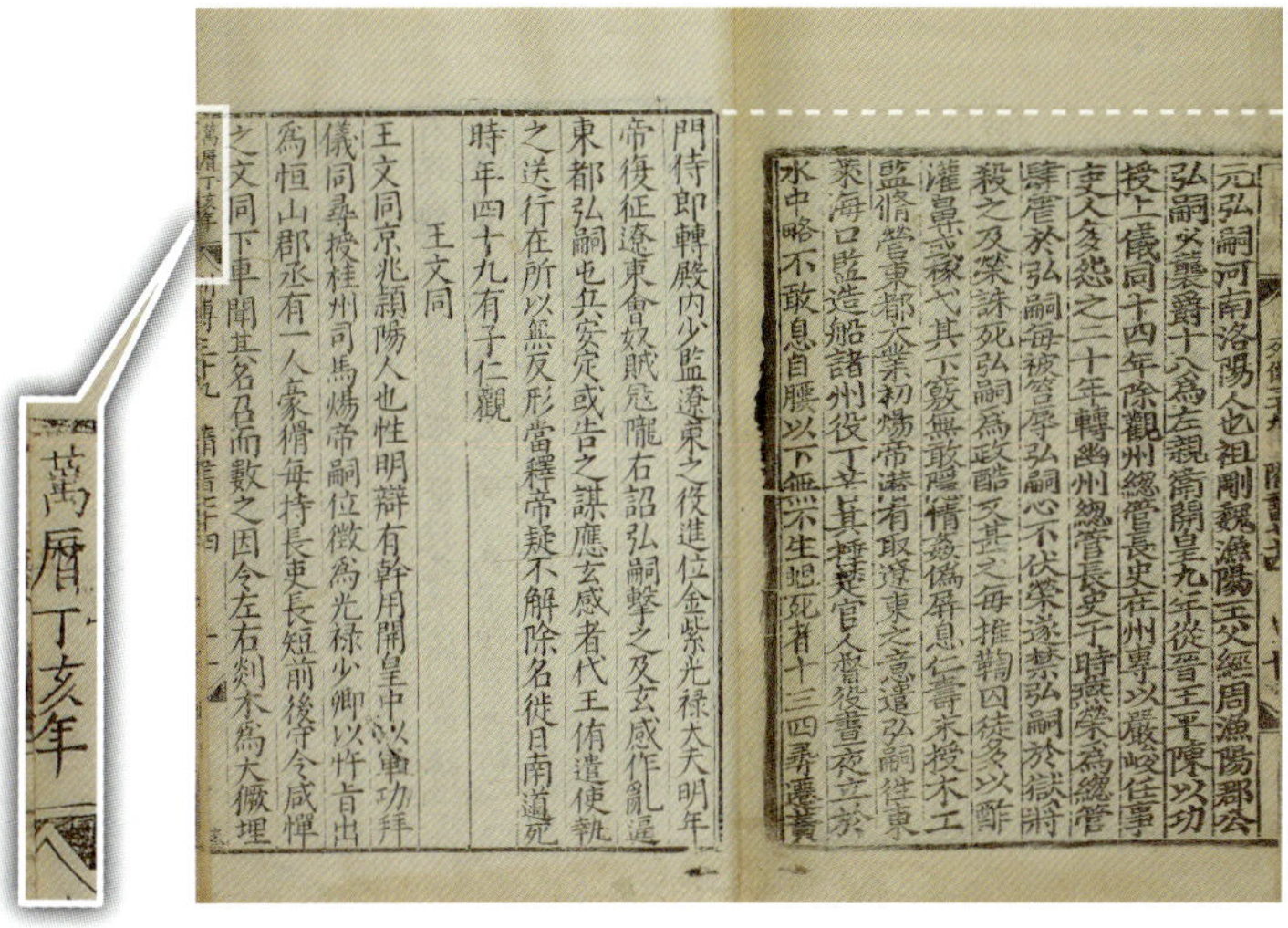

右頁は元刊の原版、左頁は版心に「萬暦丁亥年」とある万暦15年の補刻版。枠の高さが異なります。

656 『隋書』完成
618 隋滅び、唐が建国

コーラン

650年頃

唯一、全《まった》き神の言葉――イスラームの聖典

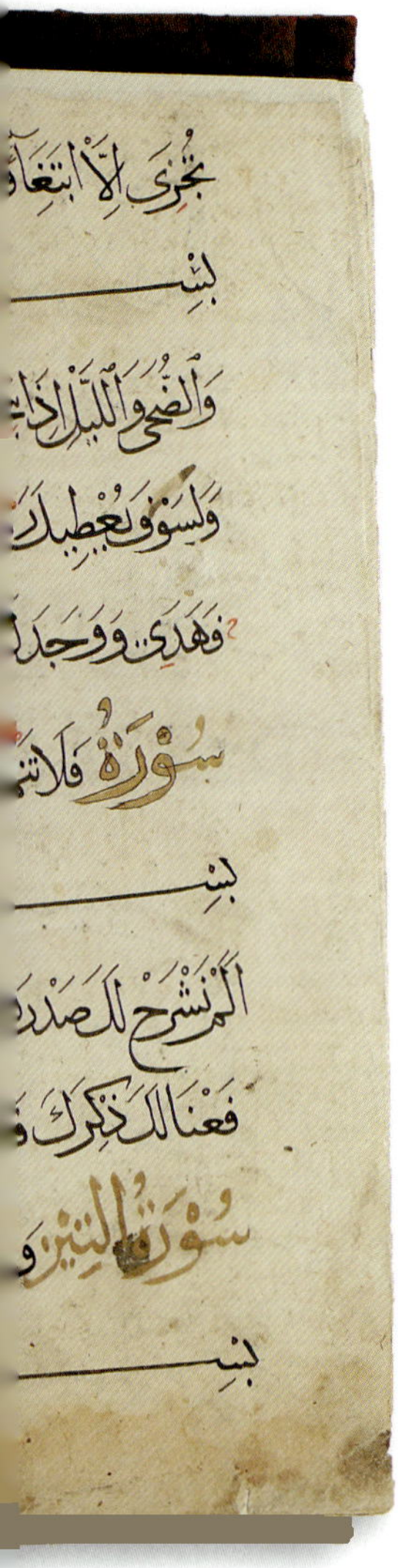

神の啓示を受けたムハンマド

『コーラン(クルアーン)』は、イスラームの聖典で、唯一神アッラーが預言者ムハンマド(570頃~632)に授けた言葉を集録したものです。

ムハンマドは、アラビア半島中西部に位置する宗教・商業の中心都市メッカの一商人でした。610年、四〇歳頃にメッカ郊外のヒラー山で瞑想中に天使ガブリエルが現れ、最初の啓示が与えられたといわれます。最初は恐れとまどったものの、次第に預言者と自覚していきます。その後632年に没するまでの二三年間、断続的に啓示を受けました。

コーランは、ムハンマドの存命中にその一部が書記によって書き留められていましたが、主に信徒たちの口承と暗記によって保持されていました。しかし、ムハンマドの死後に起こった戦乱で多くの暗唱者が戦没します。さらに、征服地の拡大にともない信徒間でコーランの異同が生じ始めました。このような状況を受け、650年頃に第三代正統カリフ・ウスマーン(在位644~656)の命令で正本が編纂され、それまでに書き留められていたものはすべて焼却されました。現在流布しているコーランは、すべてウスマーン版をもとにしています。

コーランが持つ朗唱の美

コーランは、アラビア語で「読誦すべきもの」を意味します。目で黙読するものではなく、声に出して朗唱するものです。神託や説教などの語りの場で用いられるサジュウ(押韻散文)と呼ばれる文体が使われていて、独特の響きをもつ朗唱の美しさはコーランの魅力の一つです。伝統的なイスラーム教育ではコーランの暗唱が重視され、まず章句を耳から覚え、それからアラビア文字と読み方を覚えます。コーラン全文を暗誦する者はハーフィズと呼ばれ、社会的な尊敬を受けます。

全体は一一四章からなり、おおむね長い章から順番に並べられています。各章は、大きくメッカ啓示とメディナ啓示に分けられます。メッカ啓示は、メッカで布教活動をしていた頃の啓示で、唯一神への帰依、当時の多神教や偶像崇拝への批判、終末と来世など信仰に関わる事柄が多く見られます。それに対し迫害を避けメディナに移住した622年のヒジュラ(聖遷)後のメディナ啓示は、イスラーム教徒による共同体が成立していたこともあり、社会生活や法的規定に関する具体的な記述が多くなります。

先行する一神教であるユダヤ教やキリスト教の影響も受けていて、モーセやイエスをム

遣唐使の開始　630
632　イスラム教の開祖ムハンマド没する
大化の改新　645
650　この頃、『コーラン』が編纂される

コーラン
1372年1月8日（ヒジュラ暦773年ラジャブ月1日）筆写。書体はナスフ体。各章の章題、節数、啓示時期が金文字で書かれています。写真左頁4行目から始まる96章「凝血の章」は、その最初の5節が、ムハンマドがうけた最初の啓示と言われます。

ハンマドに先行するとします。また、聖書も神の言葉をまとめた啓典と認めていますが、人の手が加わっていて不完全であるとし、コーランのみが神の言葉を正しく伝えていると考えられています。神の言葉と人間の言葉の区別は、ムハンマドの言行（スンナ）でも厳密にされています。スンナはコーランに次ぐイスラーム法の根拠とされるハディース集にまとめられています。

　コーランは、ムハンマドが聴きとったままの言葉で記されているアラビア語原典のみを指し、20世紀になるまでは翻訳は認められていませんでした。現在は様々な言語に訳され日本語でも手軽に内容を知ることができますが、翻訳はコーランの解釈・研究と見なされています。

壬申の乱 672
天智天皇即位 668
高句麗が滅亡 668
白村江の戦い 663
ウマイヤ朝の成立 661

私の逸品

津《しん》門《もん》保《ほ》甲《こう》冊《さつ》

散逸をまぬがれた清代の地方文書

斯波義信　東洋文庫文庫長

　東洋文庫を紹介する時、「研究図書館」という切り口について、私から触れておきたいと思います。6万冊を誇る『地方誌』資料を一つの事例として、所蔵資料を材料にして「何を研究し」「何の目的で」「何の役に立てて」いるのかを述べてみましょう。中国の『地方誌』は、日本中近世の「ジカタ書」に当たるデータをもとにして、県・府・省政府が編んだ地方事情の調査録です。えてして儒教の教えや、官制や法典など、中央お膝元のデータは詳しくても、地方・辺境のことはなおざりだ、というのが中国在来の歴史史料の泣き所です。県誌・府誌・省誌は、往々にして村誌、保甲冊(国勢調査)、採訪冊(調査書)をもとにそれを役人が取捨して編まれています。予備調査段階の「ジカタ書」はどうなったかと言えば、ほとんどが散佚しています。東洋文庫には、散逸をまぬがれた清代天津での予備調査である『津門保甲冊』(1846年)という貴重な資料が所蔵されています。東京大学の東洋文化研究所に所蔵されている3点の清末の「村図」とあわせて検討することによって、地方誌編纂のプロセスが分かります。『地方誌』の中には予備調査も極力採用した質の高いものもあり、その編纂手順を組織的に調べていけば、『地方誌』全体の利用価値も上がるというわけです。

　また、860点もある『族譜』(一族の系譜や事跡・財産などを記した文書)も、知る人ぞ知る社会資料の宝庫です。文庫にはほかに清末の『蜀訟批案』という重慶の判例集がありますが、蜀(現在の四川省)という北京を遠く離れた地方法廷の裁判官が、中央の法典と地方の慣行とを両睨みしながら、事件にどういう決着をつけたのかが詳しくわかります。

　東洋文庫では創立以来、こうした資料を用い、客観的で科学的な実証(考証)を通じて、アジアについての正確な知識を編みだす研究の営みを続けてきました。「世界五指に入る研究図書館」という位置づけは、学術誌や刊行物を通じて国内海外に発信された、このような研究成果の反響によるものと言うことができるでしょう。

　名品・逸品を精選して図版と解説を付けたこの図録によって、東洋文庫が保有する書物の白眉が、ますます読者の方々の身近な鑑賞の対象となるだけでなく、じかに足を運んで、ミュージアムや閲覧室、講演などの催しで「アジアの記録」に目を触れていただくきっかけになることを切に願っています。

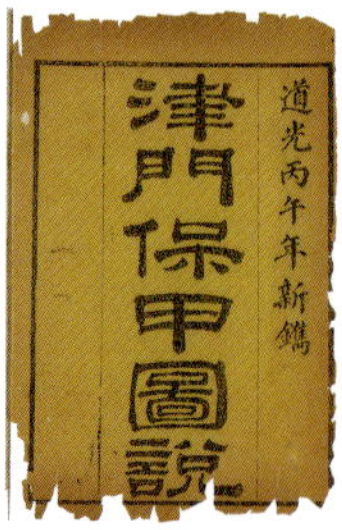

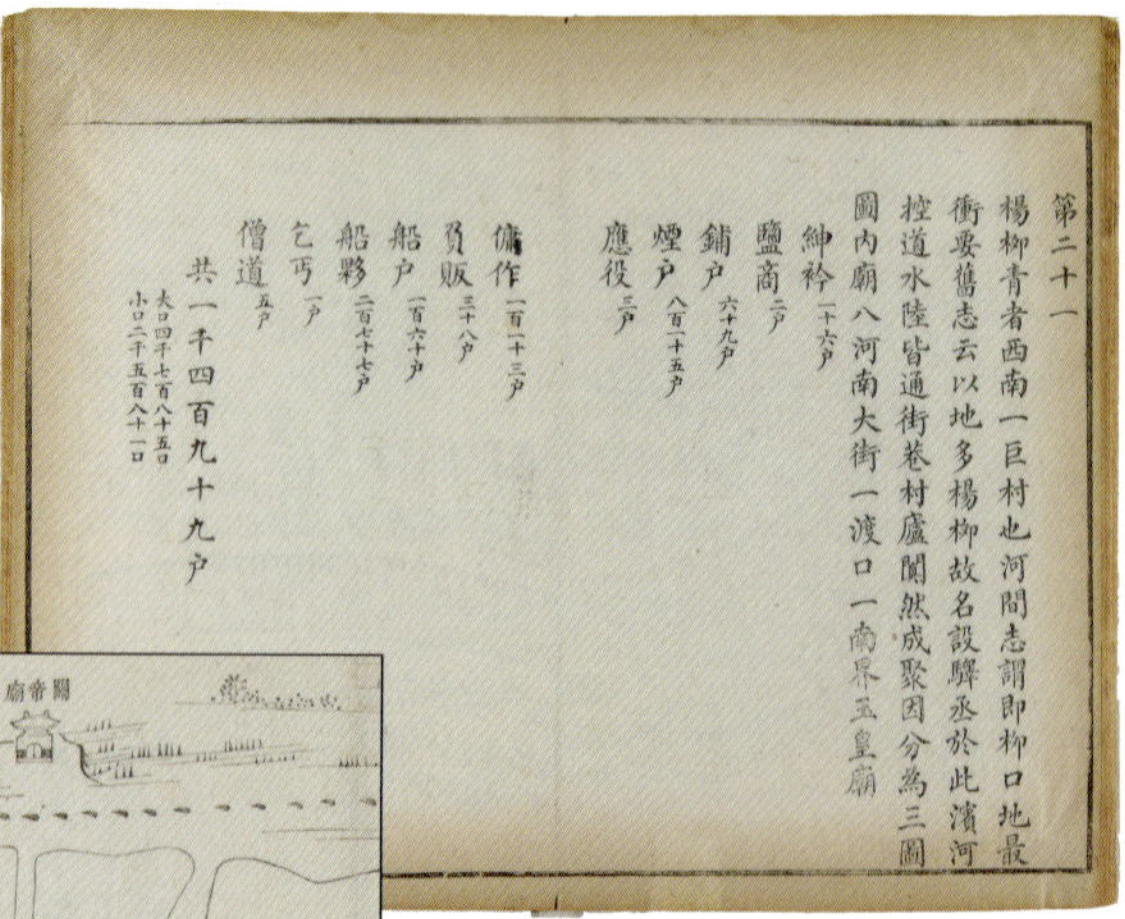

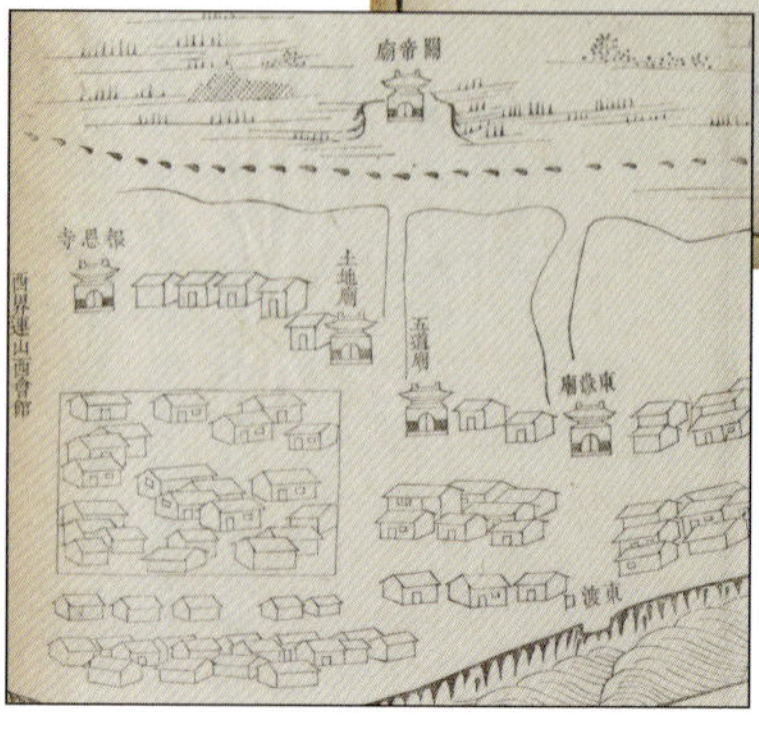

『津門保甲冊』1846年
センサスにより集落ごとに職業・人口などを調べた明細帳で、図がついている。

第2章

民族の移動と東西交流のあけぼの

――8世紀後半〜14世紀半ば

ヨーロッパとアジアに展開した各地域世界は、やがて互いに交流し、刺激を受けてさらなる変容をみせます。チンギス・ハンは、東西の人や物、文化が往来した東西交易路を支配し、やがてユーラシアをまたぐモンゴル帝国を築きました。眼前の困難にひるむなと叱咤する、世界を支配しようとした帝王にふさわしい名言です。

「遠しとて失望する勿かれ、行けば到達す。重しとて恐るる勿かれ、挙ぐれば耐えらる。通行し難き峠も越ゆれば上に出で、渡り難き江も努力すれば彼岸に渡らる。」

チンギス・ハン（1162頃〜1227）

古《こ》事《じ》記《き》

太安萬侶編　712年(奈良時代)

天皇家成立の謎を解く基本史料

国史編纂のスタートライン

『古事記』は第四三代天皇、元明天皇の712(和銅5)年に太朝臣安萬侶《おおのあそんやすまろ》(太安万侶とも表記)によって献上された日本最古の歴史書です。「序」によれば、天武天皇の命で稗田阿礼《ひえだのあれ》が「誦習」していた天皇の系譜・帝紀と古い伝承『帝皇日継《ていおうのひつぎ》』『先代旧辞《せんだいのくじ》』を太安万侶が書きしるし、編纂したものとされています。

これより前、620(推古天皇28)年に聖徳太子と蘇我馬子が『天皇記』・『国記』を編纂したと言われますが、残念ながら、645(皇極4)年の政変の際、蘇我邸とともに焼失しました。ただ、『国記』は焼失する前に戦火の中から救出されたことが『日本書紀』に見え、『古事記』の前身にあたる、推古天皇以前の記録をまとめた書物が存在したことを物語っています。

日本版「創世記」の語り始め

内容は、上・中・下の三巻に分かれ、上巻《かみつまき》では日本の国土の形成(国生み説話)から神武天皇の父、鵜葺草葺不合命《うがやふきあえずのみこと》までのいわゆる「神代」を扱っており、よく知られる出雲の神話や「天孫降臨」などの話が出てきます。中巻《なかつまき》では、大和の地に建国した初代の天皇とされる神武から一五代の応神の各天皇までの話を、下巻《しもつまき》では、一六代の仁徳から三三代の推古までの各天皇を扱っています。『日本書紀』と比べるとかなり簡単な内容で、それぞれの天皇と各氏族の血縁関係を記述したものだけというものもあります。

天皇の崩御を干支で表している以外、年代を知る手がかりはありません。中国や朝鮮半島系の史書の倭人関係の記事との接点がほとんどないことも、年代を推定する上での困難をもたらしています。応神天皇と同時代の人として、わずかに百済の「照古王」(=近肖古王、在位346~375)の名が出てきますが、そこには6世紀初め頃に成立した『千字文』伝来の記事もあり、単純に同時代の記述と断定することはできません。不確実な記憶にもとづいた伝承も含まれているのでしょう。

音写された古代の日本語

奈良時代以前は、まだ仮名文字が生まれて

『古事記』は“偽書”か？

ここに1644(寛永21)年の刊本があります。『古事記』は、原本の形では残っておらず、写本の形で伝えられています。もっとも古い写本は、室町時代のものです。『日本書紀』やその他、「正史」に記述がないことから、『古事記』を後世になって作られた「偽書」であるとする説がありました。長い間、日の目を見なかったことから疑いがもたれたのかもしれません。

しかし、『万葉集』(759年以後に成立)よりも古い発音を伝えていることや、いわゆる「神武東征」伝説で、神武天皇とその兄の一団が九州から大和に入るとき、その船団が大阪湾から生駒山地の麓の地に直接乗り付けた話のように、古墳時代(3世紀半ば~7世紀末頃)以降の地理知識では創作しにくい内容が多く含まれています。そのもとになった伝承は、かなり古い淵源をもっていたと見るべきでしょう。

676 新羅が朝鮮半島を統一
690 則天武后即位
694 藤原京遷都

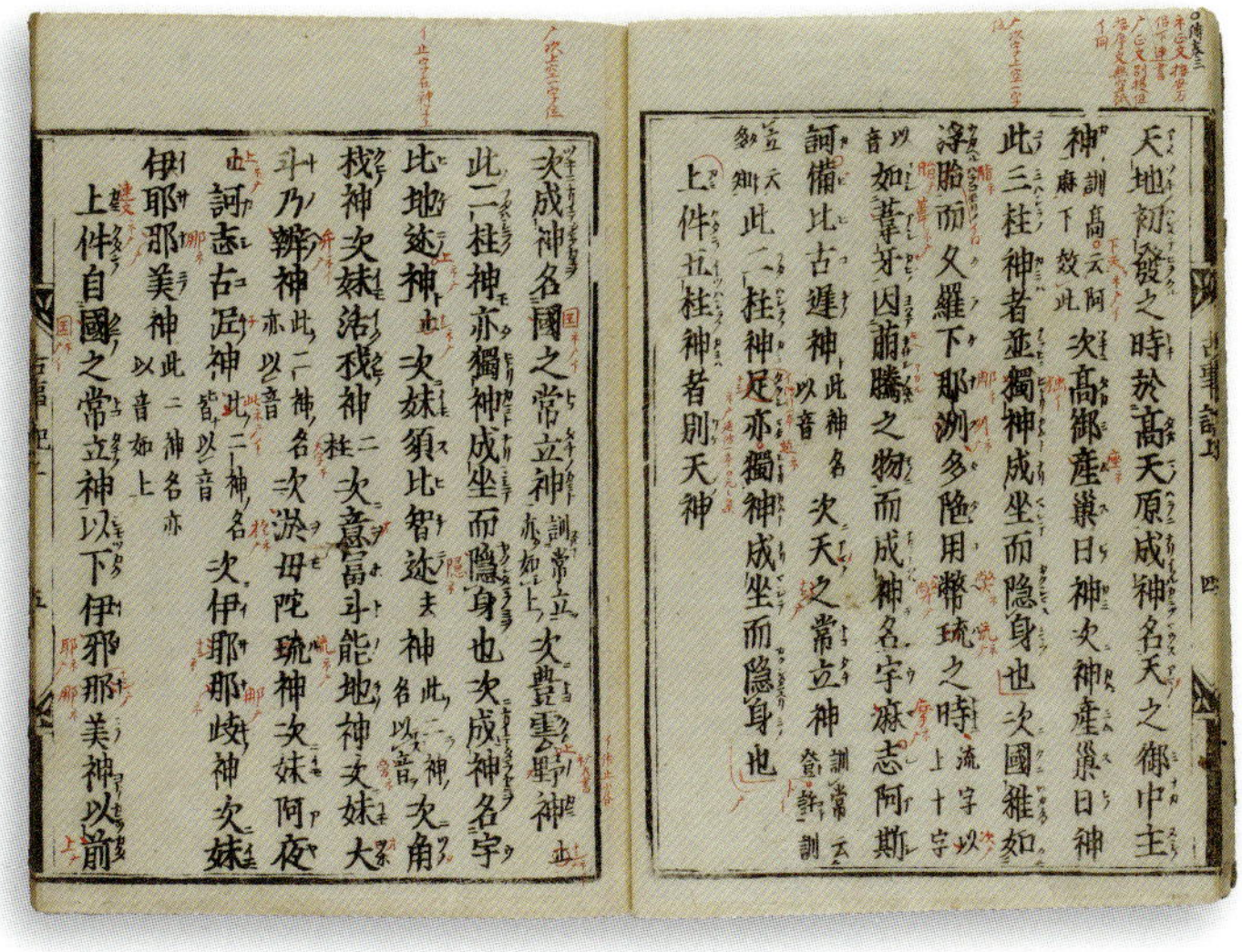

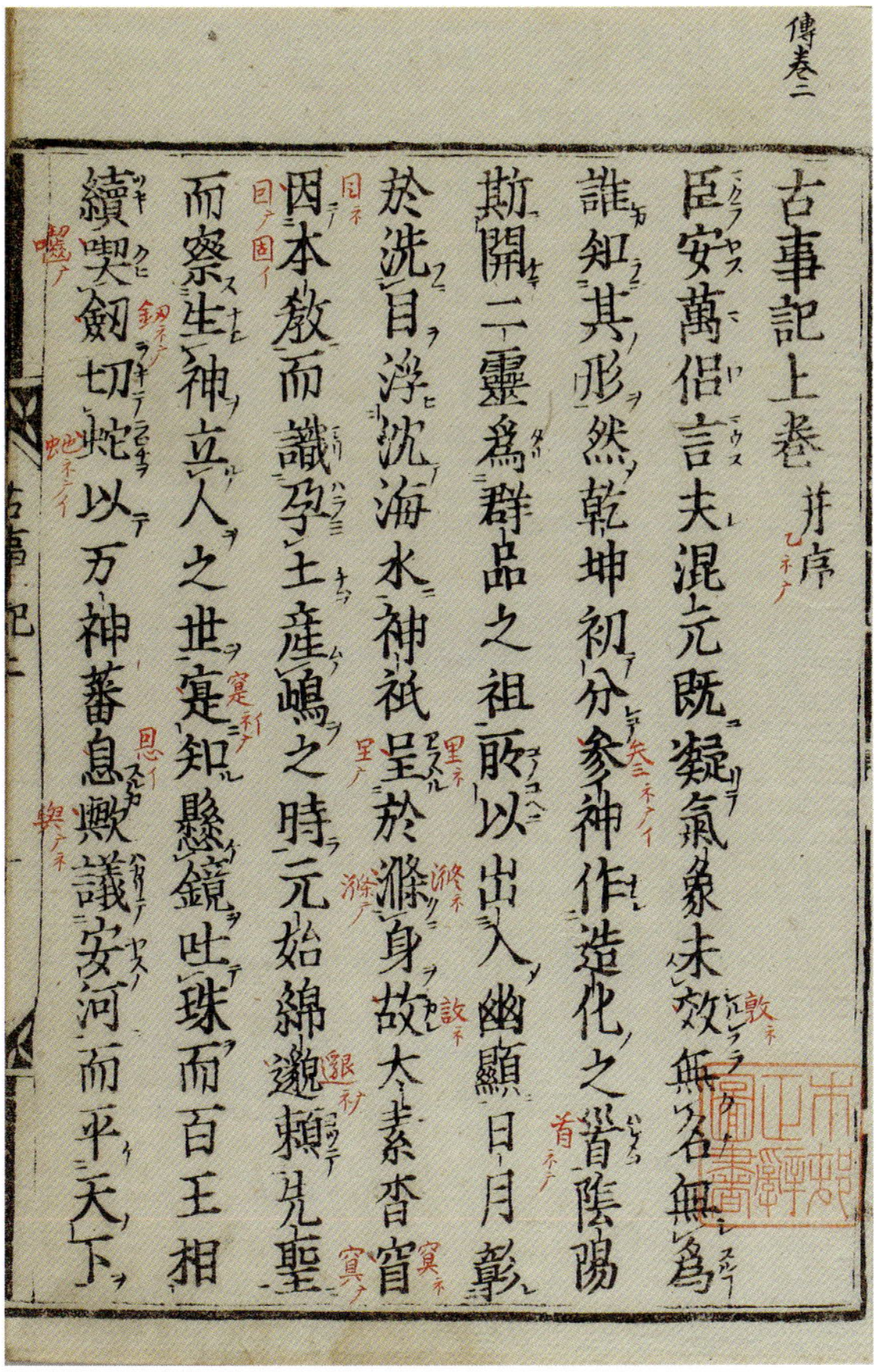
古事記上巻 并序
臣安萬侶言夫混元既凝氣象未效無名無爲誰知其形然乾坤初分參神作造化之首陰陽斯開二靈爲群品之祖所以出入幽顯日月彰於洗目浮沈海水神祇呈於滌身故太素杳冥因本教而識孕土産嶋之時元始綿邈頼先聖而察生神立人之世寔知懸鏡吐珠而百王相續喫劒切蛇以万神蕃息歟議安河而平天下

『古事記』
1644年、京都刊、3巻(3冊)。和銅5(712)年正月28日の太安萬侶の「序」が付された上巻の冒頭。

いないので、すべて漢字で書かれています。「序」は、正規の漢文ですが、本文は「変体漢文」と呼ばれる独特な文体です。これは、基本的には漢文の語法にのっとっているように見えますが、正規の漢文に見られない単語や語法が多く見られ、語順までも日本語の影響を受けている場合があります。日本では、3世紀にすでに漢字が使用されており、『魏志倭人伝』が伝えるように、中国の皇帝に送る上表文を作成しています。「変体漢文」のような文体が成立するまでには、長い歴史と試行錯誤があったと考えられます。

また、漢字は訓読されたようですが、人名や地名のような固有名詞や歌謡、漢語にない言葉などは、音読されるものもありました。音読は、日本語の一音節(大体かな一字分にあたる)を漢字一字で表したもので、それを「万葉仮名」と呼んでいます。音読される部分は、音で読むように指示されている場合があります。その発音も6世紀以前に伝わったと見られる「呉音」に近い音で読まれています。

現代の日本語では、母音の数は「ア、イ、ウ、エ、オ」の五つですが、「万葉仮名」では、イ段、エ段、オ段がそれぞれ二種類の音に区別されて、全部で八種類の区別がされていたといわれています。ただし、区別が確認されているのは、イ段の「キ、ヒ、ミ」、エ段の「ケ、ヘ、メ」、オ段の「コ、ソ、ト、ノ、(モ、)ヨ、ロ」です。これを「上代特殊仮名遣い」といいます。そのうち、「モ」は、『古事記』では、二種類の区別がありますが、『万葉集』ではその区別が失われています。このことから、『古事記』(の本文)の方が『万葉集』よりも古い時代に成立したことがわかるのです。

712 太安萬侶が『古事記』を献上 / 玄宗皇帝即位
710 平城京遷都
708 和同開珎を鋳造
705 則天武后死去
702 日本が唐に使者を送り、国名を「日本」と定める
701 大宝律令が完成 / 李白誕生

万《まん》葉《よう》集《しゅう》

大伴家持ほか編　7世紀後半〜8世紀後半頃（奈良時代）

一三〇〇年前に生きた人々の心の歌

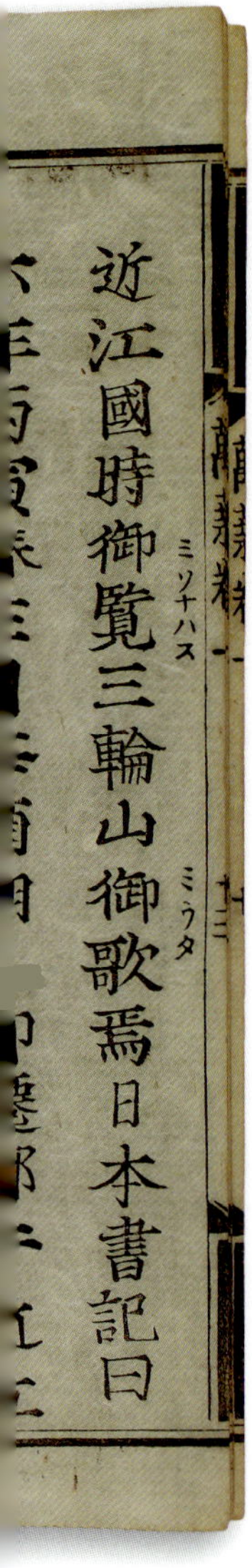

成立をめぐる謎

『万葉集』は、主に7世紀から8世紀にかけて詠まれ、つくられた歌を収めた日本に現存する最古の和歌集です。全二〇巻に、天皇・貴族から下級役人・庶民にいたるさまざまな階層の人々によって作られ、長短とりまぜた歌、四五〇〇首あまりが収められています。

書名の由来は、「万《よろず》の言の葉を集めた」とする説や、「末永く（万世に）伝えられるべき歌集」という説などがあります。その成立は759（天平宝字3）年以後とみられますが、平安時代中期よりも前の記録にはあらわれず、いつ、誰によって編まれたのかわかっていません。現在では大伴家持《おおとものやかもち》（718〜785）によって最終的にまとめられたとする説が有力です。ちなみに、751年には現存最古の日本の漢詩集『懐風藻《かいふうそう》』が編纂されています。

様々な場面を素朴な言葉で

『万葉集』では、部立《ぶだて》とよばれる歌の類別が行われていて、「雑歌《ぞうか》」「相聞歌《そうもんか》」「挽歌《ばんか》」の三類にわけられています。そのうち、「相聞歌」は、主として男女の恋を詠みあう歌、「挽歌」は、葬式などで死者をいたむ歌、「雑歌」は、相聞歌・挽歌以外の歌で、公の性質を持った宮廷関係の歌、旅で詠んだ歌、自然や四季をめでた歌などがあります。その歌風は、後世の和歌に見られるような派手な技巧はあまり用いられず、素朴で率直な「ますらをぶり」を特徴としています。

歌体は、主に「短歌」「長歌」「旋頭歌《せどうか》」の三種に区別され、いずれも五音節と七音節の言葉を組み合わせたものです。「短歌」は、よく知られているように「五・七・五・七・七」からなり、「長歌」は、「五・七」の形式を長く続けたあと、最後をとくに「五・七・七」という形式で結ぶものです。「旋頭歌」は、「五・七・七」の片歌の形式を二回繰り返した「五・七・七・五・七・七」の六句からなる歌です。この三種に、「仏足石歌」と「連歌」を合わせて五体ともいいます。「仏足石歌」は、「五・七・五・七・七・七」の形式で、「連歌」は、よく知られているように、短歌の上の句（五・七・五）と下の句（七・七）をひとり、または数人から十数人で交互に詠み連ねる形式の歌で室町時代に最盛期を迎えます。

日本語の文字と発音の原点

『万葉集』も『古事記』と同様に漢字で表記されています。このうち歌の説明文は漢文ですが、歌そのものは当時の日本語の音を漢字で表したものです。『万葉集』の訓読には意味を表しただけでなく、意味とは関係のない、同じ音の「当て字」も見られます。訓読と同じく、漢字の意味を固有語で読んだものは、古代の朝鮮半島の言葉でも見られます。ただし、『万葉集』の歌の中に、日本語以外の言語で詠まれたことが証明されたものはありません。

『万葉集』と『古事記』に用いられる万葉仮名は、平安時代になって、その一部を省略し

平城京遷都　710
『風土記』の編纂を命じる　713
712　唐時代の詩聖「杜甫」生誕
713　大祚榮、渤海郡王となる

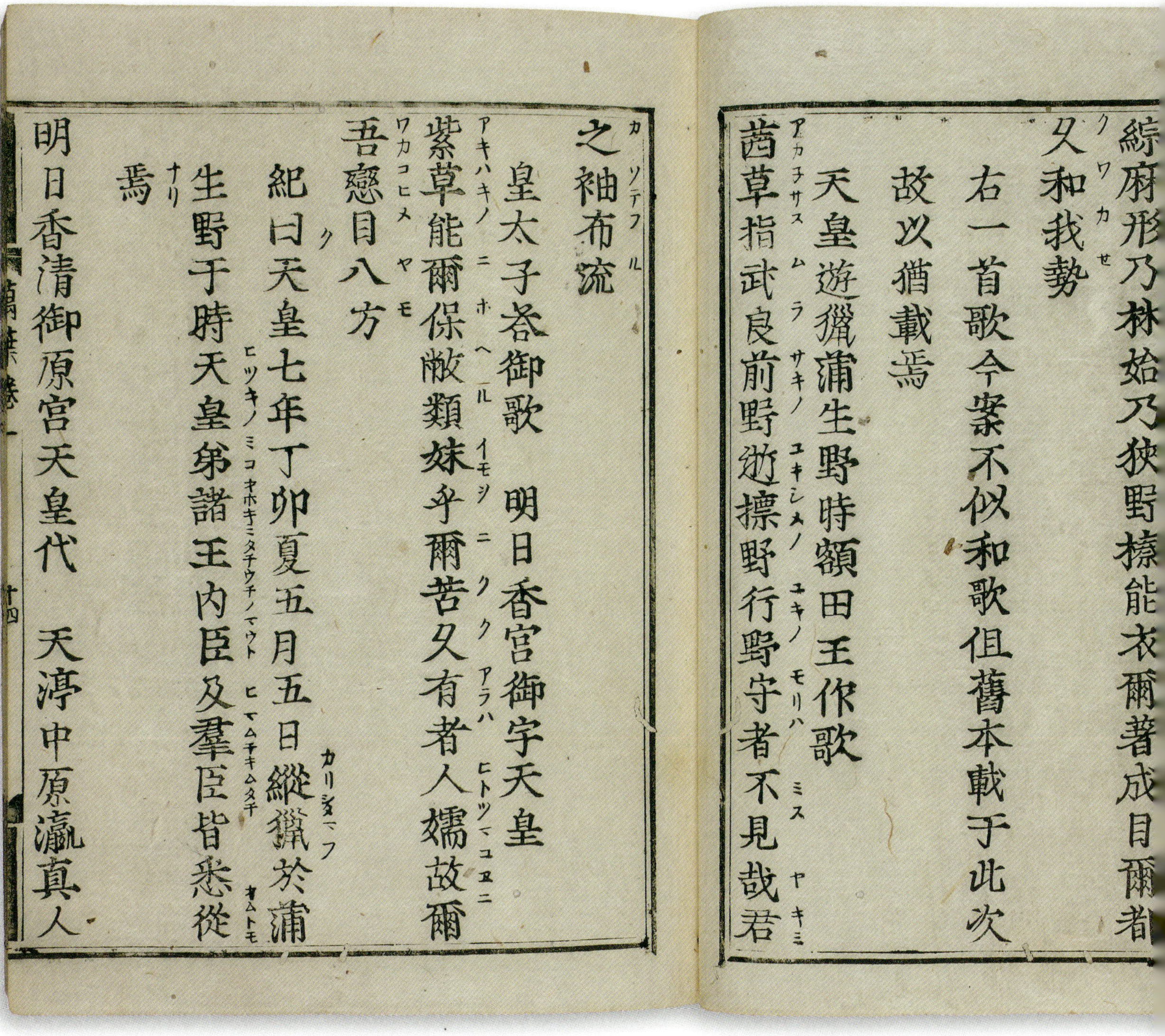

綜麻形乃林始乃狹野榛能衣爾著成目爾者
又和我勢
右一首歌今案不似和歌但舊本載于此次
故以猶載焉
天皇遊獵蒲生野時額田王作歌
茜草指武良前野逝標野行野守者不見哉君
之袖布流
皇太子答御歌　明日香宮御宇天皇
紫草能爾保敝類妹乎爾苦久有者人嬬故爾
吾戀目八方
紀曰天皇七年丁卯夏五月五日縱獵於蒲
生野于時天皇弟諸王内臣及羣臣皆悉從
焉
明日香清御原宮天皇代　天渟中原瀛真人

『万葉集』
江戸初期刊、20巻（10冊）。江戸時代になると、契沖、荷田春満、賀茂真淵、本居宣長といった人々が万葉集の研究を始めるようになりました。それよりやや早く、中国でも最古の詩篇『詩経』をもとに、古代の発音を研究する音韻学がさかんになったことは興味深いでしょう。

たものが「カタカナ」となり、字体をくずしたものが「ひらがな」となったことは、よく知られています。明治時代に仮名文字が整理されるまで使われていた、いわゆる「変体仮名」の多くは万葉仮名から変化したもので、千数百年の歴史をもった文字と言っていいでしょう。

このほか、『万葉集』では古代の関東地方を中心とした地域で使われていた「上代東国方言」による東歌《あずまうた》もあります。これはもちろん日本語の方言ですが、「中央語」（古代の近畿方言）とは発音や文法に違いがあります。命令形の語尾「〜ロ」のように古い形を残しているものもありますが、「上代特殊仮名遣い」の区別がくずれていたり、「チ」を「シ」と発音するなど、中世以降の日本語で見られるような、変化を先取りしたものも見られました。

この頃『万葉集』編纂　8c
養老律令選定　718
阿倍仲麻呂、吉備真備、玄昉が留学　716

南詔が雲南周辺を統一／中部アメリカ大陸でトルテカ諸都市の成立

杜《と》工《こう》部《ぶ》集《しゅう》

杜甫撰　8世紀（唐代）

「詩聖」杜《と》甫《ほ》の誕生

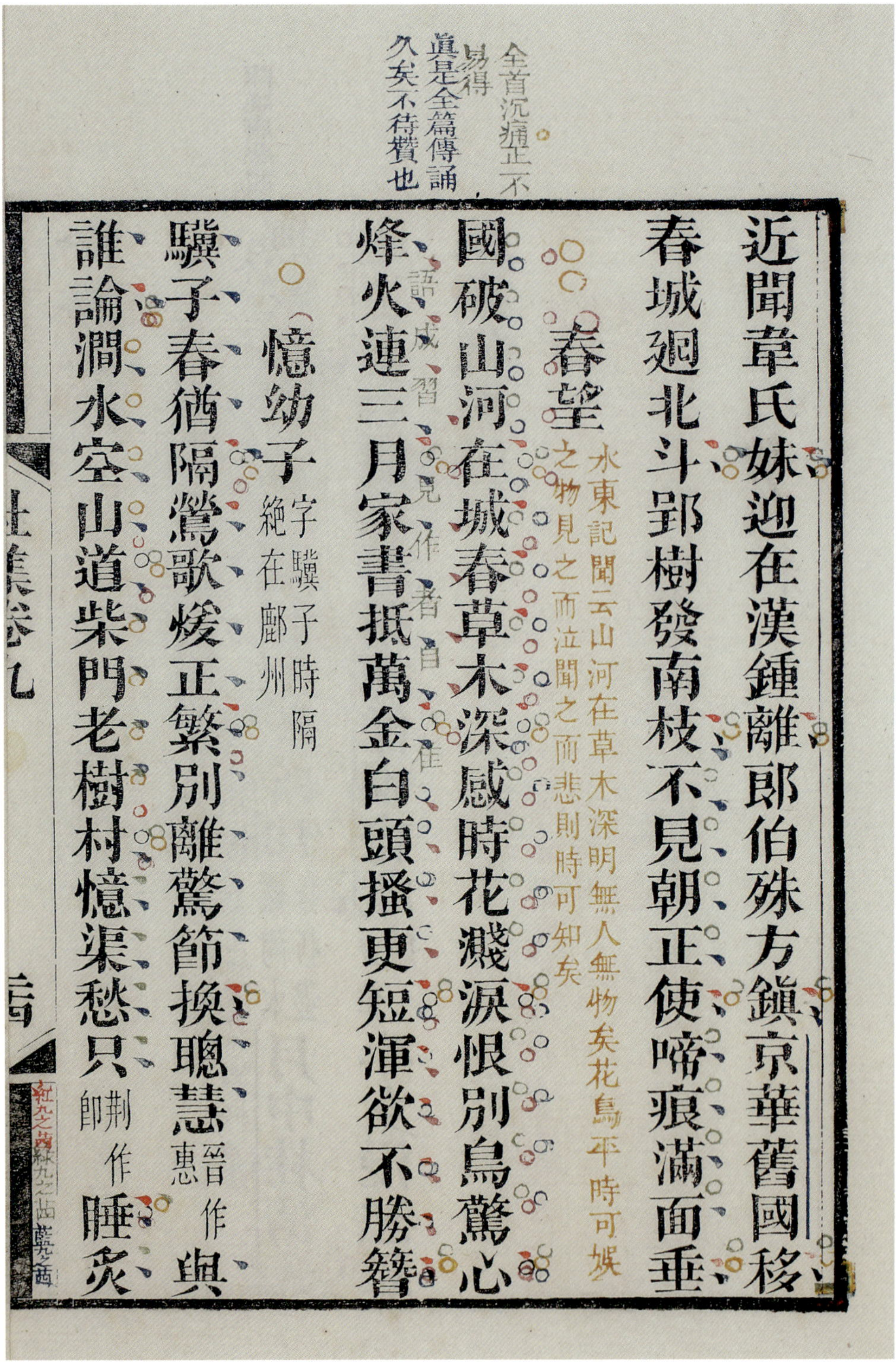
全首沉痛正不易得
眞是全篇傳誦久矣不待贊也
近聞韋氏妹迎在漢鍾離郎伯殊方鎮京華舊國移
春城廻北斗郢樹發南枝不見朝正使啼痕滿面垂
春望
水東記聞云山河在草木深明無人無物矣花鳥平時可娯之物見之而泣聞之而悲則時可知矣
國破山河在城春草木深感時花濺淚恨別鳥驚心
語成習見作者自在
烽火連三月家書抵萬金白頭搔更短渾欲不勝簪
憶幼子　字驥子時隔絶在鄜州
驥子春猶隔鶯歌煖正繁別離驚節換聰慧晉作惠與
誰論澗水空山道柴門老樹村憶渠愁只荆作卽睡炙
杜集卷九

『五家合評杜工部集』

杜甫撰、王世貞・王士禎等評、1834年刊、20巻、六色套印本。杜甫の詩は、30歳以後の作品を中心に約1400首伝わると言われていますが、本書は詩1472首・散文32篇を収録します。有名な「兵車行」は巻1に、「北征」は巻2に、「春望」は巻9に、「秋興」は巻15に収められています。

諸家の批評もおのずと代表作に力が入るのは無理なからぬことと言えるでしょう。たとえば「春望」には5人の評者全員が評点を付し、非常に色鮮やかです。東洋文庫は他に1876年刊の五色套印本も所蔵しています。

『風土記』の編纂を命じる　713
平城京に遷都　710
大祚榮、渤海郡王となる　713
唐時代の詩聖「杜甫」生誕　712

律詩を完成した詩人杜甫

杜甫(712～770)は、唐王朝(618～907)の最盛期を現出した第六代皇帝玄宗《げんそう》(在位712～756)が即位した年に河南省の北部に生まれました。字は子美《しび》、号は少陵《しょうりょう》。著名な学者・政治家・詩人を数多く輩出した名家の出です。青年時代から各地を放浪し、安史の乱(755～763)に遭って幽閉されるなど、不遇の人生を送りました。晩唐の杜牧に対して大杜・老杜と呼ばれ、一時期、工部員外郎《がいろう》の官にあったことから、杜工部とも呼ばれています。

一首が八句からなる詩を律詩と言い、一句が五字の「五言律詩」と七字の「七言律詩」の二種があります。杜甫はその完成者で、律詩を芸術的に高度な内容を持つものにまで高めたと評価されています。後世、李白(701～762)が詩仙と呼ばれたのに対し、杜甫は詩聖と尊称され、李杜《りと》と並び称されました。詩風については、李白が自由な発想とリズムで豪放磊落な詩を詠んだのに対し、杜甫は成熟した技巧を駆使して、写実的かつ人間に対する誠実さに満ちた作品を数多く生み出しました。白居易・蘇軾を初めとする崇拝者を生み、日本でも漂泊の旅のうちに詩を詠んだ西行や松尾芭蕉などに愛唱されました。

文学批評は色鮮やかに

1834年に広東・広西の地方長官の任にあった盧坤《ろこん》が家蔵の『五家合評《ごかがっぴょう》杜工部集』をもとに、評者ごとに色分けして刊行したものは、「五家評本」の名で知られています。紫色は王世貞《おうせいてい》、藍色は王慎中《おうしんちゅう》、朱墨二色は王士禎《おうしてい》、緑色は邵長蘅《しょうちょうこう》、黄色は宋犖《そうらく》の評点・評語です。「套印《とういん》」と呼ばれる重ね刷りの技法で刷られています。この印刷技法は、元代(1271～1368)に起こり、明代(1368～1644)の後半、評点本の流行とともに盛んとなりました。呉興《ごこう》の閔斉伋《びんせいきゅう》に始まる閔刻本と、凌濛初《りょうもうしょ》に始まる凌刻本が有名です。外枠の四隅に、色刷り用の版木を合わせるための目印のカギ印が刷られているのが特徴です。本書のような六色刷りはとても珍しいものです。

本書は、1936年に外交官・銀行家の小田切《おだぎり》万寿之助《ますのすけ》が東洋文庫に寄贈した中国文学書一七〇〇余部の一つです。同氏は1917年に岩崎久彌の代理としてモリソン文庫購入の交渉にあたった人物です。

四声と四声点

昔も今も中国語には「四声」と呼ばれる四種のイントネーションがあります。中国ではインドから伝わった梵語との比較から漢字の発音を研究し、平声・上声・去声・入声に分類しました。四声は漢詩で韻を踏む時に用いられたほか、同じ漢字でも発音によって意味が変わる時、しばしば漢字の四隅に○をつけてどの発音・意味であるかを示しました。これが「四声点」です。現代の四声は数こそ同じですが、昔とは大きく変化しています。

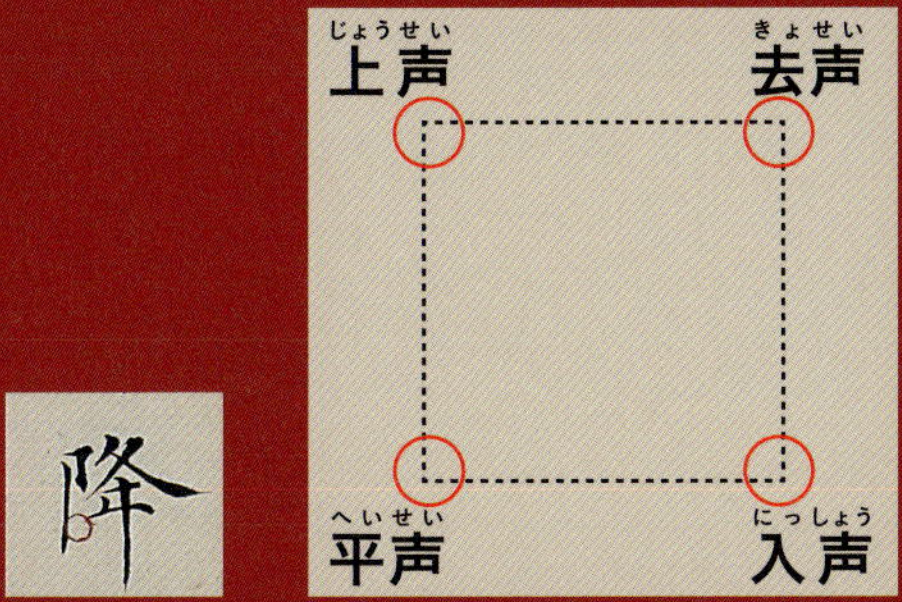

声点の実例
「降」は去声では「降りる」の意、平声では「敗れる」の意で、この場合平声で読みます。

養老律令選定　阿倍仲麻呂、吉備真備、玄昉が留学

8c　718　716

南詔が雲南周辺を統一／中部アメリカ大陸でトルテカ諸都市の成立

日本書紀《にほんしょき》

舎人親王ほか編　720年(奈良時代)

神道の経典になった日本最古の正史

『日本書紀』は神代から697(持統天皇11)年8月に至る、漢文体の歴史書です。舎人親王らが撰し、720(養老4)年5月21日に完成、献上しました。三〇巻、系図一巻(現存せず)から成ります。

いつ、どんなシーンで読まれた?

成立の翌年には、この『日本書紀』をテキストとして朝廷で講義が行われ、その後も続けられました。13世紀後半に出来た『釈日本紀』は、古代の『日本書紀』講義の成果を集大成したものとされています。『日本書紀』を初めとした和漢の書物について講義が行われると、併せて酒宴が催されました。酒宴の際には和歌や漢詩が詠まれ、『日本書紀』の場合には、『日本書紀』の内容にちなんだ和歌が詠まれました。これらの事実は『日本書紀』が重要な書物であると見なされていたことを示しています。

鎌倉・室町時代以降、朝廷が政治的実権を武士に奪われていく中で、文化の保護者としての天皇の権威や、神代にまで辿り得る血統の尊さが強調されるようになります。また、和歌集を編むことや書物を出版することが天下を太平にして民を和やかにする、と言う考えがしきりに説かれました。中世以降様々な神道の流派が生まれると、『日本書紀』はその経典として尊ばれ、その結果『日本書紀』に対する興味関心は専ら神代巻に集中し、神代巻のみを注釈の対象とする書が多く現れる一方で、第三巻以降の部分については顧みられなくなりました。

東洋文庫の『日本書紀』

東洋文庫が所蔵するこの『日本書紀』二巻二冊も神代巻のみで構成されています。一冊目の見返しに「日本書紀慶長己亥季春新刊」と印刷されており、これによって1599(慶長4)年3月の出版物であることがわかります。二冊目の末尾には清原国賢《きよはらのくにかた》の跋文《ばつぶん》が附されています。1597(慶長2)年から1603(同8)年にかけて、後陽成天皇の命による出版事業が行われました。この事業の中で印刷された本を慶長勅版と呼び、東洋文庫の『日本書紀』もその一つに数えられています。当時朝鮮から伝来していた金属活字にならい、木活字を用いて印刷されています。当時伝えられていた『日本書紀』各本の文字の異同が正されており、後に出版された『日本書紀』の最初の二巻にも、しばしば慶長4年の『日本書紀』が使われています。東洋文庫が所蔵する、1610(慶長15)年に出版された七冊本の『日本書紀』三〇巻もその一つです。

明経博士　清原国賢

跋文を作った清原国賢(1544~1614)は、代々学問によって天皇に仕えてきた博士家の生まれです。博士とは、唐の制度にならった古代日本の律令制のもとで設置された職名です。本来は大学寮という官僚の学校で働く教育者です。ところが、律令制が崩れてくると、特定の家の人間がこの職につくようになり、仕事も天皇に講義を行うことが主となります。清原家はこのような家柄の一つでした。

このように『日本書紀』は非常に長い年月にわたって読み継がれてきました。断片的な

720 『日本書紀』完成
723 三世一身法
729 長屋王の変
732 トゥール・ポワティエ間の戦い

ものではありますが、8世紀に筆写された本も現存しています。古い『日本書紀』の写本には、訓点や送り仮名が書きこまれ、その時代その時代の漢文の読み方がうかがえます。ところが、図版の『日本書紀』は古活字による印刷物であり、当時はまだ技術的な問題で漢字の脇にルビや符号を印字することができませんでした。技術の進歩により、書物の中にある情報が脱落してしまうこともあるという例です。

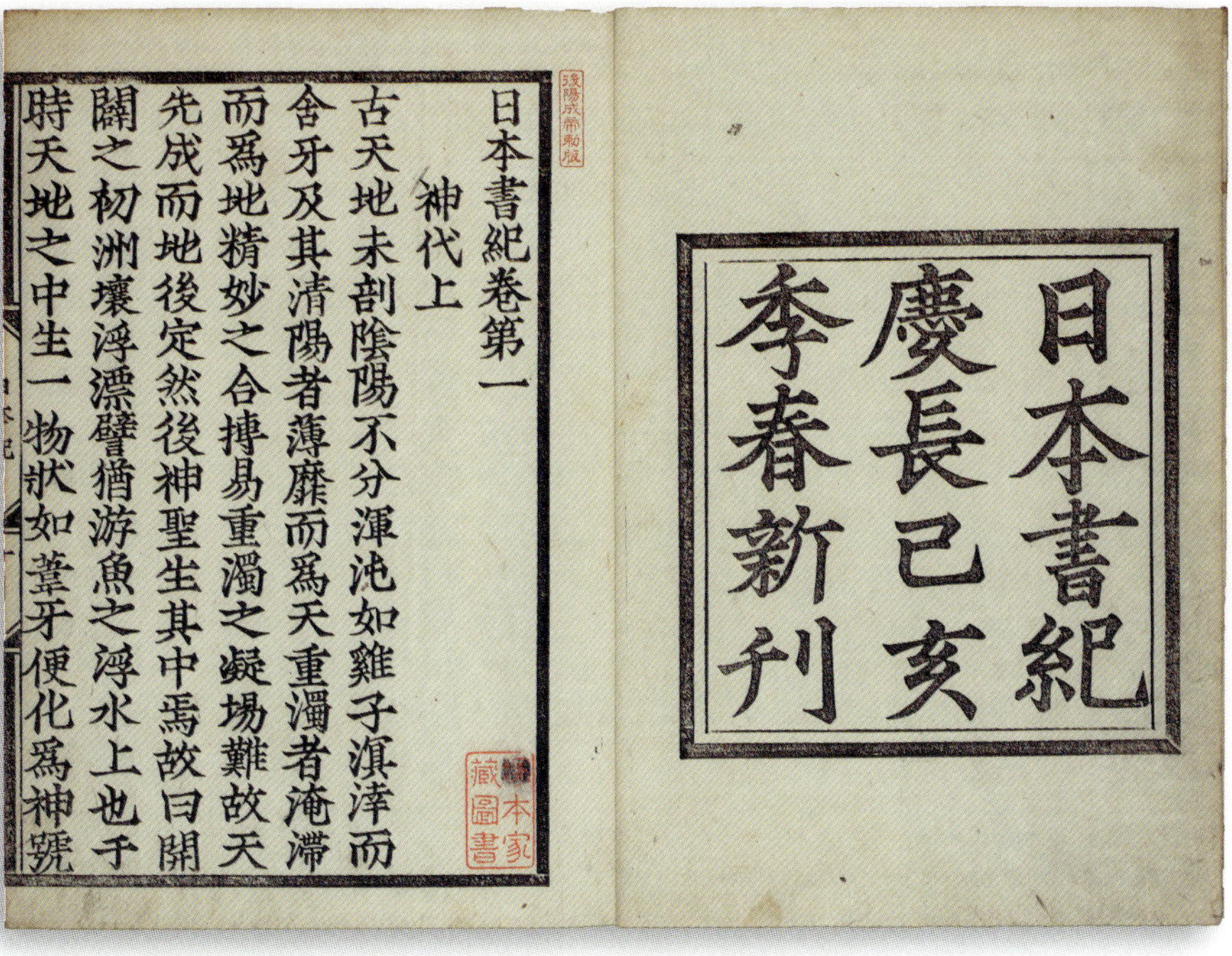

日本書紀
慶長己亥
季春新刊

日本書紀巻第一
神代上
古天地未剖陰陽不分渾沌如雞子溟涬而含牙及其清陽者薄靡而爲天重濁者淹滯而爲地精妙之合摶易重濁之凝場難故天先成而地後定然後神聖生其中焉故曰開闢之初洲壤浮漂譬猶游魚之浮水上也于時天地之中生一物狀如葦牙便化爲神號

1599年に出版された『日本書紀』(上・左)

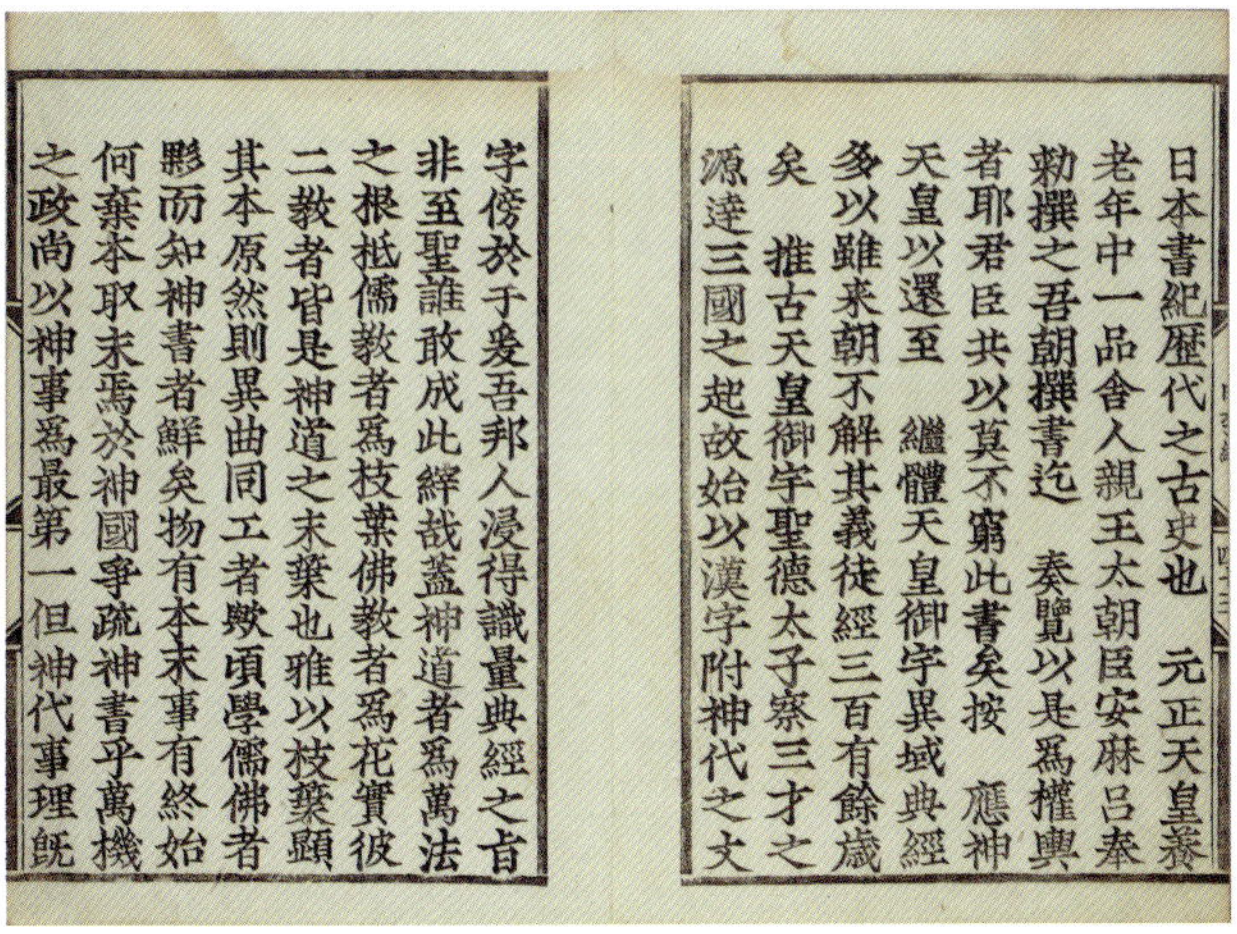

日本書紀歴代之古史也 元正天皇養老年中一品舎人親王太朝臣安麻呂奉勅撰之吾朝撰書迄 奏覧以是爲權輿者耶君臣共以莫不窮此書矣按 應神天皇以還至 繼體天皇御宇異域典經多以雖来朝不解其義徒經三百有餘歳矣 推古天皇御宇聖德太子察三才之源達三國之趣故始以漢字附神代之文

字傍於于爰吾邦人浸得識量典經之旨非至聖誰敢成此緯哉蓋神道者爲萬法之根柢儒教者爲枝葉佛教者爲花實彼二教者皆是神道之末葉也雅以枝葉顯其本原然則異曲同工者歟頃學儒佛者影而知神書者鮮矣物有本末事有終始何棄本取末焉於神國爭疏神書乎萬機之政尚以神事爲最第一但神代事理既

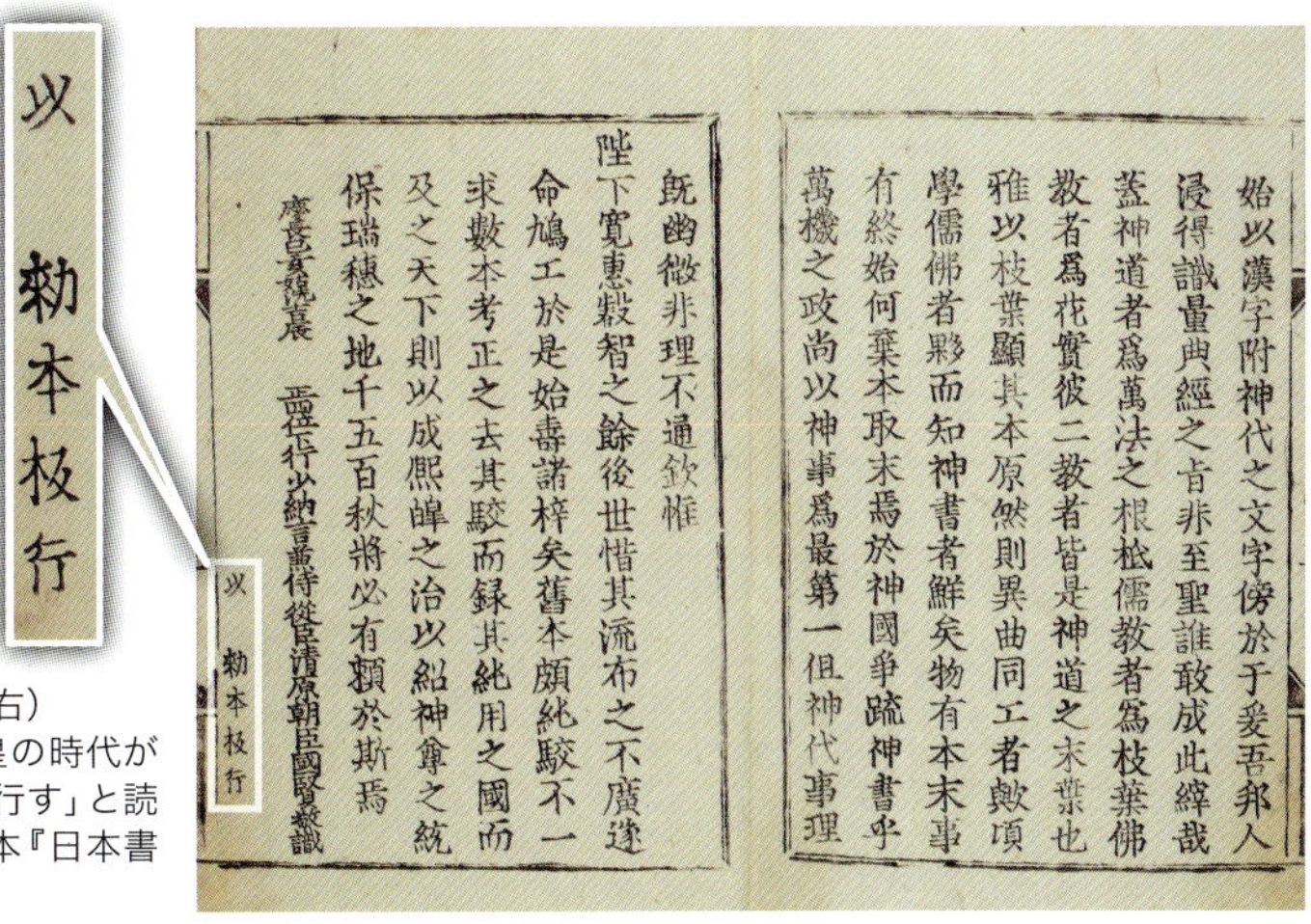

始以漢字附神代之文字傍於于爰吾邦人浸得識量典經之旨非至聖誰敢成此緯哉蓋神道者爲萬法之根柢儒教者爲枝葉佛教者爲花實彼二教者皆是神道之末葉也雅以枝葉顯其本原然則異曲同工者歟頃學儒佛者影而知神書者鮮矣物有本末事有終始何棄本取末焉於神國爭疏神書乎萬機之政尚以神事爲最第一但神代事理

既幽微非理不通欽惟 陛下寛恵叡智之餘役世惜其流布之不廣遂命鳩工於是始壽諸梓矣舊本頗紕繆不一求數本考正之去其駮而録其純用之國而及之天下則以成熙皥之治以紹神皇之統保瑞穂之地千五百秋將必有賴於斯焉

慶長己亥晩春 正三位行少納言兼侍從臣清原朝臣國賢謹識

以勅本板行

1610年に出版された30巻本『日本書紀』の跋文(右)
神代巻の後に配置され、この後にさらに神武天皇の時代が記されるのです。「以勅本板行」は「勅本を以て板行す」と読みます。この『日本書紀』の神代巻が、慶長勅版本『日本書紀』の本文を用いていることを示しています。

大仏開眼 752
聖武天皇が盧舎那大仏建立の詔を発する 745
ウイグルが中国に侵入 8c末
安史の乱 755
タラス河畔の戦いで製紙法が西伝 751

梵《ぼん》語《ご》千《せん》字《じ》文《もん》

義浄撰　7世紀頃(唐代)

遣唐使が伝えた現存最古の梵語辞典

『梵語千字文』を納める塗竹筒と外箱
大正時代、大蔵大臣・内閣総理大臣を歴任した高橋是清が所蔵していました。1917年10月、高橋是清が、他の収蔵品とともに、東京両国の美術倶楽部で入札にかけ、東洋文庫に収蔵されることとなりました。外箱の「一七七」は入札時の整理番号です。

仏典翻訳者の養成を目指して

唐の則天武后の時代に仏典の漢訳を行った義浄《ぎじょう》(635〜713)が著した梵語辞典です。

梵語とは、古代インドの文章語、つまり書き言葉であったサンスクリットのことで、紀元前5〜4世紀に宗教語・古典文学語として確立しました。本書は、サンスクリットを表記するための文字の一つ、悉曇文字《しったんもじ》で書かれています。日本人には梵字《ぼんじ》として親しまれている文字で、弘法大師空海(774〜835)の真言密教とともに日本に広まりました。

『千字文《せんじもん》』は、中国の南北朝時代、梁の文官周興嗣《しゅうこうし》(470?〜521)が漢字の手習い用に作ったものです。周興嗣は、同じ漢字を使わずに、漢字四字からなる句を二五〇句作って計一〇〇〇字としました。これに対し、義浄は、漢字四字で一句としながらも、二〇句ごとに五言《ごごん》四句の詩を置いて、一セット一〇〇字とし、一〇セットで計一〇〇〇字としました。本文は「天地日月」で始まり、漢字の右側に対応する梵語が横書き(梵字の右側が上)で添えられ、梵語一語ごとに句点(　)が振られています。

義浄は序文で、仏典の翻訳者を養成するために、本書を作ったと述べています。それだけに「仏」「僧」「袈裟」「鹿苑」といった仏教用語が数多く収録されています。下の図は、「僧」字の部分を左に九〇度回転させたもので、左から右に梵語で「サンギャ(saṃ gha)」と書かれています。ちなみに「僧」という言葉は、意訳ではなく、昔の中国人が梵語を音訳したものです。

遣唐使の将来本!?

東洋文庫所蔵本は、9世紀頃に中国の紙に書写された現存最古の『梵語千字文』です。当時、日本は唐への公式使節として遣唐使を派遣していました。630年8月に犬上御田鍬《いぬがみのみたすき》

鑑真が唐招提寺を創建　759
平安京に遷都　794
最澄・空海入唐　804
800　カール大帝が戴冠し西ローマ帝国を復興

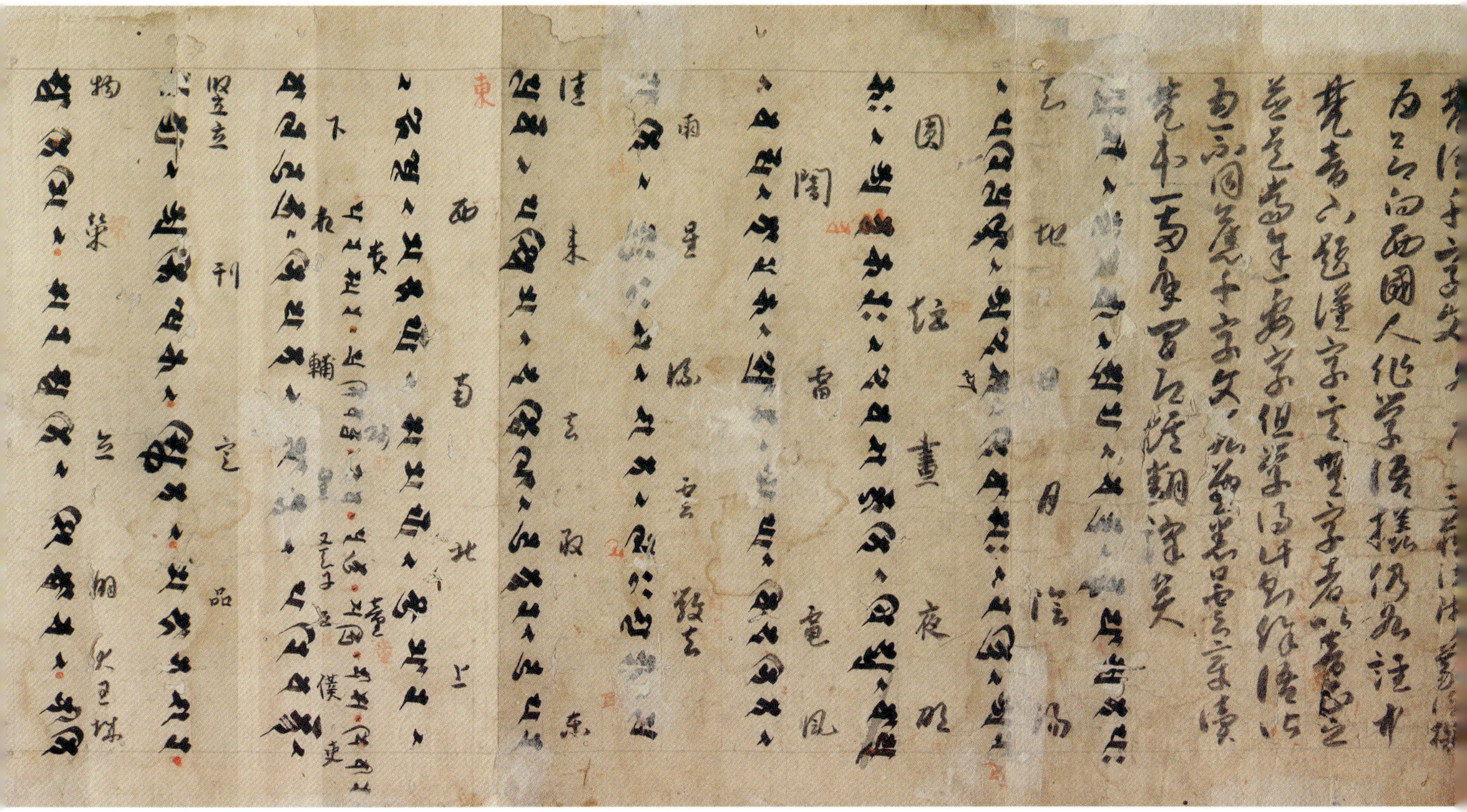

『梵語千字文』
9世紀頃写。梵語の表記が後世のものよりはるかに正確であるうえ、日本に伝わってから、平安中期に片仮名や乎古止点(12頁参照)が加えられており、国語学の資料としても非常に貴重なものです。そのため、日本の仏教界が1924年から10年の歳月をかけて刊行した、仏典の大叢書『大正新脩大蔵経』に収録され、現在でも世界中の学者や僧侶に利用されています。

を派遣したのを皮切りに、派遣の命だけで約二〇回、実際渡航に成功したのは一六回を数えます。唐の制度・文物の導入、政治外交上の交渉、貿易による利益獲得などを目的に、四隻の船に、大使から水《か》手《こ》に及ぶまで五〇〇名以上の人員を載せ、死の危険を顧みず、多くの日本人が海を渡りました。遣唐使には留学生・学問僧が同行し、先進文化の習得に励み、数多くの書籍を日本に伝えました。

　平安前期の天台宗の僧安然《あんねん》が、学問僧によって日本にもたらされた文物のリストを記した『八家秘録《はっけひろく》』などの書物を見ますと、慈覚《じかく》大師円仁《だいしえんにん》(838年入唐《にっとう》)や宗叡《しゅうえい》(862年入唐)が持ち帰った書物の中に『梵語千字文』とおぼしき名前を見出すことができます。東洋文庫所蔵本が9世紀頃の中国製の紙に書写されていることを考え合わせますと、円仁・宗叡のような遣唐使として唐に渡った学問僧によって日本に伝えられたものである可能性が高いといってよいでしょう。

　遣唐使は、日本の政治・文化・経済等諸方面の発展に大きく寄与しましたが、8世紀中頃以降、唐が次第に衰退したこともあり、使節派遣の意義が薄れてきたことから、894年、大使に任命された菅原道真の建議によって派遣の停止が決まり、そのまま廃絶するに至りました。しかし、およそ2世紀半にわたって遣唐使によってもたらされた中国の文化・芸術・宗教等々は日本に深く根付き、10世紀以降、「国風文化」として花開くことになります。

菅原道真失脚　遣唐使停止　『続日本紀』完成
901　894　882　869　9c
キエフ公国建国　ジャワでボロブドゥールが建設される／バグダードの繁栄

古《こ》今《きん》和《わ》歌《か》集《しゅう》

紀貫之ほか編　905年（平安時代）

国風文化が生んだ最初の勅撰和歌集

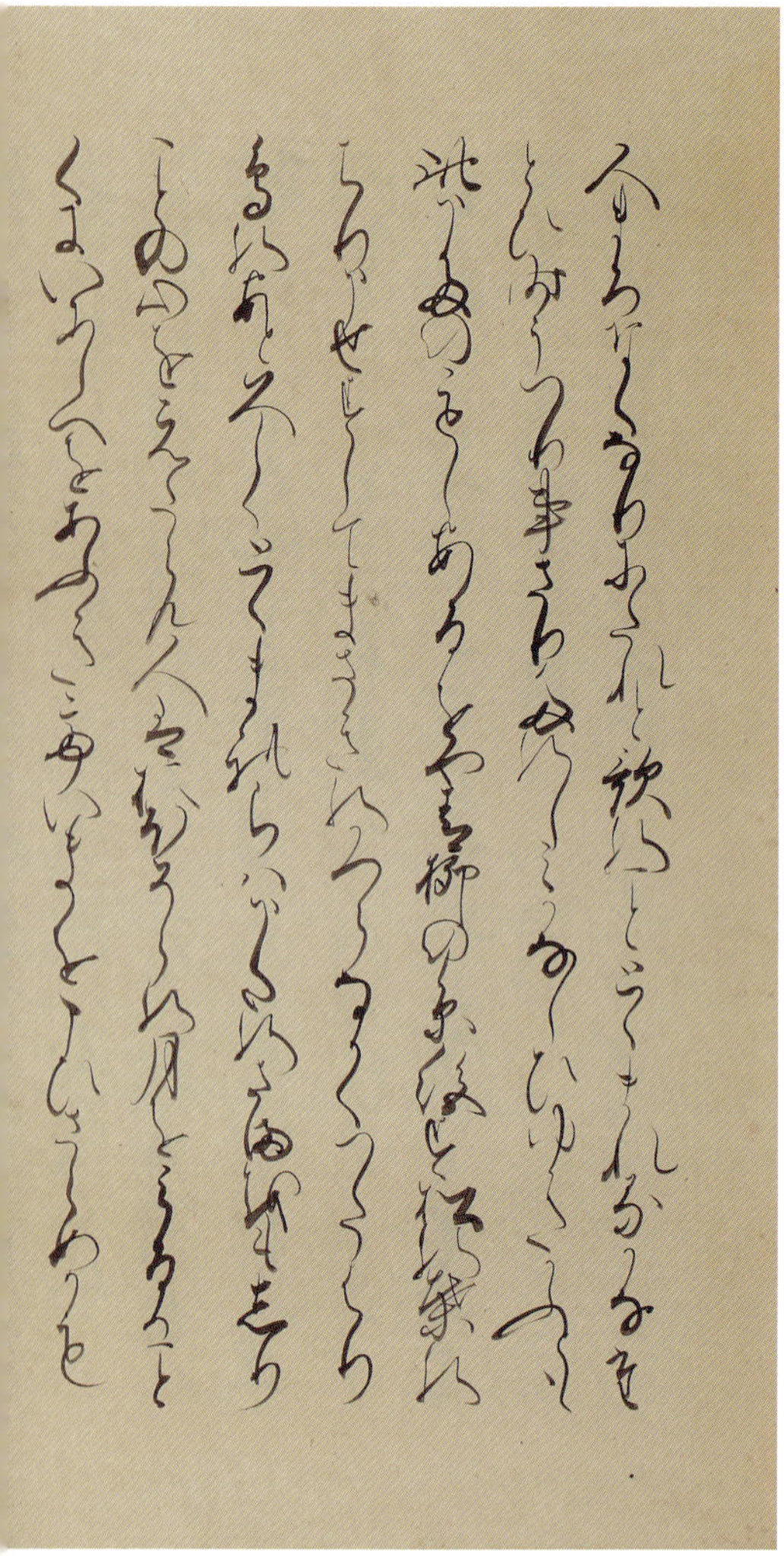

和歌—やまとうた—への回帰

天皇や上皇の命で編纂された公的な歌集を「勅撰和歌集」と呼びます。15世紀までに二十あまりの「勅撰和歌集」が世に出ましたが、『古今和歌集』はその最初の歌集として知られています。

『古今集』編纂以前、9世紀前半の日本は、唐の文化を吸収することに積極的でした。そのため、朝廷における公式文書が漢文で作成されたほか、文学においても、和歌よりも漢詩が重んじられ、勅撰漢詩集が立て続けに編纂されます。しかし、摂政となった藤原良房《ふじわらのよしふさ》の復古主義の影響もあって、次第に和歌が盛んになっていきました。

繊細な編集コンセプト

『古今集』の編纂は、醍醐天皇の命で行われ、905（延喜5）年に一応の完成を見たと考えられています。『古今集』は全二〇巻で一一〇〇首の和歌を収録し、仮名文と漢文による序文を備えています。編纂事業にたずさわったのは四名ですが、その内、中心的な役割を担ったのは、『土佐日記』の著者としても知られる紀貫之《きのつらゆき》（?～945）です。貫之は、他の編者に比べて若年だったにもかかわらず、『古今集』に最も多くの和歌を採られています。また、仮名序も貫之の作として知られています。

『古今集』は、単に秀歌を集めただけの歌集ではありません。和歌を主題ごとに分類するとともに、その配列にも配慮して作られています。主題ごとの分類は部立といいますが、『古今集』は、春・夏・秋・冬・恋の部が中心で、これらの歌数だけで全体の七割を占めています。配列については、春であれば、立春からはじまり、花の盛りから落花へといった具合に、時の経過が感じられるように並べられています。『古今集』の部立や配列の方法は、それ以降の勅撰和歌集にも引き継がれました。

秘伝となった『古今集』の解釈

『古今集』は、和歌を学ぶものにとって聖典の一つとなっていきましたが、その影響力は日本国内に留まらず、琉球王国の士族たちにも及びました。琉球は、徳川将軍と琉球国王

『古今和歌集』を編纂　905

延喜の荘園整理令　902

摂関政治　10c

ビザンツ文化の興隆

『古今和歌集』
江戸前期写、伝正親町（おおぎまち）三条実久筆、20巻2帖。東洋文庫には、『古今集』の写本・版本が複数所蔵されています。掲載した『古今集』は、箱書きに「正親町三条実久」の名が書かれています。実久（1656〜95）は江戸前期の公卿です。正親町三条家は、幽斎に古今伝授を伝えた三条西実枝の本家筋にあたります。

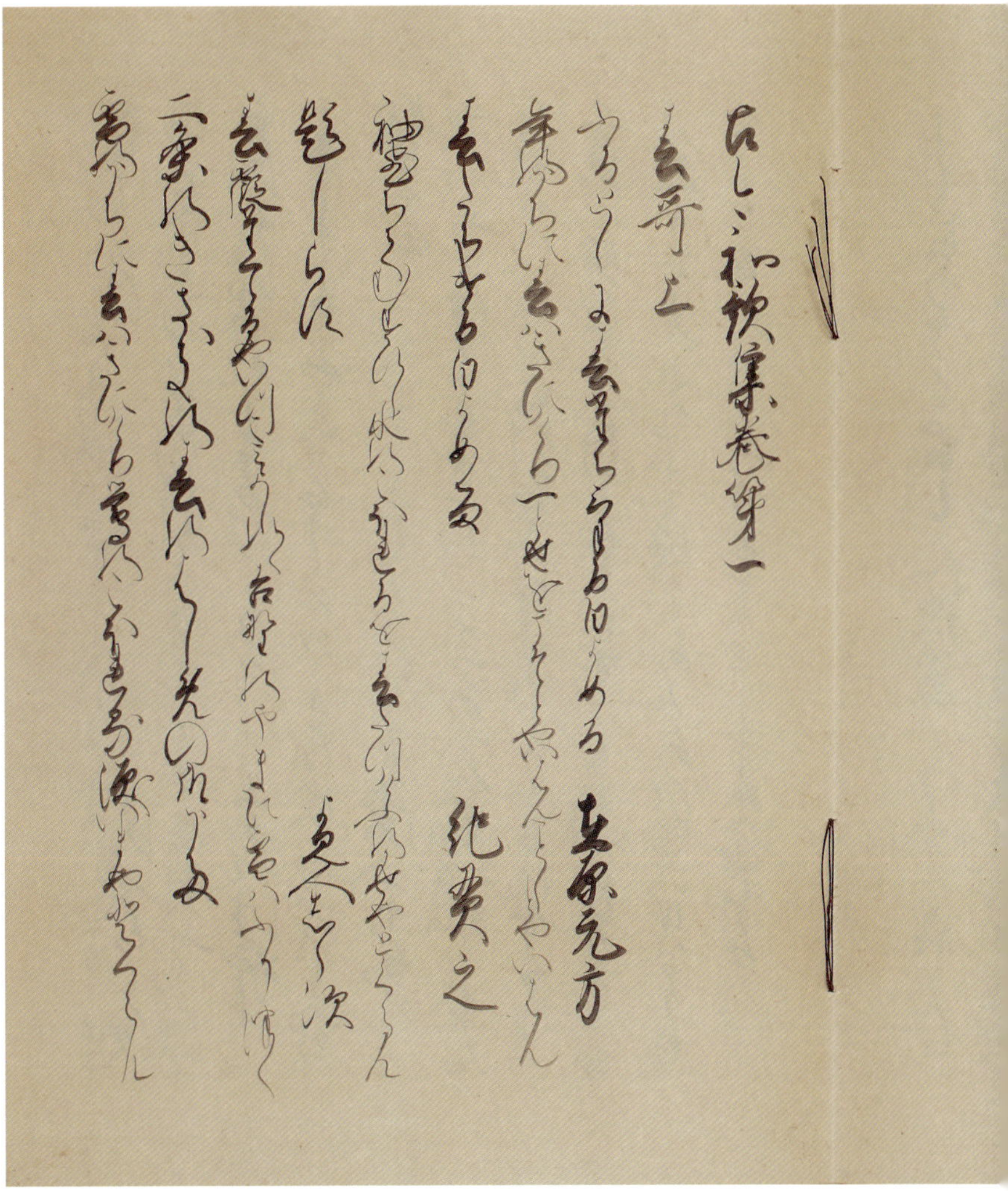

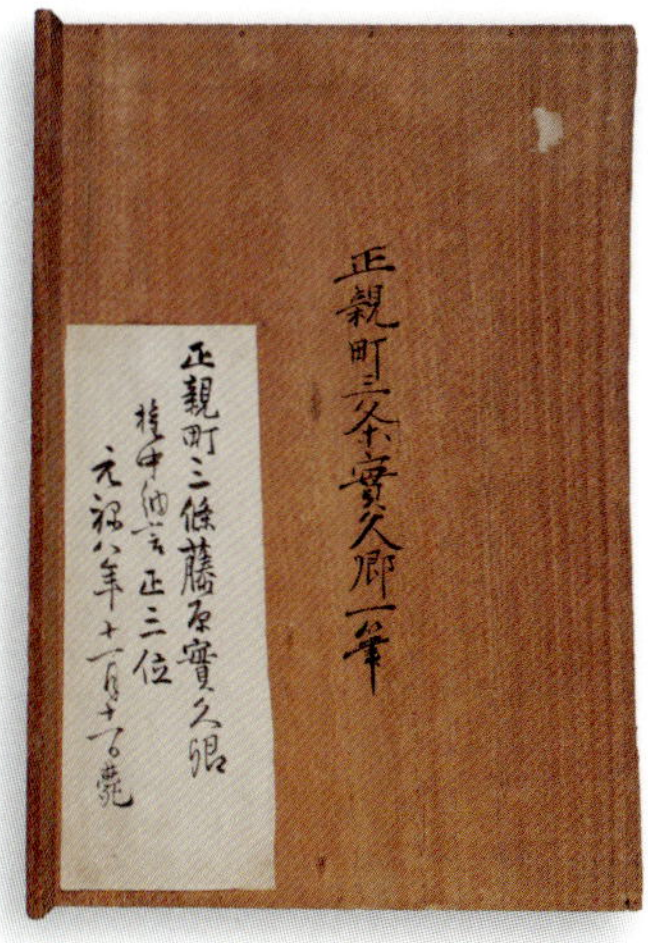

の代替わりごとに、江戸に使節を派遣していましたが、彼らは日本人と和歌のやりとりをすることもあったようです。琉球士族も当然『古今集』を学んでいました。

『古今集』の影響力を端的に示すものとして、古今伝授《こきんでんじゅ》と呼ばれるものがあります。古今伝授とは、『古今集』の歌の解釈やさまざまな秘説を、師匠から弟子などに伝授することを言います。

古今伝授にまつわる有名なエピソードに、細《ほそ》川幽斎《かわゆうさい》（1534〜1610）の田辺城籠城譚があります。幽斎は文武両道の戦国武将ですが、和歌の世界にも通じており、三条西実枝《さんじょうにしさねき》より古今伝授を受けていました。関ヶ原の戦い（1600）のおり、幽斎は小勢で田辺城（現在の京都府舞鶴市）に籠城しましたが、古今伝授を伝える幽斎の死を恐れた人々は、両軍に和議をむすぶように働きかけました。一説に、幽斎は最期まで戦うことを望んでいたようですが、結局は幽斎が城を明け渡すことで決着しました。幽斎は、古今伝授のために生きのびたと言えるかもしれません。

911 ノルマンディー公国成立
909 チュニジアにファーティマ朝興る
907 唐が滅亡

土《と》佐《さ》日《にっ》記《き》

紀貫之著　935年頃（平安時代）

平安エリート貴族の冒険的作品

女官になりきって

紀貫之（?〜945）の『土佐日記』と言えば、仮名日記、もしくは紀行文学の先駆けとして知られる古典文学作品です。その冒頭の一文、「男も書くという日記というものを、女の私も書いてみようと思います」は、あまりにも有名です。

当時、宮仕えをしていた男性が書く日記は、今日、私たちがイメージする日記とはやや異なっていました。文章は漢文で書かれ、内容は、私的な思いを吐露するものでなく、日々の政務や儀式の記録が大半を占めていました。そのなかにあって、貫之は漢字でなく、仮名によって日記を書くことを選びました。しかも、冒頭にあるように、女（自身に仕える女官）の視点から描くという方法をとっています。このことにより、官人としての立場を離れ、自由に日記を書くことができるようになりました。

『土左日記創見』
香川景樹著、1835（天保6）年重版、2巻附録1巻（5冊）。「をとこもすといふ日記といふものををんなもしてこゝろみんとてするなり」という有名な冒頭の一文に続いて、香川景樹の考証が記されています。

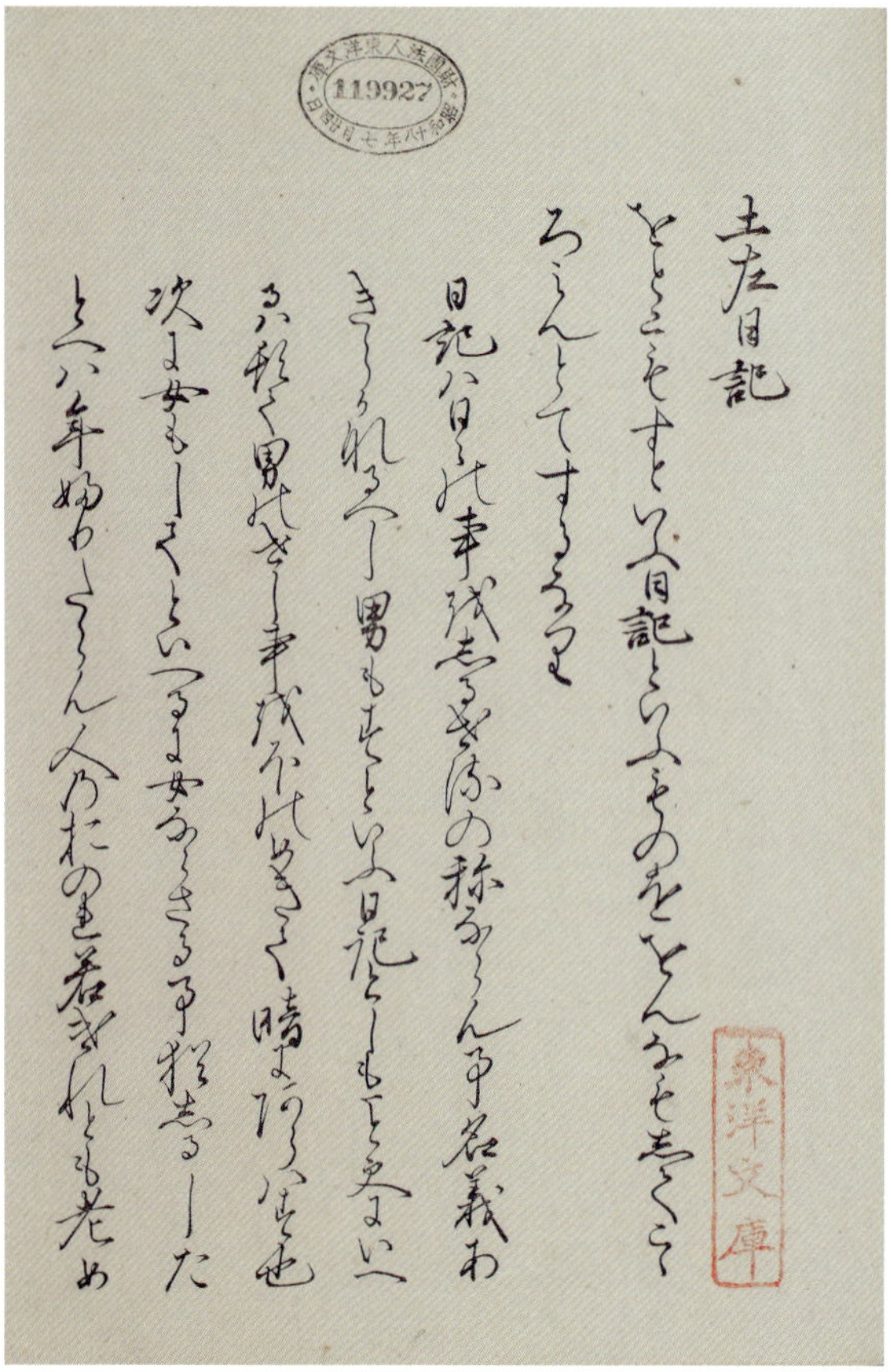

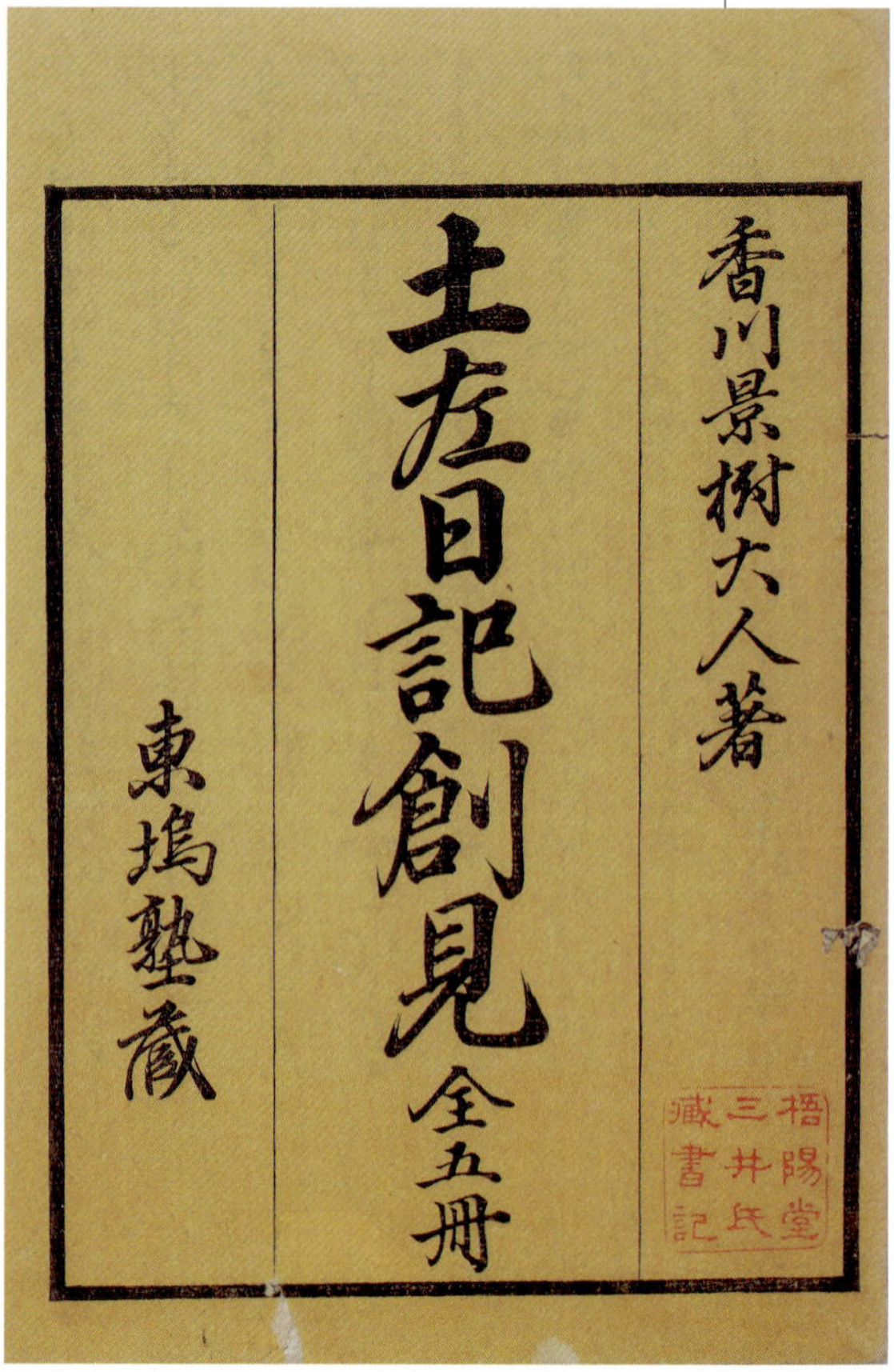
香川景樹大人著
土左日記創見
全五冊
東塢塾蔵
梧陽堂三井氏蔵書記

富士山が噴火　937
土佐日記／承平・天慶の乱（平将門・藤原純友）　935
延喜式完成　927
916
高麗が朝鮮半島を統一
契丹が遼を建国

土佐から京—五五日の旅

『土佐日記』は、貫之が土佐守としての任期を終えて、平安京の自邸に帰り着くまでの五五日間（承平4年12月21日〜承平5年2月16日）をえがいています。その旅程は決して平穏なものでなく、時には海上が荒れたり、逆に風が吹かなかったりと、所々で足止めを強いられ、当時の法典で二五日と定められていた日程を大幅に超過して都に到着しています。その間、貫之をモデルとした前土佐守をはじめとして、様々な人々が和歌を詠んでいます。『土佐日記』には、五七首の和歌が載せられていますが、この中で印象的なのは、都で生まれ、土佐の地で亡くなったという貫之の幼い娘を偲んだ歌です。亡き娘への追慕の情は、『土佐日記』のテーマの一つと考えられています。

海賊を撃退した貫之

『土佐日記』には、江戸時代に刊行された多くの注釈書があります。図はその中の一つで、1835（天保6）年に刊行された香川景樹《かがわかげき》（1768〜1843）の『土左日記創見《そうけん》』です。景樹は歌人として知られた人物で、晩年には一〇〇〇人もの門人がいたといわれています。『創見』は、一般に文人として知られる貫之の、興味深いエピソードについて記しています。承平年間（931〜938）、瀬戸内海では海賊が猛威をふるっていました。貫之が土佐守であった時期は、ちょうど海賊が暴れていた期間と重なっています。『土佐日記』には海賊の報復を恐れる場面がありますが、なぜ報復されるのかについては具体的に書かれていません。『創見』はその理由について、貫之が海賊を撃退したからだと述べ、その根拠として、土佐の人々に伝わる逸話を紹介しています。

『創見』によれば、土佐守の任期が終わりに近づいた頃、藤原純友の乱がおこり、海賊が不意に攻めてきたため、貫之は少数の兵で応戦し、海賊の侵入を防ぎました。そのため、現地での貫之は、歌人としてより智勇の人として認識されているというのです。実際には、貫之の在任期間（930〜934）と純友の乱（939〜941）の時期にはずれがありますが、海賊が横行していたことは事実なので、貫之が海賊の討伐に協力をしたという可能性はあるでしょう。

貫之が都に帰ってから五年後の940（天慶3）年12月19日のこと、土佐国の西に位置する幡多《はた》郡が海賊の為に焼亡し、敵味方ともに多くの死者が出たと記録は語っています。おそらく、晩年の貫之もこの報を耳にしたことでしょう。かつての任国を襲ったこの災厄を、貫之はどんな思いで聞いていたでしょうか。

安和の変　969
962　神聖ローマ帝国成立
960　宋建国
京で大地震　938

枕《まくらの》草《そう》子《し》と源《げん》氏《じ》物《もの》語《がたり》

『枕草子』清少納言著　1001年頃／『源氏物語』紫式部著　1010年頃(平安時代)

後宮に仕える女房たちの活躍

日本の10世紀後半〜11世紀前半の摂関時代は、王朝女流文学の最盛期でもありました。その代表的な作品が、『枕草子』と『源氏物語』です。

「をかし」の文学と「あはれ」の文学

『枕草子』は、関白藤原道隆の長女、一条天皇(980〜1011)の皇后定子《ていし》に仕えた女房清少納言による随筆で、三〇〇余の長短さまざまな章段から成り、「ものづくし」の「類聚《るいじゅう》章段」をはじめ、日常生活や四季の自然などの感想文的な「随想章段」、定子周辺の宮廷社会を中心とした「日記的章段」に分けられます。清少納言が宮廷で過ごした間に興味を持ったものが簡潔な和文でまとめられており、特に随想章段はのちの『徒然草』にも大きな影響を与えました。

一方、紫式部の『源氏物語』は、夫の病死後に書き始められたと言われ、その一部が世に流布して紫式部は文才を認められ、当時最大の実力者である藤原道長(966〜1027)の長女、一条天皇の中宮彰子《しょうし》のもとに出仕することになりました。その後も道長の庇護下において書き続けられ、光源氏を主人公とするこの長編小説は、王朝物語の名作としてのちの作品に大きな影響を与えました。

『枕草子』の知的な「をかし」の世界と、『源氏物語』の心情的な「もののあはれ」の世界は、後世においてしばしば対照的に語られてきました。

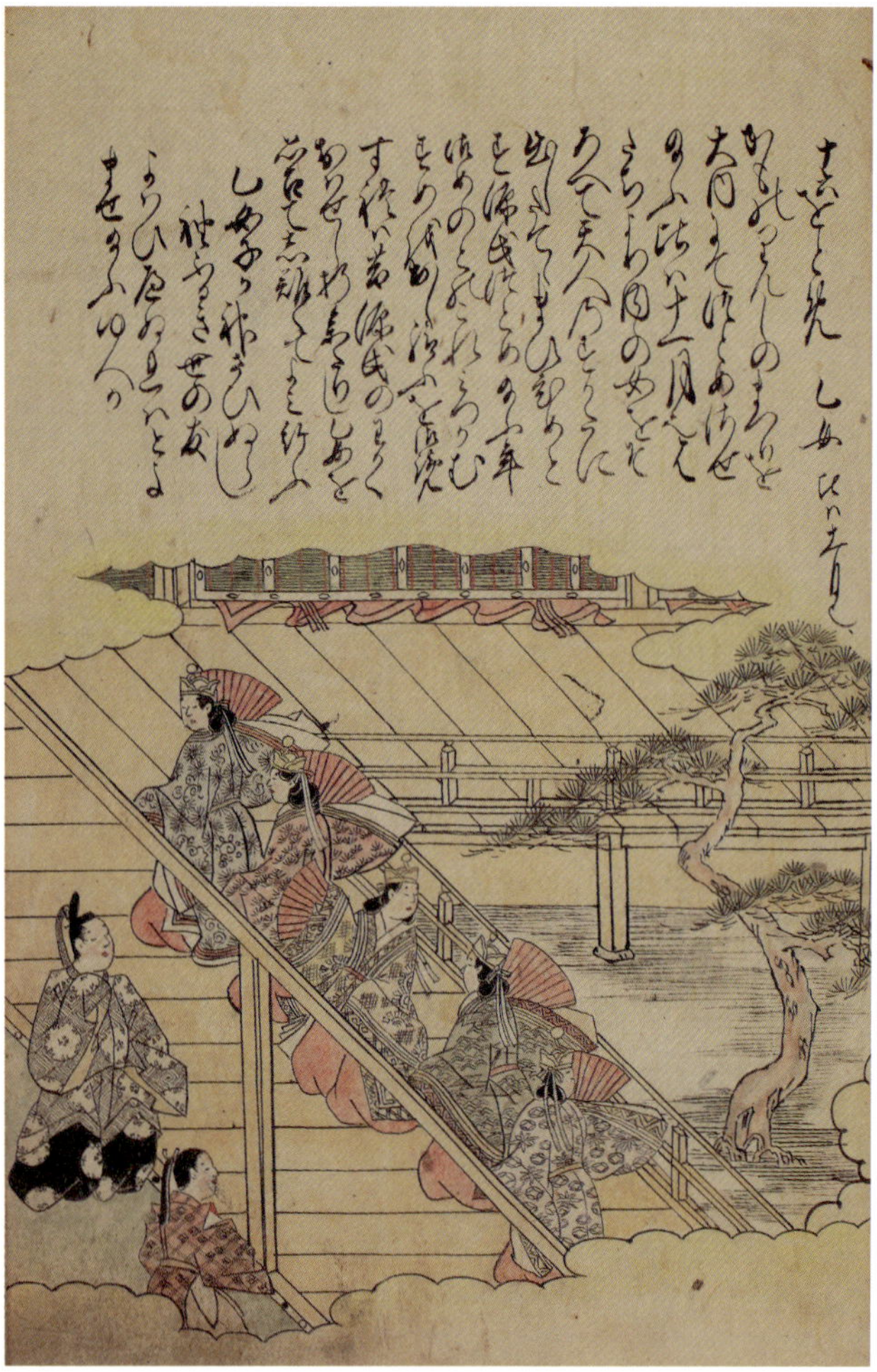

『源氏物語絵抄』
江戸時代の写本、1冊。54帖が1帖ごとに半丁(1頁)にまとめられ、彩色画が描かれた抄本で、図は「乙女」の巻の場面です。

記録係としての女房たち

摂関時代には、中宮や皇后などの后たちが皇子を産み、その皇子が天皇になると、中宮や皇后の父・兄弟は摂政・関白などとして政治を行いました。しかし道長や息子頼通《よりみち》も天皇の母である彰子のもとへ行って相談し、彰子の仰せによって重要事項が決定されていました。つまり実際には天皇の母は、自身の父や兄弟である摂政よりも近い立場で、幼い天皇を補佐していたといえるのです。

969	ファーティマ朝、エジプトを制服
974	祇園御霊会を初めて行う
990	藤原定子が中宮となる
1001頃	枕草子が完成
1010頃	源氏物語が完成
1016	藤原道長が摂政に就任

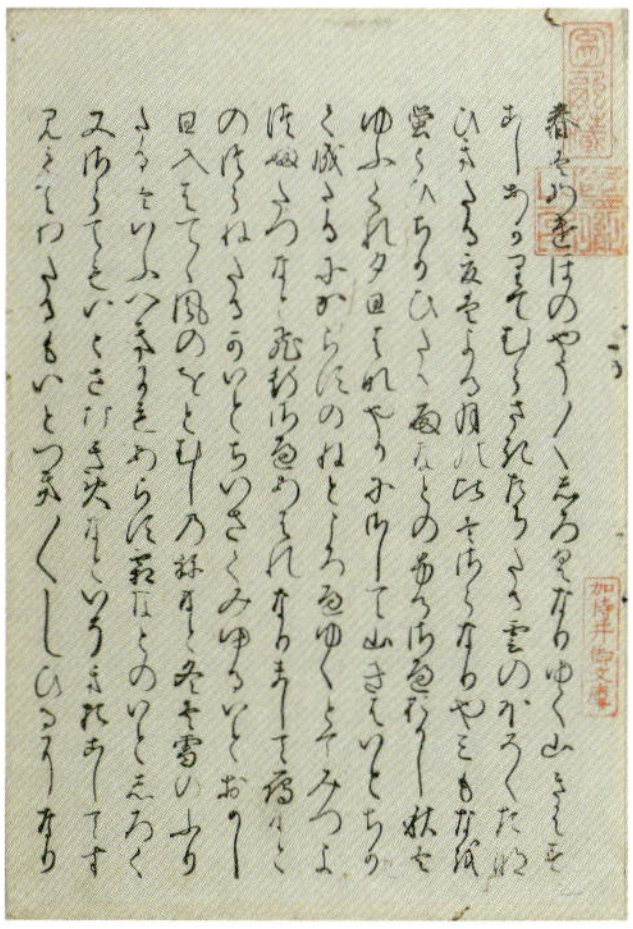

『枕草子』
1596〜1624年頃刊、5冊。梶井宮盛胤法親王旧蔵本。連続活字を使用した古活字版です。図は「春はあけぼの」ではじまる冒頭の部分です。

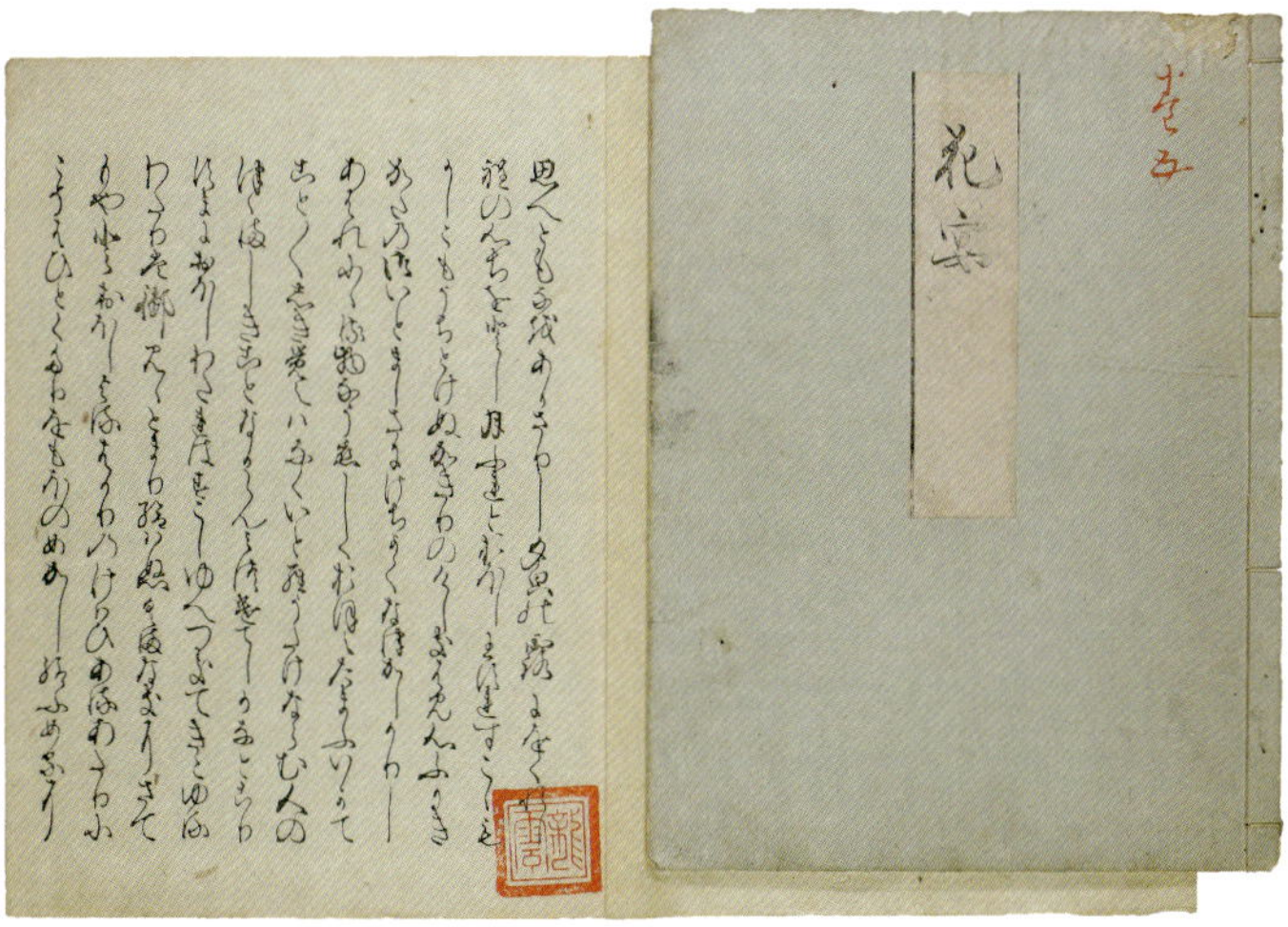

『源氏物語』
1596〜1624年頃刊、54冊。和田維四郎旧蔵本。嵯峨本風の意匠を凝らした装丁で、薄縹色（うすはなだいろ）の表紙に散らされた雲母がラメやパールのように光ります。図は「花宴」の表紙（右）と「末摘花」の冒頭の部分（左）です。

　女子にも財産が譲られ、女性が死亡すると婚家ではなく実家の墓に入り、追善行事も実家方で行われるなど、結婚しても夫の一門に含まれず、現在よりも実家との結びつきが強い時代でした。

　紫式部の『紫式部日記』は中宮彰子の宮中の様子、とくに皇子誕生や祝宴、天皇の行幸などが男性官人とは別な視点から克明に記された女房日記です。また皇后定子の後宮の様子を生き生きと描く清少納言の『枕草子』も、女房としてのなかば公的な著作と考えられることから、彼女たちは政治の表舞台にも関わる機会のあった中宮や皇后に仕えて文芸サロンを盛り立てるだけでなく、記録係としての役割も担っていたと推定されます。

　なお、『紫式部日記』には清少納言について語った部分があり、かなり手厳しい評価を下しています。清少納言と紫式部は、宮仕えの時期が異なり、直接顔を合わせていたわけではないのですが、ライバル的な意識はあったようです。

東洋文庫の『枕草子』と『源氏物語』

　岩崎文庫の『枕草子』には、後水尾天皇（1596〜1680）の皇子梶井宮盛胤《かじいのみやせいいん》法親王《ほっしんのう》の旧蔵や和田維四郎《わだつなしろう》蒐集の江戸時代初期の古活字版のほか、粘葉装《でっちょうそう》の写本や、北村季吟《きたむらきぎん》（1624〜1705）による注釈書『枕草子春曙抄《しゅんしょしょう》』などの版本もあります。

　また『源氏物語』は、江戸時代初期の古活字版（和田維四郎が蒐集した伝嵯峨本や元和《げんな》本など）をはじめ、江戸時代に出版された絵入りの版本や『源氏物語』の内容を部分的に書き抜いた抄本があり、そのほか北村季吟『源氏物語湖月抄《こげつしょう》』など、各種の注釈書・関連書の版本もあります。

　『枕草子』も『源氏物語』も、江戸時代になって印刷された版本が大量に出回るようになったことで、広く普及したといえるのです。

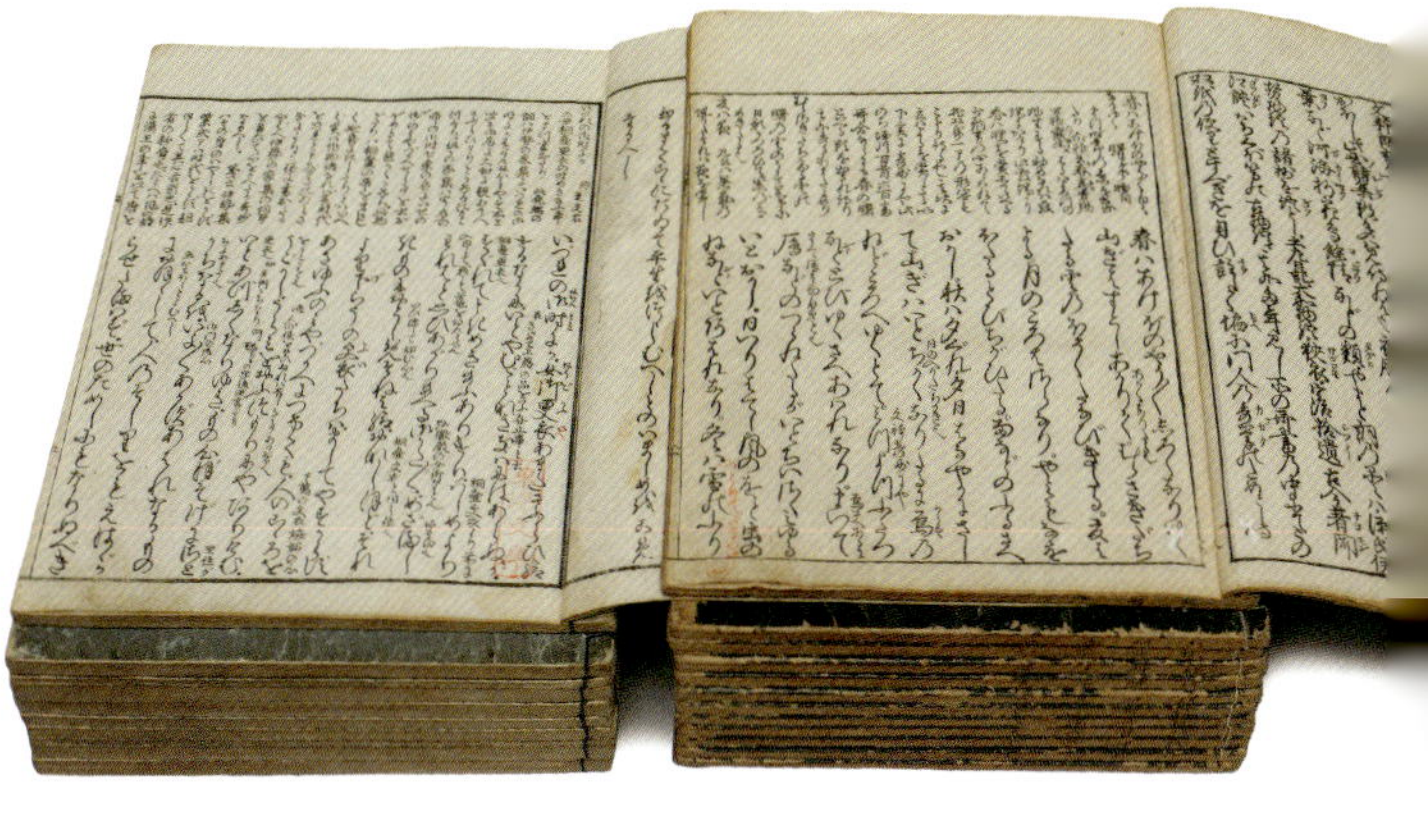

『枕草子春曙抄』（右）1674年頃、12冊、『源氏物語湖月抄』（左）1673年刊、60冊
この2つの書は、江戸時代前期の歌人で和学者でもあった北村季吟による注釈書です。自説だけでなく先行研究もまとめ、全本文に頭注・傍注を付けて要点を簡略に示しているため、流布本として親しまれました。

藤原頼道が関白に就任
1019
1038
セルジューク朝成立
1077
カノッサの屈辱事件

歴《れき》代《だい》地《ち》理《り》指《し》掌《しょう》図《ず》

12世紀中頃（宋代）

世界にこの一冊だけ！現存最古の中国歴史地図集

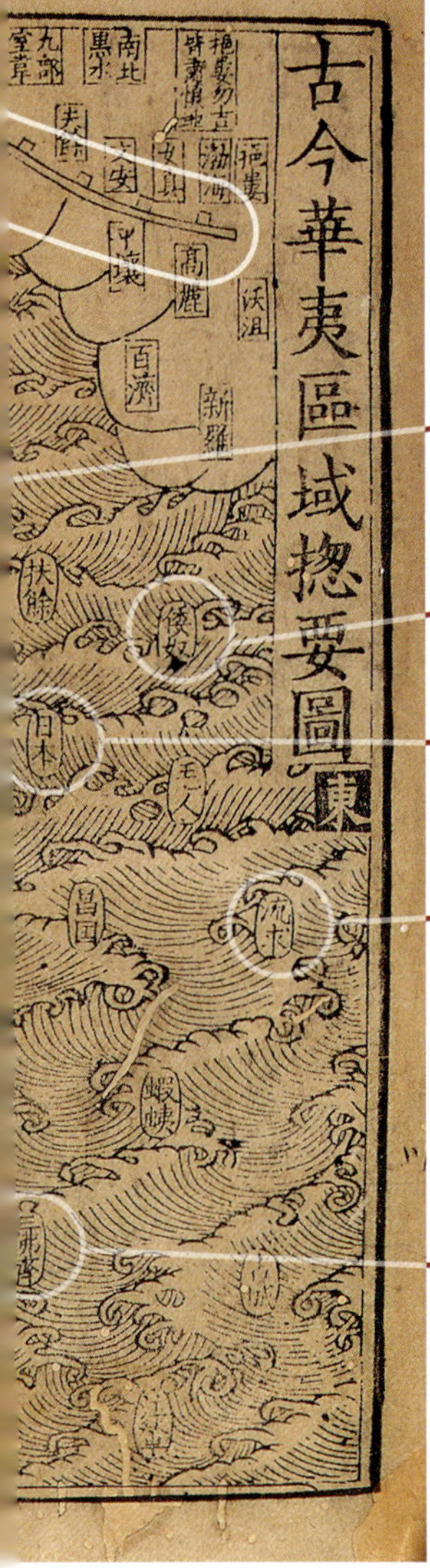

宋王朝の危機的状況

北宋（960～1127）の第八代皇帝徽宗《きそう》（在位1100～25）は詩文書画に才能を発揮しました。痩金体《そうきんたい》と呼ばれる書体の創始者にして院体画の大家でもあり、その花鳥画は日本の大名に多くの愛好者を生みました。そればかりでなく徽宗は芸術家の養成にも力を入れ、書画・骨董を収集して古器物研究の流行を喚起するなど、その治世は中国史上の文化・芸術の黄金時代でした。

その反面、政治的な才能に乏しく、宋王朝は滅亡の危機に瀕します。当時、中国東北部は契丹（モンゴル系の遊牧民族）の王朝である遼の領土となっていました。宋は新興の女真族国家である金と結んで遼を挟撃し、1125年に滅ぼしましたが、金軍はさらに南下して宋の都開封《かいほう》に迫りました。その最中、徽宗は突如として子の欽宗（在位1125～27）に譲位しました。翌年、再度にわたる金軍の侵攻を受けて開封は陥落し、徽宗・欽宗は捕虜となって北方に連れ去られました（靖康《せいこう》の変）。

南宋（1127～1276）の初代皇帝となる高宗（在位1127～62）は、当時、江南で金軍と抗戦中でしたが、開封が陥落すると、1127年に南京で即位しました（宋室の南渡）。はじめ岳飛ら主戦派と和平派の対立がありましたが、1138年に臨安府（杭州）を行在所《あんざいしょ》と定めて以降、和平論に傾き、1142年、金との間に屈辱的な和議を結びました。その一方で、江南の開発を進め、南宋の基礎を築いたことが評価されています。

「天下の孤本」が語るもの

本書には、「古今華夷区域惣要図《ここんかいくいきそうようず》」をはじめとして、伝説の三皇五帝から宋代までの歴代

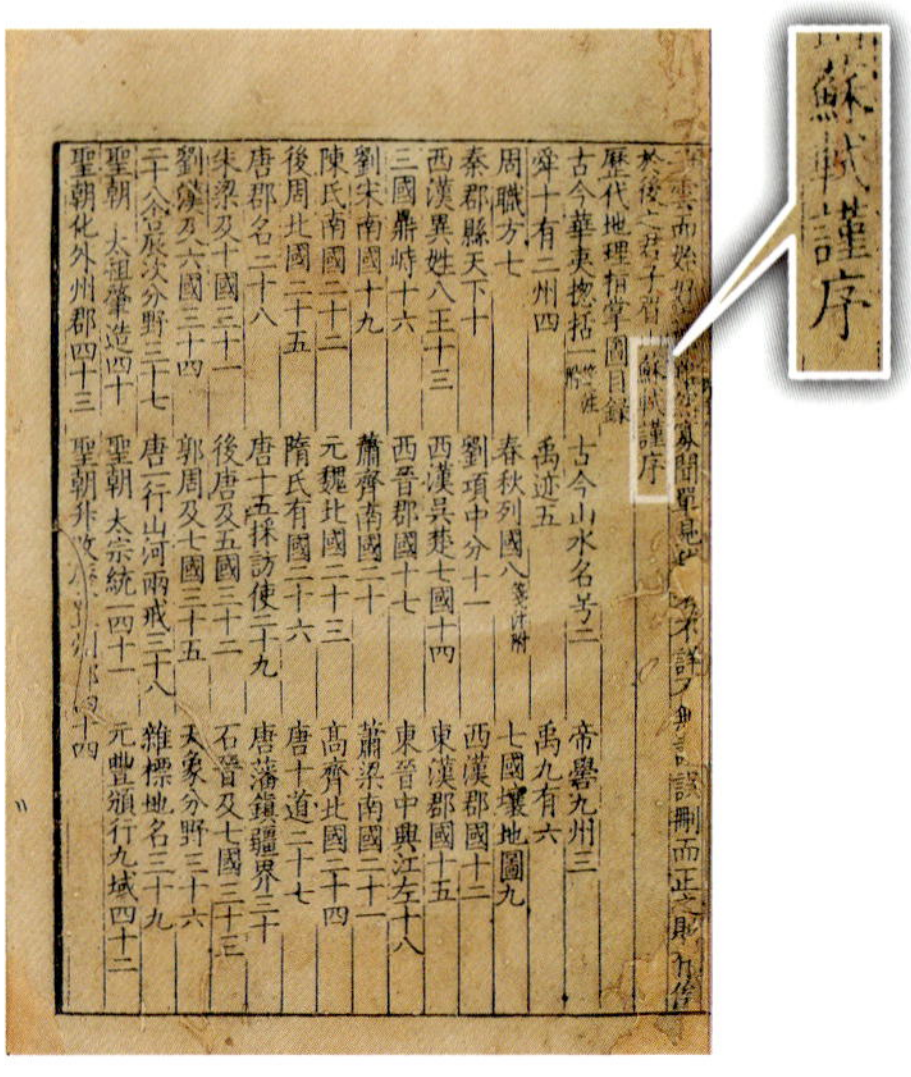

『歴代地理指掌図』
12世紀中頃刊。冒頭の序に「蘇軾撰」の記載が読みとれます。巻末には「西川成都府市西兪家印（せいせん せいとふ しせい ゆか いん）」の刊記があり、成都で刊行されて流通したものの、のち版元が、著名な文人である蘇軾の名をかたって出版するようになったと考えられています。

1051 前九年の役
1077 カノッサの屈辱
1083 後三年の役
1086 院政の開始
1096 第1回十字軍

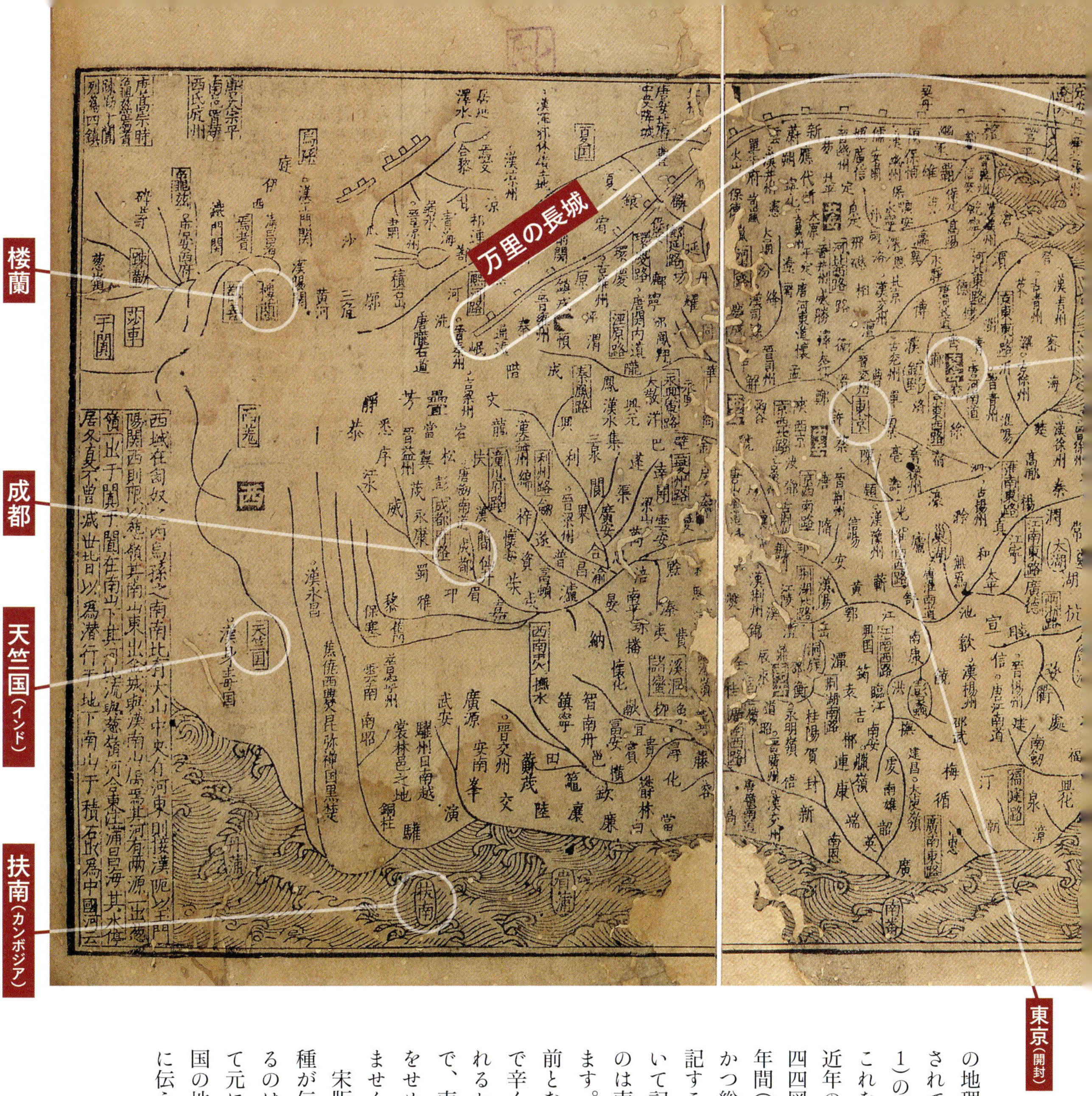

の地理沿革を図解した全四四図と総論が収録されています。一時、蘇軾《そしょく》(1036〜1101)の撰とされましたが、南宋の知識人費衮《ひこん》は、これを北宋の税安礼《ぜいあんれい》の作であると述べており、近年の研究ではこの説がとられています。第四四図「聖朝升改廃置州郡図《せいちょうしょうかいはいちしゅうぐんず》」に高宗の紹興《しょうこう》年間(1131〜62)初めころの地名があり、かつ総論の中で欽宗の諱《いみな》である「桓」の字を記すことを避けるために、「桓」字の末筆を欠いて記す(欠筆《けっぴつ》)などの事柄から、出版されたのは南宋の紹興前期であったと考えられています。前にも述べたように、南宋は、滅亡寸前となった宋王室が首都を江南にうつすことで辛くも生きのびた王朝でした。国土が失われるかもしれないという不安と焦燥感のなかで、南宋の知識人は、自分たちの国土の歴史をせめて記録の上に残そうとしたのかもしれません。

宋版の『歴代地理指掌図』は、かつて五、六種が伝わっていたと言われますが、現在伝わるのは東洋文庫所蔵本だけです。南宋はやがて元によって滅ぼされますが、宋代までの中国の地理の沿革は、この孤本によって私たちに伝えられたのです。

1115 金建国
1126 靖康の変 / 中尊寺完成
1127 南宋建国
1147 第2回十字軍
1161 金が南宋に侵入

源《げん》平《ぺい》盛《じょう》衰《すい》記《き》

14世紀後半頃(南北朝時代)

武士の世を築いた源平の合戦

昨日の朋は今日の敵

平安時代末期、『源氏物語』に代表されるような貴族文化と藤原摂関家の栄華は、白河法皇(1053〜1129)による院政の開始によって大きく変容していきます。政権は天皇や摂関の手を離れ、上皇・法皇とその近臣たちへと移っていきました。白河法皇は院直属の武力として、北面の武士を組織し、なかでも平忠盛《たいらのただもり》(1096〜1153)は寺院の寄進や海賊追討などの勲功により、異例の昇進を果たしました。その後を継いだのが平清盛(1118〜81)です。一方、平氏と並ぶ代表的な武家である源義朝《みなもとのよしとも》(1123〜60)は、関東に下向して地元武士団を束ね、それを基盤に京都で躍進しました。

1156年の保元の乱でともに後白河天皇(1127〜92)側に立って戦った平清盛と源義朝は、1159年に平治の乱が起こると、敵味方に分かれ、敗北した義朝は滅ぼされ、息子の頼朝(1147〜99)は伊豆国へ流罪とされました。その後、清盛は太政大臣にまで昇りつめ、平氏一門によって国政を掌握します。後白河法皇の子・高倉天皇(1161〜81)に娘を嫁がせ、安徳天皇(1178〜85)の外祖父となったほか、大輪田泊《おおわだのとまり》(現在の神戸港)を修築して、中国の南宋との貿易にも着手しました。

おごる平家は久しからず

しかし、独裁的な平氏政権に対する反発から、国内の政情は次第に不安定になりました。なかでもクーデターによる後白河法皇の幽閉(1179)や、平安京から福原(現在の神戸市)への遷都(1180)、東大寺を含む奈良の寺院の焼き討ち(1181)は、平氏の悪評を高めました。そうしたなか、1180年に以仁《もちひと》王《おう》が挙兵すると、全国各地で源氏とそれに与する武士たちが蜂起し、いわゆる源平の合戦が繰り広げられます。清盛の死後、平氏一門は義朝の甥・木曽義仲(1154〜84)に攻められて京都から西国へ落ちのびました。また、頼朝は挙兵後いったん敗北するも再起し、鎌倉に独自の政権を築き、弟の範頼《のりより》(?〜1193)・義経(1159〜89)を派遣して、後白河法皇と対立した義仲を滅ぼすと、さらに平氏を攻めました。こうして1185年、壇の浦の戦いで平氏は安徳天皇や一族もろとも滅ぼされました。この平氏追討の過程で頼朝は東日本における支配権を確立し、最終的には弟たちをも滅ぼして、後白河法皇の死後に征夷大将軍に任命されます。こうして頼朝が築いた鎌倉幕府は、その後明治維新までおよそ七百年にわたって続いた武家政権の始まりとなりました。

『源平盛衰記』のアンソロジー的楽しみ

こうした平氏の繁栄と滅亡は、軍記物語の傑作『平家物語』一二巻によって、現在にまで語り継がれています。ただし『平家物語』には数多くの異本があり、ここで紹介する『源平盛衰記』四八巻もまた、異本の一つとして成立しました。『平家物語』の「祇園精舎の鐘の声、諸行無常の響きあり」という有名な書き出しは『源平盛衰記』にも共通していますが、『源平盛衰記』は『平家物語』にはない膨大な故事・逸話を含み、時には記事の重複や

1156 保元の乱
1159 平治の乱
1161 金が南宋に侵入
1163 ノートルダム大聖堂、建設開始
1167 平清盛が太政大臣となる
1169 サラディンがアイユーブ朝創始

『源平盛衰記』
1661〜72年頃刊、丹緑本。図版は巻21の挿絵。1180年、伊豆で源氏再興の挙兵をした源頼朝は、相模の石橋山で大庭景親らに敗れます。真鶴まで逃げ延びた頼朝一行が伏木の洞に隠れたところへ、大庭の軍勢が押し寄せます。しかし大庭のいとこの梶原景時が頼朝を見逃し、大庭はなおも怪しみますが、八幡神の加護により洞の中から山鳩（八幡神の使い）が飛び出したため、ついに無人と錯覚して引き揚げます。

矛盾すら生じています。特に源平の合戦における関東の武士たちの活躍を詳細に描写しており、たとえば頼朝の挙兵は『平家物語』では早馬によって平氏一門へ知らされるという間接的な描写にとどめられていますが、『源平盛衰記』では舞台そのものを京都から関東に移して、頼朝の敗北と再起を詳細に描いています。図版で掲げているのは、敗北した頼朝がわずか七騎で山中に身を隠す場面です。

琵琶法師たちによって語り伝えられた『平家物語』は流麗な文章を備えており、それに比べると『源平盛衰記』は文字で読まれることを前提としているため、漢語が多くごつごつとした文体になっています。また記事の統一性に欠けることもあり、単体の文学作品としては、『平家物語』よりも低い評価を受けています。しかし『平家物語』にない逸話を含む『源平盛衰記』は、後代の文学作品に非常に強い影響を与えました。特に江戸時代には、浄瑠璃・歌舞伎で今でも上演される『ひらかな盛衰記《せいすいき》』（1739年初演）を初めとして、主に大衆芸能や戯作文学において『源平盛衰記』を題材とした作品が大量に生まれています。現在の知名度こそ低いものの、『源平盛衰記』は中世以降の日本文学の取材源として大きな役割を果たしたのです。

源頼朝が征夷大将軍となる
壇の浦の戦いを最後に平氏が滅びる
1192
1189
1185
第3回十字軍

モンゴル人の歴史

イタリア人修道士が見た未知なる東方世界の記録

ヨハネス・デ・プラノ・カルピニ著　1247年頃

教皇密使、モンゴルをめざす

13世紀初頭に成立したモンゴル帝国は、瞬く間に周辺諸国を征服し、ユーラシア大陸の多くの地域を支配下に置きました。当時の西欧にとって聖地周辺より東方は、確かな情報のない未知の世界でした。しかし、バトゥ（1207〜55）を総司令官とするモンゴル軍のヨーロッパ遠征（1236〜42）を機にモンゴル帝国と接触し、次第に東方世界の状況を知るようになります。

教皇インノケンティウス4世（在位1243〜54）は、再度のモンゴル軍の侵攻に備えるため、いくつかの使節団を派遣することを決意します。使節団派遣の目的は、モンゴルの情報や意図を探り、和平を結んで、できればキリスト教に改宗させることでした。使節には、13世紀初めに設立されて以来、積極的に異教徒への宣教活動に取り組んでいたフランシスコ会とドミニコ会の修道士から選ばれました。ここで紹介する『モンゴル人の歴史』は、使節の一人に選ばれたプラノ・カルピニ修道士（1182頃〜1252）によってローマ教皇庁に提出された報告書です。

老修道士が見た世界帝国

カルピニは、イタリアのペルージャ近郊出身のフランシスコ会の修道士です。1245年春にリヨンを出立したカルピニ一行は、東欧・ロシア経由でヴォルガ川流域に留まるバトゥのもとを訪れ、さらに旅を続けて、1246年7月に首都カラコルム近郊の第三代皇帝となるグユク・ハン（在位1246〜48）の宮廷に到着しました。カルピニは、到着直後に行なわれたグユク・ハンの即位式に列席しましたが、そこにはモンゴル帝国全土から有力者やその使節が集まっており、情報収集のための絶好の機会に恵まれたと言えます。即位式ののち、グユク・ハンに謁見して教皇の親書を渡しましたが、カルピニを降伏の使者

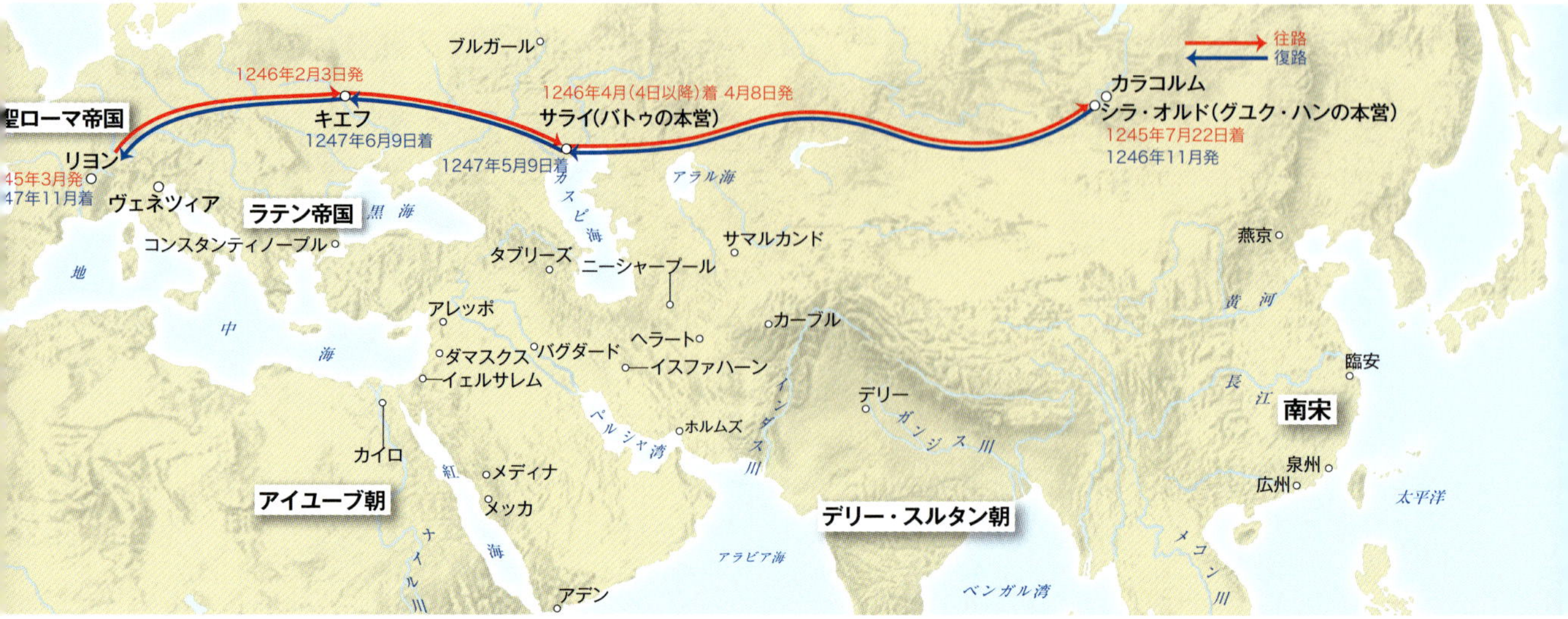

北条氏の執権政治開始

1219　チンギス・ハンが征西を開始

1215　イギリスでマグナ・カルタ成立

1206　チンギス・ハンがモンゴル帝国を統一

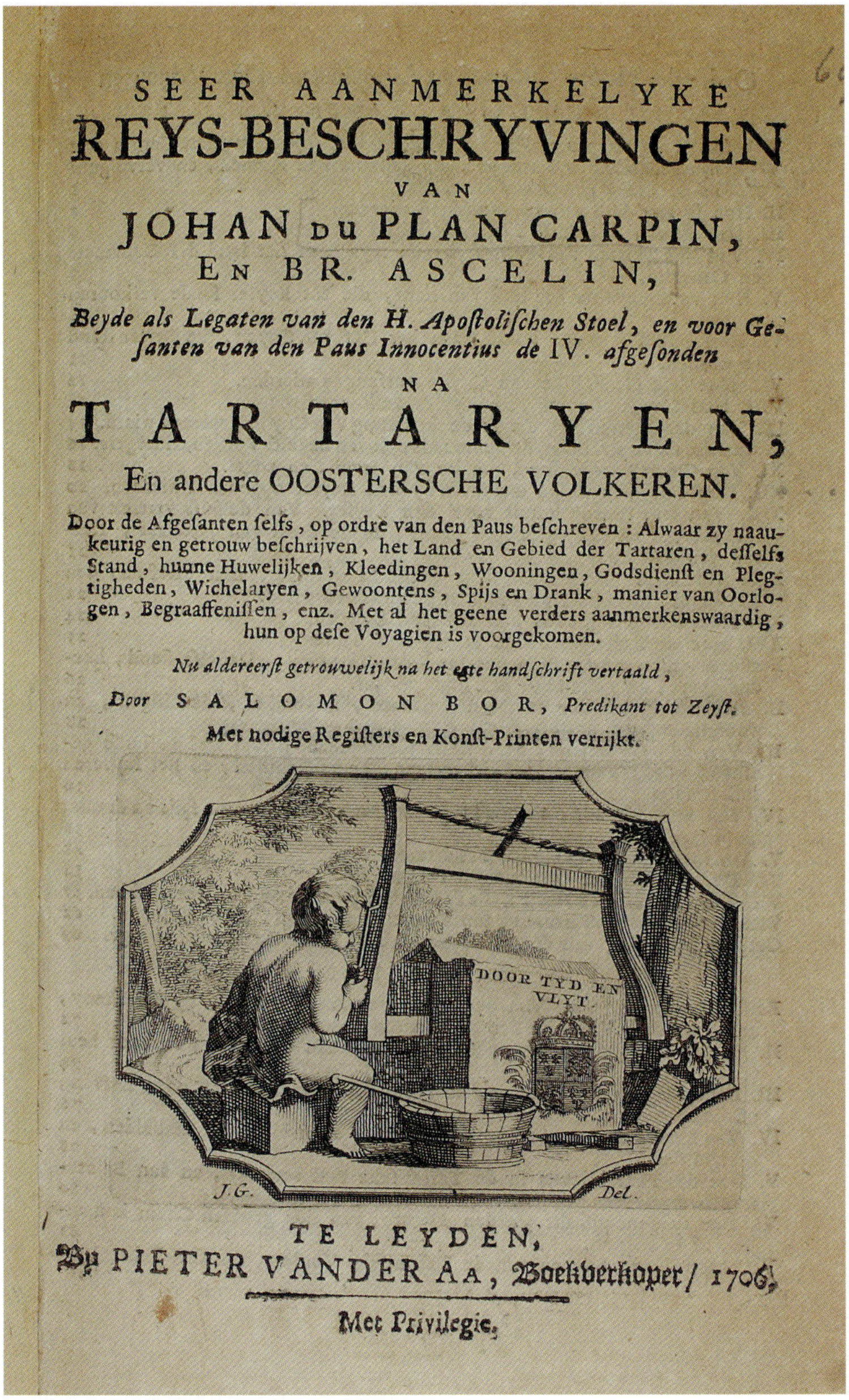
SEER AANMERKELYKE
REYS-BESCHRYVINGEN
VAN
JOHAN DU PLAN CARPIN,
EN BR. ASCELIN,
Beyde als Legaten van den H. Apoſtoliſchen Stoel, en voor Geſanten van den Paus Innocentius de IV. afgeſonden
NA
TARTARYEN,
En andere OOSTERSCHE VOLKEREN.
Door de Afgeſanten ſelfs, op ordre van den Paus beſchreven: Alwaar zy naaukeurig en getrouw beſchrijven, het Land en Gebied der Tartaren, deſſelfs Stand, hunne Huwelijken, Kleedingen, Wooningen, Godsdienſt en Plegtigheden, Wichelaryen, Gewoontens, Spijs en Drank, manier van Oorlogen, Begraaffeniſſen, enz. Met al het geene verders aanmerkenswaardig hun op deſe Voyagien is voorgekomen.
Nu aldereerſt getrouwelijk na het egte handſchrift vertaald,
Door SALOMON BOR, *Predikant tot Zeyſt.*
Met nodige Regiſters en Konſt-Printen verrijkt.

TE LEYDEN,
By PIETER VANDER AA, Boekverkoper/ 1706,
Met Privilegie.

プラノ・カルピニ『モンゴル人の歴史』
1706年、ライデン刊、オランダ語訳。カルピニと同時期にアルメニアに駐屯するモンゴル軍に派遣されたアンセルム修道士使節団のひとりシモン修道士による報告も収録しています。

とみなし、教皇自ら出頭し臣従することを求めるモンゴル側との隔たりは大きく、和平を結ぶことはできませんでした。このとき数通作成された教皇宛返書のうち、ペルシア語文のものがヴァチカン図書館に現存しています。グユク・ハンの宮廷に四カ月足らず滞在したのち、往路と同じ道をたどって、1247年秋にリヨンに帰着しました。

モンゴル帝国内では、早くから交通路の整備と安全確保がなされていました。また、駅伝制の整備によって、利用許可を認められた者は、宿駅で替え馬や食料などの補給を受けられたため、迅速かつ安全に目的地に達することができました。六〇歳を越えるカルピニにとって困難な旅行でしたが、道案内をつけられ駅伝を利用できたことは、旅の苦難を和らげたことと思われます。

はじめて西欧に伝わった東方事情

本書はラテン語で書かれ、全九章からなります。「カルピニの旅行記」とも呼ばれますが、旅行記は第九章のみで、八章まではモンゴルの地理、風俗、信仰、歴史、政治制度、軍事などに関する報告です。伝聞や誤解に基づく不確かな情報も含まれますが、全体的には客観的な観察にもとづいた記述がなされています。しかし、西欧にとって当面の関心事である軍事面については、ことさらにモンゴルの脅威を強調した表現も見られます。

西欧にモンゴルを含む東方の事情をはじめて伝えた本書は、当時の知識層の関心を引き、同時代の百科事典や年代記にも引用されています。また、七年後にフランス国王ルイ9世の使者としてカラコルムを訪れたフランシスコ会修道士ルブルックにも影響を与えました。このルブルックの旅行記とともに、現在も数少ないモンゴル帝国初期の同時代文献として史料価値があります。

1246 カルピニ、カラコルム到着
1241 モンゴル軍、ワールシュタットの戦いに勝利

御《ご》成《せい》敗《ばい》式《しき》目《もく》

北条泰時ほか編　1232年（鎌倉時代）

大いなる宝と呼ばれた武家の成文法

『御成敗式目』は、1232（貞永元）年に公布された、鎌倉幕府の法令集です。公布された元号から貞永式目とも呼ばれます。第三代執権・北条泰時を中心に制定されました。武家政権が初めて作成した「文字として書かれた法令」です。

武士の法令、成立

1221（承久3）年、後鳥羽上皇は鎌倉幕府討滅の意思をかため、執権北条義時を追討すべしとの院宣を発しました。しかし、諸国の武士たちはこの命令には従わず、上皇の試みは失敗に終わります。乱の後、上皇は隠岐に流され、三千箇所近くにのぼるその所領は、乱で功績を挙げた武士たちに与えられました。そのため、新たに西国に領地を得た東国の武士と、もともとその領地に住んでいた住民や所有者との間に土地をめぐるトラブルが頻発します。『御成敗式目』は、そういった訴訟を、基準を定めて公平に解決するためにつくられたのです。鎌倉幕府は御家人への恩賞として土地を与えていました。その土地をめぐって争い事が起こった場合は「道理」と「先例」を基準にした独自の裁判を行っていました。「道理」とは、平安時代以来の武家社会で発生し発達してきた道徳です。当時、京都の貴族たちが裁判をするために使っていたのは、朝廷の律令を基本とした「公家法」でした。武士たちは、貴族たちの決まり事から独立した「武家法」によって紛争を解決できるようになったのです。

この式目の意義が大きいことは、同時代の人々も感じていたようです。鎌倉時代に成立した歴史書『吾妻鏡《あづまかがみ》』は、『御成敗式目』を「関東の鴻宝《こうほう》」と評しました。鴻《おおとり》のような偉大な宝との意味です。

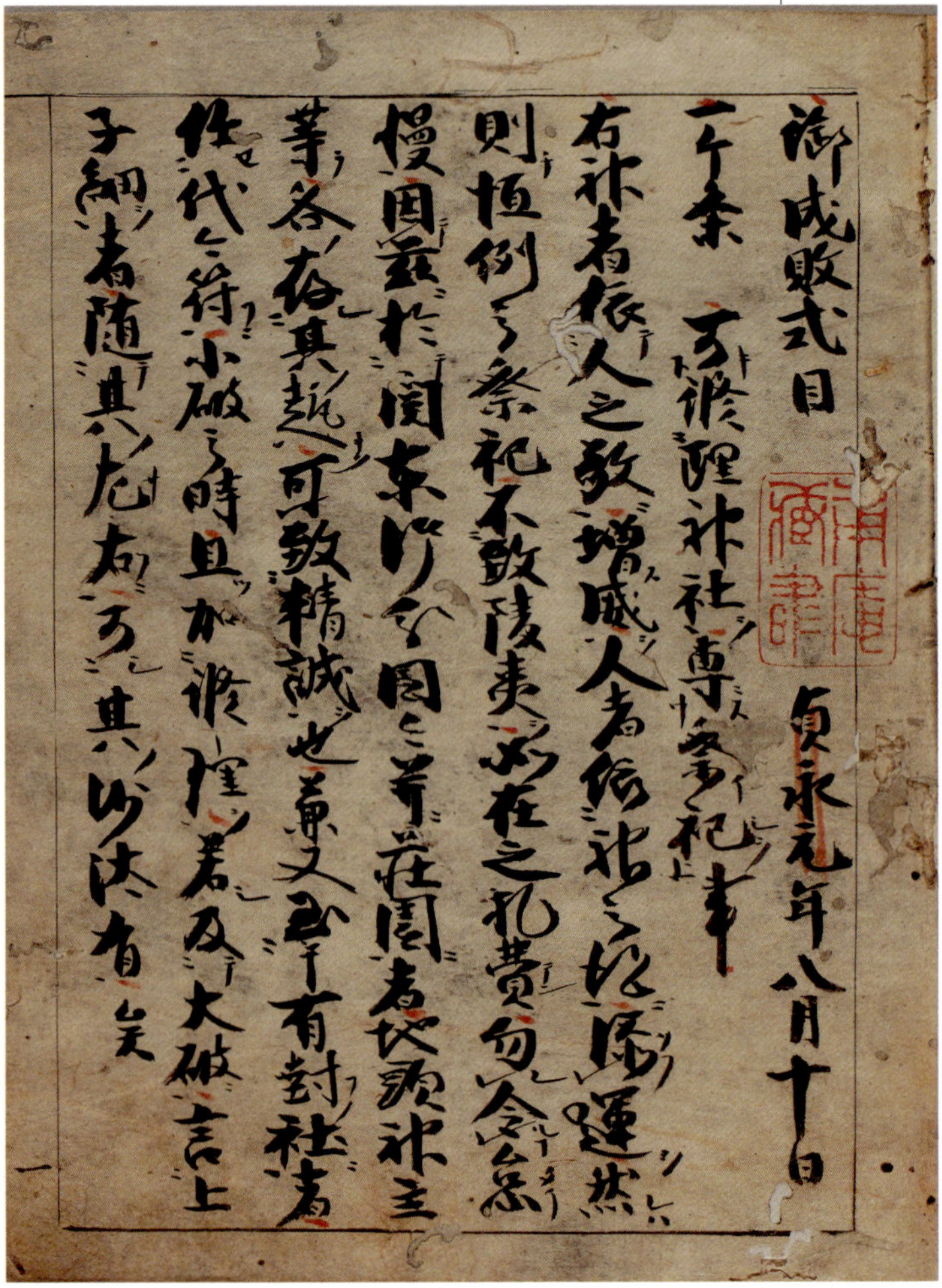

『御成敗式目』
「神社を修理し、祭祀を専らにすべき事」を定めた第1条の冒頭。
甫庵の蔵書印が押されています。

北条泰時、御成敗式目を制定　1232
承久の乱　1221
13c初　フランチェスコ修道会、ドミニコ修道会成立

『御成敗式目』の与えた影響

『御成敗式目』は書写したものが各国の守護に配布され、守護から国内の領地の管理者に伝達されて、きわめて実用的に用いられました。そのため、後世に強い影響を与え、鎌倉幕府の後に成立した室町幕府においても、『御成敗式目』を法典として採用しました。また、応仁の乱（1467〜77）以降は、諸国の守護大名・戦国大名が領地経営のために『御成敗式目』を参考にしました。当時の「分国法」にも式目の影響を見ることができます。時代は下り、江戸期の寺子屋では、『御成敗式目』は習字の教材として使用されました。実用性の高い法令の条文を学ぶためです。この頃には、手本として使用するため、版木に彫って印刷した本も登場しています。

東洋文庫蔵『御成敗式目』

『御成敗式目』は上記のような経緯から、写本として残っているものが多く、東洋文庫でも複数の写本を所蔵しています。最古のものは、幕末明治期の医者・服部《はっとり》甫庵《ほあん》が旧蔵していた室町後期の写本とされるものです。東洋文庫が所蔵する『御成敗式目』のうち、最も興味深いものは、藤原明衡《ふじわらのあきひら》が平安中期にまとめた漢詩文集『本朝文粋《ほんちょうもんずい》』の紙背文書として存在する資料でしょう。菅孝次郎氏旧蔵の散逸した『本朝文粋』巻二の断片の裏に、『御成敗式目』が書かれています。裏の『御成敗式目』は鎌倉後期に写されたものと思われ、断片ではありますが文書としては前掲の写本よりも古く、『御成敗式目』の成立年代に迫るものです。

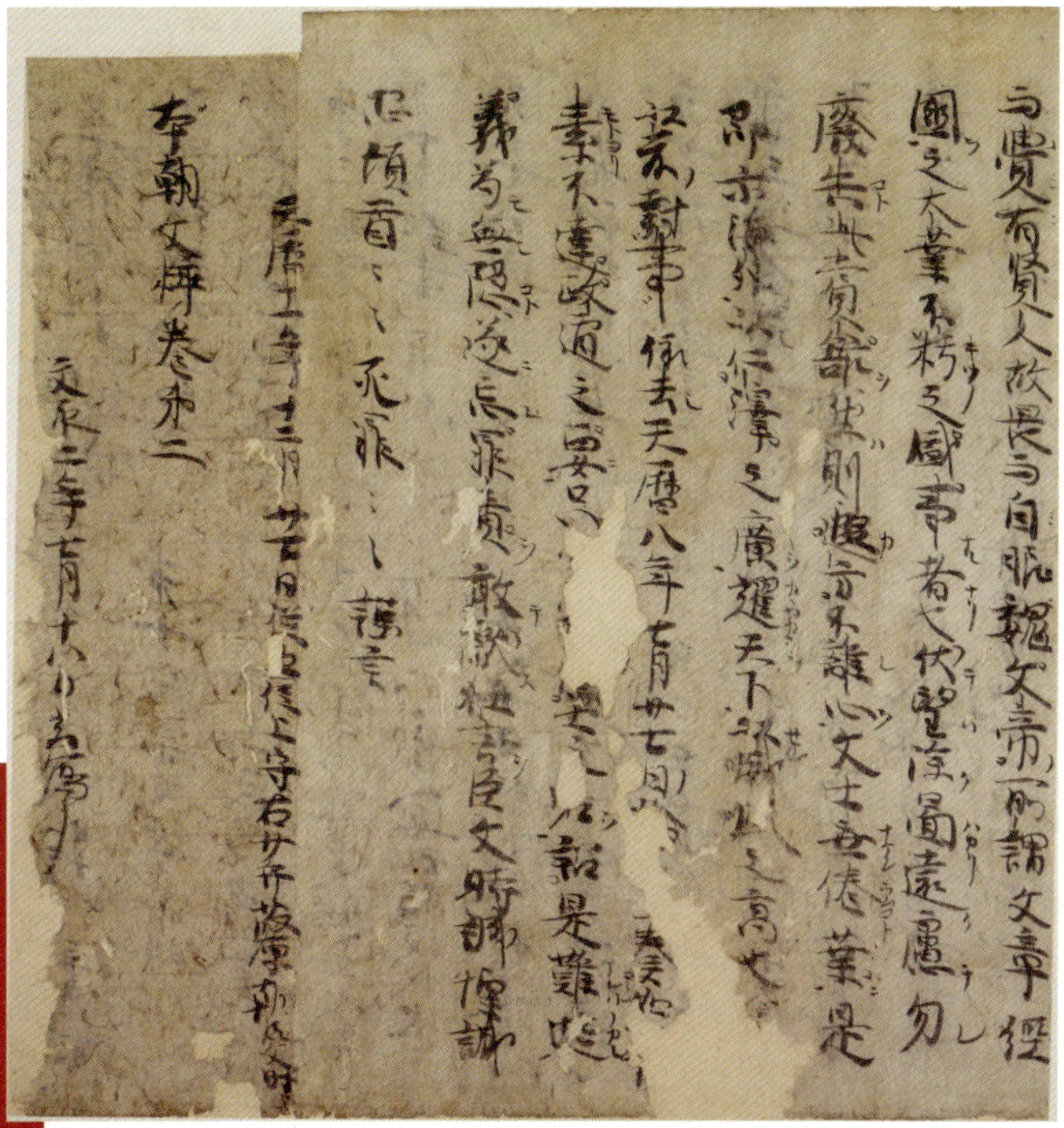

『本朝文粋』
1265年写、29.0×20.0㎝、存巻第2。表側の『本朝文粋』もまた、鎌倉中期という筆写年代の古さから、非常に貴重な資料と判断されました。そのため、表側の保存と補修を優先し、これ以上の破損が生じないように台紙に添付してあります。現在では裏書きの墨筆は見ることができないため、画像として保存しています。

裏の裏の裏は表？！
―紙背文書―

古文書の裏に、表とは全く別の内容が書かれていることがあります。紙が貴重だった時代に、反古紙の裏を用いた一種のリサイクル方法です。日本で最も有名なものは「正倉院文書」で、戸籍などの公文書の裏に宝物庫の出納などについての記録が残されています。新しくつくられた文書類の表に対して、裏になっている最初の文書類を紙背文書といいます。古文書の裏も、立派な史料の一つなのです。

日蓮、法華宗を創始

1253	1250	1241	1237

マムルーク朝の成立
モンゴル軍、ワールシュタットの戦いに勝利
モンゴル軍がモスクワを占領

東《とう》方《ほう》見《けん》聞《ぶん》録《ろく》（世界の記述）

マルコ・ポーロ口述、ルスティケッロ・ダ・ピサ著　14世紀初頭

黄金の島へとみちびく光

わが国で『東方見聞録』として知られるマルコ・ポーロ（1254〜1324）の旅行記は、コロンブスがインディアス（アジア）と「黄金の国」ジパングをめざして大西洋を西回りでわたるきっかけとなったと言われるように、後世に大きな影響を与えました。しかし、この本がどのように成立したのか、明確にはわかっていません。

モンゴルへの旅立ち

1271年、マルコ・ポーロはヴェネツィア商人の父と叔父につれられて東方に旅立ちました。父と叔父はすでにコンスタンティノポリスを起点に南ロシアからモンゴル帝国（元）の都がおかれた大都（現在の北京）まで達し、ときのフビライ・ハンからローマ教皇への使いを託されました。その役目をはたし、フビライに復命するための二度目の旅行に、マルコをともなったと言います。

旅行記に記された地中海から高原や山岳地帯を越えてカタイ（中国）に至る道のりは、すぐれた駅伝の制度を持つモンゴル帝国の交通網を利用したとしても困難の連続であったであろうと想像されます。その行程が実際の旅路の通りなのか、それとも説明の順序にすぎないのか、今となってはわかりません。『東方見聞録』はもともと『世界の記述』と呼ばれるように地誌であり、商人のためのマニュアル的な性格を持つ書物でした。

商人マルコは皇帝フビライの行政官にとりたてられ、モンゴル帝国の中枢に関わります。さきに宮廷を訪問していたキリスト教宣教師

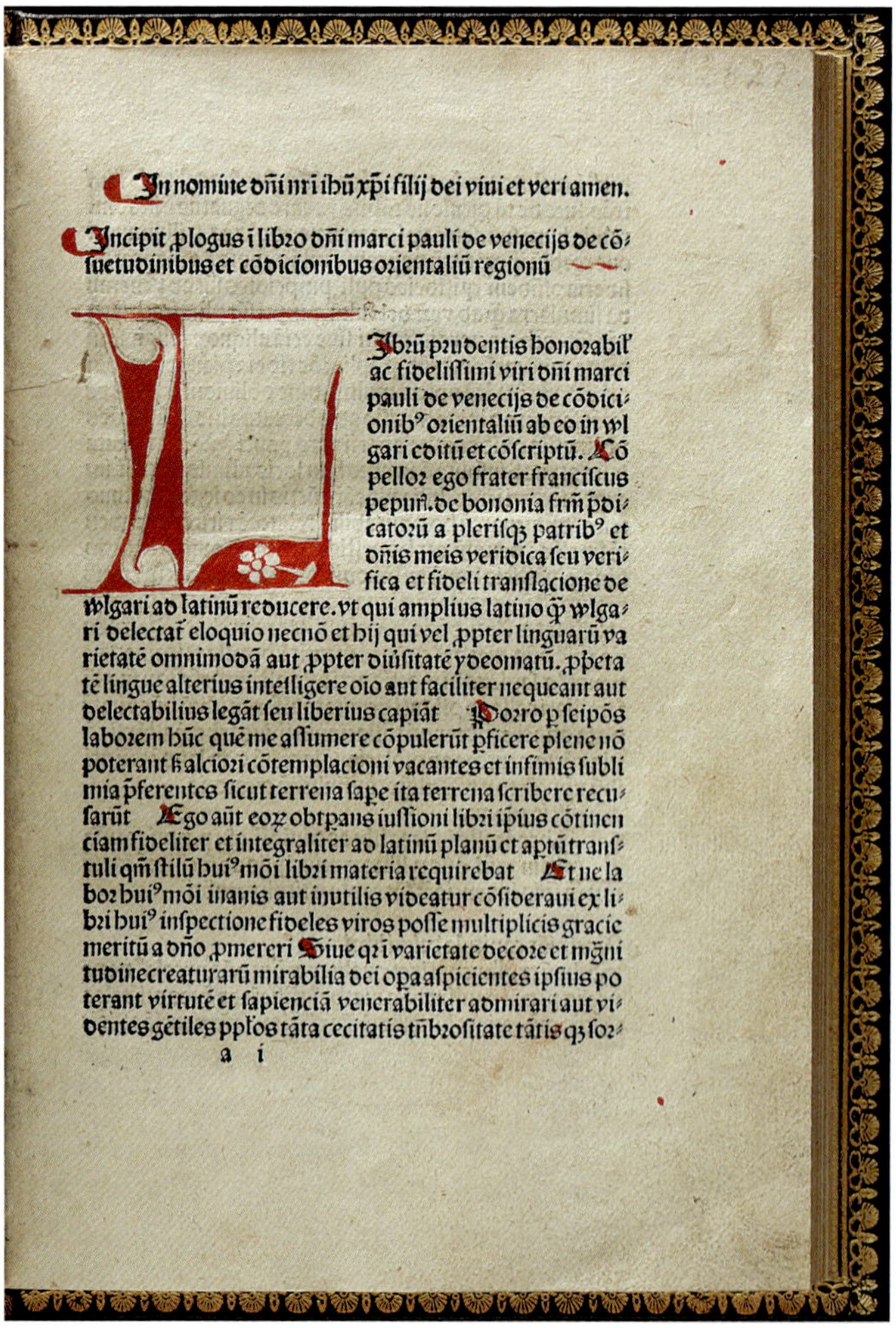
In nomine dñi nri ihũ xpi filij dei viui et veri amen.
Incipit ꝓlogus i libro dñi marci pauli de venecijs de cõsuetudinibus et cõdicionibus orientaliũ regionũ
Librũ prudentis honorabil' ac fidelissimi viri dñi marci pauli de venecijs de cõdicionib' orientaliũ ab eo in vulgari editũ et cõscriptũ. Cõpellor ego frater franciscus pepuñ. de bononia frm̃ pdicatorũ a plerisq3 patrib' et dñis meis veridica seu verifica et fideli translacione de vulgari ad latinũ reducere. vt qui amplius latino q̃ vulgari delectañ eloquio necnõ et hij qui vel ꝓpter linguarũ varietatẽ omnimodã aut ꝓpter diũsitatẽ ydeomatũ. ꝓpetatẽ lingue alterius intelligere oio aut faciliter nequeant aut delectabilius legãt seu liberius capiãt. Porro p̃ seipsos laborem hũc quẽ me assumere cõpulerũt pficere plene nõ poterant q̃ alciori cõtemplacioni vacantes et infimis sublimia pferentes sicut terrena sape ita terrena scribere recusarũt. Ego aũt eoꝝ obtpans iussioni libri ipius cõtinenciam fideliter et integraliter ad latinũ planũ et aptũ transtuli qm̃ stilũ hui' mõi libri materia requirebat. Et ne labor hui' mõi inanis aut inutilis videatur cõsideraui ex libri hui' inspectione fideles viros posse multiplicis gracie meritũ a dño ꝓmereri. Siue q2 i varietate decore et mĝnitudine creaturarũ mirabilia dei opa aspicientes ipsius poterant virtutẽ et sapienciã venerabiliter admirari aut videntes gẽtiles pplos tãta cecitatis tñbrositate tãtis q3 sor-
a i

ボローニャのドミニコ会修道士ピピーノによるラテン語訳『東方見聞録』初版本。1483〜84年頃にゴータで活版印刷されたインキュナビュラです。

1275	文永の役（蒙古襲来）
1275	**マルコ・ポーロ、元（中国）に到着する**
1271	モンゴルが元を建国
1260	日蓮『立正安国論』
1258	モンゴル軍がバグダードを占領

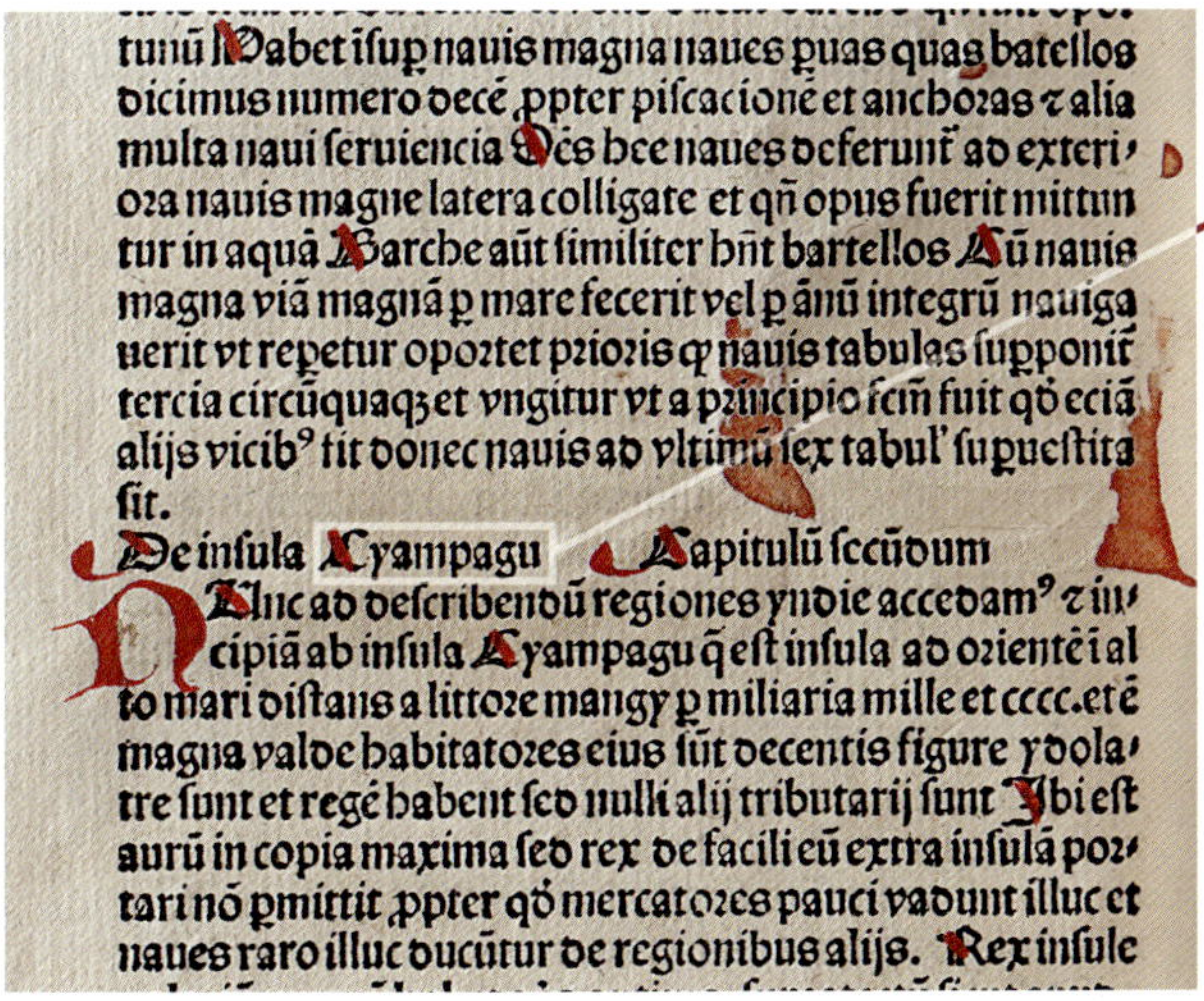
tunũ Habet ĩsup nauis magna naues quas quas batellos
dicimus numero decẽ ꝑpter piſcacionẽ et ancoras ⁊ alia
multa naui ſeruiencia Oẽs hee naues deferunt ad exteri
ora nauis magne latera colligate et qñ opus fuerit mittun
tur in aquã Barche aũt ſimiliter hñt bartellos Aũ nauis
magna viã magnã p mare fecerit vel p añũ integrũ nauiga
uerit vt repetur oportet prioris q nauis tabulas ſupponit
tercia circũquaqꝫ et vngitur vt a principio ſcm fuit qõ eciã
alijs vicib⁹ fit donec nauis ad vltimũ ſex tabul' ſupueſtita
ſit.
De inſula Cyampagu Capitulũ ſecũdum
Hunc ad deſcribendũ regiones yndie accedam⁹ ⁊ in
cipiã ab inſula Cyampagu q̃ eſt inſula ad orientẽ i al
to mari diſtans a littore mangy p miliaria mille et cccc.etẽ
magna valde habitatores eius ſũt decentis figure ydola
tre ſunt et regẽ habent ſed nullĩ alij tributarij ſunt Ibi eſt
aurũ in copia maxima ſed rex de facili eũ extra inſulã por
tari nõ pmittit ꝑpter qõ mercatores pauci vadunt illuc et
naues raro illuc ducũtur de regionibus alijs. Rex inſule

『東方見聞録』
「黄金の国」として日本が紹介されている箇所。
"Cyampagu"と綴られています。

たちには、とうてい近づくことのできなかった要職でした。ヴェネツィアに帰ったマルコにはこれらの貴重な経験について報告する義務はありませんでしたが、とある著述家との出会いが本書成立のきっかけとなります。

著述家ルスティケッロとの出会い

1298年、ヴェネツィアはジェノヴァとの戦争に敗れ、従軍していたマルコはジェノヴァの捕虜となります。そして、マルコは同房の囚人であったピサのルスティケッロという著述家に、旅の思い出を語りきかせ、ルスティケッロはこれをフランス語で記録しました。今に伝わる旅行記のもっとも古い写本は、14世紀はじめの中世フランス語の系統に属しています。古写本の研究により、フランス語からイタリアのトスカーナ方言やヴェネツィア方言に訳されたことがはっきりしました。知識人の著作の言語として、ラテン語についでフランス語が用いられるようになった時代でした。

『東方見聞録』が今日にいたるまでいかに多くの言語に訳され出版されてきたか、東洋文庫のコレクションがそれを如実に物語っています。『東方見聞録』が発表された当時、マルコ・ポーロには「イル・ミリオーネ（一〇〇万）」というあだ名がつきました。それは、彼が中国について語る時に「何百万」という形容詞をしばしば用いたからだとも、話の内容が大げさであるとの嘲笑がこめられているとも言われています。そもそもマルコ・ポーロ自身が執筆した著作ではないこともあって、彼が中国まで旅行していないのではないかと疑う研究者や、その存在自体に疑問をなげかける説もあります。しかし、13世紀のユーラシアを縦横に往き来し、見聞を伝えた旅行者がいたことはまちがいありません。

インキュナビュラ

インキュナビュラは、「揺りかご」という意味から転じて「出生地」「初め」を意味し、西欧で作られた最初期の金属活字印刷物を指します。15世紀はじめにグーテンベルクが聖書を印刷して以降1500年までに活版印刷されたものが、これにあたります。東洋文庫が所蔵するインキュナビュラの『東方見聞録』と同じ版本は世界に3冊あり、あとの2冊はヴァチカンのイエズス会文書館所蔵本と、セビリアのコロンブス記念図書館に伝わるコロンブスが自ら書きこみをのこした『東方見聞録』です。

弘安の役（蒙古襲来）　1281

1299　オスマン帝国成立

1294　コルヴィノが中国で伝道

徒《つれ》然《づれ》草《ぐさ》

吉田兼好著　1330〜32年頃

脳力に訴える辛口エッセイ

「つれづれなるままに」

『徒然草』は吉田兼好（本名、卜部《うらべ》兼好《かねよし》）によって著された、中世随筆文学の代表作で、清少納言の『枕草子』、鴨長明の『方丈記』とならぶ「日本三大随筆」の一つになっています。一般的に1330〜32年の間に書かれたといわれていますが、異説もあります。ちょうど、鎌倉時代（1185頃〜1333）が終わり南北朝の争乱期にさしかかろうという時期にあたります。

この作品は、「つれづれなるままに」で始まる序段のほかに、二四三段の文章から構成され、それぞれの段の長さは、数行から数ページに及ぶものまであります。

文のスタイルは、仮名文字が中心の和文と「和漢混淆文《わかんこんこうぶん》」と呼ばれた漢語表現の多い文体が混在しています。

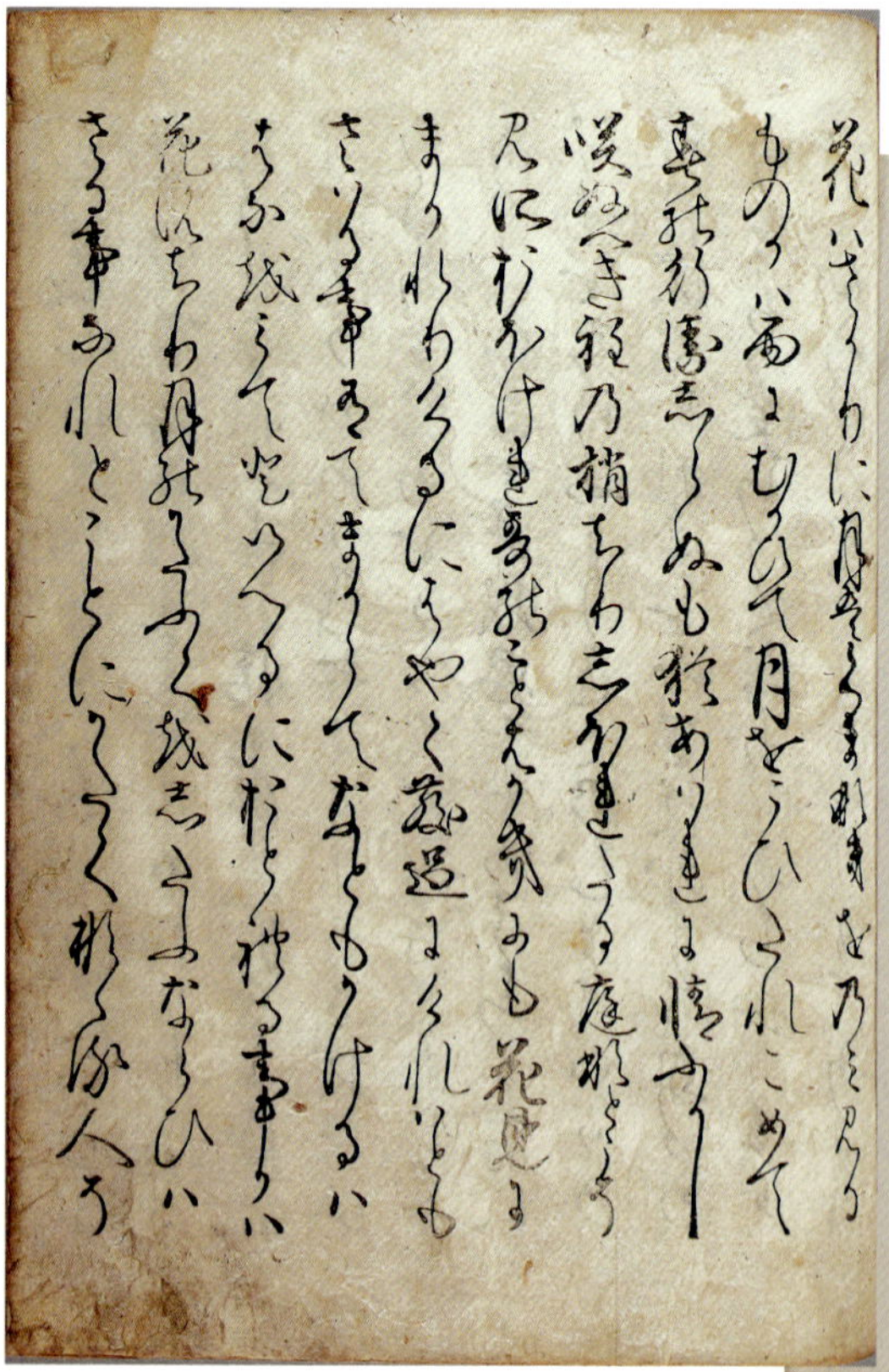

『徒然草』
1615〜24年頃、古活字版。印刷術の導入によって、書物は、庶民層にも手の届く値段となる一方で、書物本体の価値を高めようとの工夫がこらされました。この『徒然草』は、「雲母(きら)刷り」という、雲母(うんも)(きら、きらら)という鉱物の粉を用いて銀粉のような効果を出した用紙に印刷された豪華装飾本でした。主に富裕層を対象としたものと言えます。

兼好法師の評論作法

内容は、作者の仏教的世界観にもとづく「死生観」や「無常」、「自然美」などについての評論からなっています。また、当時の京都を中心とした地域の名の知られた人々に関するうわさ話や、年中行事についての記述もあり、歴史研究や風俗の資料としても興味深いものがあります。第五五段の「家の作りやうは、夏をむねとすべし」のように、その後の日本の建築文化に大きな影響を与えた論評もあります。

兼好は仏者であり、中国の古典にも通じていたため、当然のことながら、この随筆でもインドや中国の故事を引用した個所が多く見られますが、現実の外国についての関心は、それほど高くはなかったようです。第一二〇段には、「唐の物は、薬の外は、みななくとも事欠くまじ。(中略)「遠きものを寶とせず」とも、また、「得がたき寶をたふとまず」とも、書にも侍るとかや」という論評があります。すなわち、「外国のものは、薬以外は無くても不足はない。(中略)「遠方の物を宝としない」、あるいは「手に入れるのが難しい宝を重んじない」と書物にもあるということだ」と言っています。これは「世捨て人」としての兼好の立場を反映していると見られますが、逆に言えば、当時の「俗世間」では、「無用な」舶来品に対する需要が高かったことを示しています。当時、日本と大陸諸国は政治的に緊張関係にありましたが、貿易は途絶えることなく行われていました。

江戸時代には身近な古典に

ここで取りあげる「光悦本」は、別名「嵯峨本」「角倉《すみのくら》本」とも呼ばれ、京都嵯峨の豪商、角倉家(角倉素庵《そあん》)が、当時「寛永の三筆」の一人に位置づけられる書家、本阿弥光悦らの協力を得て行われた出版物で、慶長・元和(1596~1624)年間に刊行された古活字本です。

この本の特色は木を彫ってつくった活字、「木活字」を組み合わせて製版したものです。ただし、一字一字を組み合わせる普通の活字印刷と違い、和文のくずし字の特徴をそこなわないように、二字以上の文字からなる言葉のかたまりの単位で彫った活字を文章の形に組んだものと考えられます。この方法は、くずし字の美しさを伝えるにはすぐれたものですが、普通の活字本よりも多くの種類の活字を用意しなければならず、一枚の板に文章や挿絵を彫る木版よりも制作に手間がかかり、印刷としてはかなり効率の悪いものだったと言えるでしょう。

『徒然草』の教訓や語り口は、庶民にもなじみやすいものだったようで、江戸時代には写本も多く残されています。

古活字版

安土桃山時代末期から江戸時代初期にかけて作成された古活字版は、大別するとキリシタン版と、豊臣秀吉の朝鮮出兵によってもたらされた活字印刷版とがあり、とくに活字印刷は組替えが簡便で、少部数・多種類印刷という当時の出版需要に適したために、それまでの一枚板に彫刻する整版印刷にとって代わりました。
活字本が出現した背景には、多様な書物の出版を支えた読者層の存在も大きいでしょう。しかし、江戸時代初期の文化の発達・普及により、読書人口も増えて書籍の需要が拡大すると、大量印刷に向いている従来の整版印刷が復活し、活字印刷は急速に衰えました。

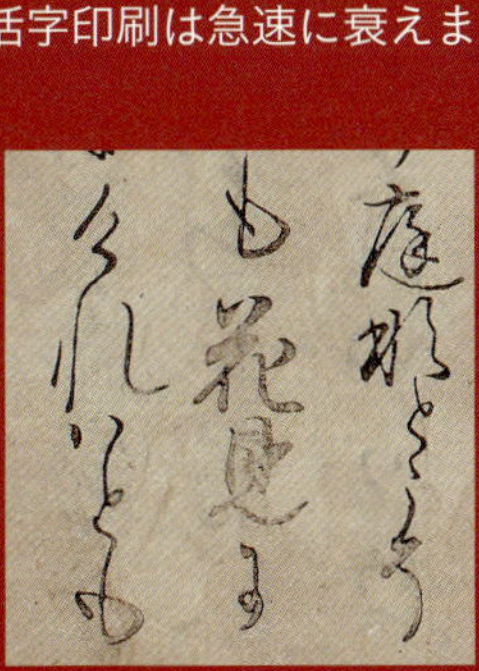

一見書写に見えますが、刷のむらから、印刷であることがわかります。

鎌倉幕府滅亡　**徒然草執筆**／元弘の変、後醍醐天皇配流
14c　1333　1331頃
イブン・バトゥータが世界旅行を行う／中部アメリカにアステカ王国成立

太平記《たいへいき》

14世紀中頃（南北朝時代）

天に二日あり、果てしなき戦乱の時代

天皇 御謀反!

『太平記』は、鎌倉幕府滅亡と南北朝の戦乱を、主に南朝に同情的な立場から記した軍記物語です。成立年代・作者ともに不詳ですが、南北朝統一以前の１３７０年頃には成立したものと考えられています。

源頼朝が開いた鎌倉幕府は、14世紀初めには、すでに執権北条氏によって実権を握られていました。おりから京都の朝廷では天皇家が持明院統・大覚寺統という二つの血統に分裂し、幕府の仲介によって、それぞれの血統から交互に即位するという「両統迭立《りょうとうてつりつ》」の取り決めがなされました。ところが大覚寺統の後醍醐天皇（１２８８〜１３３９）は、幕府が皇位継承に干渉することに強く反発し、武力による倒幕を計画します。１３３１年に発生した元弘の変で、後醍醐天皇は挙兵するも敗北して隠岐島へ流罪となり、幕府は持明院統の光厳《こうごん》天皇（１３１３〜６４）を即位させました。

しかし倒幕運動がなおも続くなか、後醍醐天皇が隠岐島から脱出すると、足利尊氏（１３０５〜５８）を始めとする武士たちが寝返り、ついに１３３３年に鎌倉幕府と北条氏は滅ぼされました。

貴族の世はかえらず

後醍醐天皇はみずから政治に乗り出し、天皇に権力を集中させるために「建武の新政」とよばれる改革を行いますが、恩賞の不平等などからかえって政治の混乱を招きました。足利尊氏は新政から離反し、後醍醐天皇を廃して、光厳天皇の弟の光明《こうみょう》天皇（１３２１〜８０）を即位させ、１３３８年には征夷大将軍になって室町幕府を開きました。しかし後醍醐天皇は大和国（現在の奈良県）の吉野に逃れて独自に朝廷を開き、室町幕府に対し徹底して抗戦しました。こうして、朝廷は京都の北朝と吉野の南朝に分裂し、およそ六〇年間にも及ぶ南北朝時代が幕を開けたのです。さらに幕府内でも複雑な権力闘争が発生し、これが南北朝の対立と絡み合って、日本全国で戦乱が続きました。

結局、尊氏の孫の第三代将軍足利義満（１３５８〜１４０８）による仲介で、１３９２年に南朝は北朝の血統へと統合されます。国政を掌握した義満は、中国との貿易を回復して国家収入を増やし、経済・文化面でも室町幕府の最盛期を現出しました。

観応の擾乱　足利政権の成立　室町幕府成立　建武の新政　鎌倉幕府滅亡

1351　1350　1339　1338　1336　1334　1333

タイでアユタヤ朝成立　英仏百年戦争開始

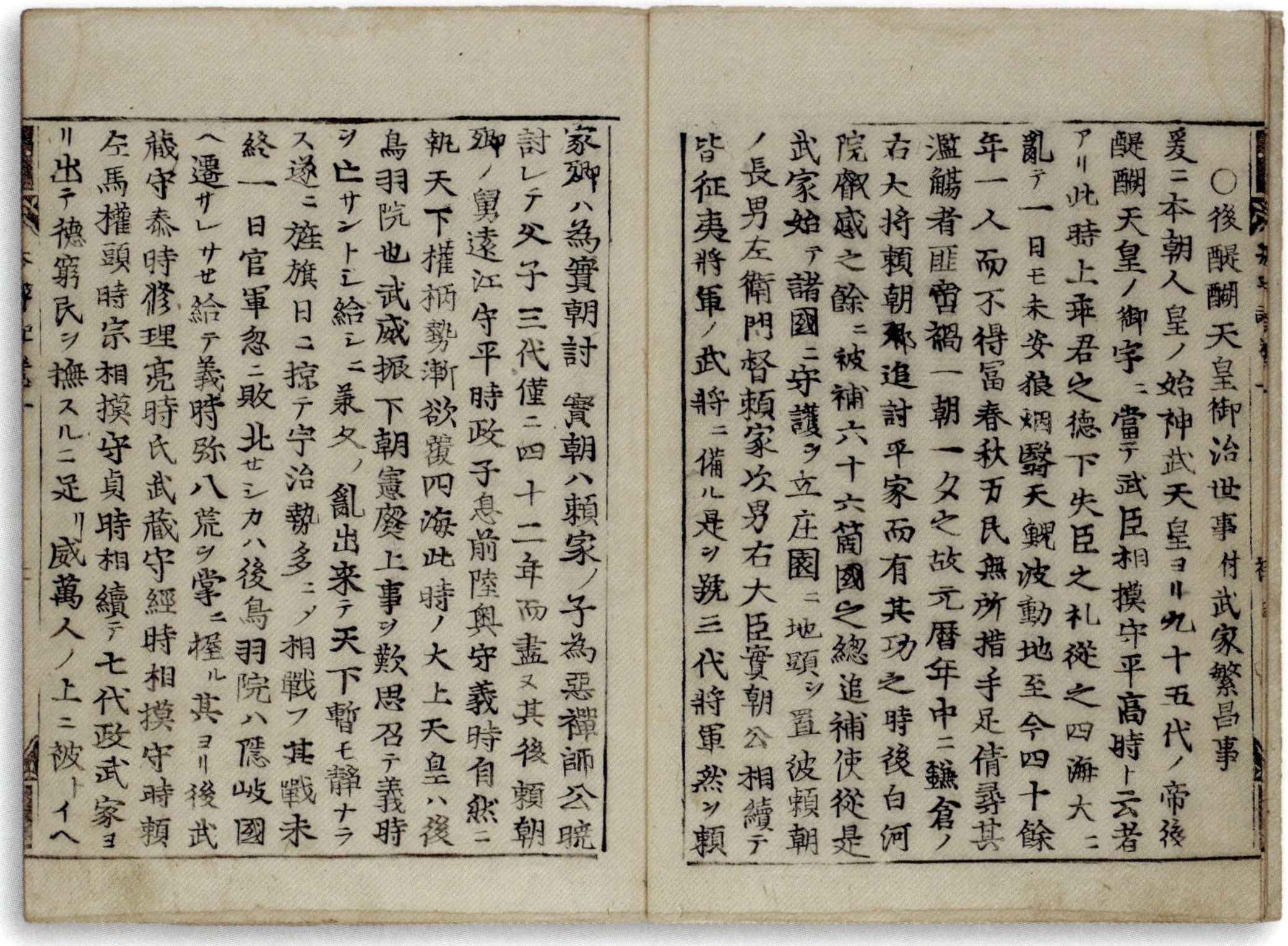

○後醍醐天皇御治世事付武家繁昌事
爰ニ本朝人皇ノ始神武天皇ヨリ九十五代ノ帝後
醍醐天皇ノ御宇ニ當テ武臣相摸守平高時ト云者
アリ此時上乖君之徳下失臣之礼従之四海大ニ
亂テ一日モ未安狼烟翳天鯢波動地至今四十餘
年一人而不得富春秋万民無所措手足倩尋其
濫觴者匪啻禍一朝一夕之故元暦年中ニ鎌倉ノ
右大将頼朝卿追討平家而有其功之時後白河
院叡感之餘ニ被補六十六箇國之總追補使従是
武家始テ諸國ニ守護ヲ立庄園ニ地頭ヲ置彼頼朝
ノ長男左衛門督頼家次男右大臣實朝公相續テ
皆征夷將軍ノ武將ニ備ル是ヲ號三代將軍然ヲ頼
家卿ハ為實朝討 實朝ハ頼家ノ子為悪禪師公暁
討レテ父子三代僅ニ四十二年而盡ヌ其後頼朝
卿ノ舅遠江守平時政子息前陸奥守義時自然ニ
執天下權柄勢漸欲覆四海此時ノ大上天皇ハ後
鳥羽院也武威振下朝憲廢上事ヲ歎思召テ義時
ヲ亡サントシ給ニ承久ノ亂出来テ天下暫モ静ナラ
ス遂ニ旌旗日ニ掠テ宇治勢多ニテ相戰フ其戰未
終一日官軍忽ニ敗北セシカハ後鳥羽院ハ隠岐國
ヘ遷サレサセ給テ義時弥八荒ヲ掌ニ握ル其ヨリ後武
蔵守泰時修理亮時氏武蔵守經時相摸守時頼
左馬權頭時宗相摸守貞時相續テ七代政武家ヨ
リ出テ徳窮民ヲ撫スルニ足リ威萬人ノ上ニ被トイヘ

『太平記』
1603年刊、40巻(40冊)。東洋文庫所蔵の刊本は、江戸時代に世上に流通した「流布本」の源流と見られ、『日本古典文学大系』(岩波書店刊)の底本の一つとして採用された貴重な書籍です。

文学作品としての『太平記』

『太平記』は南北朝の戦乱のうち、後醍醐天皇の即位から始まり、足利義満の家督相続と管領細川頼之《ほそかわよりゆき》による補佐までを、四〇巻にわたる長大な分量でえがいており、『平家物語』と並んで軍記物語の代表的作品とされています。ただし、鎌倉幕府滅亡までの部分は筋がまとまっていますが、その後は散漫な記述となり、また文章には潤色や誇張が多く、『平家物語』の風雅な趣には及ばないと評されます。しかし、仏教の無常観を過去の戦乱に色濃く投影させる『平家物語』に比べて、『太平記』には同時代の政治・社会への批判精神が現れるなど、独自の特徴が見られます。

『太平記』に描かれた南北朝の戦乱は、南朝につくした新田義貞(?~1338)・楠木正成(?~1336)の奮戦などの逸話に富み、源平の合戦とならんで数多くの素材を後世の文学作品に与えました。特に江戸時代の大衆芸能や戯作文学への影響は非常に大きく、たとえば赤穂浪士の討ち入りをえがいた最も有名な作品である『仮名手本《かなでほん》忠臣蔵』(1748年初演)も、実は『太平記』の時代設定を用いています。また、『太平記』の内容を講釈する「太平記読み」という演芸が発生し、これが現在でも寄席で行われている講談の原点になりました。

その後、近代になっても『太平記』の逸話は歴史・道徳教育において流布され、国民の必須教養ともいうべき地位を占めていました。現在ではやや知名度の低い『太平記』ですが、実際には非常に長い期間にわたって、日本の社会や文化に大きな影響を与え続けた作品だったのです。

14c　1368
ヨーロッパで黒死病が流行　明建国

私の逸品

ウイグル木活字

ポール・ペリオとの交流がもたらした秘蔵品

梅村 坦　東洋文庫研究員
中央大学教授

中世期のテュルク・ウイグル人がつくったウイグル文字の木活字が４個、東洋文庫に収蔵されています。世界の珍品とも言えるものです。

活字発明の原点（11～12世紀中国の宋代）に近い13～14世紀頃の木製活字が、今でも使えるような状態で残っているのは、瞠目すべきことです。これは、印刷技術史の中でも貴重な資料で、現存する木活字の中では最も古いものです。しかも確認される限り世界に千個余りしか残っていません。

一群のウイグル木活字は、敦煌で発見されました。フランスのポール・ペリオが1908年5月23日、莫高窟北区181（ペリオ編号）窟で獲得し、960個が今はパリのギメ博物館に保管されています。これらを1300年頃のものと判定したペリオは、ニューヨークのメトロポリタン美術館に4個（単語「kirginčä 入るまでに」「iš 作用」「yatïn- 広める」「yükünür- 礼拝する」）、そして1935年6月15日には東洋文庫を訪れて４個を寄贈したのです。敦煌からは、オルデンブルグ探検隊が大量にロシアに持ち帰ったとされるほか、現地の敦煌研究院が54個を保管していると言われます。

いま、東洋文庫の活字をペリオが見立てたとおりの横書きとして組みなおしてみると、写真（左）のようになります。どの活字も文字凸面までの高さは2.2cm、幅1.3cm（左から3番目を除く）。長さは字義によります。文字が２種類、記号類が２種類。活字は左から右へ「Y／LYX／符号①／符号②」となりますが、最初の文字２活字をよく見ると語頭形の子音Yと、接尾辞の -LYX（-lïγ）とは、連結しない別個のものと考えるべきかもしれません。符号①活字の裏には枠用罫線が彫り出され、仏典用の四点句点②の裏面が、印字の最後にある二点句点になっています。

音標文字とはいえウイグル活字の構成は、一文字一活字の漢字ほど単純ではありません。母音も子音も、語頭・語中・語末で異なる文字形をもった語単位ごとの活字を必要とし、動詞の語幹や名詞と、接尾辞（助動詞・助詞）とを別にし、それらすべてが音韻体系と文法にしたがって基線上に文字が正確に連結するように、精巧な活字技術が生まれたのです。仏教経典の量産のため、中世期ウイグル人は手写から始め、版木を彫って印刷する段階を超えて、活字技法を取り入れ、独自の飛躍を遂げました。

モンゴル帝国の時代、人と物の移動にともなって、異なった文化がユーラシア大陸内を行き交い、触れ合い、そして新しく花開きました。ウイグル木活字は、河西地方から天山ウイグル王国のウイグル人が敦煌・トルファンに結晶させた仏教文化、テュルク文明の精華と言ってよいでしょう。

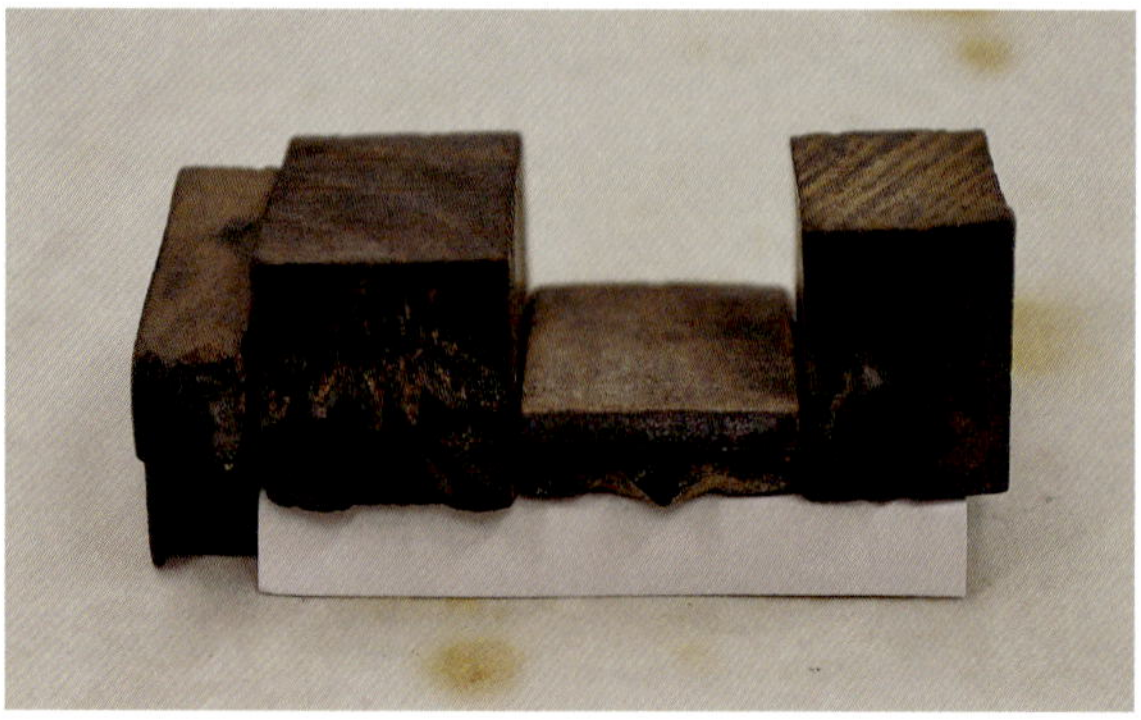

『ウイグル木活字』
寄贈時は横書き文字に見立てて、写真（左）のように組まれて印字されました。印刷仏典に一般的な縦書きとみなした印影が写真（右）になります。

第3章 広がりゆく世界

——14世紀後半〜17世紀初頭

マルコ・ポーロが伝えたアジアの帝国の富と文化をもとめて、ヨーロッパ人は外洋航海に乗りだします。世界の一体化の始まりです。ポルトガルとともに、そのさきがけとなったスペインの援助を受け、コロンブスははじめて大西洋を横断しました。この名言は、「コロンブスの卵」の逸話とともに有名です。

創見は難く、模倣は易し。

クリストファー・コロンブス（1451〜1506）

永《えい》楽《らく》大《たい》典《てん》

成祖勅纂　1408年(明代)

世界最大級の百科事典

中華王朝 明の誕生

14世紀には世界各地で自然災害が多発し、東アジアの元朝でも飢饉や疫病により財政が逼迫し、混乱の時代を迎えました。元末の紅巾の乱討伐で頭角をあらわした朱元璋《しゅげんしょう》(太祖・洪武帝、在位1368～98)は、中国の江南地方を基盤として南京に都をさだめ、1368年に明を建てました。洪武帝は、元末の社会経済の混乱を収拾するために、漢民族の文化の復興を重視するとともに、中書省を廃止して六部を皇帝に直属させるなど、独裁体制を強化しました。また中国沿岸を武装した商人団の倭寇が頻繁に襲ったため、国内経済の復活と治安の安定のために、民間貿易を禁止しました(海禁)。明は正式な外国の使節国とだけ貿易することにしましたが、日本との間には正式な外交関係がなかったため、1404(応永11)年、「日本国王」に封ぜられた室町幕府第三代将軍・足利義満(1358～1408)は、明の第三代皇帝・永楽帝(在位1402～24)へ朝貢し、日明貿易を開始しました。貿易には勘合符と呼ばれる割符を用いて正規の貿易船であることを証明したため勘合貿易とも呼ばれます。

永楽帝の大編纂事業

この永楽帝の時代には、皇帝の主導により国家的な大編纂事業が推進されました。なかでも古今の図書を集めて分類した『永楽大典』は中国史上最大といわれ、その代表とされます。

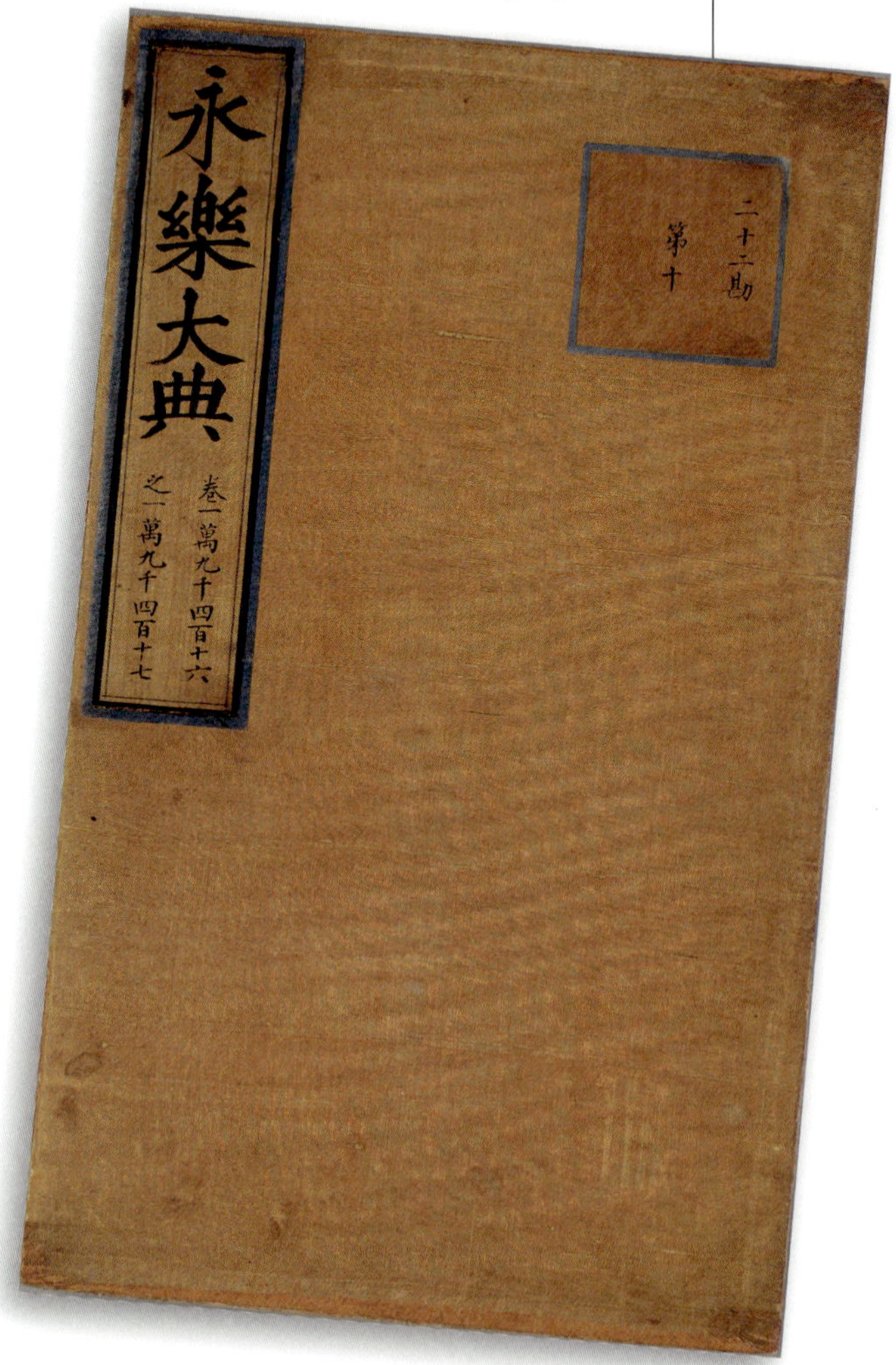

『永楽大典』
約50×30cmの大判で、皇帝を象徴する黄色の絹製の表紙でくるんだ包背装(ほうはいそう)という装釘で綴じられています。

『永楽大典』は、1403(永楽元)年から、翰林学士《かんりんがくし》の解縉《かいしん》等に編纂を命じ、その翌年に完成し、『文献大成』と命名されました。しかし内容に不備が多い上、あまりにも簡略であるとして、永楽帝は勅命を下し、再び編纂されることになりました。編纂は1408年まで続けられ、書名も『永楽大典』に改められました。本文は全二万二八七七巻、目録六〇巻、一万一〇九五冊からなり、すべて手書きの写本です。

明代までに伝わる七千から八千種あまりの貴重な文献から主題にもとづいて記事を集め、

高麗が倭寇の取締を請願　1375
『太平記』成立　1371
ティムール朝の成立　1370
明建国　1368

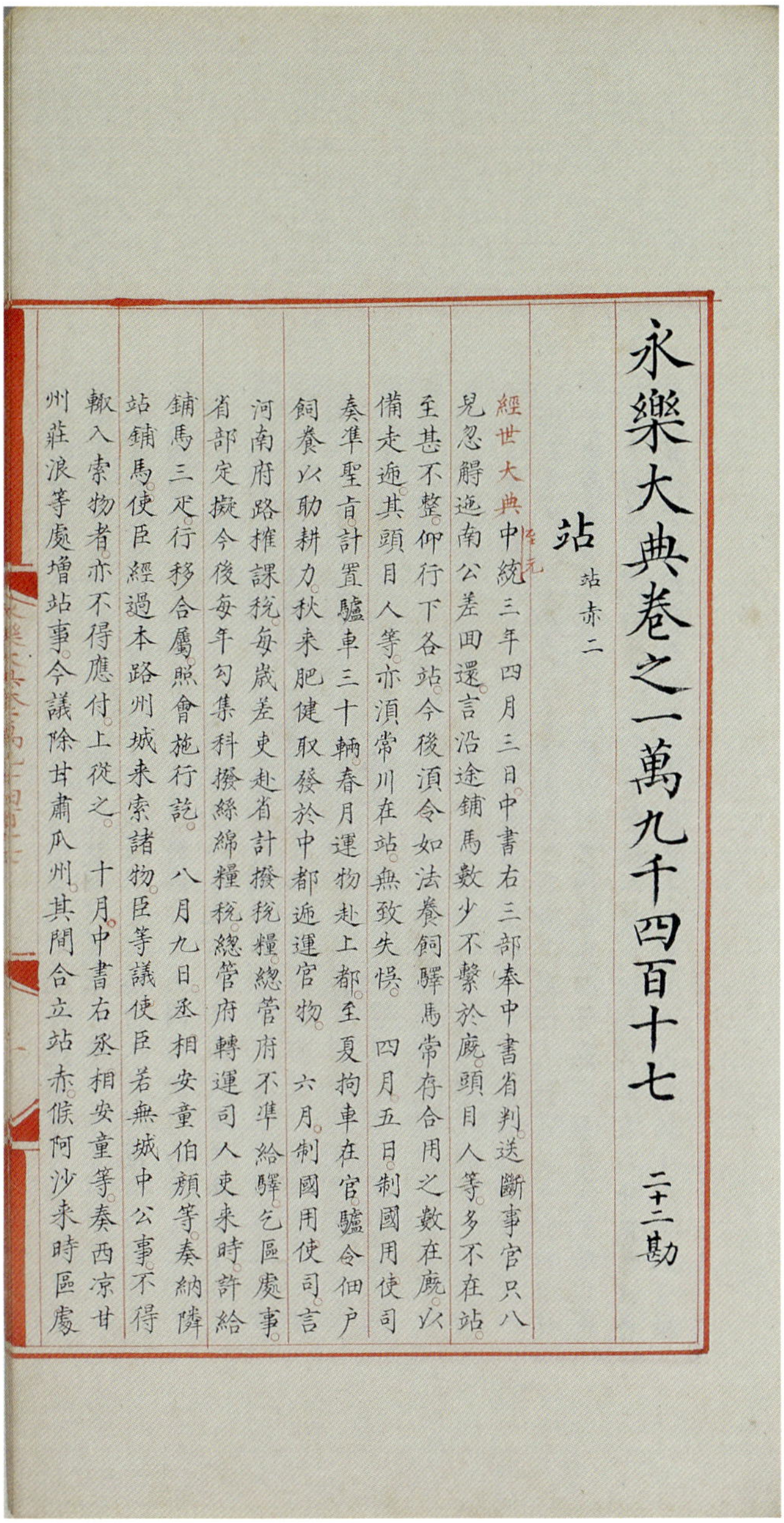
永樂大典卷之一萬九千四百十七　二十二勘

站

站赤二

經世大典（元）中統三年四月三日中書右三部奉中書省判送斷事官只八兒忽䚟迤南公差回還言沿途鋪馬數少不繫於廐頭目人等多不在站至甚不整仰行下各站今後須令如法養飼驛馬常存合用之數在廐以備走遞其頭目人等亦須常川在站無致失悞　四月五日制國用使司奏準聖旨計置驢車三十輛春月運物赴上都至夏拘車在官驢令佃户飼養以助耕力秋来肥健取發於中都遞運官物　六月制國用使司言河南府路榷課税毎歳差吏赴省計撥税糧總管府不準給驛乞區處事省部定擬今後毎年勾集科撥絲綿糧税總管府轉運司人吏来時許給鋪馬三疋行移合屬照會施行訖　八月九日丞相安童伯顔等奏納隣站鋪馬使臣經過本路州城来索諸物臣等議使臣若無城中公事不得輙入索物者亦不得應付上從之　十月中書右丞相安童等奏西凉甘州莊浪等處增站事今議除甘肅瓜州其間合立站赤候阿沙来時區處

『永楽大典』巻19417「站　站赤二」冒頭部分
広大な領土をもつモンゴル帝国では、迅速な情報伝達が不可欠であり、站赤（駅伝制）が整備されました。

『洪武正韻《こうぶせいいん》』（洪武帝が命じて編纂させた韻の字書）の韻の順序に排列した類書です。類書とは、多くの文献から重要な語句や事項を集めて、項目ごとに分類編纂した書物のことで、一種の百科事典といえます。現在では散佚してしまった多くの文献を引用している点でも、大変貴重とされます。

永楽帝の時に編纂された正本は、明末の戦乱で完全に失われ、副本が清朝に引きつがれました。しかしその副本も、清末のアロー戦争（1856〜60）や義和団事件（1900〜01）などで多くが失われました。特にアロー戦争では、1860年イギリス・フランス連合軍が北京を占領した時に、大砲や戦車を通すため、ぬかるんだ道に敷きつめられたというエピソードが残っています。

奇跡的に残った四パーセント

東洋文庫が所蔵するのは、明の第一一代皇帝・嘉靖帝（在位1521〜66）の時代に作られた副本です。今回紹介するのは巻一万九四一六〜一万九四二六「站《たん》」の項目です。站は駅伝を指しますが東洋文庫では「站」の項目をすべて所蔵しており、「站赤《ジャムチ》」の条では、現在では散佚して伝存しない元の時代の文献『経世大典』が引用されています。站赤（駅伝制）は、1229年に整備されたモンゴル帝国の交通・通信制度でモンゴル語でジャムチといいます。ジャムは「道」、「駅」を意味します。

現在では直接見ることができない同時代の史料を、永楽大典に引用されている記述を通して参照することができる点は学術研究の上で、大変価値があるといえます。

二万巻を超える『永楽大典』のうち、現存するのは、世界でもわずかに八百巻四百冊あまりで、その当初の姿に比べればわずか四パーセントにも満たない分量です。このうち東洋文庫では六三巻三四冊を所蔵しており、中国につぐ最大のコレクションです。

1392 南北朝統一／朝鮮建国
1402 永楽帝即位／アンカラの戦い
1403 朝鮮で銅活字を鋳造
1408 永楽大典成立

鄭《てい》和《わ》の航海図

『武備志』茅元儀撰　1621年（明代）

輝かしき中国の「大航海時代」

鄭和の南海遠征

ポルトガルのヴァスコ・ダ・ガマ率いる四隻の船がインドのカリカットに到着したのは、1498年のことでした。その約1世紀も前に、明の宦官鄭和（1371〜1434頃）の率いる六二隻の艦隊が、南シナ海からインド洋を経て、遠く東アフリカ沿岸まで到達しました。1405年から33年まで七度にわたって行われたこの大航海は、「鄭和の南海遠征」と呼ばれています。目的は、明の国威をアジア諸国に示し、朝貢を促すことでした。朝貢とは、中国を文明の中心と認めて臣属し、その証として中国を訪問することをいいます。この遠征ののち、多くの国々が明に朝貢しました。ここに紹介するのは、その鄭和の南海遠征の航海図で、1621年に刊行された、茅《ぼう》元儀《げんぎ》（1594〜1640）の『武備志』に収められています。

鄭和の一大事業を推し進めたのは、あの大百科事典『永楽大典』の編纂を命じた永楽帝でした。もともと北平（もと元の首都大都、現在の北京）に拠点を置く皇族だった永楽帝は、帝位につくと、元に匹敵する広大な中華世界の建設に乗り出します。彼は、宦官鄭和を南海に派遣する一方、自ら軍を率いてモンゴル遠征を行うなど、活発な外交・遠征を展開しました。明は1404年に日本と勘合貿易を始めていますが、実はこれも永楽帝の積極外交の一環として行われたものでした。鄭和の南海遠征は、日本史にも関連する出来事だったのです。

大航海を支えた東西交流

『武備志』によると、鄭和の航海図は、海図と星図から成ります。艦隊は羅針盤を用いつつ、南シナ海では、沿岸の風景などを見る中国伝統の航法を使い、インド洋では星座の高さを測定するイスラームの航法を使って航海したことがわかっています。また、司令官で

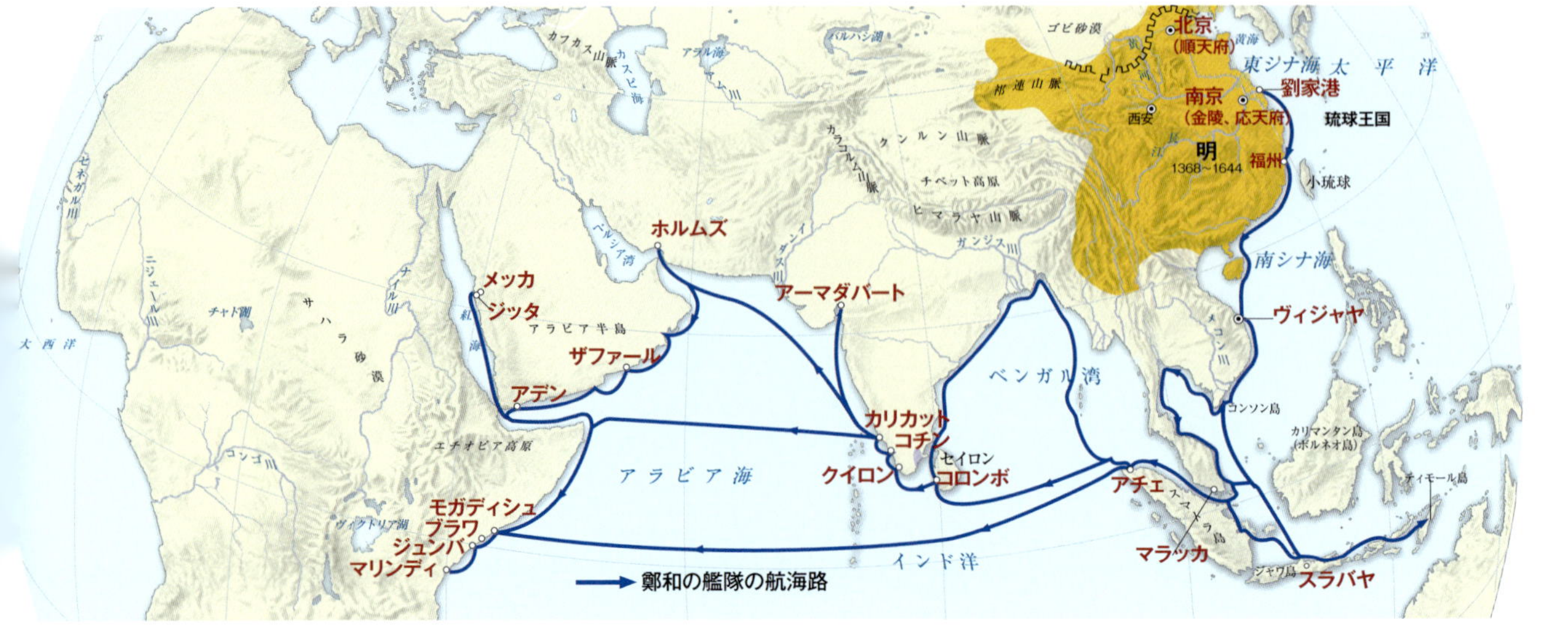

15c初	1402	1404	1405	1409
朝鮮で儒教が国教となる	足利義満、明の国書を受ける	勘合貿易はじまる	**明朝の鄭和、海外遠征に出発**	ピサ宗教会議で三教皇が並立

あった宦官鄭和は、もともと元代に中国に移住したイスラーム教徒の出身でした。この大航海には、元代中国とイスラームの東西交流の遺産が生かされていたのです。

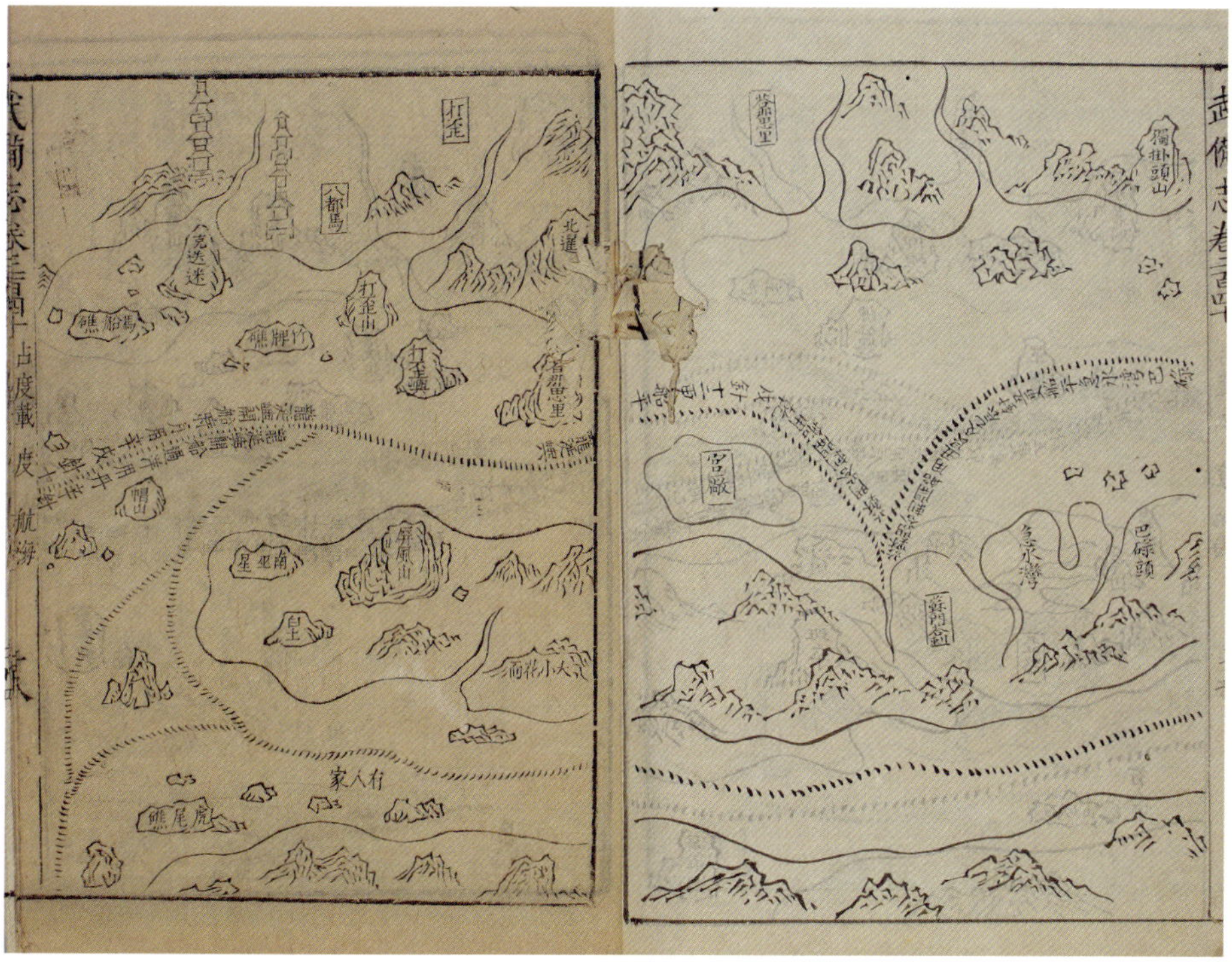

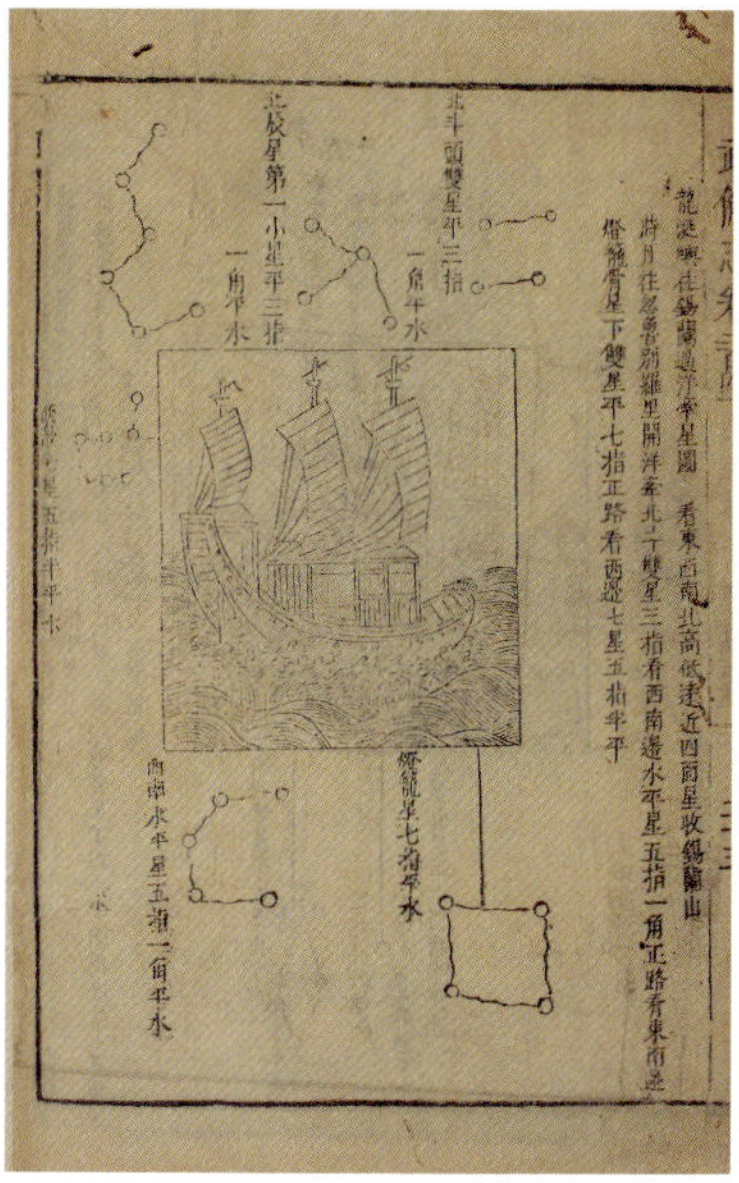

『武備志』
巻240「占度載、度52、航海」所収。航海図には海図と「過洋牽(かようけん)星図」があります。海図(上)には、海岸線や島嶼・山などの地形と地名が書かれているほか、点線で航路が記され、航海の行程や距離が書き込まれています。また、「過洋牽星図」(下)には、船の絵の周りに星の高さと船の進路が記されています。

生き残った航海図

しかし、こうした大規模な外交活動は、永楽帝・鄭和の死後、明の国力の衰えとともに行われなくなりました。鄭和の残した多くの資料も不要のものとして処分されてしまいます。17世紀に入ると、明の東北辺境にいた女真族が台頭して勢力を広げ、明を圧倒し始めました。これに危機感を抱いた知識人の一人が冒頭で紹介した茅元儀です。彼は、迫りくる外敵に対抗するために、軍備の建て直しが必要だと考え、中国歴代の兵書を研究し、その集大成として『武備志』を完成させました。1621年のことです。その編纂過程で、茅は、処分をまぬがれて民間に流出していた鄭和の資料も収録しました。それが、この航海図です。明が対外的危機におちいるなか、明の国威を輝かした鄭和の事績が再び注目されたのかもしれません。この書物は、南海遠征の詳しい航路や航海技術を知ることのできる貴重な史料です。茅元儀の献策もむなしく、明は滅亡の道を歩みます。

しかし、彼の残した航海図は、中国にも輝かしい「大航海時代」があったことを、今も私たちに伝えています。

外《がい》戚《せき》事《じ》鑑《かん》

宣宗勅纂　1426年(明代)

歴代皇帝を苦しめた「外戚」パワー

勧善懲悪で王子を教育

中国では古くから、王朝を内側からむしばむ二つの禍《わざわい》は「外戚」と「宦官」であるといわれてきました。明代では過去の歴史に学んで、外戚を政治に関与させない体制が整えられました。

1368年に中国を統一した朱元璋は、北方防備のため華北の辺疆地帯に王子たちを分封するとともに、帝王教育を開始します。1373年には、儒教教育にもとづいて皇帝の勅命により『昭鑑録《しょうかんろく》』や『祖訓録《そくんろく》』などの訓戒書が編纂され、諸王としての心構えが示されました。また第三代皇帝・永楽帝(在位1402～24)は、1409年に皇太子朱高熾《しゅこうし》(のちの洪熙帝)のために『聖学心法《せいがくしんぽう》』を著しました。これは唐代の太宗李世民が晩年、皇太子の李治(のちの高宗)のために、先儒の著作と語録を集めて歴代帝王の治国の道を説いた『帝範』にならったといわれています。このような訓戒書は中国古来より編纂されてきましたが、とりわけ明代には皇帝の勅命で大量に刊行されました。しかも、その内容は勧善懲悪に基づく訓戒的性格が非常に強いもので、親王たち子孫から官僚や貴族、そして庶民におよぶあらゆる階層の人々を対象にしている点に大きな特徴があります。このように明代に大量の訓戒書がつくられた背景には、君主独裁制強化の一手段としての意味あいがあったと思われ、この伝統は、第五代皇帝・宣徳帝(在位1425～35)にも受け継がれました。

くり返される骨肉の争い

宣徳帝の父・洪熙帝(在位1424～25)は非常に病弱で、1425年に即位から八カ月で病没しました。洪熙帝の弟であり、宣徳帝にとっては叔父にあたる朱高煦《しゅこうく》(1380～1426)は、皇帝が死んで甥の宣徳帝が即位すると、皇位簒奪を計画します。朱高煦がイメージしたのは、父・永楽帝が甥の建文帝から位を奪った靖難の変の再現だったかもしれません。朱高煦は武勇にすぐれ、容姿が永楽帝に似ていました。そのため永楽帝は、一時は病弱な長男の朱高熾ではなく朱高煦を皇太子に考えたと言われています。宣徳帝はこの挙兵を事前に察知し、果敢に軍を動かして叔父を捕えましたが、さすがに命を奪うことはためらい、朱高煦一族を監禁しました。

この翌年の1426年、宣徳帝は『外戚事鑑』と『歴代臣鑑』という二つの文献を刊行し、皇族たちにこれを一セットずつ与えました。このうち東洋文庫には、『外戚事鑑』だけが伝えられています。外戚とは皇后の親戚、すなわち皇帝の母や妻の一族のことです。内容は、漢代から元代にいたる外戚七九人を善行四三人、悪行三六人に分けて紹介しています。まず各人物の事績が語られ、続いてそれにまつわるカラー挿絵が添えられています。過去の著名人の行動を通して、善い行いは模範として、悪い行いは戒めとして学ばせようとしています。

成敗される悪の外戚―呂氏の乱

前漢の高祖劉邦(在位前202～前195)の死後、子の恵帝(在位前195～前188)が即位してわずか七年で亡くなると、劉邦の妻の呂后(前241～前180)は、みずから政権を

1421　明、北京に遷都
1422　足利義持、朝鮮に大蔵経を求める
1426　明の宣徳帝が叔父朱高煦の反乱を鎮圧
1428　正長土一揆起こる
1429　ジャンヌ・ダルクがオルレアンを解放

『外戚事鑑』巻4「呂台」の挿絵

① 呂太后は二人の実兄の子である呂台・呂産・呂禄をそれぞれ呂王・梁王・趙王に、また6人を列侯に封じました。

② それから8年が過ぎて、呂太后は病に倒れ、呂禄・呂産の二人に南北両軍の軍事権を与えました。

③ 前180年、呂太后が亡くなるとその遺詔により、呂禄は大将軍に呂産は相国に封ぜられました。呂禄と呂産の二人が、呂太后の霊廟に手をあわせています。

④ 軍事権を掌中におさめた呂禄と呂産は宮廷で反乱を起こそうとしました。

⑤ かねてより高祖の遺訓に従い「呂氏打倒」をねらっていた太尉周勃（しゅうぼつ）や劉章等、高祖の功臣たちにより呂氏一族は捕えられ処刑されました。

にぎりました。呂后は皇室の安泰のために劉氏以外の者は諸侯王となり得ないという高祖の遺訓にそむいて、自らの呂氏一族を高位高官につけ権勢をふるい、劉氏一族を圧迫しました。この呂氏一族の陰謀は『外戚事鑑』において、悪行を行った人物の筆頭に挙げられています。

宣徳帝が、このような手のこんだ訓戒書を作って皇族に与えた背景には、親族といえど皇帝権力への反逆は許されないことを明確にし、祖父・永楽帝の代から続く骨肉の争いを阻止しようとの考えもあったのかもしれません。一命を許されて北京城内に監禁されていた朱高煦ですが、後に皇帝を蹴りたおすなどの蛮行をはたらいたため、激怒した宣徳帝は、銅の鼎をかぶせ、周囲に薪を積んで火を放ち、鼎もろとも朱高煦を焼き溶かしたと野史には記されています。

宣徳帝は皇族を牽制し、皇帝権力を強大にすることで、安定した治世を創出したと高く評価されていますが、逆に宦官の政治介入を許し、その勢力を強化させたことは、明末にまで影響を及ぼし、明朝衰退の原因となりました。

明との勘合貿易開始
1434
1438
ハプスブルク朝創始

新コンスタンティノープル旅行記

ギヨーム・ジョセフ・グルロ著　1680年

イスタンブルの二つのパノラマ

オスマン艦隊 山を越える

330年にローマ皇帝コンスタンティヌス1世によって建設され、のちのビザンツ帝国の都として千年にわたり栄えたコンスタンティノープル（現在のイスタンブル）は、1453年、メフメト2世率いるオスマン軍によって征服されました。

かつて栄華を誇ったビザンツ帝国もこの頃には衰退の極みにあり、一〇万と言われるオスマン軍に対し守備側の兵力はわずか七〇〇〇人に過ぎませんでした。しかし三重に築かれた難攻不落の城壁を持ち、海軍力においても優位に立っていたビザンツ軍は、二カ月にわたりオスマン軍の攻撃に耐え続けます。またコンスタンティノープルの城壁のうち、金角湾と呼ばれる町の北側に入り込んだ入江に面した部分は他に比べて薄く、弱点となっていましたが、守備側は湾の入口を鎖で封鎖する戦略を採り、オスマン艦隊の湾内への侵入を阻んでいました。

包囲開始から一カ月ほどたった頃、メフメト2世は空前絶後の奇策に打って出ます。ボスフォラス海峡の岸から上陸させた艦隊を、丘を越えて金角湾まで運びこみ、湾の封鎖を突破したのです。これにより数少ない勢力をさらに分散させられたビザンツ軍は、オスマン軍の攻撃を支えきれず、1453年5月29日未明の総攻撃によってとどめを刺されました。

再建 そして世界都市へ

コンスタンティノープルの陥落は、ヨーロッパ史において中世の終焉を示す画期と言えます。一方、オスマン史においては、分権的

コンスタンティノープルのパノラマ図（fol.75）

蝦夷蜂起コシャマインの乱　嘉吉の土一揆

1457　1453　1446　1445　1441

オスマン帝国がコンスタンティノープルを占領、ビザンツ帝国滅亡／百年戦争終結　世宗が訓民正音を頒布　グーテンベルク、活版印刷を考案

金角湾をはさんで町の北側から眺めたオスマン帝国の王宮、トプカプ宮殿。(fol.74)

な連合国家としての性格を残していたオスマン国家が、集権的「帝国」へと発展していく画期となる出来事でした。

　オスマン帝国はトルコ系のイスラーム国家ですが、支配層も被支配住民も多様な民族・宗教を出自とする人々から構成されていました。メフメト2世は征服後、コンスタンティノープルをこの世界帝国の首都にふさわしい町へ急速につくり変えていきます。モスクなどの宗教施設、市場、隊商宿、公共浴場などの商業施設、学校、病院、水道、泉などイスラーム都市に不可欠の設備を建設してインフラを整備する一方、ギリシア人、アルメニア人、ユダヤ人などの非ムスリムも含む多数の住民を各地から強制的に移住させ、人口を回復させました。強引な施策は反発も招きましたが、結果として、メフメト2世は世界都市コンスタンティノープルの復活に大きな貢献を果たしました。

フランス人画家が見た17世紀のコンスタンティノープル

　図版に挙げたのは17世紀末、メフメト2世による征服のおよそ二二〇年後にコンスタンティノープルを訪れたフランスの画家ギヨーム・ジョセフ・グルロによるスケッチです。当時、コンスタンティノープルの人口は推定六〇～七〇万人に達し、ロンドン・パリ・北京・江戸などと並ぶ世界最大級の都市の一つでした。

　グルロの生涯はあまりよくわかっていませんが、1670年、フランス大使に同行してコンスタンティノープルにやって来たと考えられています。その後、1672年から74年にかけてはフランス人商人ジャン・シャルダン(1643～1713)、次いでヴェネツィア人貴族アンブローズィオ・ベンボ(1652～1705)に同行してサファヴィー朝治下のイランを旅しています。その後イラク、シリア、ヴェネツィアを経て帰国したグルロは1680年、著書『新コンスタンティノープル旅行記』をパリで出版します。

　同書はグルロの手による当時のコンスタンティノープルの風景や建造物、ムスリムの礼拝の様子などを描いた多数の絵を掲載しており、またアヤソフィア(聖ソフィア大聖堂)、スレイマニエ・モスク、スルタン・アフメト・モスクなどの主要建造物に関する詳細な記録を書き留めているという点でも貴重な史料として評価されています。東洋文庫はフランス語の原書の他、1683年にロンドンで出版されたJ・フィリップスによる英訳、および1698年に出版されたM・セレンによるトルコ語訳を所蔵しています。

オスマン帝《てい》国《こく》史《し》

ポール・リコー著　1675年

「トルコの脅威」の終わりと東洋学の始まり

壮麗帝スレイマンの時代

コンスタンティノープルの征服を果たしたオスマン帝国は、さらにセリム1世(在位1512〜20)の治世にマムルーク朝を征服し、南方のアラブ世界へと大きく領土を拡大します。メッカ、メディナを保護下に置き、スンナ派イスラーム世界の盟主としての地位についたオスマン帝国は、スレイマン1世(在位1520〜66)のもとで全盛期をむかえました。

即位まもない1521年、ベオグラードの攻略に成功したスレイマン1世は、ここを足がかりにヨーロッパ方面へのさらなる進出を目ざし、ハンガリー中央部を領有しました。これは、オーストリアのハプスブルク家との対立を招き、ハプスブルク帝国との戦いはスレイマン1世の治世を通じて続きます。特に1529年の第二次ハンガリー遠征ではウィーン包囲を敢行し、西欧世界を震撼させました。

当時、イタリア戦争をめぐってハプスブルク家と対立していたフランスは、共同戦線を張るべくオスマン帝国に接近します。また当時のヨーロッパは宗教改革の渦中にありましたが、神聖ローマ皇帝カール5世はオスマンへの対抗上、プロテスタント諸侯への妥協を余儀なくされます。このようにオスマン帝国は、当時のヨーロッパ諸国のパワーバランスを左右する重要な勢力となっていきました。

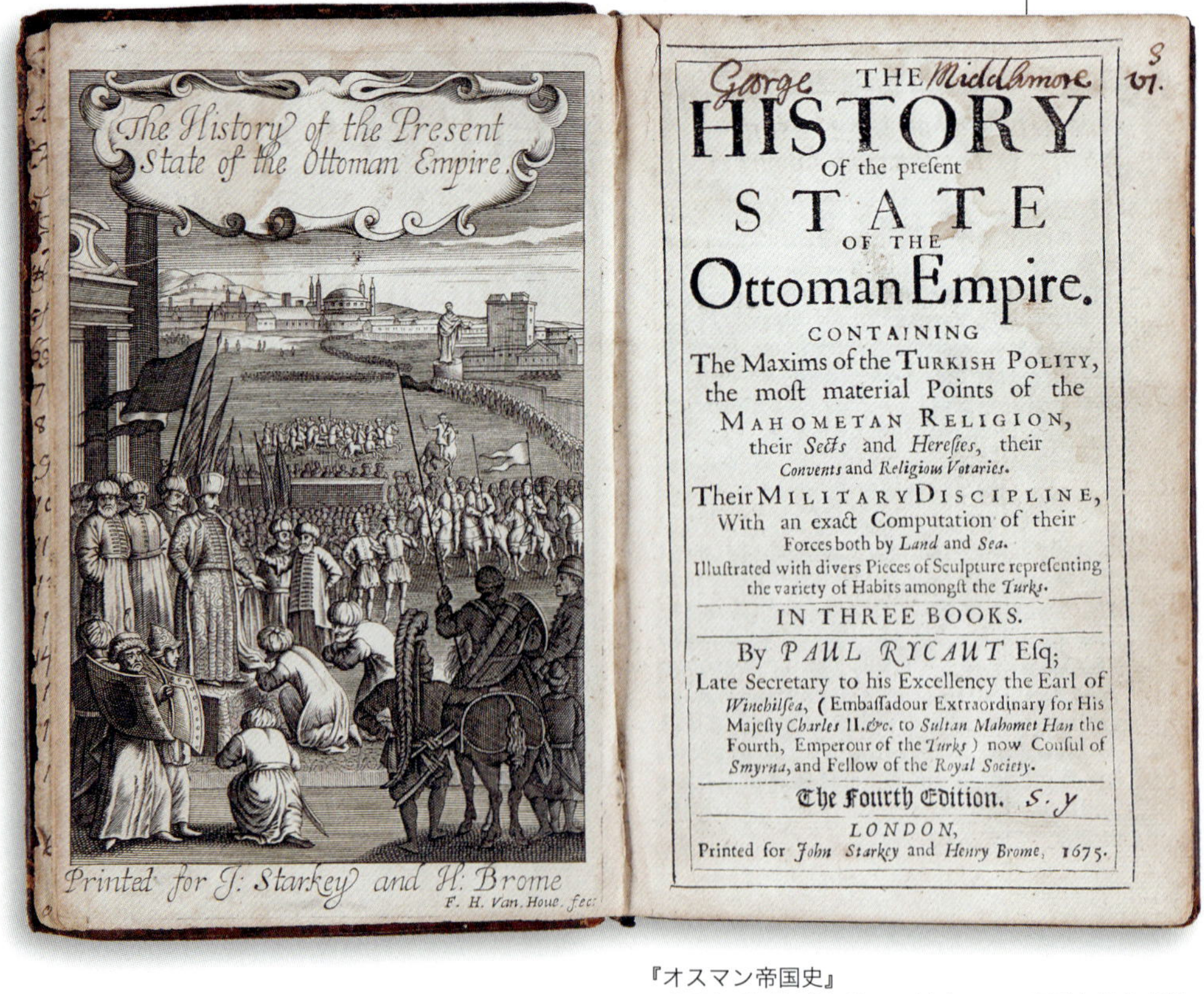

『オスマン帝国史』
1675年刊、第4版。リコーはオスマン帝国を君主が絶対的な権力を持つ専制君主国家であると評価し、かつてのローマ帝国になぞらえています。

1485 山城国一揆
1488 加賀一向一揆
1491 北条早雲、関東に割拠
1492 コロンブスがアメリカに到着
1498 ヴァスコ・ダ・ガマがインドに到達

精強さで知られたオスマン帝国の常備兵、イェニチェリ。リコーは当時、オスマン帝国の軍隊が既に凋落しつつあった実情も記録しています。

イスラーム神秘主義教団の長老(左)と宗教音楽の演奏(右)。

リコーが滞在していた頃のオスマン帝国の君主、メフメト4世(在位1648〜87)。

外交官リコーが見たオスマン帝国

ヨーロッパがいまだ「トルコの脅威」に直面していた１６６０年、イングランドの外交官ポール・リコー(１６２９〜１７００)は英国使節へニッジ・フィンチ(１６２８〜８９)の秘書官としてオスマン帝国を訪れます。１６６７年にフィンチが帰国した後は、イズミルの英国領事に任命され、７９年までこの職務を続けます。

リコーはオスマン帝国滞在中、積極的に情報の収集にあたり、その知見を活かして多数の著書を執筆します。なかでも１６６７年に初版が発行された『オスマン帝国史』は最も著名な作品です。同書は三部から成り、第一部が統治機構と宮廷、第二部が宗教、第三部が軍事組織の解説にあてられ、同時代のオスマン帝国の状況が組織や制度を中心に包括的に記述されています。誤解や偏見に基づく記述も散見されるものの、リコー自身の見聞に基づく多くの情報が収められた同書が、今日でも価値を失わない重要な歴史史料であることは疑いありません。

同書は初版発行からほどなくして数多くの版を重ね、またフランス語、オランダ語、ドイツ語、イタリア語にも翻訳され、当時の人々がオスマン帝国を理解するための基本図書の一つとなりました。同時代のフランスの劇作家ラシーヌ(１６３９〜９９)も、オスマン朝の王位争いを題材とした悲劇『バジャゼ』を著した際に同書を参照したといいます。

学問と芸術の対象となった東方世界

リコーは18世紀以降、本格的に学問分野として成立していく「東洋学」の重要な先駆者の一人です。同じ時代、フランスでは西洋初のイスラーム百科事典といわれる『東洋全書』が編纂されています。同書の編集者の一人であるアントワーヌ・ガラン(１６４６〜１７１５)は一五年に及ぶオスマン帝国での滞在経験を持ち、イズミル領事時代のリコーとも面識があった人物であり、また『千一夜物語』を初めて西欧で翻訳したことでも知られています。

オスマン帝国がヨーロッパに対する軍事的優位を失っていき、一方で大航海時代を経て世界が一体化していく過程のなかで、西欧の人々にとっての東方イスラーム世界はかつてのように恐怖と嫌悪の対象ではなくなり、学問的な研究の対象となっていきます。またリコーやガランによって伝えられた東洋世界の姿は、エキゾチックな異国の地として人々の想像力をかき立て、「東洋趣味(オリエンタリズム)」の趣向を持つさまざまな文学や芸術作品が生み出されていくことになるのです。

1519-22 マゼランの世界周航
1520 スレイマン1世即位、オスマン帝国が最盛期を迎える
1517 ルターによる宗教改革のはじまり

フランシスコ・ザビエルとイエズス会士通信

『ザビエルの生涯』ホラティウス・トゥルセリヌス著　1600年／『イエズス会士通信日本年報、付中国通信』ルイス・フロイス著　1583〜84年

日本にキリスト教を伝えた宣教師たち

世界布教をめざすイエズス会

イエズス会はローマに総本部を置くカトリックの男子修道会です。日本に初めてキリスト教を伝えたフランシスコ・ザビエル（1506頃〜52）と、イグナティウス・ロヨラ（1491頃〜1556）らパリ大学の学友六人が中心となって1534年に発足しました。16世紀のヨーロッパでは、マルティン・ルターによるカトリック教会批判をきっかけとして各地に宗教改革の波が押し寄せ、カトリック教会でも教会内部の改革によってルター派の拡大を阻止しようとする動きがありました。イエズス会は、このような対抗改革の旗手として、教皇直属の精鋭部隊と呼ばれる目覚ましいほどの働きをしました。その主な活動は教育研究、海外宣教、社会奉仕の三つからなります。

ザビエル日本に来たる

日本にはフランシスコ・ザビエルが1549年に鹿児島に上陸し、これをもってキリスト教の伝来と考えられています。ザビエルは約二年間の滞在中、平戸・博多・山口・堺・京都・豊後など西日本各地を遍歴するなかで、有力大名とその家来、商人や仏僧らと面会し、改宗をするよう積極的に働きかけました。その結果、かなりの信者を獲得しましたが、日本全土へと拡大するためには、日本文化に多大な影響を与えている中国大陸での宣教が不可欠との考えにいたります。一旦、イエズス会のアジア宣教における拠点都市であるインドのゴアにもどり、中国布教へと旅立ちまし

『ザビエルの生涯』
東洋文庫ではこのスペイン語版のほかに、4種類の異なる版を所蔵しています。

キリスト教伝来（ザビエル来日）　1549
ポルトガル船種子島に漂着、鉄砲伝来　1543
イギリス国教会成立　1534
ムガル帝国成立　1526

たが、病のために志を果たせず、1552年にマカオ近くの上川島《シャンチュアン》にて46年の生涯を閉じました。

『ザビエルの生涯』は、ローマ出身のイエズス会士トゥルセリヌス（1545〜99）がラテン語で書いたフランシスコ・ザビエルの伝記をスペイン語に訳したものです。本書が出版されたヴァリャドリッドは、スペイン中北部カスティーリャ地方の都市で、当時はスペイン帝国の首都が置かれていました。帝国最盛期の皇帝として知られるフェリペ2世（1527〜98）が生まれ、アメリカ大陸を発見したコロンブスが没した都市としても有名です。

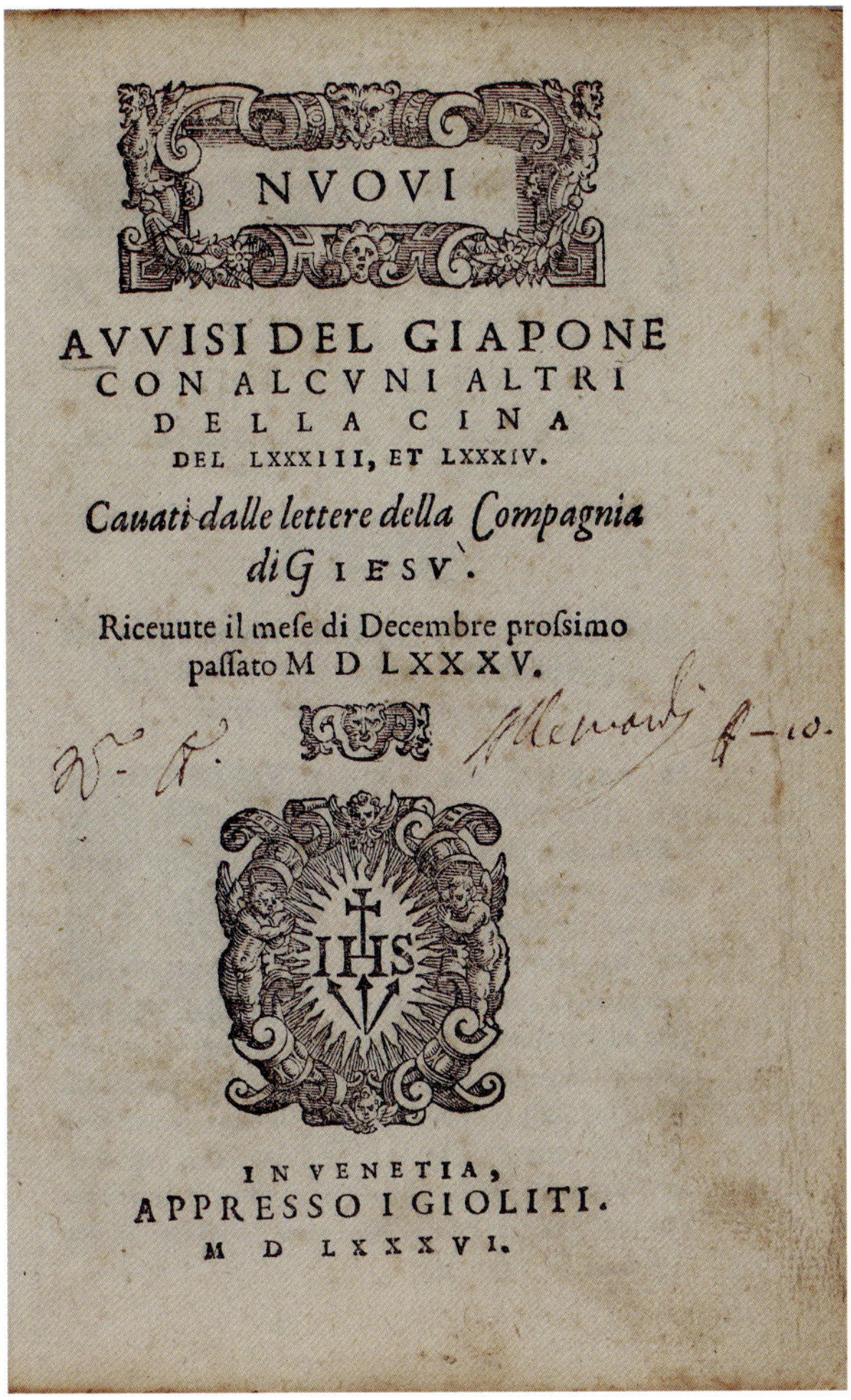
NVOVI
AVVISI DEL GIAPONE
CON ALCVNI ALTRI
DELLA CINA
DEL LXXXIII, ET LXXXIV.
Cauati dalle lettere della Compagnia di GIESV.
Riceuute il mese di Decembre prossimo passato M D LXXXV.
IN VENETIA,
APPRESSO I GIOLITI.
M D LXXXVI.

『イエズス会士通信日本年報、付中国通信』の内表紙
本文中には本能寺の変により織田信長が急死したこと、それによる混乱のさなかで安土城下の神学校が破壊されたことなどが記されています。

布教の終焉

ザビエルの意志を継ぐべく、イエズス会の宣教師はその後も続々とアジアに到来します。日本にはフロイス、オルガンティノ、アルメイダなど優秀な神父が送られました。なかでも、ヴァリニャーノは日本の社会と文化の実情にあわせた「適応主義」という柔軟な布教方針を取ることで信者数の増大に貢献し、天正遣欧使節の派遣（1582〜90）を計画・実施することで日本人とヨーロッパ人双方の世界観の拡大に寄与しました。日本初の活版印刷である「キリシタン版」の普及に努めた人物としても知られています。

『イエズス会士通信日本年報』は、宣教師が布教先からイエズス会総会長に送った、布教活動の成果や現地情勢に関する報告書です。これらの報告書の一部は出版されて各国で読まれました。本書はその一つで、ルイス・フロイスによる1583〜84年の報告が収録されています。

1587年、豊臣秀吉はスペイン・ポルトガル両国がキリスト教宣教を日本征服の足がかりとしているとの疑いを抱き、バテレン追放令を出しました。その後、1596年のサン・フェリペ号事件に端を発した二六聖人殉教事件などを通じて、政権によるキリスト教弾圧は一層強まっていきました。徳川幕府の治世となった後も厳しい禁教政策が続き、元《げん》和《な》の大殉教（1622）や島原天草の乱（1637〜38）などによりキリスト教信者は激減しました。そして、1644年、キシタン大名小西行長の孫である小西マンショの殉教によって、ついにイエズス会の日本人司祭は皆無となり、日本での布教活動は幕を閉じました。

桶狭間の戦い　川中島の戦い
1571　1560　1555　1553
レパントの海戦　アウグスブルクの宗教和議

ドチリーナ・キリシタン

イエズス会お墨つき 日本語のキリスト教入門書

日本イエズス会編　1592年（安土桃山時代）　重要文化財

イエズス会から日本の友人へ

一見すると洋書のようですが、日本で出版された日本語の書籍です。ローマ字で綴られた日本語が和紙に印刷されています。この本はキリスト教の基本的な教えを伝える入門書で、天正遣欧使節の帰国とともに日本にやってきた西洋式活版印刷機で出版されました。

イエズス会士の進言を受け、九州の三人のキリシタン大名の名代として伊東マンショ、千々石ミゲル、原マルチノ、中浦ジュリアンの四人の少年が長崎を出発したのは1582（天正10）年のことでした。東南アジア、インドを経てアフリカ大陸を回る二年半の長い航海ののちポルトガルに到着した彼らは、およそ一年半の滞在の間に各国を廻りスペイン国王や教皇などそうそうたる権力者達に謁見しました。随行員として同行していた数名の日本人信徒は、西洋の印刷技術を身につけるという使命を帯びていました。一行が帰国の途にあったさなかに、秀吉がバテレン追放令を発布したため、彼らはインドに逗留することとなります。ようやく1590年に帰国をはたした彼らは、西洋の楽器や海図、そして印刷機をたずさえていました。この印刷機は当初布教活動の拠点であった島原半島の加津佐《かずさ》に置かれ、その後天草そして長崎へと移されました。

日本にもたらされたキリストのイメージ

扉絵には、左手に十字架が載った球体を持ち右手で祝福を与えるポーズをとったイエスの姿が描かれています。ローマ皇帝の時代から、球体を持つ姿は全世界に及ぶ統治を意味するものでした。球体は、角がなく中心点から表面のどの点までもすべて等距離にあることから完全性や永遠の象徴として考えられてきたのです。キリストのこうした表現はサルヴァトール・ムンディ（世の救い主）と呼ばれます。宣教師たちが持ちこんだ絵にもこの図像が含まれていたことが史料から判明しています。キリスト教とともにこの図像は日本に広まり、当時流行していた異人来航の情景を描写した「南蛮屏風」の画中画や、のちに隠れキリシタンが作り祀った掛け軸「お掛け絵」にも同じような構図のキリスト像が見られます。

視覚イメージを用いる布教手段が日本で特

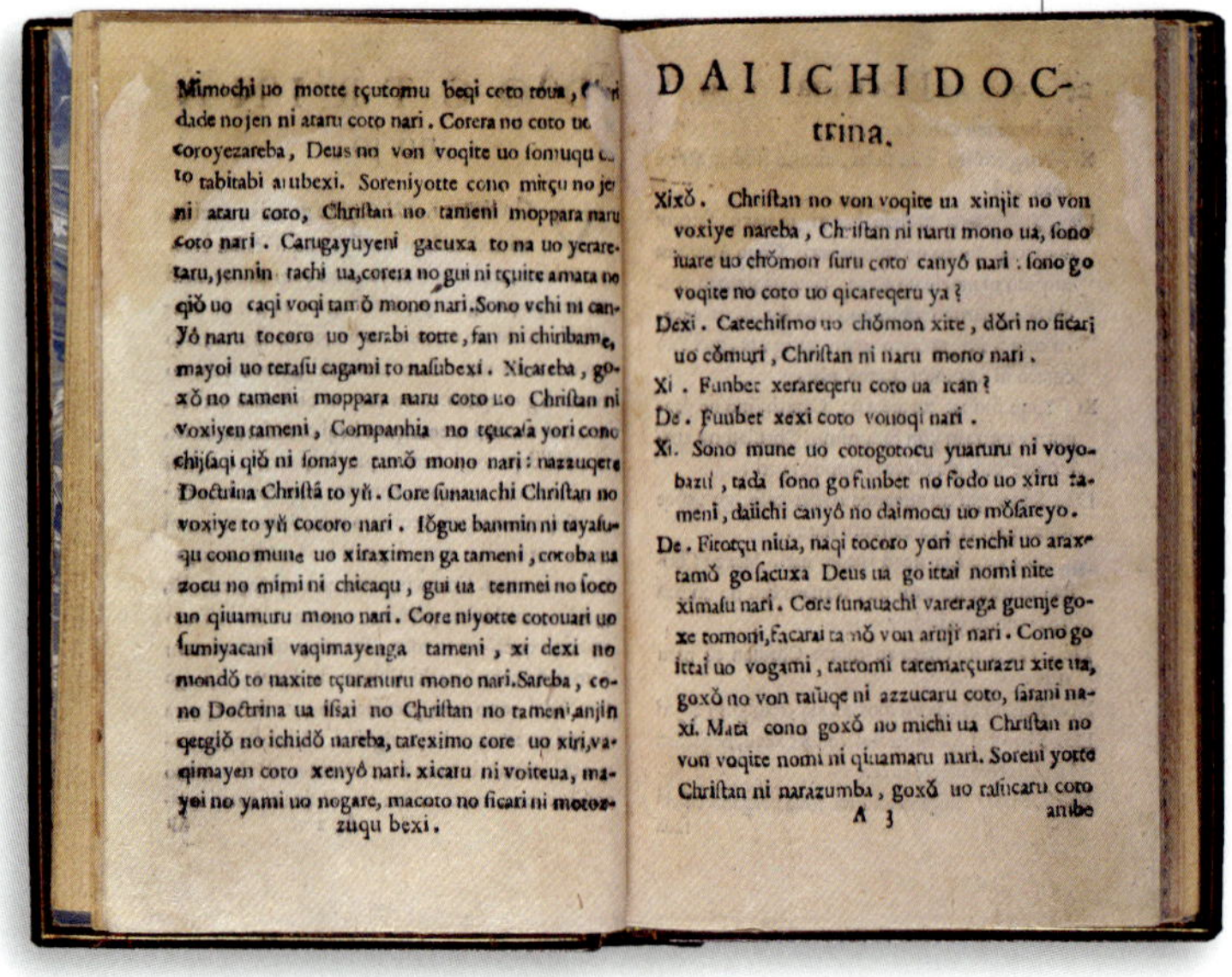

Mimochi uo motte tçutomu beqi coto toua, Chri-
dade no jen ni ataru coto nari. Corera no coto uo
coroyezareba, Deus no von voqite uo somuqu coto
to tabitabi arubexi. Soreniyotte cono mitçu no jen
ni ataru coto, Christan no tameni moppara naru
coto nari. Carugayuyeni gacuxa to na uo yerare-
taru, jennin tachi ua, corera no gui ni tçuite amata no
qiŏ uo caqi voqi tamŏ mono nari. Sono vchi ni can-
yŏ naru tocoro uo yerabi totte, fan ni chiribame,
mayoi uo terasu cagami to nasubexi. Xicareba, go-
xŏ no tameni moppara naru coto uo Christan ni
voxiyen tameni, Companhia no tçucasa yori cono
chijsaqi qiŏ ni sonaye tamŏ mono nari: nazzuqete
Doctrina Christã to yŭ. Core sunauachi Christan no
voxiye to yŭ cocoro nari. Iŏgue banmin ni tayasu-
qu cono mune uo xiraximen ga tameni, cotoba ua
zocu no mimi ni chicaqu, gui ua tenmei no soco
uo qiuamuru mono nari. Core niyotte cotouari uo
fumiyacani vaqimayenga tameni, xi dexi no
mondŏ to naxite tçuranuru mono nari. Sareba, co-
no Doctrina ua issai no Christan no tameni anjin
qetgiŏ no ichidŏ nareba, tarexima core uo xiri, va-
qimayen coto xenyŏ nari. xicaru ni voiteua, ma-
yoi no yami uo nogare, macoto no ficari ni motoz-
zuqu bexi.

DAI ICHI DOC-
trina.

Xixŏ. Christan no von voqite ua xinjit no von
voxiye nareba, Christan ni naru mono ua, sono
iuare uo chŏmon suru coto canyŏ nari: sono go
voqite no coto uo qicareqeru ya?
Dexi. Catechismo uo chŏmon xite, dŏri no ficari
uo cŏmuri, Christan ni naru mono nari.
Xi. Funbet xerareqeru coto ua ican?
De. Funbet xexi coto vouoqi nari.
Xi. Sono mune uo cotogotocu yuaruru ni voyo-
bazu, tada sono go funbet no fodo uo xiru ta-
meni, daiichi canyŏ no daimocu uo mŏsareyo.
De. Fitotçu niua, naqi tocoro yori tenchi uo araxe
tamŏ go sacuxa Deus ua go ittai nomi nite
ximasu nari. Core sunauachi vareraga guenje go-
xe tomoni, facarai tamŏ von aruji nari. Cono go
ittai uo vogami, tattomi tatematçurazu xite ua,
goxŏ no von tasuqe ni azzucaru coto, sarani na-
xi. Mata cono goxŏ no michi ua Christan no
von voqite nomi ni qiuamaru nari. Soreni yotte
Christan ni narazumba, goxŏ uo tasucaru coto
A 3 arube

『ドチリーナ・キリシタン』
序の後半（左頁）に次いで、キリスト教についてのXixô（師匠）とDexi（弟子）の問答（右頁）が始まる。

室町幕府滅亡　1573
1572　張居正の改革
織田信長が延暦寺を焼討ち　1571
スペインがマニラ建設

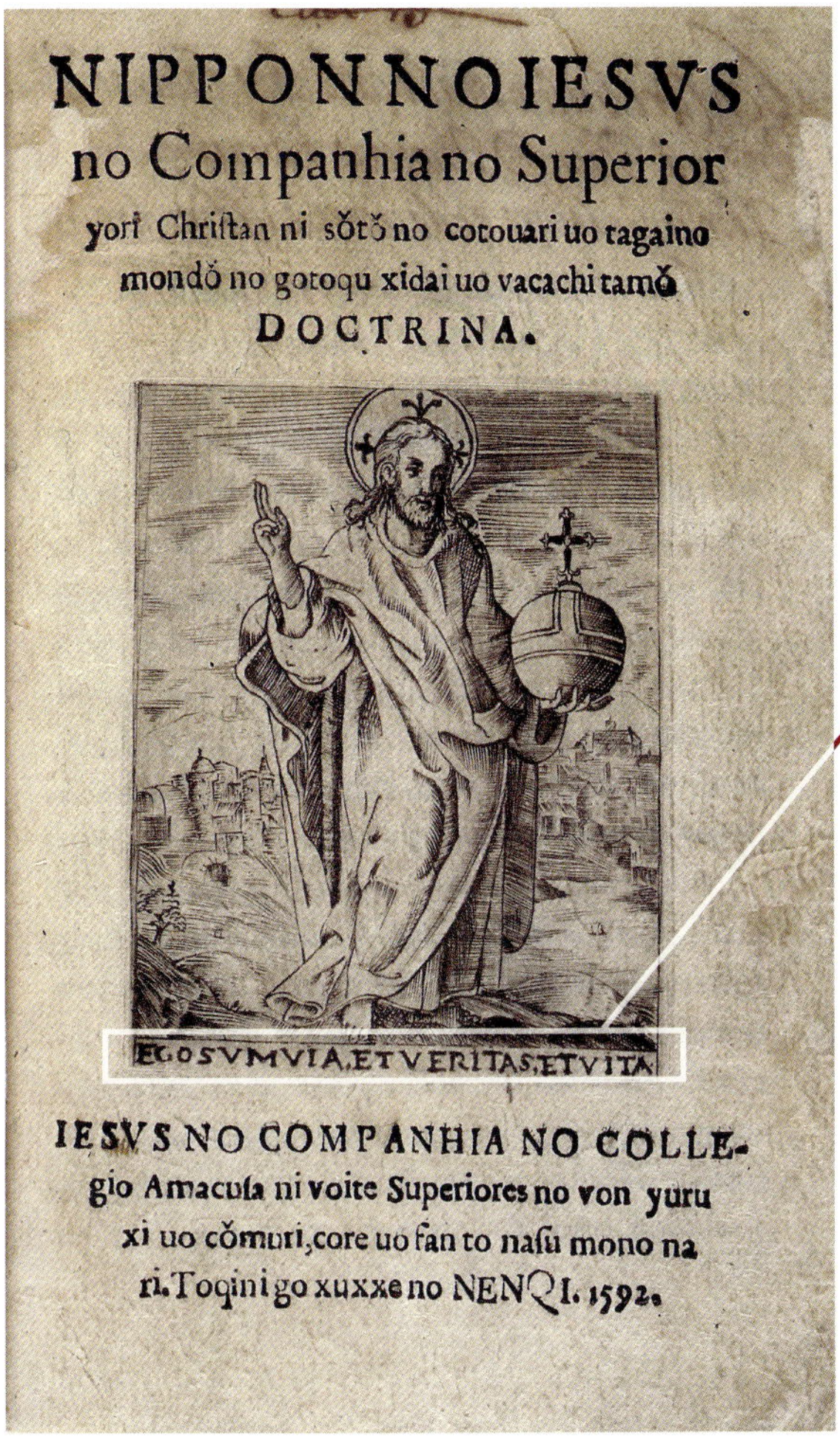
NIPPONNOIESVS
no Companhia no Superior
yori Christan ni sŏtŏ no cotouari uo tagaino
mondŏ no gotoqu xidai uo vacachi tamŏ
DOCTRINA.

EGOSVMVIA,ETVERITAS,ETVITA

IESVS NO COMPANHIA NO COLLEgio Amacusa ni voite Superiores no von yuruxi uo cŏmuri,core uo fan to nasu mono nari.Toqini go xuxxe no NENQI.1592.

『ドチリーナ・キリシタン』扉頁
1行目から「日本のイエズスのコンパニア（伴侶）のスペリオル（修道会長）よりクリスチャンに相当のことわりをたがいの問答の如く次第を分かちたもうドクトリナ」と読めます。「イエズスの伴侶」とは、イエズス会の活動をたたえた呼び名です。

EGO SUM VIA, ET VERITAS, ET VITA
（わたしは道であり、真理であり、命である）

に効果があると判断したイエズス会は、日本人信徒に絵画や銅版画の制作教育を施しました。本書扉のこの絵は、画家でもあったイタリア人イエズス会士が日本で制作したものとされています。こうした技術を持ったイエズス会士達は西洋からたずさえてきた絵画や版画を手本として日本人達に制作技術の指導をしました。のちに日本のイエズス会は、生徒達の技術の高さを本部に報告しています。

西洋から伝わった印刷技術

絵の下には、「わたしは道であり、真理であり、命である」（『ヨハネによる福音書』一四章六節）というイエスの言葉が記されています。言葉を含めこの絵はその縁を見ると周囲よりも圧力で沈んでいることが分かりますが、これは絵が文字とは別に印刷されたためです。絵の部分は銅版画であり、凹版で印刷されています。凹版印刷は、金属の板にくぼみをつくり、そこにインクを詰めて紙を載せ、圧力をかけて刷る方法です。一方、本文の文字はグーテンベルクの活版印刷機を用いているので、当然凸版で印刷されています。あらかじめ金属活字を鋳造し、それらを組み合わせプレス機で刷るという印刷技術によって、それまでの書物のように一つ一つを書き写すという作業よりも迅速かつ大量に書物を製作できるようになりました。

　こうしたイエズス会によって印刷された書籍は一般に「キリシタン版」と呼ばれています。しかし、のちに日本のキリスト教は禁止され弾圧を受けたため、キリシタン版の多くは失われてしまいました。現在にまで伝わっている本書は、キリスト教史上のみならず、文化史、印刷史、そして当時の日本語の発音を知ることが出来るという意味では国語学史上にとって、非常に貴重な資料なのです。

天正遣欧少年使節団ローマへ派遣、西洋の印刷技術などを持ちかえる
／本能寺の変

1582　1581　1580

オランダ独立宣言　スペイン、ポルトガルを併合

マテオ・リッチと徐《じょ》光《こう》啓《けい》

１６６７年

東西知識人の出会いと交流

　正面向かって左の人物が、マテオ・リッチ（１５５２〜１６１０）。利瑪竇《りまとう》という中国名でも知られるイタリア出身のイエズス会士です。右の人物は徐光啓（１５６２〜１６３３）という明代末期の政治家、学者です。この銅版画は、彼ら二人の知識人の出会いと友情が東西の文化交流につながったことを端的に表している一枚です。

「マテオ・リッチと徐光啓」
この銅版画と同じ挿絵が、ドイツ出身のイエズス会の司祭アタナシウス・キルヒャー（1601頃〜80）による事典『中国図説』（1667年刊）の中にもあります。

『幾何原本』と西洋天暦書の翻訳

　１５８２年、キリスト教を布教するために中国へ向かったマテオ・リッチは、その地でヨーロッパの学術書を紹介・翻訳することになります。その代表的なものには『天主実義』『幾何原本』『坤輿万国全図《こんよばんこくぜんず》』などがあります。

一方、徐光啓はマテオ・リッチが著した世界地図を見て感激し、その教えを請うために彼に会いに南京へ行ったとされます。この二人の出会いが、１６０７年にはユークリッドの幾何学の前半部分の共訳である『幾何原本』の出版という成果をもたらしました。これは全一五巻あった原書のうちの前半六巻を翻訳したものです。中国の史料によると、徐光啓は最後まで翻訳を続けることを望んだものの、マテオ・リッチがそれを拒否したので完成した部分を出版した、と伝えられています。この理由としてマテオ・リッチが後半の九巻の内容を理解していなかったからだという説もあります。

　徐光啓は『農政全書』を著したほか、マテオ・リッチと彼がもたらした学術書から得た知識を基に中国暦の改修や西洋天暦書の翻訳にも従事しました。彼の仕事の集大成として『崇禎暦書《すうていれきしょ》』があります。これはドイツ人イエズス会士のアダム・シャール（中国名は湯若望《とうじゃくぼう》）らとともに行ったものでした。

中国をめざしたイエズス会士たち

　このような交流の背景には、イエズス会士

の中国への関心と彼らによるキリスト教の布教がありました。アメリカやアフリカでの宣教とは異なり、中国での布教は現地の文化を尊重し、会士は事前に中国語を学び、中国の知識人、文人層に働きかけるという方法をとり、その手段としてヨーロッパの実践的な科学知識を活用したのです。これによって、キリスト教という宗教とともに天文学・数学等といった科学知識が中国にもたらされました。

マテオ・リッチと徐光啓のように、イエズス会士と中国知識人たちは協力して漢文での多くの著作を残しました。これらの内容は、キリスト教、教理問答《カテキズム》、ヨーロッパ紹介、天文学、数学、光学、暦学、地理、地図、測量学、軍事学、力学、医学、薬学、教育学、論理学など多岐に渡っていました。

徐ガンディダ
徐光啓の孫娘。祖父と同じく、宣教師への財政的支援を行い、出版事業を熱心に支え、宗教書の漢訳事業を推進しました。

アダム・シャール（1591～1666）
天文学に優れ、徐光啓らとともに西洋暦法による暦局を実現した人物です。

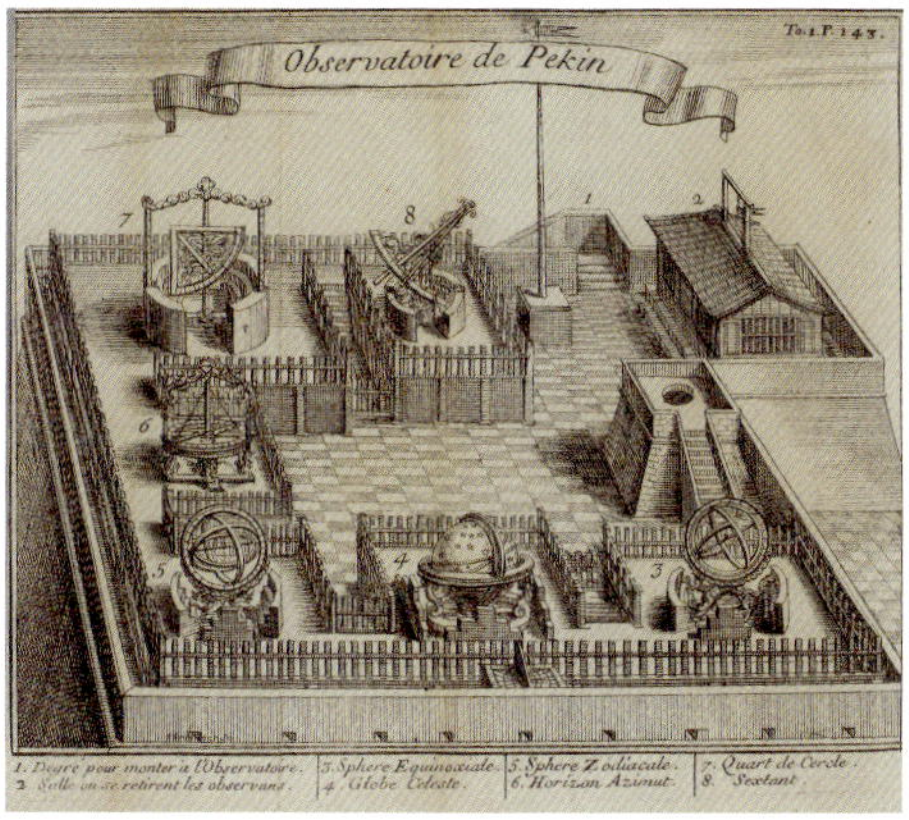

天球儀　イエズス会士が作成した天文儀器を配置した観測所の図。

マテオ・リッチも中国でその文化と中国語を研究し続けます。その集大成として、晩年にはイタリア語で『中国キリスト教布教史』を執筆しました。これは単なる中国を概説したものにとどまらず中国人の宗族や思考法にも焦点をあてて社会と人についてヨーロッパの人々に知らせる役割を果たしました。

個人の交流から東西学問の対話へ

彼ら二人のように、宣教師と中国知識人の交流は相互に影響を与えつづけました。これらが東西文化の交流を促進させる役割を担ったといえます。人と人の交流が互いの文化・学問同士の対話へとつなげることができたのです。

現在、徐光啓の出身地であり、その一族がかつて住んでいた上海の徐家匯《じょかかい》には、墓地や記念館などが残されています。ここは当時数多くの宣教師が到来し、教会や天文台が建てられるなど、西洋文化が華開いた土地でした。徐光啓は宣教師と交流する中で熱心なキリスト教徒になり、マテオ・リッチらの伝道事業をも援助しました。このように宣教師たちの本来の目的であった布教活動によって改宗する中国知識人もいました。ちなみに、キリスト教を篤く信仰した貴婦人として知られる徐カンディダは、徐光啓の孫にあたります。

刀狩令 1588
北野大茶会 1587
スペイン無敵艦隊、イギリス海軍に敗北／ティムール帝国のアッバース1世即位

日本《に》本《ほん》島《とう》図《ず》

ルイス・ティセラ作　1595年

ヨーロッパにおける最初期の「日本地図」

世界地図に日本登場！

日本の名前が登場する最古の西洋地図は、1459年にヴェネツィアの修道士フラ・マウロが描いた世界地図であると言われています。マルコ・ポーロの『東方見聞録（世界の記述）』によって、日本という島国の存在は13世紀末に西洋へと知らされましたが、地理的な位置と地形については長らくさまざまな見解がありました。日本が正確に描かれるようになってくるのは、大航海時代をむかえて世界地理に関する情報と知識が少しずつ蓄積された16世紀以降のことです。

ここでご紹介する『日本島図』は、今から約四〇〇年前に描かれた日本地図です。日本が単独で描かれた最古の地図は、1528年にヴェネツィアで刊行されたベネデット・ボルドーネ作の地図帳『世界島嶼誌』とされます。しかし「一般向けに市販された地図に描かれた日本」として考えると、この『日本島

『日本島図』
拡大した箇所には、ラテン語で「銀鉱山」を意味するアルゲンティフォーディナエと記されています。これは、当時有数の産出量を誇った「石見銀山」を示しています。

文禄の役（朝鮮出兵）　1592

豊臣秀吉の天下統一／徳川家康、江戸城に入る　1590

1589　フランス、ブルボン朝創始

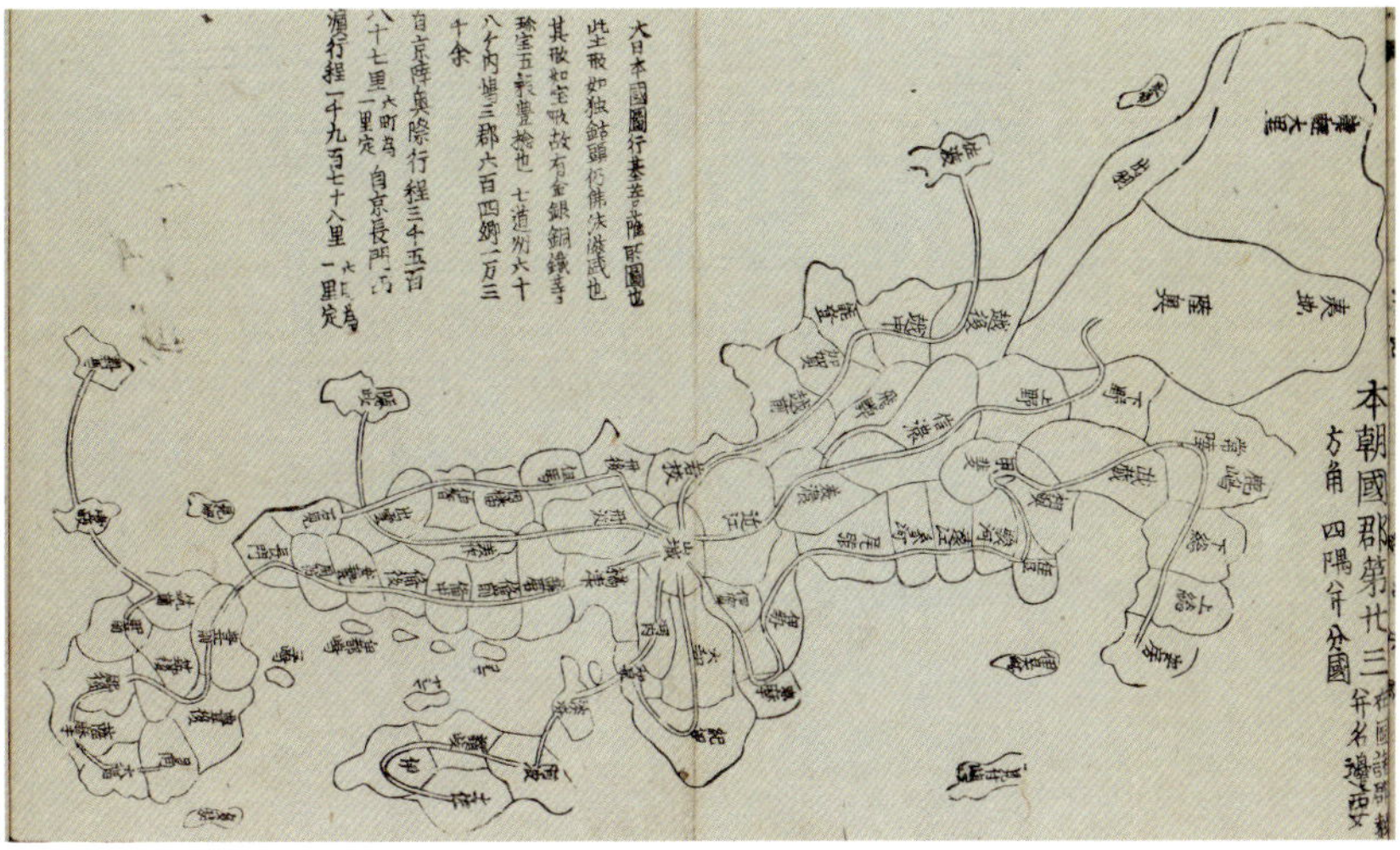

中世の百科事典『拾芥抄』に収められた行基図
平城京がある山城国(現在の京都府)からのびる七道と丸みを帯びた形の諸国がつながって並び、おおまかな日本列島の形を成している点が特徴です。

図』が最も古い作例と言えるでしょう。作者はポルトガル人のイエズス会士ルイス・ティセラです。1570年にベルギーのアントワープで刊行されたアブラハム・オルテリウス編纂の『世界の舞台』は世界初の近代的な地図帳として名高く、各国語で訳本が作られ、版を重ねるほどのベストセラーとなりました。『日本島図』は1595年に再版された『世界の舞台』に掲載されたものです。朝鮮半島が島国として描かれていたり、北海道がなかったりといった誤りはありますが、本州・九州・四国が比較的正しく描かれています。

「日本のかたち」形成に貢献した行基図

この地図の製作にあたり、ティセラが大いに参考としたのが、イエズス会士ヴァリニャーノが日本から持ち帰ったとされる「行基図」です。行基図は奈良時代の僧行基(668〜749)がつくったと伝えられる最古の日本地図で、江戸時代中期に地図の精度が飛躍的に発展するまで、長く日本地図の基本形として使われました。

行基は河内(現在の大阪府)に生まれ、官大寺の飛鳥寺で教学を学びましたが、後には寺を出て、仏教信者たちと集団を形成し、日本各地をまわって墾田開発や治水、貧民救済などの社会事業を行いました。その行動は、当時の僧の規範から逸脱していたため、反社会的な集団行動ととらえられ、一時は弾圧をうけましたが、のちに聖武天皇に活動を認められ、大仏造営にも大きな役割を果たしています。行基図は、日本各地を回るなかで、行基が作ったものと伝えられていますが、それが事実かどうかは明らかではありません。しかし、西洋にもたらされた本図は、世界地図の中で日本が正しく認識される過程で、無視できない役割をはたしました。

地図から見える、16世紀日本と西欧諸国の関係

『日本島図』に視点をもどしてみましょう。この地図でとりわけ興味深いのは、現在の島根県のあたりに記された銀鉱山です。本図が制作された当時、日本は銀の産地として知られ、西欧諸国や中国が競って日本の銀を求めました。なかでも、大きな船団をひきいて銀を目当てに到来したのが、先陣をきって東インドに進出したポルトガルとスペインでした。ティセラはスペイン王室に地図作家として仕えていました。この地図も、石見産の銀を求めるスペイン船のために制作されたのかもしれません。

16c末 ガリレオ・ガリレイが重力実験
1595 西洋で初の日本地図が作成される
1593 トルコ軍がオーストリアに侵入

東インド航海記とリンスホーテン航海記

『東インド航海記』1599年／『リンスホーテン航海記』ヤン・ホイフェン・ヴァン・リンスホーテン著　1596年

さまよわぬオランダ人、アジアの富を求めてまっしぐら！

中世ヨーロッパの物流事情

11世紀の終わりから12世紀にかけて行われた十字軍の遠征により、地中海周辺にはヨーロッパと東方を結ぶ交通網が発達しました。十字軍を商業的に利用したヴェネツィアやジェノヴァ、ピサなどのイタリアの各港市は武器や食糧などの物資輸送を引きうけると同時に、ムスリム商人からさまざまな物品を買いつけ、ヨーロッパにもたらしました。これらの物品のなかに、のちのヨーロッパ・アジアの政治・経済を巻きこむ巨大な渦の中心となるものがありました。それが胡椒やシナモン、クローブやナツメグなどの香辛料です。当時のヨーロッパはジャガイモやトウモロコシ、トマトなどといった現在よく料理に使われる野菜がまだ伝わっておらず、砂糖などを調理に使うことも稀でした。貴族などの富裕層は食事の味に変化をつけ、また高価なものを用いることで贅沢な暮らしを見せつけるために、これらの香辛料を使用しました。香辛料は食肉の貯蔵の際、抗菌・防腐にも効果を発揮しました。当時は冬のあいだに家畜を養う方法が確立されておらず、秋に大量に加工して保存しなければなりませんでした。この時、殺菌力を増すために胡椒などのスパイスが役に立ちました。同様の理由で、15世紀半ばから始まる大航海時代において、長期間の航海で食糧を保存するためにも不可欠な存在でした。さらに、香辛料には医薬品としての需要もあったようです。このためヨーロッパではこれらの香辛料は大変珍重され、同じ重さの金や銀と等しい価値をもつ品として、貨幣のように扱われていたともいわれます。イギリスやオランダ、スペイン、ポルトガルなどのヨーロ

『東インド航海記』に描かれた不可思議な魚が群れるマラッカ海峡の様子
右端には鯨らしき生物が描かれています。

1595
オランダ艦隊、はじめて東インドに向かう

1596
26聖人の殉教／秀吉、大坂城に移る
オランダ人がジャワに到達

ッパ諸国は、ムスリム商人やイタリア商人を介さずに生産地から直接香辛料を買いつけるため、インドやインドネシアへの航路を模索し、その覇権はオランダ東インド会社が握ることになるのです。

『リンスホーテン航海記』に描かれたインド西部の都市ゴアの繁栄の様子

新たな航路を拓く人々

インド洋へと漕ぎだした商人たちは、その途上でさまざまな記録を残しました。航海に必要な海図や商業的な記録のみならず、寄港先で見られた風俗や習慣、動植物の様子まで書きしるし、ヨーロッパに伝えたのです。『東インド航海記』は、オランダ商人が行った二回にわたる航海の記録です。アフリカからアジアにかけての地図や、寄港した地の様子が詳細に描かれています。第一回の航海記録は1595年から97年にかけてコルネリス・デ・フートマンという商人が四隻の商船隊をひきいてアムステルダムからジャワのバンタムに至る航路を開拓したときのものです。乗組員の一人であった商人、ウィルヘルム・ロデウィックの記録に基づいて記述されました。第二回はヤコブ・ファン・ネックによる航海の記録です。98年に六隻の船隊をひきいて出発し、第一回と同じ航路をたどりました。船隊のうちの一隊は99年にオランダにもどり、別の一隊はアンボイナ、モルッカ諸島をめぐり、1600年に帰還しました。

リンスホーテンの肖像

情報スパイ？　リンスホーテン

またヤン・ホイフェン・ヴァン・リンスホーテンという商人もオランダの東インド進出に大きく貢献しました。リンスホーテンはオランダのハールレムで生まれ、1583年に当時ポルトガル領であったインドのゴアで働くため、出航しました。彼の仕事はゴアの聖職者の秘書として働くことでしたが、そのかたわら東インドをはじめとするアジアに関する地理や歴史などの貴重な情報を収集します。そしてついには、ポルトガルが保管していた極秘海図を写しとることに成功し、これをオランダに持ちかえりました。その後もオランダの探検家・地図作家であるウィレム・バレンツの北極探検隊に加わるなどして、アジア各地の見聞を広めることにつとめました。

『リンスホーテン航海記』は、これらの航海や探検で彼が見聞したアジア各地の民俗や風習をまとめた記録です。記述が詳細であるだけでなく、挿絵も充実しており、大変人気を博しました。時代が下ってもヨーロッパ各地で様々な言語に翻訳され、出版され続けました。

慶長の役（朝鮮出兵）
1597
1598
ナントの王令（勅令）
1599
女真文字の制定

ウィリアム・アダムズからの二つの手紙

ウィリアム・アダムズ　1706年

日本への水先案内人、三浦按針

さまよえるイギリス人、日本に漂着

　1558年にエリザベス1世が即位して以降、イギリスは貿易・産業が盛んとなり、海軍を中心に軍事力が急速に強化されました。日本とイギリスを結ぶ架け橋となったウィリアム・アダムズ(1564〜1620)が生まれたのは、イギリスがまさに輝かしい栄光をつかもうとしている時代でした。アダムズと同じ年に生まれたのが、イギリスを代表する作家ウィリアム・シェイクスピアです。造船所の見習いとして少年時代をすごした後に海軍に入ったアダムズは、スペインとの海戦にイギリス艦隊の船長の一人として参加しています。1598年からはオランダの船隊にやとわれ、新たな航路を拓くための調査・探検に加わりました。

　アダムズの人生に大きな転機が訪れたのは、イギリス東インド会社が設立された1600年のことです。参加していたオランダの東洋遠征船隊がマゼラン海峡を通過した後に四散し、彼が乗っていたリーフデ号は太平洋上で遭難してしまったのです。リーフデ号の一行が命からがらなんとか辿りついたのは、豊後(現在の大分県)の佐志生でした。見慣れぬ外国船の漂着はたちまち話題となり、すぐに徳川家康から呼びよせられました。船長代理として大坂で家康と会見したアダムズは、国際情勢などについて聴取を受けました。

　当時の日本は、関ヶ原の合戦前夜という緊迫した状況でした。家康はアダムズの話はもちろんのこと、彼らがリーフデ号に積んできた大量の火縄銃や火薬などの軍備に関心をよせました。さらに彼の外交や貿易の能力を見込んだ家康は、アダムズを釈放して徳川政権の陣営に入れることを決めます。アダムズの指揮のもと、関ヶ原の合戦後に洋式の帆船が二艘つくられました。家康は彼を厚遇し、日本橋付近に邸宅を、相模の三浦郡に二五〇石もの領地を与えました。アダムズは、この領地の地名と水先案内人を意味する名をあわせて「三浦按針」と名乗り、家康の外交顧問としての役割を担いました。

遠く離れた祖国へ—アダムズの手紙

　『ウィリアム・アダムズからの二つの手紙』には、アダムズが書いた二通の手紙が収録されています。一通は1605年頃にイギリスに残した妻メアリあてに送ったもの、もう一通は1611年10月23日付の手紙で「未知の同国人」あてとして、イギリス国民にむけて書いています。妻にはいずれイギリスへ帰るという希望を、イギリス国民へはオランダを出港してから自らの身に起きたさまざまな出来事、日本で将軍家康に使えていることなどの報告を記しています。手紙は、最初にイギリスで刊行されましたが、後にオランダ語に訳されました。

アダムズ、平戸の地に眠る

　1613年にイギリス国王の使節としてジョン・セーリスが日本を訪れた際、家康・秀忠親子とセーリスを引きあわせたのはアダムズでした。これにより、日本とイギリスの朱印状による通商が認められ、長崎県の平戸にイギリス商館が建てられることになりました。また、平戸—シャム(現在のタイ)間の貿易など

- 1600　関ヶ原の戦い／リーフデ号豊後に漂着　イギリス東インド会社設立
- 1602　東西本願寺が分立　オランダ東インド会社設立
- 1603　徳川政権の成立

『ウィリアム・アダムズからの二つの手紙』
東洋文庫が所蔵するのは、1706年刊のオランダ語訳本です。手紙のほかに日本地図が綴じられています。地図右下の人物図にご注目ください。中央の玉座に座るのが家康、その下でひざまずいているのがアダムズです。おそらく大坂での会見の様子を描いているのでしょう。

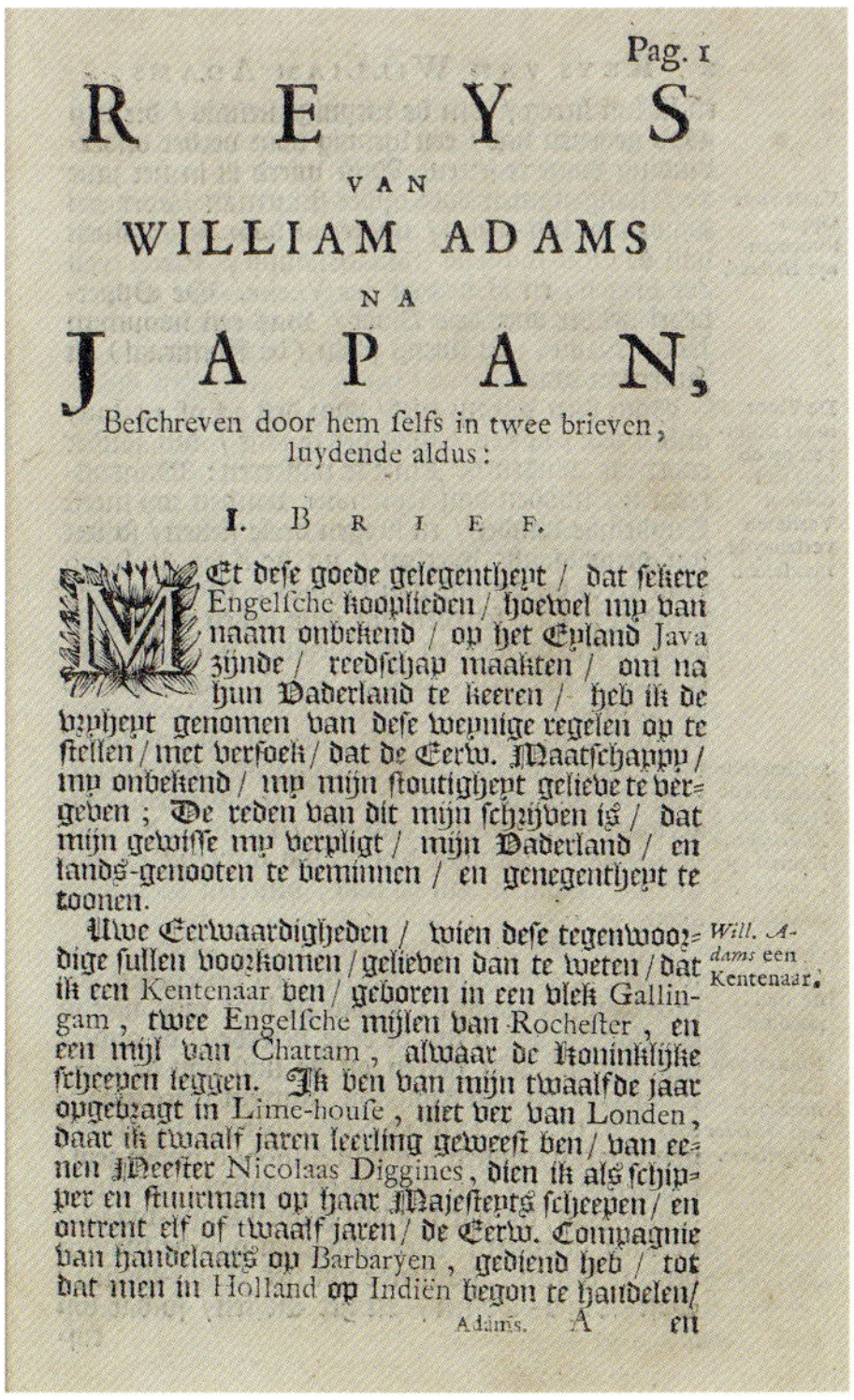
Pag. 1

REYS
VAN
WILLIAM ADAMS
NA
JAPAN,
Beschreven door hem selfs in twee brieven, luydende aldus:

I. BRIEF.

MEt dese goede gelegentheyt / dat sekere Engelsche kooplieden / hoewel my van naam onbekend / op het Eyland Java zijnde / reedschap maakten / om na hun Vaderland te keeren / heb ik de vryheyt genomen van dese weynige regelen op te stellen / met versoek / dat de Eerw. Maatschappy / my onbekend / my mijn stoutigheyt gelieve te vergeven ; De reden van dit mijn schryven is / dat mijn gewisse my verpligt / mijn Vaderland / en lands-genooten te beminnen / en genegentheyt te toonen.

Uwe Eerwaardigheden / wien dese tegenwoordige sullen voorkomen / gelieven dan te weten / dat ik een Kentenaar ben / geboren in een vlek Gallingam, twee Engelsche mijlen van Rochester, en een mijl van Chattam, alwaar de Koninklijke scheepen leggen. Ik ben van mijn twaalfde jaar opgebragt in Lime-house, niet ver van Londen, daar ik twaalf jaren leerling geweest ben / van eenen Meester Nicolaas Diggines, dien ik als schipper en stuurman op haar Majesteyts scheepen / en ontrent elf of twaalf jaren / de Eerw. Compagnie van handelaars op Barbaryen, gediend heb / tot dat men in Holland op Indiën begon te handelen/ Will. Adams een Kentenaar.

Adams. A en

ウィリアム・アダムズ、第一の手紙のはじまり

に着手してイギリス商館に貢献し、後には自らが朱印船の主となって安南(現在のベトナム)へも渡航しています。

1620年、祖国へ帰ることなく平戸の地でアダムズは亡くなりました。1616年に家康が亡くなった後は、決して恵まれた待遇とはいえない晩年でした。墓地の所在は長年不明でしたが、1931年に平戸の三浦家から遺骨の一部が発見され、1954年にはイギリス商館近くの高台に新たに墓が建立されました。

アダムズが奔走して礎を築いた日英の交流は、その後1623年にイギリスが平戸から撤退し、残念ながらわずか一〇年ほどで途絶えてしまいました。

豪華大地図帳

『新地図帳』ヤン・ヤンソン編　1647〜59年／
『大地図帳』ヨアン・ブラウ編　1648〜65年

世界で一番高価な本

17世紀はオランダの時代

ヨーロッパ商業において、16世紀がイタリアのヴェネツィアやジェノヴァ繁栄の時代とすれば、17世紀はオランダの時代をむかえたといえましょう。イギリスやオランダの東インド会社設立に象徴されるように、17世紀初頭から外洋航海と国際交易がいっそう活発化し、オランダの諸都市がその中心となりました。

異国からもたらされた豊富な情報は、世界各地の地図に反映されます。地図は航海者や商人たちが必要としただけでなく、未知の世界の情報を盛った器として富裕な市民の関心の的となりました。一枚ものの地図であるマップや冊子形体の地図集アトラスの販路がひらけ、豪華な装丁による高価な地図帳がもてはやされるようになります。

頂点をきわめた二つの工房

貿易による繁栄を謳歌した17世紀オランダ

ヤンソン版『新地図帳』に収めるヨドクス・ホンディウス作「世界地図」

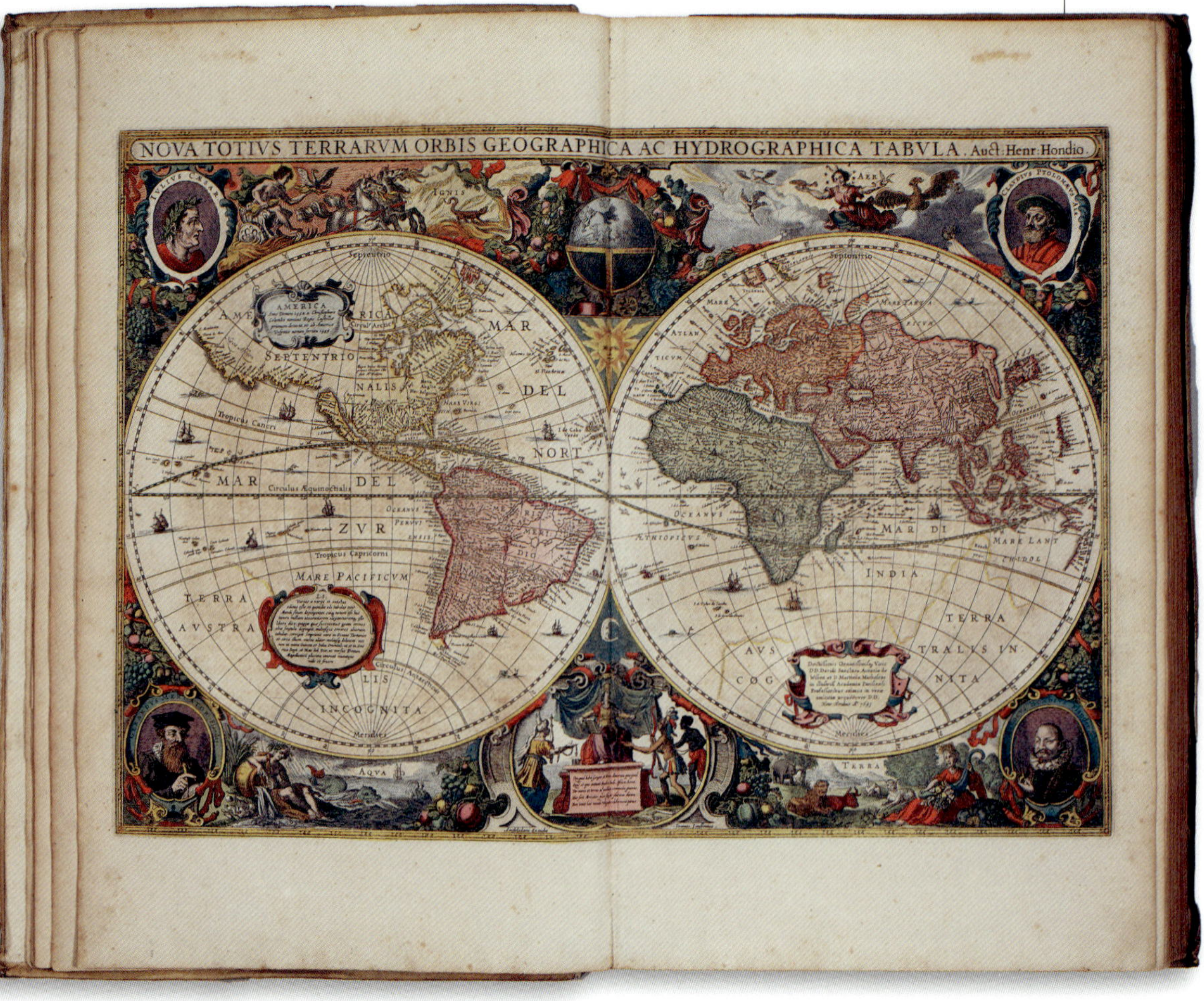

幕府が諸大名に地図を作らせる（慶長の国絵図）

1640　17c前葉　1616　1596〜1615

ピュータリン革命　アッバース1世、サファヴィー朝の最盛期を現出　ヌルハチ、後金を建国

のアムステルダムで、地図出版社として隆盛をきわめたのがヤンソンとブラウの両社です。その事業は、図法に名を残すメルカトル地図原版を入手したことから発展しました。

メルカトルの死後、その地図の銅版を購入したヨドクス・ホンディウスは、1606年にメルカトルの地図帳を増補出版しました。ホンディウスの二人の息子とともに娘婿ヤン・ヤンソンが事業をうけつぎ、地図帳の新版を手がけていきます。

ブラウ版『大地図帳』に収めるヨアン・ブラウ作「世界地図」

いっぽう1604年アムステルダムに印刷工房をたてたことに始まるウィレム・ブラウの地図出版は、1629年にヨドクス2世からメルカトル地図原板の一部を購入したことから事業を拡大、東インド会社の公式地図制作者となります。1638年ウィレムの死後、あとをついだ息子ヨアン・ブラウはさらに事業を発展させました。

ヤンソンとブラウの販売競争は、他の地図をとりこんで自己の新版を再構成するかたちで展開し、その結果、収載する地図の数が著しく増加し、巻数もふえて、地図帳はますます大部なものとなりました。1638年から1658年までの間に両社はそれぞれ「新地図帳」の刊行を続けました。ヤンソンは1658年、地図五〇〇～五五〇点を収める一〇～一一巻本の『新地図帳』を出版しました。これに対抗してブラウが1662年から刊行を始めたのが『大地図帳』で、約六〇〇点の地図と二千ページをこえる本文とからなる九～一二巻の大規模な地図集です。

『新シナ図帳』口絵　ヤンソンとブラウの世界地図集は、どちらも最終巻に『新シナ図帳』が採用されています。この『新シナ図帳』は、10年間中国に滞在していたイタリア人宣教師マルティーニ(1614～61)が一時もどったおり、シナ帝国の地理図説をブラウに示して印刷出版が実現したもので、ヤンソンの地図帳にもブラウが請け負うかたちで増補されています。これは、その標題をかかげた口絵です。

豪華本の世紀から精細図の時代へ

こうして17世紀のヨーロッパ地理学は、南半球のオーストラリアを除くほぼ全地球の表面を平面図にえがくことに成功しました。人気を博した世界地図集は富裕市民層のステータス・シンボルとなり、価格は手彩色のもの四五〇ギルダー、色つけしない版でも、三五〇ギルダーに達し、17世紀で最も高価な書物と称されるにいたりました。

その後、ヤンソンの死(1664)と、ブラウの工場の一つが被った大火(1672)、そしてヨアン・ブラウの死により、両社の事業は人手にわたります。17世紀も後半になるとフランスの地図学が頭角をあらわし、図中の絵画など装飾的要素をとりのぞいて科学的に精密な地図を追求しました。また海外進出においてもオランダの繁栄には陰がさし、時代はイギリスが主役となる18世紀へとうつっていくのです。

世界地図の制作　1647～1665

1651　イギリス、航海法を制定

1674　イギリス＝オランダ戦争(第3次)終結

私の逸品

1693～95年、国王ジョン・アレクセーヴィツ、ピーター・アレクセーヴィツ［ピョートル１世］により中華帝国の首都北京に派遣された使節の紀行記

濱下武志　東洋文庫研究部長

1698年に刊行された本書は、タイトルページからもわかるように、カタログ作成者には悪夢のように長いタイトルです。しかも下方に記してあるように、別の1冊ハインリヒ・ウィルヘルム・ルドルフ著『ロシアの物産に関する興味深い観察』(オックスフォード、1696年)というラテン語原著からの翻訳が加わっています。しかしそこには国際的な関心を呼んだ書であることが現れています。

ロシア帝国から北京に派遣された使節は、ドイツからの大使エフェラルド・イスプラントであり、1693から95年にかけた中国訪問の記録です。秘書のアダム・ブランドによって書かれ、ハンブルグで1698年に刊行されたものが翌年ロンドンで英訳刊行されました。

著者のアダム・ブランドはリユーベック出身の商人です。リューベックは、ハンザ同盟の中心都市であり、多くの商人を輩出しました。17世紀からの大航海時代において、陸路シベリア・タタールを経由して北京に至る交易路が開拓されていたことがわかります。また、大航海時代は、喜望峰周りの東インド諸島への海路、アメリカ大陸・西インド諸島への海路のみならず、北海から北極海経由の北周り海路も探検されていたことも注目に値します。

中国の四周の各省や地域を説明し、朝貢国を示しています。使節の一行が経由したロシア各地の地理・文化・宗教に関する観察も興味深いものです。

さて、使節一行は、1693年12月18日にBogdegan(皇帝。ここでは康熙帝を指す)に拝謁し、ロシアからのメッセージを伝えた後、食事に招かれました。皇帝のテーブルの隣に大使のテーブルが並べられています。また翌1694年2月15日に皇帝に拝謁し、各種絹製品、銀、羊の皮などのプレゼントを受け取っています(98-99頁)。当時、清は1689(康熙28)年に満人官僚の索額図を派遣してロシアとネルチンスク条約を締結して国境の安定化を図っており、その直後のロシアからの使節の派遣が持つ政治的な意味は大きいと考えられます。事実、皇帝の使節に対する取り扱いは、朝貢国のそれとは大きく異なっていました。

ドイツ語の原書は、直ちにこのように英語に翻訳され、また、1699年にはオランダ語・フランス語に翻訳され、1701年にはスペイン語に翻訳されており、ロシアと清の関係が国際社会の注目を集めていることが如実に示されています。

本書は、モリソンコレクションに含まれており、また、東洋文庫の3000冊に及ぶ欧米からアジアへの紀行記の1冊でもあります。

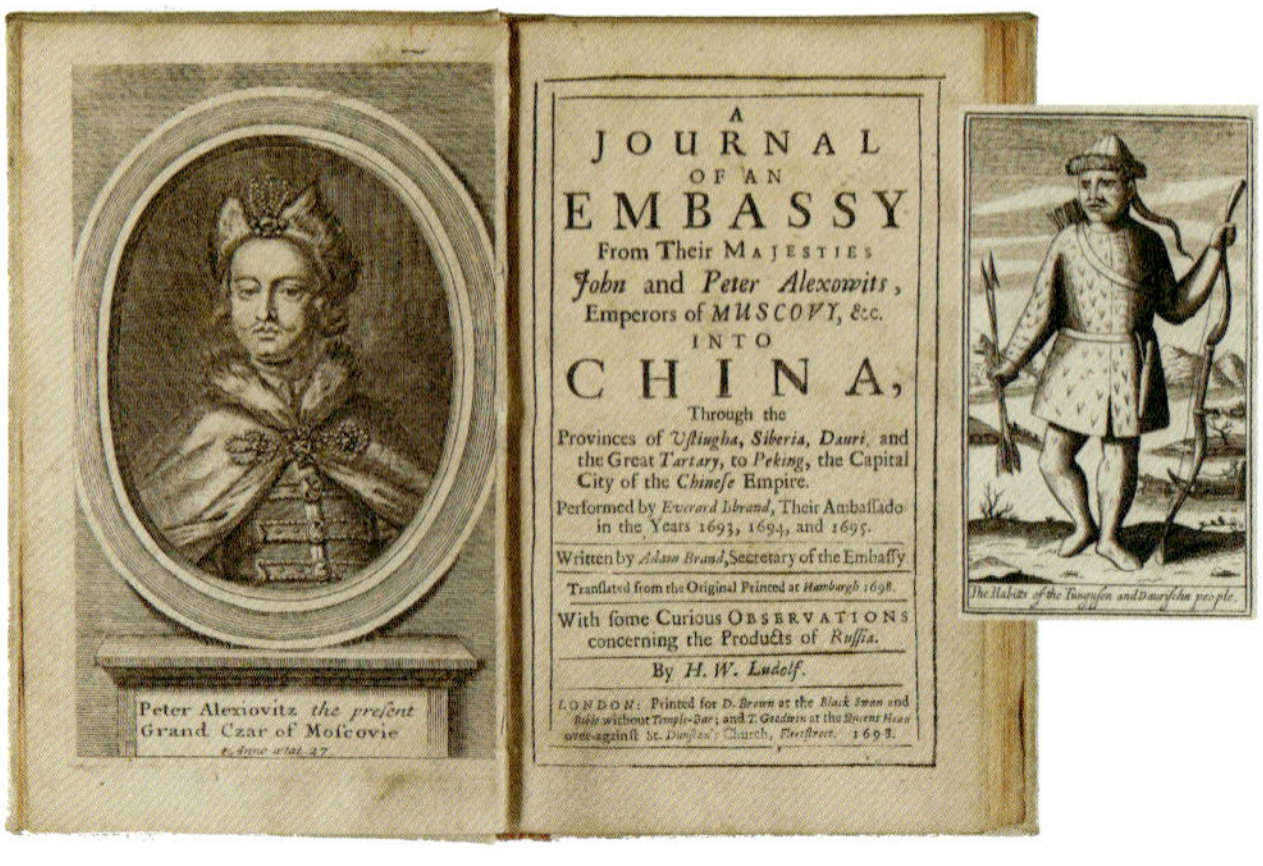

アダム・ブランド『1693～95年、国王ジョン・アレクセーヴィツ、ピーター・アレクセーヴィツ[ピョートル１世]により中華帝国の首都北京に派遣された使節の紀行記』(ロンドン、D.ブラウン、1698年、134頁)。ピョートル1世の肖像画(左頁)、タイトルページ(右頁)と、狩装束姿のツングース族男子(附図)。

「朕は、国家なり。」

ルイ14世（1438~1715）

第4章

専制国家の隆盛

——17世紀初頭～18世紀末

太陽王ルイ14世がフランスに君臨した時代は絶対王政期と呼ばれ、ヨーロッパが中世から近代へとむかう過渡期です。民と国家の事を考えるようにと諫言した臣下に対して、ルイ14世は「民はともかく」と前置きしてこのように答えたと言います。奇しくも同じころ、中国では専制国家清朝が、康熙帝のもとで最盛期をむかえようとしていました。

群《ぐん》書《しょ》治《ち》要《よう》と帝《てい》鑑《かん》図《ず》説《せつ》

『群書治要』(駿河版)魏徴ほか編　1616年／『帝鑑図説』(秀頼版)張居正・呂調陽編　1606年(江戸時代)

家康が熱を注いだ出版事業

「伏見版」と「駿河版」

徳川家康は、長く続いた戦乱の世に終止符をうち、太平の世をもたらしたことで歴史に名を残した人物です。武将として称揚されることの多い家康ですが、活字による印刷・出版事業においても大きな功績を残しました。

家康の出版事業には、古活字版とも呼ばれる「伏見版」と「駿河版」の刊行があげられます。まず「伏見版」とは、関ヶ原の戦い直前の1599(慶長4)年から1606(同11)年にかけて、京都伏見の円光寺において刊行された書物をさします。木製の活字を用いて、儒学書『孔子家語』や政治書『貞観政要』、兵書『三略』など八種が印刷されました。これは、家康が学問のために1597(慶長2)年頃から伺候させていた僧の元佶に、木活字数十万を与えて行わせたものです。もう一方の「駿河版」は、家康晩年の1615(慶長20)年から1616(元和2)年にかけて、駿府(現在の静岡県)において刊行された書物をさします。

これらの活字印刷は、従来日本で行われていた木版印刷とはまったく異なった新しい印刷術であり、一文字ずつスタンプ状になった活字を組み並べるだけで、多様な書物を刊行することができました。日本での活字による印刷は、1592(文禄元)年から98(慶長3)年にかけて行われた豊臣秀吉の朝鮮出兵で、銅活字と刷り道具などが戦利品として日本にもたらされたことが一つの契機となっています。これらの銅活字一式はその後、秀吉から後陽成天皇に献上され、天皇による印刷事業が始まりました。これに触発されたのか、家康は、まず朝鮮の印刷方法にならって木活字を用いた伏見版の出版にとりかかり、続いて天皇に献上された銅活字を参考にして銅活字を鋳造させ、駿河版が刊行されるにいたったのです。

活字で出版された帝王学の書

駿河版『群書治要』は、唐の太宗が魏徴らに命じて編集させた政治の参考書で、『論語』『老子』『史記』『漢書』ほか六〇以上の中国の

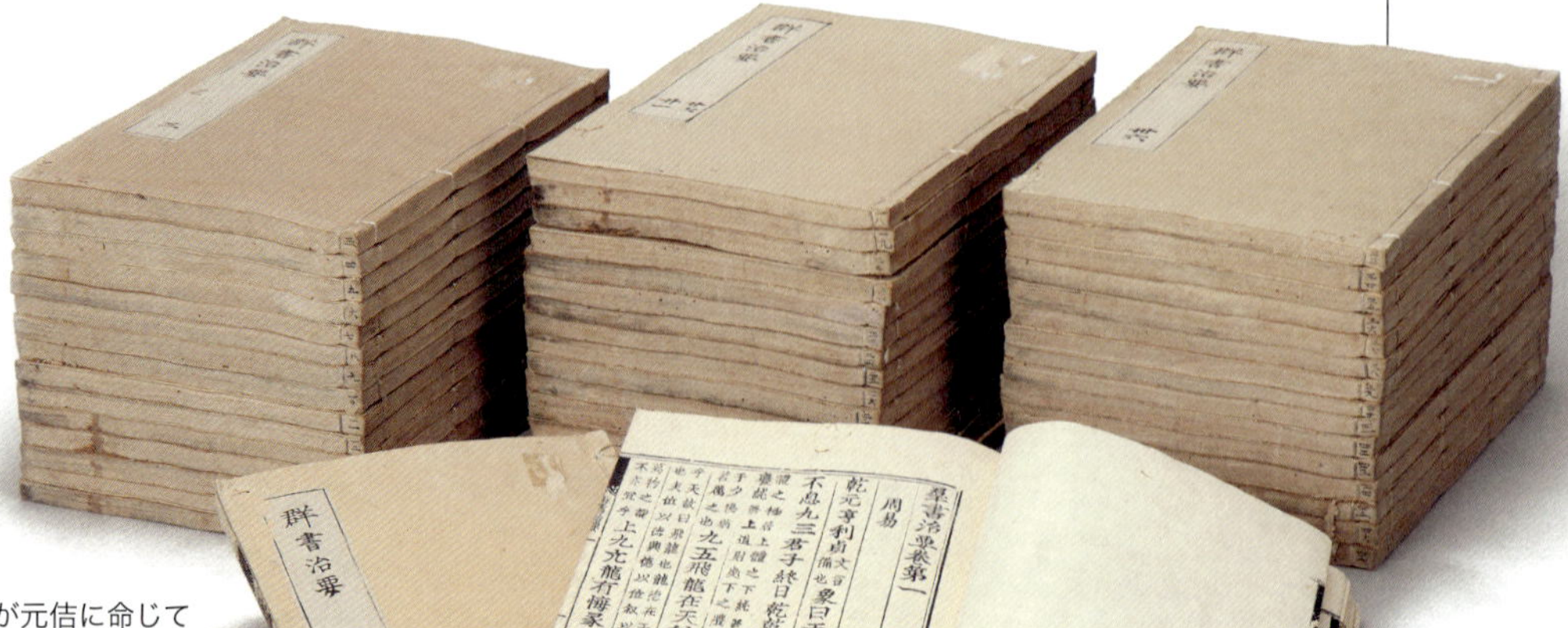

『群書治要』
駿河版では、家康が元佶に命じて鋳造させた銅製の活字9万字が基盤となっており、僧の金地院崇伝と儒学者の林羅山によって、『群書治要』と『大蔵一覧集』の2種が開版されました。

徳川政権の成立
1603
イギリスでステュアート朝成立
1604
カナダ植民の開始

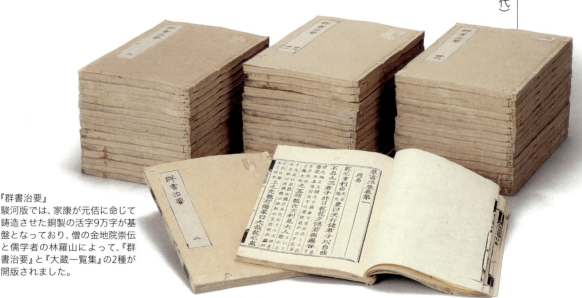

秀頼版『帝鑑図説』
大型の木製活字が使われ、1枚の板に彫ってつくった整版による挿絵も数多く収められています。初期の挿絵版本としても意義があり、近世初期の狩野派絵師はしばしばこの挿絵から画題をとりました。

古い文献から、治世の参考となる部分が抜粋されています。日本には奈良時代に伝来し、帝王学の書として尊重されました。これからは武ではなく文にこそ幕政の基礎を置くべきだと考えていた家康は、早くから本書の有用性を認識していました。しかし、完成前に家康は他界したため、できあがった本書を手にとることはありませんでした。

こうした画期的な活字印刷に魅了されたのは、後陽成天皇や家康だけではありません。豊臣秀吉の子、秀頼もその一人です。『帝鑑図説』は、秀頼が家康を意識して出版させた、豊臣氏唯一の活字による書物で、「秀頼版」と呼ばれます。内容は、中国の歴代皇帝が行った善事と悪事を絵入りで説き、『群書治要』同様、帝王の鑑としたものです。秀頼の愛読書であり、江戸時代には為政者の必読書とされていました。出版当時、秀頼は一四歳で右大臣の地位にあり、主君としての役割を果たすための教科書の意味合いもあったのではないかと言われています。

このように、家康にしても秀頼にしても、政治の参考となる書物を選んで出版していることから、印刷・出版事業が単に好奇心から行われたものではないことがわかります。為政者は、活字による印刷技術を利用し政治に取り組もうとしていたのでした。

1606
オーストラリア発見

1605
セルバンテスの『ドン・キホーテ』刊行

ジョン・セーリスの航海日誌

ジョン・セーリス　1617年

日英交流四〇〇年の始まりを記す航海日誌

2013年は日本と英国の交流が始まって、ちょうど四〇〇年目にあたります。1613年、ジョン・セーリス(1579または80〜1643)が英国王ジェームズ1世の特使として平戸にやってきて、英国商館を開いたのです。日本に最初にやってきたイギリス人は、徳川家康に重用され、三浦按針として有名になったウィリアム・アダムズでした。アダムズが日本にきたのは1600年4月ですが、オランダの船員としてでしたから、日英間に公式の交流関係を開いたのはセーリスということになります。

セーリスの自筆の航海日誌

セーリスはロンドンに生まれ、イギリス東インド会社に入り、同社の第八回東洋航海の司令官になり、クローブ号など三隻の船団で、1611年4月18日にイギリスを出帆しました。東インド会社は、ジェームズ1世の認可を得て対日貿易を開く方針をたて、セーリスの艦隊を送りだしました。セーリスはジャワのバンタムから日本へ向かい、13年6月11日、クローブ号で平戸に到着したのでした。

この航海について、セーリスは『日本渡航記』という航海日誌を残しました。日誌はイギリス出港の日に始まり、セーリスのイギリス帰国の日まで、航海日誌のしきたりどおり、丹念につけられています。東洋文庫が所蔵しているのは、セーリスがフランシス・ベーコンに献呈したと伝えられる清書本で、セーリス「航海日誌」の東洋文庫本として世界に知られる貴重なものです。1924年に岩崎久《ひさ》彌《や》氏がロンドンの古書商から購入したもので、1952年には重要文化財に指定されました。実に美しい手書きです。なお、「ハクルート版」と称される英文版の方は、幕末・明治維新期の在日英国公使館員として有名なアーネスト・サトウが編んだものです。二つの英文版にもとづく日本語全訳と浩瀚な解説として、村川堅固訳『セーリス日本渡航記』があります。

セーリスの平戸入港

平戸に入港したときの様子を、セーリスの「航海日誌」は次のように記しています。

午後三時、潮が引いてしまったので、さらに進むことができず、平戸の手前半リーグの所で投錨した。予は投錨に際し礼砲一発を射たしめた。……しばらくののち、予は法印様と呼ばれる老王及び彼の孫トネ・サメ(殿様)によって訪問を受けた。……王は七十二歳ぐらいの齢で、彼のもとに統治を行なう彼の孫は二十二歳ぐらいであった。(村川訳)

セーリス達をむかえたのは、平戸領主の松浦法印鎮信と孫の隆信でした。平戸は、十六世紀半ばから王直らが私貿易を行っていたとされる日明交易の中心地でしたが、セーリスが到着したときには、ポルトガル、オランダとの交易を盛んに行っていました。鎮信と隆信がセーリスを大歓迎したのは、イギリスとも貿易を行おうとしたからで、イギリスの意図ともぴったり合っていたのでした。

家康・秀忠に拝謁

セーリスの平戸滞在中のハイライトは、駿府と江戸に往復の旅をして、家康と秀忠に拝謁したことです。アダムズがわざわざ平戸にやってきて、8月6日にセーリスとともに駿府に向かいました。二人は9月8日に家康に拝謁、セーリスはジェームズ1世の親書を奉呈、さらに江戸に上って、将軍秀忠に拝謁しました。帰途、駿府で家康から英国王への返書と、通商を許可する特許状を得て、11月初めに平戸にもどりました。ジェームズ1世の手紙は「高貴にして強大な日本皇帝」にあてられていました。そこには次のように書かれていました。

御国での商館設置上の保護と、両国民の利益と財貨の増大の目的にふさわしい通商上の安全と自由をお与えくださいますようお願いいたします。（P・G・ロジャーズ『日本に来た最初のイギリス人』から）

家康の返事も、友好的な交易関係の確立という要望に応じるものでした。

日本国の源家康は、インガラテイラの国王に謹んでご返事いたします。……我が国との友好を深め、お互いに商船を往来させようというご提案に賛成いたします。

徳川からセーリスに与えられた朱印状は、税の免除、日本国内での自由寄港、商館設置の自由、イギリス人が犯した罪はイギリスの法をもって裁く治外法権の適用など、開放的なものでした。平戸に戻ったセーリスは、11月26日に商館を設置し、八人の商館員を配属して、彼自身は12月5日に帰国の途につきました。セーリスは1613年のうちに、すばやく完全に目的を達したのです。1613年は、メキシコとの貿易を望んだ伊達政宗が、その交渉のために、支倉常長をスペイン国王とローマ教皇のもとに派遣した年でもあります。平戸は「西の都」として発展するはずでした。

ところが、平戸のイギリス商館は一〇年後の1623年には閉じられてしまいました。イギリスのアジア貿易の条件が整わず、オランダとの競争に敗れたのが直接の原因です。時を同じくして幕府の鎖国政策が厳しくなり、41年にはオランダ商館も平戸から長崎の出島に移され、平戸の蘭英商館時代は終わりを告げました。

セーリスの「航海日誌」をたどりながら、四〇〇年前の平戸の町のなかでの国際的な通商や交流の様子に想いを馳せ、江戸往復の道中でのセーリスと日本の庶民との交流を想像するのも楽しいことでしょう。そして、セーリスの使命が完遂されていたら、もしかして世界史は違った道をたどったかも、などと空想するのも歴史の愉しみとして許されるかもしれません。

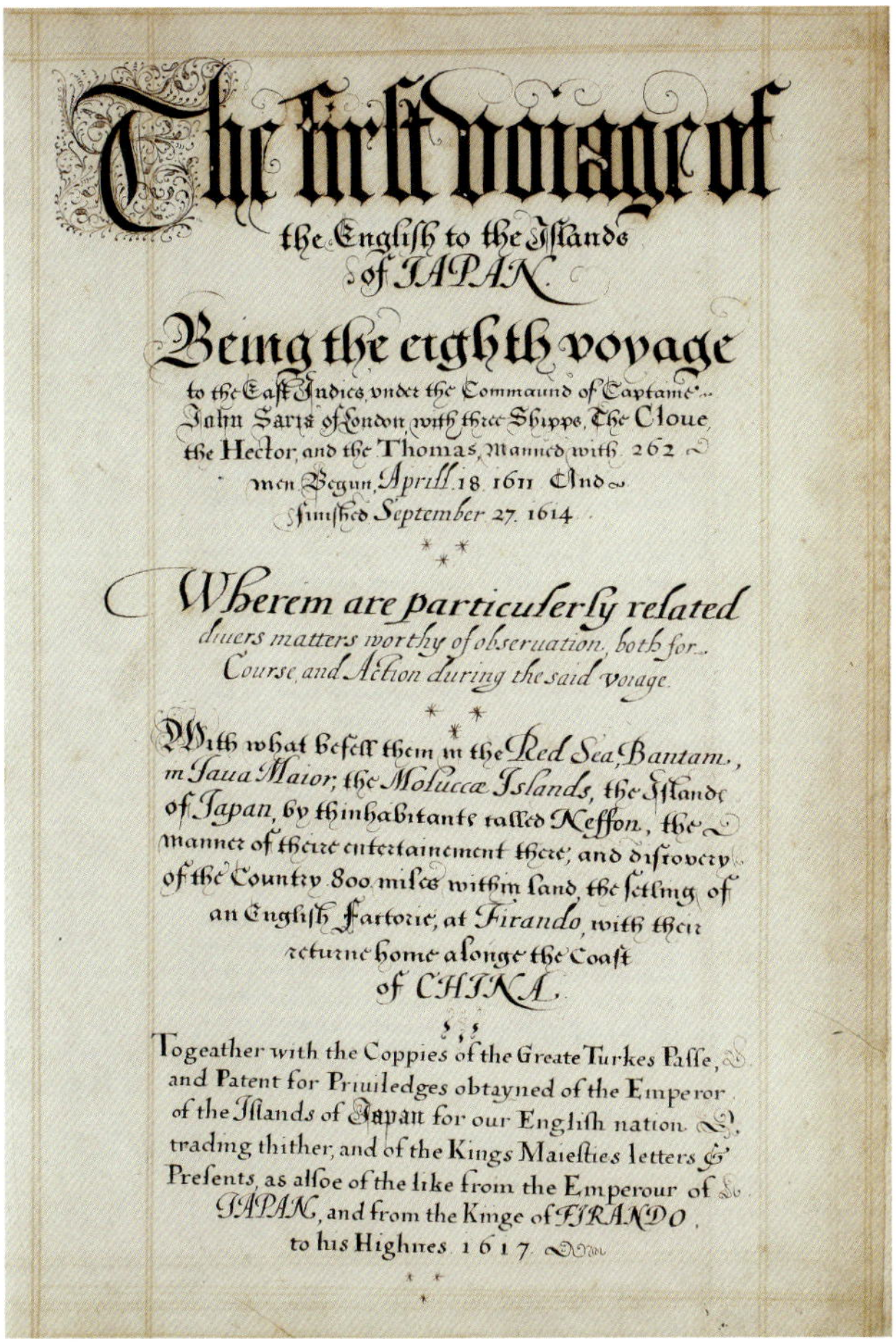
The first voiage of
the English to the Islands
of IAPAN.
Being the eigthth voyage
to the East Indies, vnder the Command of Captaine
John Saris of London, with three Shipps, The Cloue
the Hector, and the Thomas, Manned with 262
men Begun Aprill 18 1611 And
finished September 27. 1614
Wherein are particulerly related
diuers matters worthy of obseruation, both for
Course and Action during the said voyage.
With what befell them in the Red Sea, Bantam,
in Jaua Maior, the Moluccæ Islands, the Islands
of Japan, by th'inhabitants called Neffon, the
manner of theire entertainement there; and discovery
of the Country 800 miles within land, the setling of
an English Factorie, at Firando, with their
returne home alonge the Coast
of CHINA.
Togeather with the Coppies of the Greate Turkes Passe,
and Patent for Priuiledges obtayned of the Emperor
of the Islands of Japan for our English nation
trading thither, and of the Kings Maiesties letters &
Presents, as alsoe of the like from the Emperour of
IAPAN, and from the Kinge of FIRANDO,
to his Highnes 1617

『ジョン・セーリスの航海日誌』
右はセーリスのサイン

1614	1613	1612
高山右近らマニラ・マカオに追放	日英公式交流の開始	
	ロマノフ王朝成立	南インドにマイソール王国成立

支《はせ》倉《くら》常《つね》長《なが》使《し》節《せつ》記《き》

シピオーネ・アマチ著　1617年

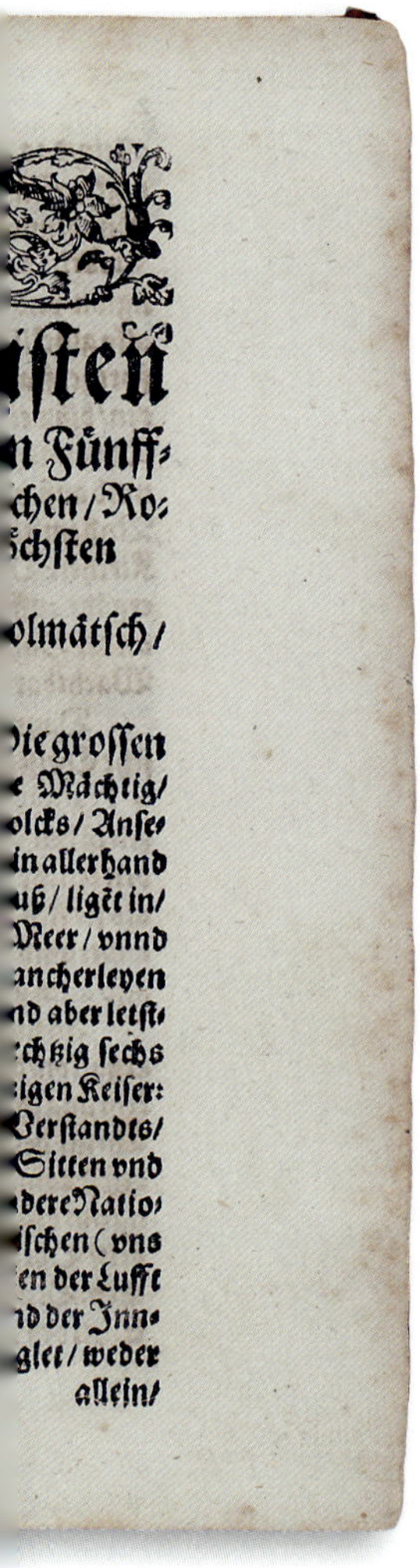

慶長遣欧使節の軌跡

時はまさに大航海時代

日本における16世紀末から17世紀初頭は、政権が織田信長から豊臣秀吉、徳川家康へと目まぐるしく変わっていった激動の時代でした。外に目を向けてみると、世界は大航海時代と呼ばれる時代に入っていました。15世紀後半から16世紀にかけて、近代社会へと移行しつつあったヨーロッパ諸国は、イスラーム世界に対抗するため、キリスト教の布教や海外貿易の拡大などをめざして世界へと進出し、諸地域と広く交流するようになっていました。このとき先頭に立っていたのは、ポルトガルやスペインでした。ポルトガル人やスペイン人は、日本にも来航し、キリスト教の布教活動と一体化した貿易を開始して、多くの珍しい文物や鉄砲をもたらしました。16世紀末になると、スペインから独立したオランダと、毛織物工業の発達したイギリスが台頭し、東インド会社を設立してアジアへの進出をはかっていました。江戸幕府が開かれてまもなく、肥前の平戸にはオランダとイギリスの商館がおかれ、両国との貿易・外交が盛んに行われました。初期の幕府は、スペインとの貿易にも積極的で、スペイン領であるノヴィスパン(現在のメキシコ)との通商を求め、家康は京都の商人・田中勝介を派遣しています。

ローマ法王に謁見したサムライ

このように、世界が日本へ、そして日本の支配者が世界へと目を向けていた時代、同じく初代仙台藩主の伊達政宗(1567~1636)もまた、遠く海外へと熱い視線を向けていました。政宗は、1613(慶長18)年、家臣の支倉常長(1571~1622)を正使として、フランシスコ会宣教師のソテロとともにヨーロッパに派遣しました。のちに慶長遣欧使節と呼ばれるこの一行の主たる目的は、第一に、仙台領内でのキリスト教の布教を許可するので宣教師の派遣を希望すること、第二に、スペイン領のメキシコとの直接貿易を実現させるため、スペイン国王にとりはからってもらいたいというものでした。常長らは、仙台藩内で建造された洋式帆船サン・ファン・バウチスタ号に乗り、政宗がしたためたローマ法王あての親書をたずさえて牡鹿半島月ノ浦から出帆し、メキシコを経てスペインに渡ります。一行は、そこで国王フェリペ3世から王宮で盛大な歓待を受けました。1615年にはローマへ到着、ヴァチカン宮殿で法王パウロ5世に拝謁しています。常長らはローマ市民権を与えられ、貴族に列せられるなど、そこでも温かい歓迎を受けました。

1614　大坂冬の陣

1615　**支倉使節団ローマに到着する**／大坂夏の陣

1616　貿易を平戸・長崎のみとする／後金(清)建国

DON FILIPPO FRANCESCO FAXICVRA
(ドン フィリッポ フランシスコ ハセクラ)

『支倉常長使節記』
イタリア語版の2年後に刊行されたドイツ語版には、書状を手にした和服姿の常長の銅版画が掲載され、そこには常長の紋章や洗礼名であるフランシスコ・フィリッポの文字が見られます。

支倉常長の悲劇

しかしながら、ローマ法王は、宣教師の派遣には同意したものの、通商については保留とし、使節一行は再びスペインにもどされることになりました。常長らは、何とかしてメキシコとの通商開始の使命を果たそうと手を尽くしましたが、おりしも日本ではキリシタン弾圧が本格化しており、外交交渉は成立することなく、やむなく帰路につきました。日本にもどったのは、1620(元和6)年9月。出帆してから七年もの歳月が流れ、そして常長にはキリスト教禁止令という厳しい現実が待っていたのです。

図版にあげた『支倉常長使節記』は、そうした慶長遣欧使節に関する記録をまとめたものです。著者のシピオーネ・アマチは、通訳としてスペインからローマまで使節と行動を共にしました。本文は三一章からなり、使節派遣にいたる経緯や、スペイン国王・ローマ法王との謁見の様子などが詳細に記されています。

政宗の望んだメキシコとの通商を慶長遣欧使節は取り付けることができませんでしたが、当時依然として力を持っていたスペインを相手に経済交渉を挑んだこと、そして使節一行が日欧の文化交流へ果たした役割の大きさなどは記憶に留めておかねばなりません。

1618 ドイツ三十年戦争
1620 メイフラワー号がアメリカ大陸のプリマスに到着

シャー・ジャハーンの肖像

『8〜18世紀ペルシア・インド・トルコのミニアチュール絵画』　F・R・マーティン著　1912年

イスラーム文化圏で発達した細密画芸術

インド＝イスラーム文化が花開いたムガル帝国

　1526年、北インドに一つの帝国が誕生しました。ティムール朝の君主だったバーブル（1483〜1530）がそれまで北インドを支配していたロディー朝を破り、首都であるデリー、アーグラを制圧したのです。彼が中央アジア出身でありモンゴル系の血を引く貴族であったため、モンゴルを意味するペルシア語の「ムグール」の短縮読みである「ムグル」がさらに訛って、「ムガル」帝国と呼ばれました。ムガル帝国は16世紀後半から17世紀末にかけて最盛期をむかえ、インド南端部を除くインド亜大陸のほぼ全域を支配しました。

　第五代皇帝シャー・ジャハーン（在位1628〜58）の時代はインド＝イスラーム文化の最盛期にあたります。イスラーム圏では、偶像崇拝を禁じる宗教的な制約もあり、絵画の中でもとくに人物画はあまり発達しなかったと言われています。そのかわりに、文字を美しく書くアラビア書道などが発展したのです。しかし、イランや中央アジア、インドなどの地域ではモンゴル帝国をへて中国風の画法が取り入れられ、書物の装飾として「細密画（ミニアチュール）」が独自の発展をとげました。ムガル帝国の時代、なかでも16世紀末から17世紀前半にかけて、このミニアチュール絵画は最も発達したと言われています。歴史書の戦争場面の挿絵から始まり、皇帝や貴族の肖像・風景・動植物などさまざまなものが描かれました。本書はその研究書で、口絵には騎馬のシャー・ジャハーンが描かれています。

ムガル帝国の最盛期を築いた王の晩年

　シャー・ジャハーンの時代、ムガル帝国は南のデカン高原に領土を拡大し、安定した収入に恵まれて、豊かな文化が花開きました。この時代が、ムガル帝国の最盛期と評価されるゆえんです。しかし、悲しいことにその治世は、愛妃ムムターズ・マハルとの間に生まれた王子たちによる、王座をめぐる骨肉の争いをへて終わりをむかえました。シャー・ジャハーンは長男のダーラー・シュコーを後継者と考えていましたが、ほかの兄弟たちはこれに納得していなかったのです。最終的に王位継承権を勝ちとった第三王子アウラングゼーブは、兄であるダーラー・シュコーを処刑し、実の父をアーグラ城に幽閉しました。そして「世界を奪った者」を意味する「アーラムギール」を名乗り、皇帝として権力をふるいました。とらわれの身となったシャー・ジャハー

北インド、アーグラに建つタージ・マハル。

1622　元和の大殉教／宇都宮釣り天井事件
1623　イギリス人、平戸商館を閉鎖し退去
1624　オランダが台湾を占領／フランスでリシュリューが執政
1627　シャー・ジャハーンが即位、ムガル帝国が最盛期を迎える

ンは、亡き妻の眠るタージ・マハルの見える部屋で不自由な晩年をしいられ、その没後は愛妃と同じ墓廟に葬られました。

ムムターズ・マハルの本名

シャー・ジャハーンの妃は「ムムターズ・マハル」という名で知られていますが、これは彼女の本名ではありません。「ムムターズ・マハル」とはペルシア語で「宮殿の光」または「宮廷の選ばれし者」を意味する語で、先代の皇帝でシャー・ジャハーンの父であるジャハーンギールが彼女に授けた称号なのです。

彼女の本名はアルジュマンド・バーヌー・ベーガム（ベーグム）といいます。

ちなみにシャー・ジャハーンも本名ではありません。これは「世界の皇帝」を意味する称号であり、彼の本名はフッラムです。

『8〜18世紀ペルシア・インド・トルコのミニアチュール絵画』に描かれたムガル帝国の第5代皇帝、シャー・ジャハーン
36歳という若さで亡くなった愛妃ムムターズ・マハルのために、およそ20年をかけて廟墓タージ・マハルを建設したことで有名です。

西《さい》国《ごく》島《しま》原《ばら》合《かっ》戦《せん》記《き》

江戸時代中期

江戸時代最大の反乱とその背景

禁教と弾圧の時代

豊臣秀吉が天下統一をはたした16世紀末以降、日本ではキリスト教の布教、信仰に対する弾圧が強まっていくばかりでした。1587年にバテレン追放令が発布され、1596年には長崎で26人のカトリック信者が秀吉の命によって処刑されるという痛ましい出来事が起きます（二十六聖人の殉教）。

厳しい禁教政策は、徳川幕府の治世になっても続きました。1612年にキリシタン大名の有馬晴信らが関係する贈収賄事件がおきると、二代将軍秀忠は天下に禁教令、つまりキリスト教禁止令を布告し、全国規模で厳しい取り締まりを行いました。

当時、住民のすべてがキリシタンと言われていた長崎では、1626年に水野守信が奉行に着任して以降、とりわけ苛酷な弾圧が行われました。島原城主・松倉重政は、雲仙地獄における拷問を発案し、棄教・改宗を拒否する信者たちは、高温の蒸気と温泉がはげしく噴出するなかで焼き殺されました。この恐ろしい拷問の様子は、オランダの牧師モンタ

『西国島原合戦記』
最終巻の巻末には、白馬にまたがり仲間とともに前進する天草四郎が描かれています。

天草・島原の乱 1637
1636 ハーヴァード大学創立
参勤交代制 1635 タージ・マハル建設

ヌスの著書『日本誌』に図版入りで紹介され、ヨーロッパに広く伝えられています。

島原・天草の乱

このような背景のもと、有明海を隔てて向かいあう島原半島と天草諸島の民衆たちがついに蜂起しました。これが1637〜38年にかけて勃発した島原天草一揆です。両地域の領主は数年来不作が続いていたにもかかわらず、領民に対して重い収税と労役を課し続けました。また、この地域にはキリシタンが多かったことから、苛酷な拷問によって強制的に信仰を捨てさせる方法に、農民たちの不満と怒りはいよいよ忍耐の限界をこえたのです。

1637年、一六歳の少年、天草四郎こと益田四郎時貞を総大将とした反乱軍は、かつて有馬家の居城であった原城跡に立てこもり幕府軍を迎えうちました。その数は老若男女あわせて約三万七〇〇〇人にものぼったとされます。反乱軍の籠城により三カ月以上に渡ってにらみ合いの状態が続きましたが、幕府軍は反乱軍の武器と食料が尽きかけたタイミングをねらって最後の総攻撃を開始しました。この結果、天草四郎をはじめ、城内の者は女子供を問わずほとんどが殺害され、同地におけるキリスト教信仰は壊滅状態となりました。

オランダ商館の医師として長崎に滞在したシーボルトの著作『日本』に描かれた「絵踏み」の様子
すでに形骸化していた「絵踏み」が正月の行事の一部として紹介されています。

『西国島原合戦記』は18世紀頃の絵本で、三巻にわたって乱の発生から終結までを題材にしています。乱の顚末を題材とした小説が17〜18世紀にかけて多数つくられていることから、この乱が江戸の人々に与えたインパクトの大きさがうかがえます。

キリスト教禁制の強化

島原・天草の乱の後、幕府は1639年にポルトガル船の来航を禁じ、1641年には平戸のオランダ商館を長崎の出島に移すことにより「鎖国」を完成させました。以降もキリスト教の禁制は、江戸時代を通して厳しい取り締まりのもとで施行されます。各地域の中心部や関所には禁教の法令を記した制札が掲げられ、キリストや聖母マリアなどの画像を踏ませることでキリスト教徒ではないことを証明させる「絵踏み」が元キリシタンを対象に頻繁に行われました。

1858年に日米修好通商条約が締結されたことにより絵踏みは廃止されました。73年には、禁教令の制札が明治政府によって撤去され、89年、ついに憲法上で神仏道以外の宗教が認められます。ここに至り、約二五〇年にわたって信仰の自由を厳しく取り締まった禁教令は、ようやく長い歴史に幕をおろしたのです。

1639 ポルトガル船の来航を禁止
1641 オランダ商館を出島に移す

1640 ポルトガルがスペインから独立
1640 イギリスピューリタン革命

国《こく》姓《せん》爺《や》御《ご》前《ぜん》軍《ぐん》談《だん》

近松門左衛門作　西安斎編　1716年（江戸時代）

ぶれない鄭《てい》成《せい》功《こう》、今よみがえる！

清朝誕生

日本が寛永の大飢饉に見舞われていた1640年前後、中国でも異常気象による全国的な飢饉が起き、農民反乱が各地に広がっていました。その最大の勢力が李自成です。1644年3月、李自成が北京を攻略すると、明朝最後の皇帝となった崇禎帝は自殺し、明は滅亡しました。しかし、事態はここから意外な展開を見せます。山海関《さんかいかん》の外で清軍と対峙していた明朝の将軍・呉三桂が、李自成を討つために清と和睦し、山海関を開いて清軍をむかえ入れたのです。これによって、清軍は「仁義の軍を率いて流賊を滅ぼす」という大義名分を得て、北京へ進撃しました。同年5月、清軍は北京を占領、9月、皇帝の即位式を行いました。ここに、清朝が明朝を継ぐ中国の正統王朝であることを明らかにしたのです。1645年には、清朝によってほぼ全土が征服されました。

『国姓爺御前軍談』
千里ヶ竹で虎と格闘する和藤内
『水滸伝』の武松のイメージが投影されているようです。

国姓爺と呼ばれた男

清にとって最大の脅威は、東南沿岸を拠点として日本や東南アジアとの貿易を活発に行っていた鄭氏勢力でした。大規模な船団をひきいる鄭芝龍《しりゅう》とその子の鄭成功は、明の皇族を擁立した南明政権に参加します。鄭成功は、父・芝龍と日本人女性田川マツとの子ですが、のちに功を認められて、明王朝の国姓「朱」を与えられました。彼が、国姓爺と呼ばれるのはそのためです。彼は、東シナ海・南シナ海での交易から得られる潤沢な資金を財政基盤として、一時は長江をさかのぼって南京にまで迫り、海戦に慣れない清軍を悩ませました。また、四回にわたって日本の徳川幕府に手紙を送り、援兵を請います（日本乞師《にほんきっし》）。結局、日本乞師は失敗しましたが、鄭氏の持つ海外とのつながりを恐れた清朝は、海外貿易

田畑永代売買の禁
1643
朝鮮にキリスト教伝来／ルイ14世即位
1644
明滅亡、清が北京に遷都

に依存する鄭成功の財源を断つため、1656年に海禁令を強化します。さらに、福建・広東沿海の住民を二〇キロ以上内地に強制移住させ、沿岸を無人地帯にして鄭氏勢力と住民との接触を断とうとしました。

こうした沿岸封鎖で拠点を奪われた鄭成功は、海外に新たな拠点をつくるべく、台湾へ進攻しました。当時、台湾は、中国本土の港に来航することを許可されていなかった諸外国の船が中国帆船と出会い貿易を行うための絶好の拠点でした。オランダは、1624年、台南の外港安平《あんぺい》を占拠し、城塞を築きました。これがゼーランディア城です。成功はここを包囲し、オランダ勢力を追い払って占領しますが、そのわずか四カ月後の62年、病死します。その後も、鄭氏は台湾を拠点として清朝に対抗しましたが、83年についに降伏します。ここに、清朝による中国全土の統一が完成されたのです。

イメージの中の鄭成功

鄭成功の名は、さまざまなイメージを持って後世に伝えられています。ヨーロッパでは東アジア貿易を牛耳る強力な海賊として、台湾では本土回復をめざす忠臣として、あるいは台湾の開発を促進した「開土王公」として、中国大陸ではオランダを打ち破った民族英雄として伝えられています。

日本における鄭成功のイメージを決定したのは、近松門左衛門が脚色した人形浄瑠璃『国姓爺合戦』です。鄭成功をモデルとする日中混血の和藤内《わとうない》が明の復興のために活躍するさまを描いたこの作品は、1715年に大阪の竹本座で初演されると人気を博し、一七カ月に及ぶ長期の興行となります。歌舞伎の荒事にも影響を与え、それを題材とした文学作品も多く生まれました。その内容はもちろん史実と異なりますが、日本と中国を股に掛けた壮大なストーリーであること、加えて異国の風俗描写の物珍しさもあって、鎖国当時の日本人の興味を引きました。また、かつて受けた恩義を忘れず、最後まで忠誠をつくす主人公和藤内の姿は日本で広く受け入れられました。

東洋文庫所蔵の『国姓爺御前軍談』は、『国姓爺合戦』初演の翌年に出版された作品です。『国姓爺合戦』を浮世草子化したもので、あらすじや設定は原作をほぼ忠実に受けついだ読み物にしています。

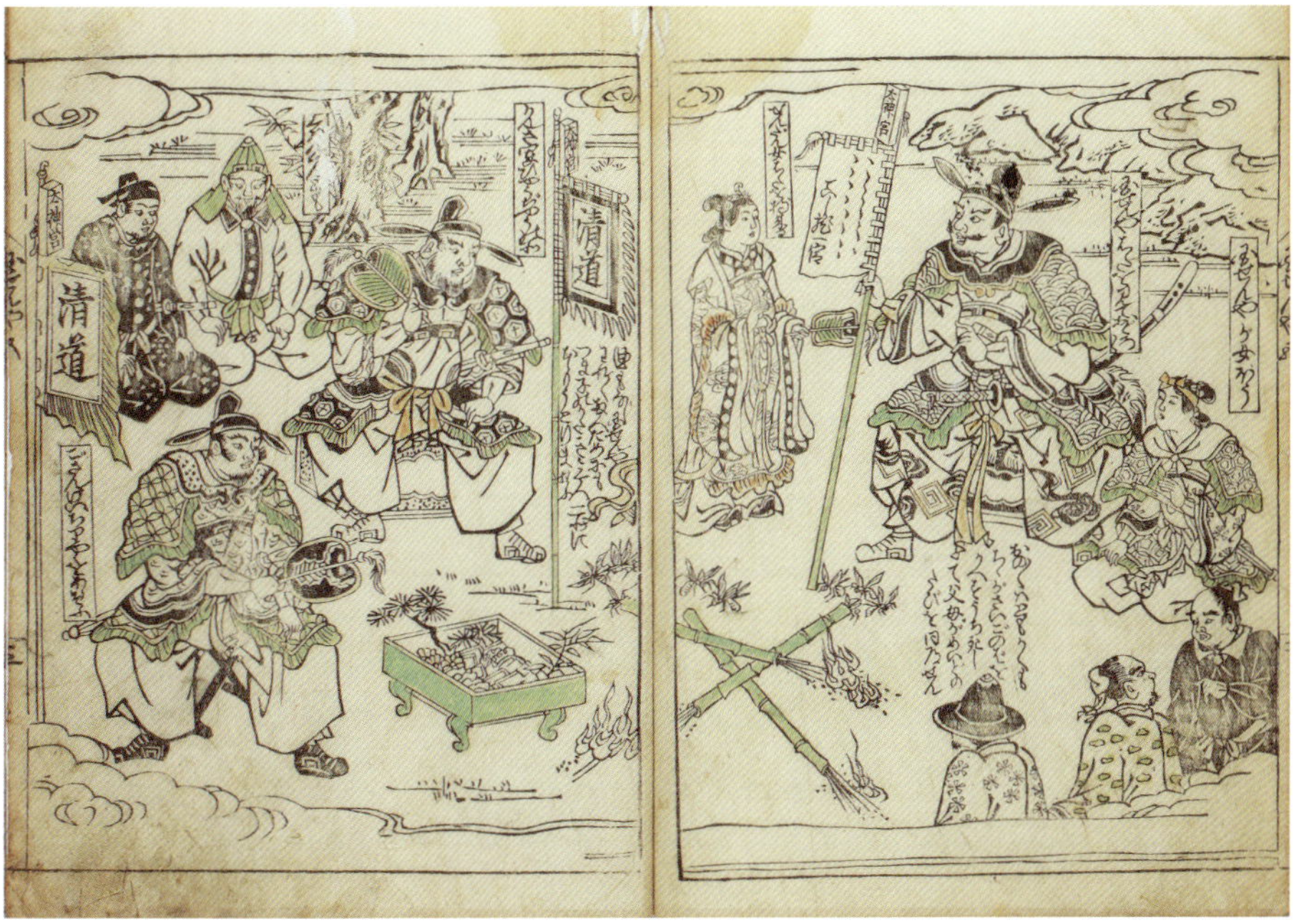

『国姓爺御前軍談』
国姓爺こと和藤内(右)、韃靼王の部下・甘輝(中)、呉三桂(左)が一堂にそろう場面。

江戸幕府、鄭成功の援軍要請を黙殺 1646
宮本武蔵没 1645
清で弁髪令

万里《ばんり》の長城《ちょうじょう》

長大な城壁と北方遊牧民

ジョージ・ヘンリー・ミラー画　1782年

世界に紹介された万里の長城

万里の長城が描かれたこの絵図は、元々、ミラーが1782年に刊行した『地理学の新しく完全かつ真正で普遍的な体系』に収められている挿絵です。

万里の長城とは、紀元前6世紀から16世紀にかけて中国の歴代王朝が北方遊牧民族からの防衛のために建築と修築を繰りかえしてきた城壁です。従来の城壁をつなぎ合わせて中国の北方辺境全体にわたる長城を建設するよう命じた人物として、秦の始皇帝(在位前221～前210)が知られていますが、当時の長城は版築《はんちく》と呼ばれる工法でつくられ、土を盛り突き固めただけのものでした。現在、北京付近の観光地にみられるような煉瓦をもちいた堅牢な長城は、明代(1368～1644)に整備されたものです。

明朝の対北虜政策

明朝の建国当初、北方には元朝の後裔であるモンゴルと、元朝の姻戚であるオイラトの二つの集団があり、モンゴリアの支配をめぐって争っていました。永楽帝(在位1402～24)の時代には、明朝は北方に遠征してモンゴル・オイラトを圧迫しましたが、永楽帝の死後、エセンのひきいるオイラトが勢力をのばしモンゴリアを支配するようになります。1454年、エセンが死亡すると、モンゴリアではエセンに圧迫されて弱体化していた東方モンゴル系の部衆と、指導者を失って分裂したオイラト系の部衆とが群雄割拠の状態となり、互いに争いながら、オルドスに侵入してこれを占領しました。オルドスから内地への北方遊牧民の進入を防ぐため、明は急遽この地域に一二〇〇キロにおよぶ土壁の長城を建設したのです。さらに、その東方の長城にも補修を加え、東は渤海に面した山海関から西は西域の砂漠地帯に近い嘉峪関に至るまで、切れ目のない長城が完成します。

この時期、明に対する北方からの圧迫は一時弱まり、15世紀末から16世紀初には、ダヤン・ハーンが内モンゴルを統一して、明と朝貢貿易を行うなど接触を持っていました。ダヤンの死後、内紛で朝貢貿易が中止されると、その孫で新たに実力を伸ばしてハーンを称したアルタンが、朝貢貿易の再開を求めて毎年のように華北に侵入するようになりました。チ

慶安御触書
1649　イギリスでチャールズ1世処刑され共和政となる、クロムウェルの独裁
1648　ウェストファリア条約締結
1644　明の滅亡

『万里の長城』
明代に整備された長城は、二重になった部分などを入れると、5000km近くに達します。当時の一里が約600mなので、万里という呼称もあながち誇張ではないかもしれません。

ンギス・ハーンの直系子孫と称する彼のもと、モンゴルは再び明を脅かす大勢力となったのです。

その頃、万里の長城の整備にともなって、北辺には九辺鎮と呼ばれる九つの軍管区が置かれ、それぞれ数万の軍隊が駐屯し、軍需物資の徴発に農民は苦しめられていました。そうした農民に加え、邪教として弾圧を受けていた白蓮教徒、待遇に不満を持つ軍人兵士などが、自ら進んで長城をこえ、アルタンの支配下に投ずる漢人が増加しました。例えば、『明実録』1524(嘉靖2)年12月甲子の記事に、一般農民のみならず、北辺防備の軍人たちのなかにも、危険な任務と軍糧の欠乏に不満を唱えて反乱を起こし、懲罰を恐れてモンゴル側についてしまう者も現れたと記されています。明の辺境防備軍の内幕を熟知している逃亡軍人の協力を得ているので、アルタンはやすやすと長城線を突破し、略奪を繰りかえすことができました。1550年には北京にまでいたり、八日間にわたり北京城を包囲しました。

モンゴルのこのような脅威を背景に、明代には長城をより堅固にして烽火台を置くなどの工事が進められましたが、続く清代になると、その支配は長城のはるか北方にまで広がっていたので、長城は無用の長物となりました。

明暦の大火 1657
由井正雪の乱 1651
1652 第1次英蘭戦争
1650頃まで 万里の長城修築

大《だい》清《しん》聖《せい》祖《そ》仁《じん》皇《こう》帝《てい》実《じつ》録《ろく》

1731年

近年の研究で明かされた東洋文庫所蔵本の真実

皇帝の治績記録

実録とは、歴代皇帝の治績の記録を次代の皇帝の治世に編纂した編年体の書物です。内容は、皇帝の詔勅や、臣下からの上奏とその処理が中心ですが、このような朝廷での政務の記録を通じて、当時の対外関係や民間社会に関わるさまざまな出来事を知ることができます。

清朝の実録は、太祖から光緒帝までの一一代あり、光緒帝の実録を除き、漢文のほか満洲語とモンゴル語が併記されています。実録の編纂は、いずれも皇帝の死後まもなく始められ、正・副の鈔本五部（大紅綾本《だいこうりょう》二部、小紅綾本二部、小黄綾本《しょうこうりょう》一部）がつくられました。とりわけ紅色の雲鳳紋綾で装幀された皇史宬《こうしせい》の大紅綾本は、金匱《きんき》（龍紋の浮き彫りのある金銅板を張った楠の箱）に入れられて、大切に保管されました。東洋文庫が所蔵する『大清聖祖仁皇帝実録』（全三〇〇巻のうち巻一五一～一九八、巻二〇二～三〇〇を所蔵）は、皇史宬旧蔵の大紅綾本です。なお、首三巻、巻一～一五〇、巻一九九～二〇一は、北京にある中国第一歴史檔案館《とうあんかん》に所蔵されています。

大清聖祖仁皇帝実録は、中国有数の名君といわれる清朝第四代皇帝康熙帝のもので、第五代皇帝雍正帝の命で編纂され、1731（雍正9）年に完成しました。

名君である康熙帝

康熙帝は、順治帝の第三子として生まれ、1661年に八歳で即位して以来、1722年に逝去するまで、六一年間、帝位にありました。母は漢軍八旗の出身、祖母はモンゴル人なので、彼の中には満・漢・モンゴルの血がともに流れていたことになります。

その人並みはずれた能力と努力によって、康熙帝は清朝による中国統治の基礎を確立しました。即位当初、中国全土統一に大功のあった漢人の呉三桂などの支配する三つの藩が南部に勢力を張っていて、清朝の威令がこの地に及ばない状態でした。そこで1673年以降、撤藩を推し進めますが、三藩の乱をひきおこし、一時は六省を失陥する事態になりました。しかし、81年に乱を鎮圧し、あわせて台湾の鄭氏一族をも降伏させ、名実ともに中国支配を完成させました。外患に対しても積極的に対応します。1689年、黒竜江（アムール川）沿いに南進していたロシアとネルチンスク条約を結び、国境を画定しました。

伊達騒動
1661 / 1660 / 1658
清、康熙帝が即位／ルイ14世の親政開始／鄭成功が台湾を拠点とする
ムガル帝国でアウラングゼーブ帝即位

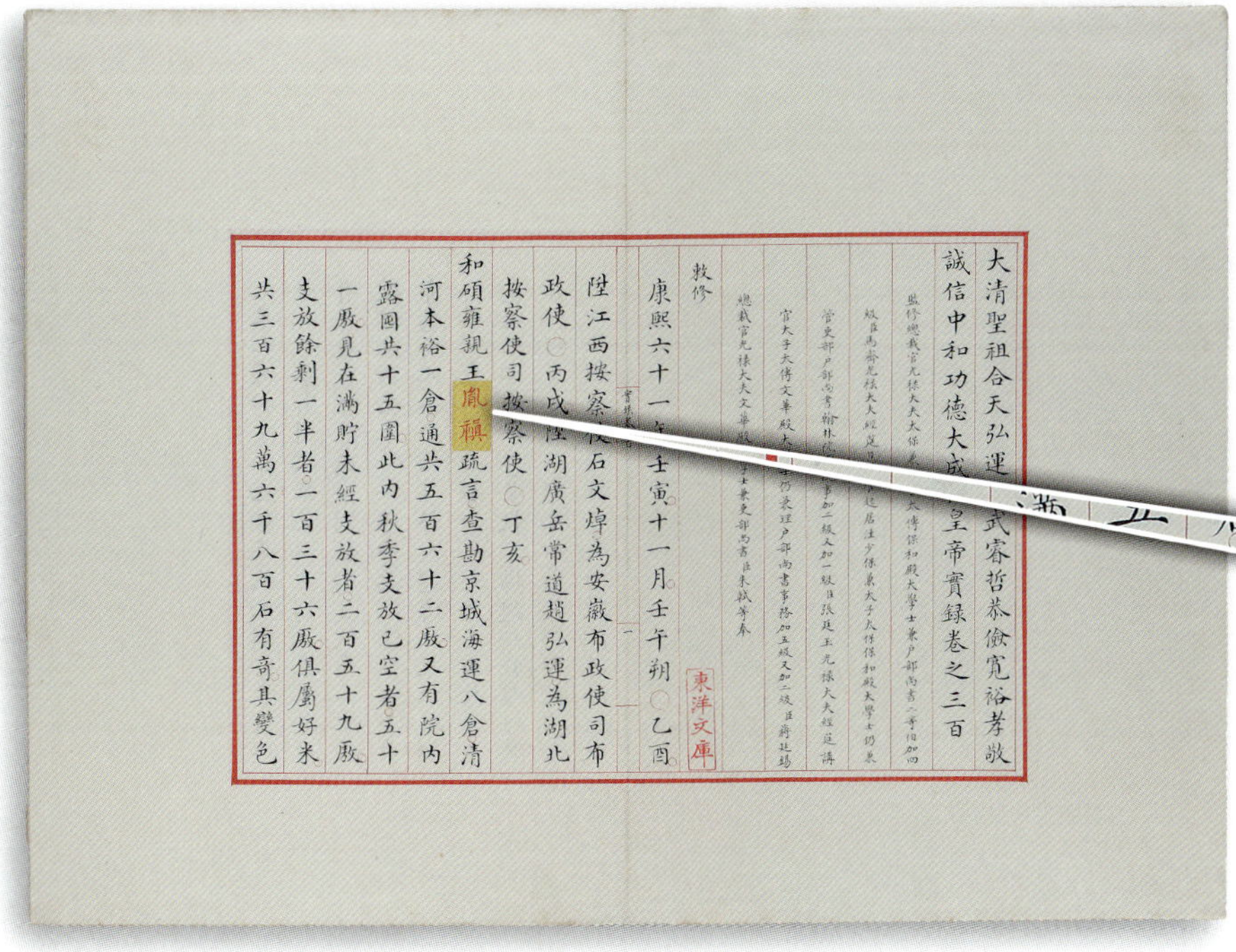

『大清聖祖仁皇帝実録』
雍正帝の本名である「胤禛（いんしん）」が、黄布に朱色で記されていますが、黄布を取り外してみると、そこは2字分空白です。黄布がいつ付けられたのかはわかりませんが、これは忌諱という習わしで、皇帝が存命中、その本名を見たり、記したり、口にしたりすることは恐れ憚られるべきであるとされていました。

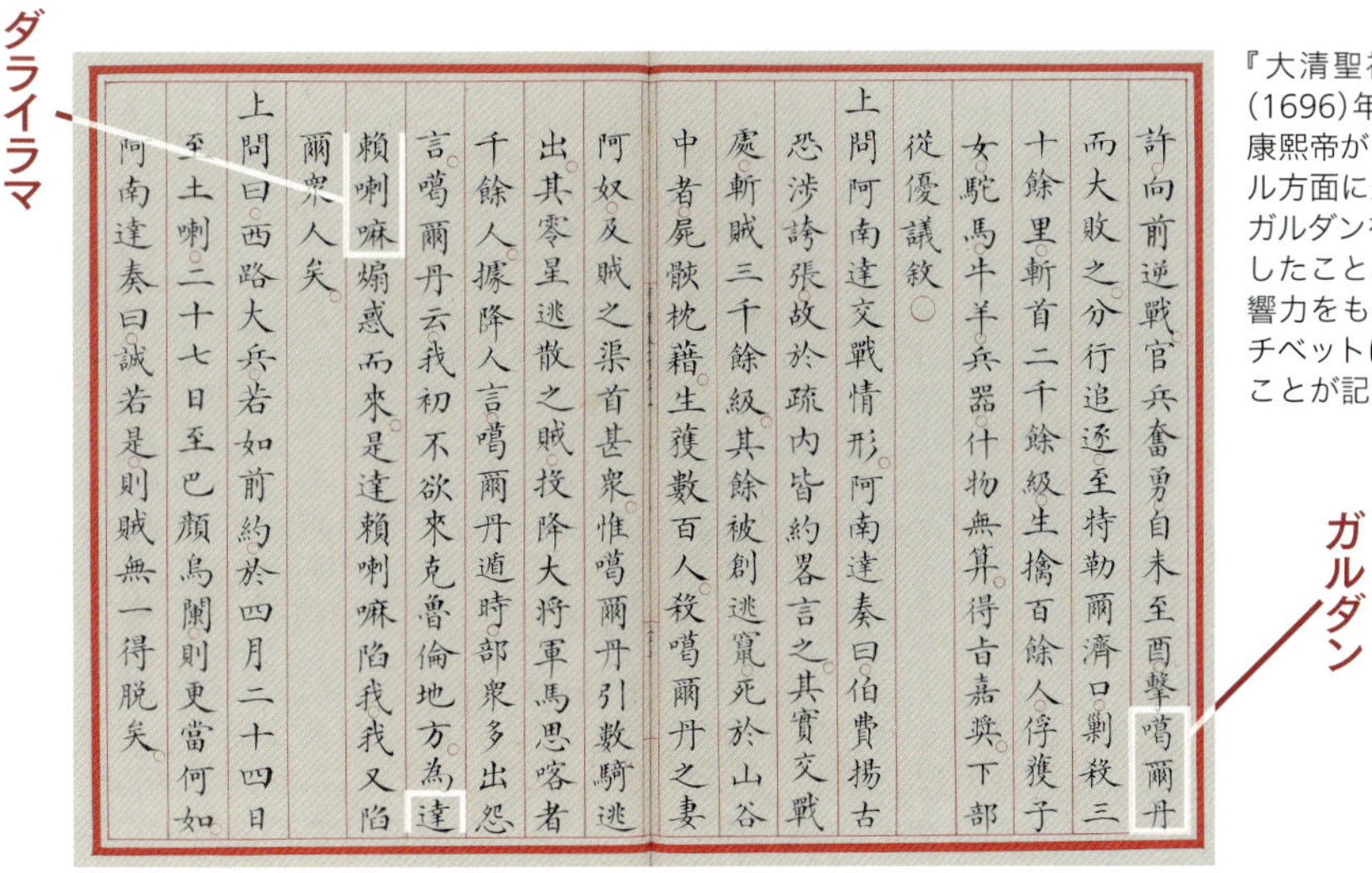

『大清聖祖仁皇帝実録』康熙35（1696）年5月の箇所
康熙帝が自ら軍をひきいてモンゴル方面に遠征し、ジュンガル部のガルダンを破り外モンゴルを支配したこと、モンゴル人に大きな影響力をもつチベット仏教の本拠、チベットに勢力をのばそうとしたことが記されています。

同時に、内政面でも税制の改革、黄河の治水や漕運の整備などを実施しました。１６８４年以後、康熙帝は六回にわたって江南を訪れます。南巡の目的は、こうした政策の成果を視察することに加え、清朝皇帝の存在を江南の人々に印象付け、また巡幸先での減税や祝儀の振る舞い行為により地方の人心を収攬しようとする、一種の清朝の善政宣伝のキャンペーンであったといえます。

多民族国家「清朝」の皇帝は、中国歴代王朝の伝統を継ぐ皇帝であるとともに、満洲人やモンゴル人にとっては、モンゴル帝国のハンの伝統を継ぐ北方遊牧社会の君主でもありました。康熙帝は、平常は北京の紫禁城で政務をとり、夏の数カ月は北京を離れ、北方の猟場や離宮ですごし、狩りなどを行い、北方遊牧社会の君主であることを示しました。特に弓の達人で、自ら強弓を引いて虎や熊をも倒したといいます。康熙帝は、満・漢・モンゴル、どの立場から見ても、まさに非の打ちどころのない皇帝たるべく努力して、実際そうした評価を得ていったのです。

松前藩がシャクシャインの反乱を平定
1669
1667
ステンカ＝ラージンの反乱

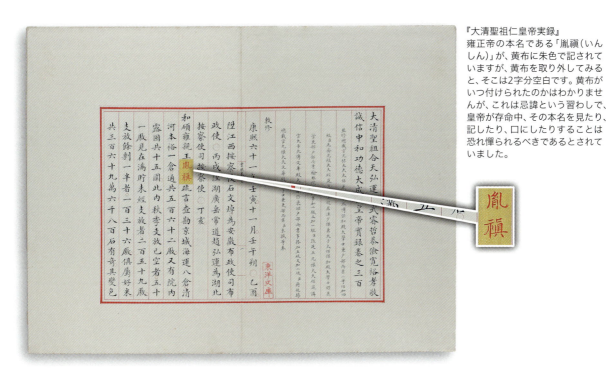

朝《ちょう》鮮《せん》風《ふう》俗《ぞく》図《ず》巻《かん》

19世紀初頭(江戸時代)

江戸時代の一大イベント

朝鮮通信使

朝鮮通信使とは、江戸時代、朝鮮王朝から派遣された国使のことです。豊臣秀吉による朝鮮出兵(文禄・慶長の役)以後途絶えていた日朝間の国交は、徳川家康によって講和が実現し、再開されます。１６０７(慶長12)年に朝鮮使が来日し、１６０９(同14)年には対馬藩主宗氏と朝鮮の間に条約が結ばれ、年に二〇隻の貿易船を出すことになりました。

通信使は１６０７(慶長12)〜１８１１(文化8)年までの約二〇〇年間に、計一二回来日しています。一行の一回の人数は三〇〇〜五〇〇人ほどです。通信使は釜山から海路で対馬に立ちより、瀬戸内海を航行して大坂まで行き、その後は陸路で江戸に向かいました。来日の名目は、初めの三回は文禄・慶長の役の朝鮮人捕虜の返還を目的とした使節でしたが、そのほかは新将軍就任の慶賀が半数を占めていました。

当時の人々の関心

当時の人々にとって、十数年に一度来日する朝鮮通信使はとても珍しく、行列が通る時は、沿道や江戸市中でも見物で大騒ぎになるような一種の娯楽イベントだったのでしょう。幕府・諸藩は、一行のために莫大な費用を使い、厚く待遇していました。通信使のほか書家や画家、楽団なども往来しています。使節の宿舎には多くの文人が集まり、文化交流も盛んに行われ、鎖国中の日本にとって異国と交流する貴重な機会となっていました。通信使の一行の様子などを描いた絵巻や屏風といった絵画作品をはじめ、歌舞伎・浄瑠璃にも通信使を題材にした作品は多く残されていて、当時の日本人が朝鮮通信使に対して興味津々だったことがうかがえます。

通信使一行の風俗を描く

この絵巻は、同じ内容のものがほかにもいくつか確認でき、１８１１(文化8)年の際の通信使を記録したものだということが判っています。この年は、両国の財政悪化のために応接は江戸ではなく対馬で行われ、これが最

オランダ風説書の作成を開始　1675
分地制限令　1673
三藩(呉三桂)の乱

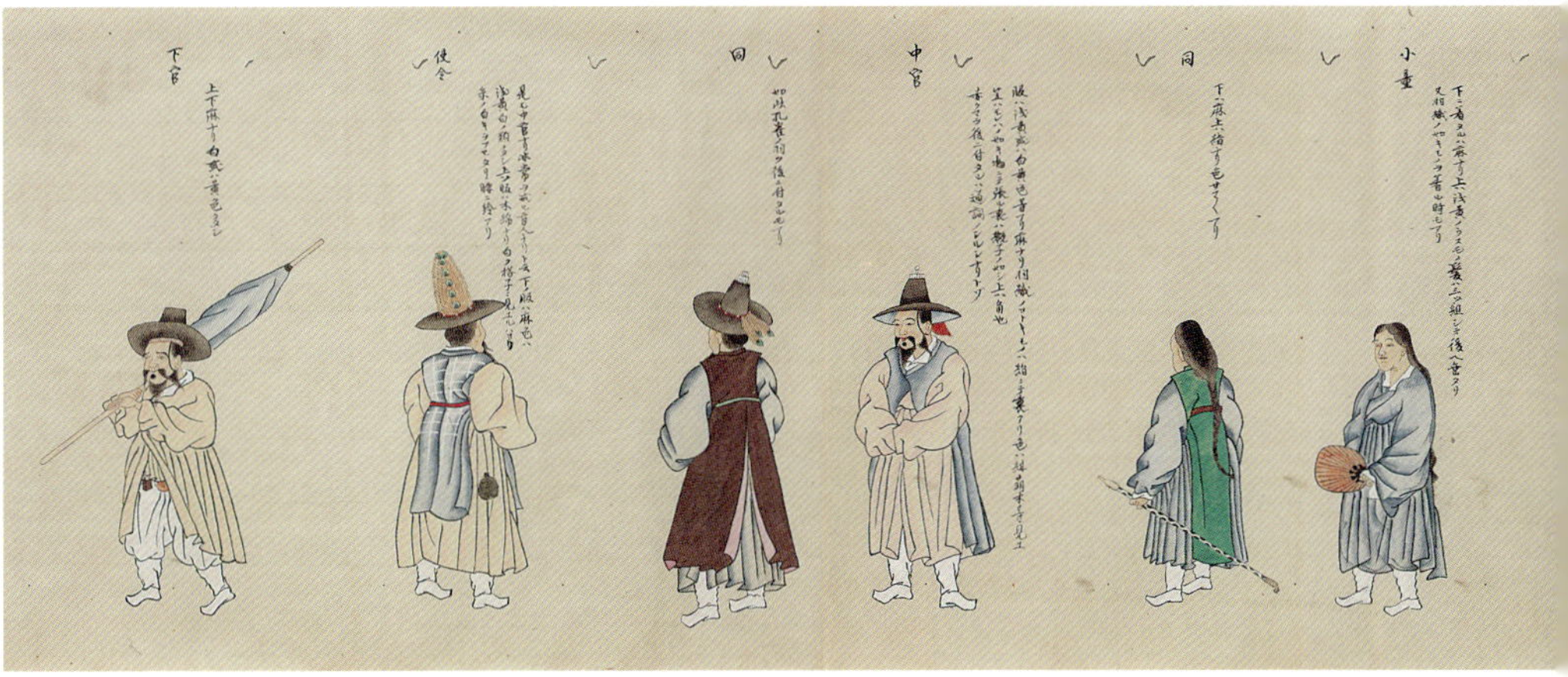

『朝鮮風俗図巻』
朝鮮通信使の正使・副使や上・中・下官の立ち姿、旗・武器・乗り物を詳細に描いた絵巻物です。それぞれに、服の色や生地、旗や乗り物の大きさについての注釈がついています。

後の朝鮮通信使となりました。その際、日本の副使である播磨国龍野藩主脇坂安董《やすただ》に随行した猪飼正穀が描いたと言われています。

また、この絵巻は行列の様子を描くのではなく、赤や緑、藍、紫などの豊かな色彩で通信使一行の風俗を描写し、図鑑的に並べています。細かく見ていくと、人物は両使公服《りょうしこうふく》、上々官《じょうじょうかん》判事《はんじ》官製述官《かんせいじゅつかん》、軍官《ぐんかん》、楽人《がくじん》、小童《こわらべ》、中官、使令、下官の姿が前と後ろから描かれています。つぎに、旗・節鉞《せつえつ》(天子から賜ったまさかり)・鎗刀《そうとう》である刑名旗《けいみょうき》、清道旗《せいどうき》、巡視旗、令旗、纛《とう》、節《せつ》、鉞《えつ》、長鎗《ちょうそう》、偃月刀《えんげつとう》が並べられています。それから、国書《こくしょ》龍亭(国書を乗せた駕籠)、別幅《べっぷく》龍亭、両使《りょうし》屋轎《やきょう》(代表使節の両使を乗せた駕籠)といった乗り物が、その仕組みまで詳しく図解されています。

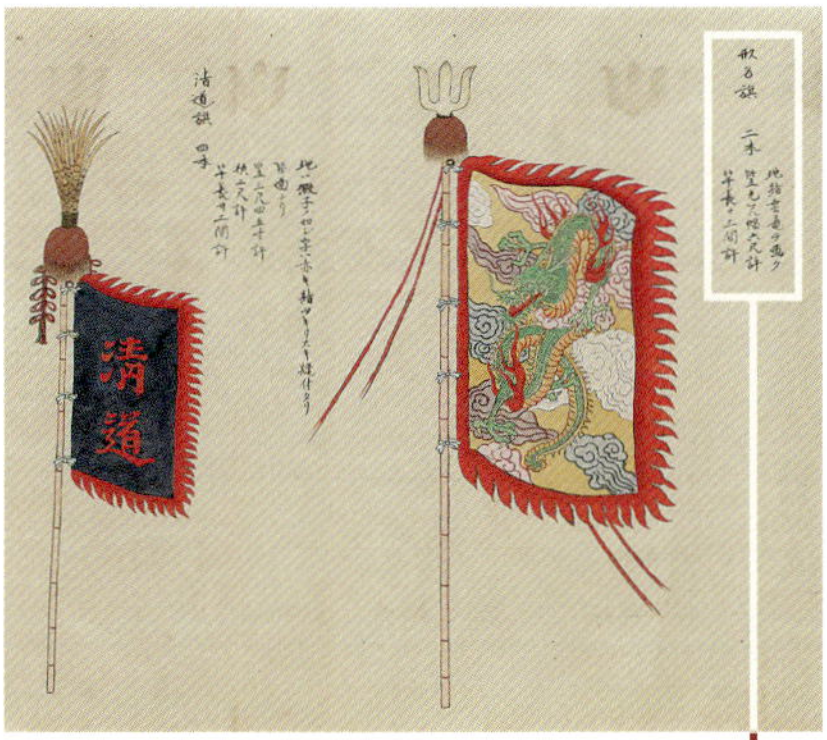

刑名旗
図の横には「刑名旗　二本　地絹雲竜ヲ画ク　竪九尺幅六尺許　竿長サ三間許」と形状などが記されています

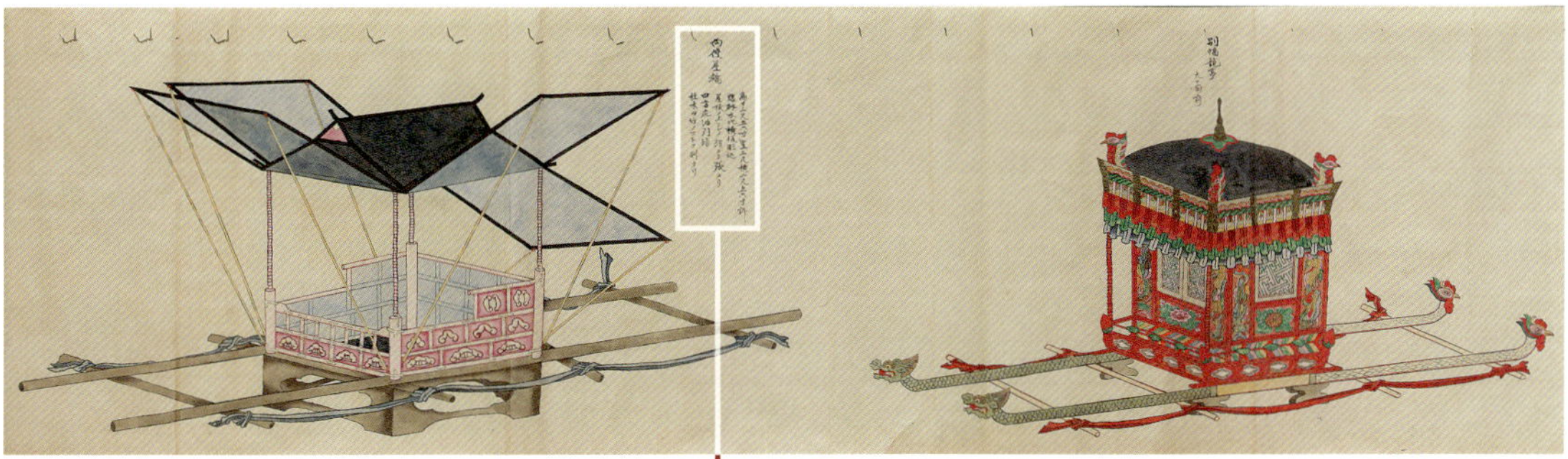

両使屋轎
両使屋轎は、代表使節の両使を乗せた駕籠です。絵の右側には「高サ三尺五六寸竪三尺横二尺五六寸許　惣躰木地横様彫込　屋根ノ上コンノ絹ニテ張タリ　四方庇油引絹　柱木ヲ竹ノコトク刻タリ」と記されています。

生類憐みの令
朝鮮使節団来日

1688 / 1687 / 1683 / 1682

イギリス名誉革命
朝鮮に老論・少論起こる
ロシアでピョートル1世即位

日本誌《にほんし》

ドイツ人医師が伝えた「日本」が世界的ベストセラーに

エンゲルベルト・ケンペル著　1728年

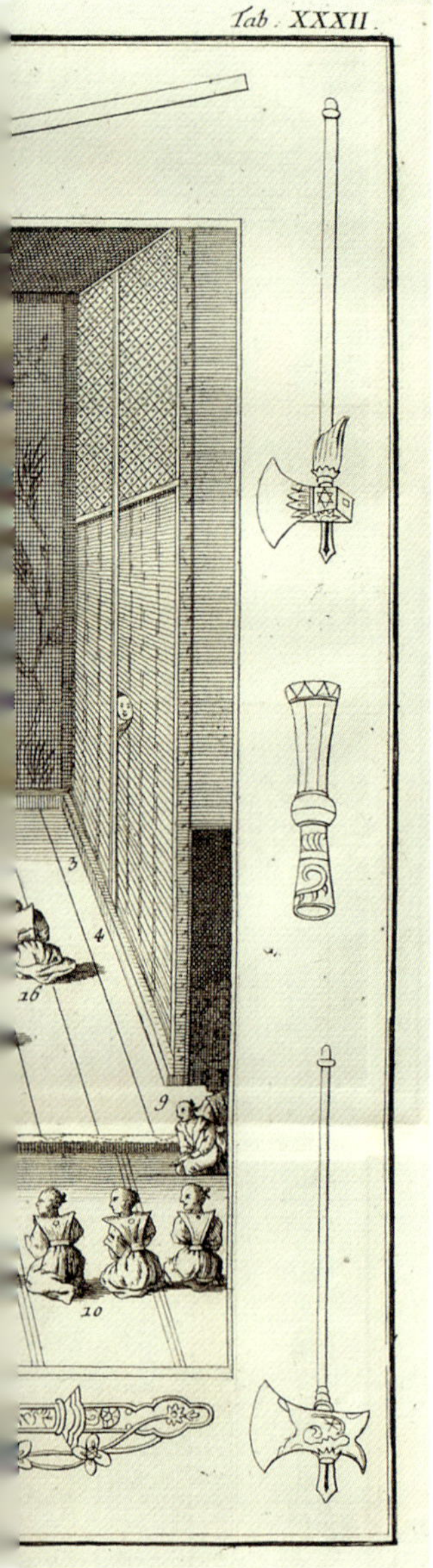

日本の情報を収集、ヨーロッパに紹介

著者ケンペル(1651〜1716)はドイツ北部の地方都市レムゴーに牧師の息子として生まれたドイツ人で、植物学者、医師であり、旅行家でもありました。スウェーデン大使とともにペルシアにおもむき、医師としてオランダ東インド会社に入り、ベンガル、ジャワ、スマトラ、日本に至り、江戸に参府し、帰国して本書を著しました。日本の政治・外交・貿易・歴史・宗教・自然・地理・動植物などについて広い範囲にわたり研究紹介されている本書は、日本をヨーロッパに紹介する上で大きな役割を担いました。

オランダ商館の医師として

1630年代以降鎖国していた日本との貿易を独占していたオランダは、長崎の出島にオランダ東インド会社の支店をかまえました。いわゆるオランダ商館です。ケンペルはその商館の医師の一人として来日し、将軍に拝謁するため毎年一度江戸に出向かなければならない商館の長に随行し、1691、92(元禄4、5)年の二度参府しました。ケンペルは長崎から大阪、京都を経て江戸に向かいます。日本と日本人を観察する良い機会となった旅の様子はこの書物に記録され、五代将軍徳川綱吉に謁見した時の模様を描いた挿図もあります。その際にケンペルは将軍から病気や薬について尋ねられたほか、ダンスや歌の披露を求められたという記録が残っています。大広間などごくわずかな日本人にしか見ることが許されなかった光景を詳細に書き残したという点でも、ケンペルの絵と文章は貴重な価値を持っていたことがうかがえます。

没後に出版、各国語訳も

その後、1695年にケンペルはヨーロッパへもどり、医師として仕事を続けるかたわら、膨大な収集資料の整理と著述を行い、自筆のノートやスケッチなどをもとにして『日本誌』の編集に着手しましたが、1716年に六五歳で生涯を閉じ、本書は没後に出版されました。各国語訳本も作られ、日本に関する基本文献として長く読まれました。読者には、後に来日したシーボルトのほか、啓蒙思想家のカント、ヴォ

松尾芭蕉、『奥の細道』の旅に出発
1689
イギリス権利宣言・権利章典／清とロシア、ネルチンスク条約を結ぶ

ケンペル、オランダ商館医に着任／昌平坂学問所創設
1690
『大清会典』成る

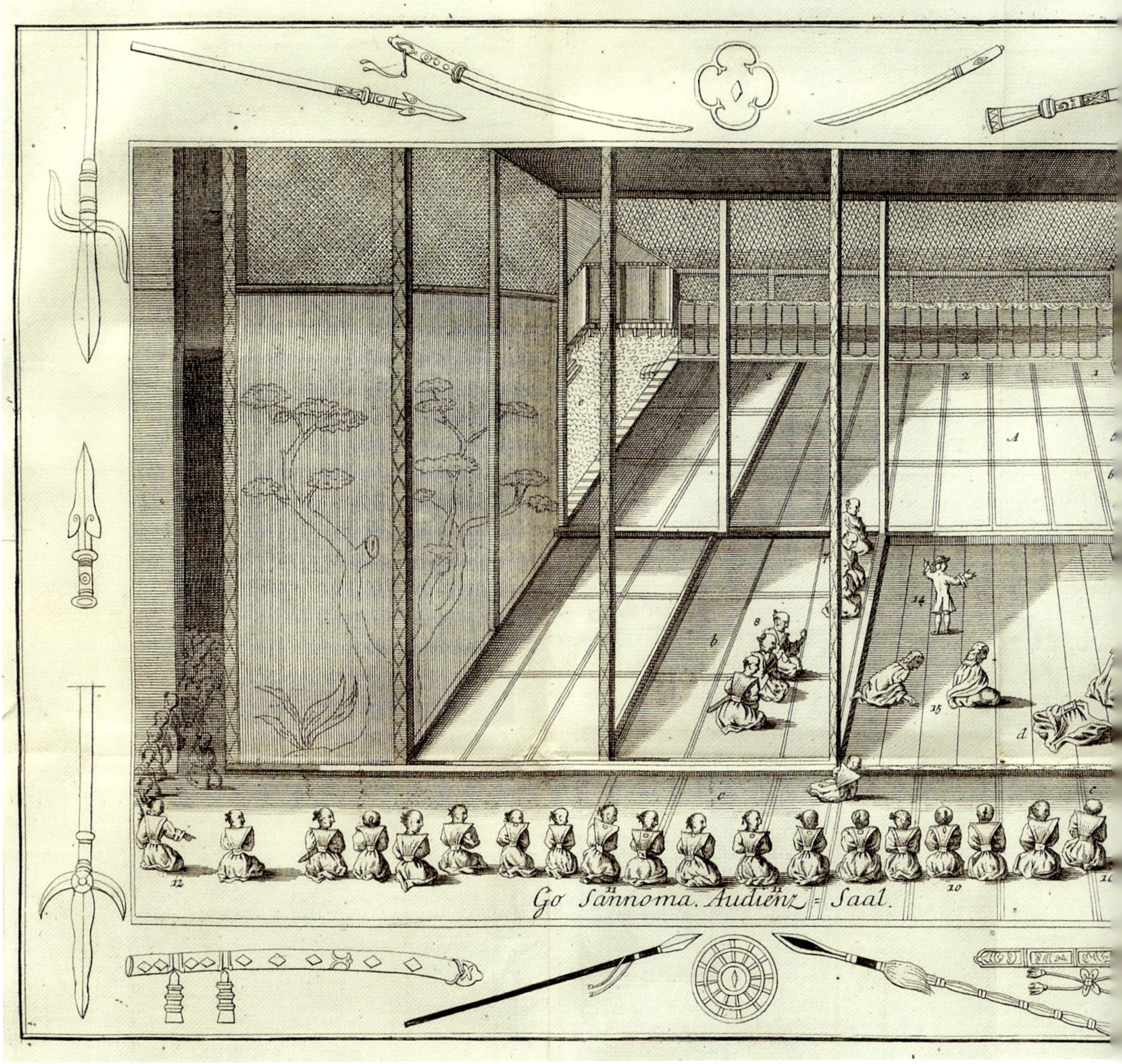

『日本誌』より「江戸城内大広間将軍謁見図」
幕臣が横一列に座して控える中を、広間の隅に洋装の四人の異人が伺候し、一人は立って歌を披露しています。記事によると、将軍が異国の歌謡や舞踏の実演を要求したため、これに応じたということです。

ルテール、モンテスキュー、作家のゲーテ、さらには、幕末に来航し開国を迫ったペリーなどがいたとされます。また、1801(享和元)年に長崎の蘭学者、志筑忠雄がオランダ語版から翻訳し、日本でも広く読まれました。ケンペルは幕府の外交政策をおおむね肯定しており、志筑がこの該当箇所を「鎖国論」として訳出したために、「鎖国」と言う言葉がしだいに定着するようになったと言われています。

本書は、各国語に翻訳されており、東洋文庫では、ロンドン版(1728)のほか、ライデン版(1777、79)・ハーグ版(1729、1732)・アムステルダム版(1733、1758)などを所蔵しています。

改《かい》撰《せん》江《え》戸《ど》大《おお》絵《え》図《ず》

江戸の町並みを正確に写した画期的な地図

遠近道印作　1701年(江戸時代)

「寛文五枚図」

桃山文化の風情を残す絢爛豪華な初期の江戸の町は、1657(明暦3)年におこった大火によって灰燼に帰しました。都市部の約六割が焼失、町のシンボル江戸城も燃え、死者一〇万人をこえる大惨事となりました。

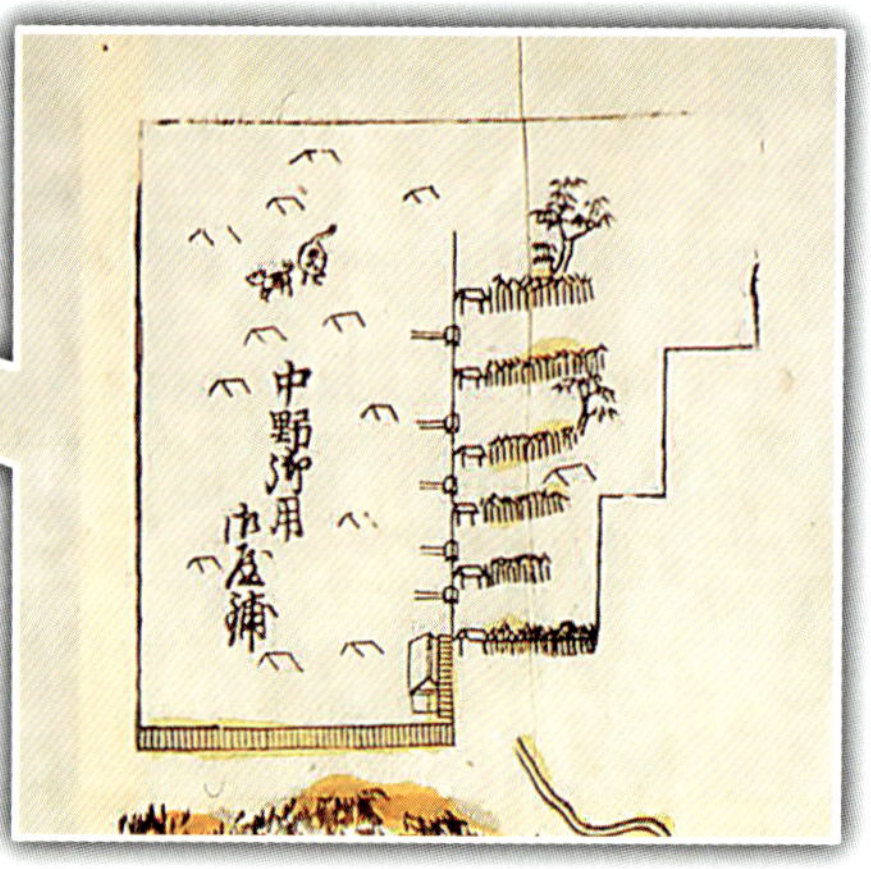

『改撰江戸大絵図』
綱吉が犬の保護を目的に武蔵中野(現在の東京都中野区)に建てた犬小屋が「中野御用御屋舗」として2匹の犬とともに描かれています。そこにはおよそ10万匹の野犬が飼育されていたと言われています。

幕府は大火後、町の再建にあたって、江戸市街の地図(江戸図)の制作を大目付・北条氏長に命じています。氏長は江戸市街とその周辺の実測を行い、一分を五間の縮尺(三二五〇分の一)とした地図を制作しました。その後、それに基づいて、江戸前期の絵図師・測量家である遠近道印(1628〜90)は、幕府の許可を得て独自の調査データを加えた大型の地図を制作しました。経師屋加兵衛より1670(寛文10)年から73(同13)年にかけて出版されたこの地図は、江戸全体が五枚に分けて描かれていることから、「寛文五枚図」と呼ばれています。縮尺・方位とも正確で、その後の江戸図の模範となって毎年のように何回も改訂出版されるほど画期的なものでした。

よりコンパクトになった江戸の地図

さらに道印は、「寛文五枚図」が大型図五枚であるという日用上の不便を考慮して、六五〇〇分の一に縮尺して一枚にまとめた絵図も幕府の許可を得て制作しています。これは、板屋弥兵衛から1689(元禄2)年2月に「改撰江戸大絵図」として出版されました。当時大変な人気を誇ったようで、二〇年間にわかっているだけでも一六回再版されています。左の図版にあげたのは、そのうち1701(元禄14)年5月に出版されたものです。江戸城を中心に、西を上として江戸全体を空中から見下ろすようにして描かれています。当初江戸の町数は約三〇〇町ほどでしたが、この図が出版された元禄期には約八〇〇町にまで増加したといわれています。また、その当時は、徳川綱吉(在職1680〜1709)が五代将軍として政権を握っていた時代でした。綱吉は、仏教保護政策として「護国寺」を現在地に創建するなど寺社の造営を行ったほか、生類愛護の触書「生類憐みの令」を出し、1685(貞享2)年以降二〇年あまりにわたって生類すべての殺生を禁止しました。

江戸時代前期の「伊能忠敬」、遠近道印

地図制作者の遠近道印という何とも変わった名前は、「遠近の道しるべ」という意味の筆名で、のちに富山藩の御抱え医師となった藤井半知と同一人物ではないかと言われています。道印は、前述の「寛文五枚図」や『改撰

江戸大絵図』のほかにも、1690(元禄3)年に東海道の正確な地図『東海道分間絵図』を浮世絵師・菱川師宣とともに著すなど、西洋流の高度な測量技術と地図作製技術を駆使して、すぐれた地図を複数手掛けました。専門的な測量術を身につけた人物としては、道印が初めて出版用の完成度の高い絵図を制作したとされています。元禄時代(1688〜1704)を過ぎると、江戸の地図の中には観光名所をわざと誇張して表示するなど、縮尺を重視しないビジュアル的なものが多く見られるようになりましたが、そのような中で、道印は正確な地図を出版することを重視し、測量家としてのこだわりを持ち続けました。道印は、江戸時代後期に日本全図を作った伊能忠敬に先んじて、市街の様子を詳細にかつ正確に伝える地図を刊行し、高度な測量術の重要性を広く社会に認識させる下地をつくったのでした。

赤穂浪士の討ち入り　元禄時代
1702　1701　1699
スペイン継承戦争・プロイセン王国成立／エール大学創立　清がイギリスの広東貿易を許可

ロビンソン・クルーソー漂流記《ひょうりゅうき》

ダニエル・デフォー著　1719年

世界一有名な漂流者

初版に近い東洋文庫所蔵本

ここで紹介する『ロビンソン・クルーソー漂流記』は、イギリスの作家ダニエル・デフォーによって創作された有名な冒険譚です。イギリス出身でブラジルにわたり農園を営んでいた主人公のロビンソン・クルーソーが、奴隷をもとめてアフリカ大陸ギニアへ向かった航海上で遭難した時の記録として物語は進みます。ロビンソンが漂着した無人島は、当時は航海の難所とされていた、アマゾン川支流のオリノコ川の河口付近、南米ベネズエラ沖の大西洋上にあったとされています。

東洋文庫が所蔵しているのは、初版本と同じ年に出版された第四版で、口絵にはロビンソン・クルーソーとおぼしき人物が描かれています。この小説が創作であり、登場人物も架空の人物であることは今日では周知の事実ですが、中表紙には「ロビンソン・クルーソー自身による著」と書かれており、発表当時には実際の冒険記録であるかのような体裁がとられていたことがわかります。そしてその著者記載の上に正式なタイトルが書かれています。

ロビンソン・クルーソーのモデル

ロビンソン・クルーソーは架空の人物ですが、実在のモデルがいたとされています。１７０４年から四年と四カ月の間、チリの沖合にあるファン・フェルナンデス諸島に属するマス・ア・ティエラ島という無人島で生活した、スコットランド出身の航海士、アレキサンダー・セルカークです。彼の苦難についての記事が、１７１３年12月１日付けの「The Englishman」という新聞に掲載されました。セルカークはマス・ア・ティエラ島に停泊した際に、船がこれ以上航海に耐えられないのではないかという心配から乗組員と対立し、ひとり島に残されることになりました。彼がその時持っていたのは、マスケット銃、火薬、ナイフ、大工道具、聖書だけだったといいます。セルカークはほかの水夫たちによって持

『ロビンソン・クルーソー』1巻に収録されている地図

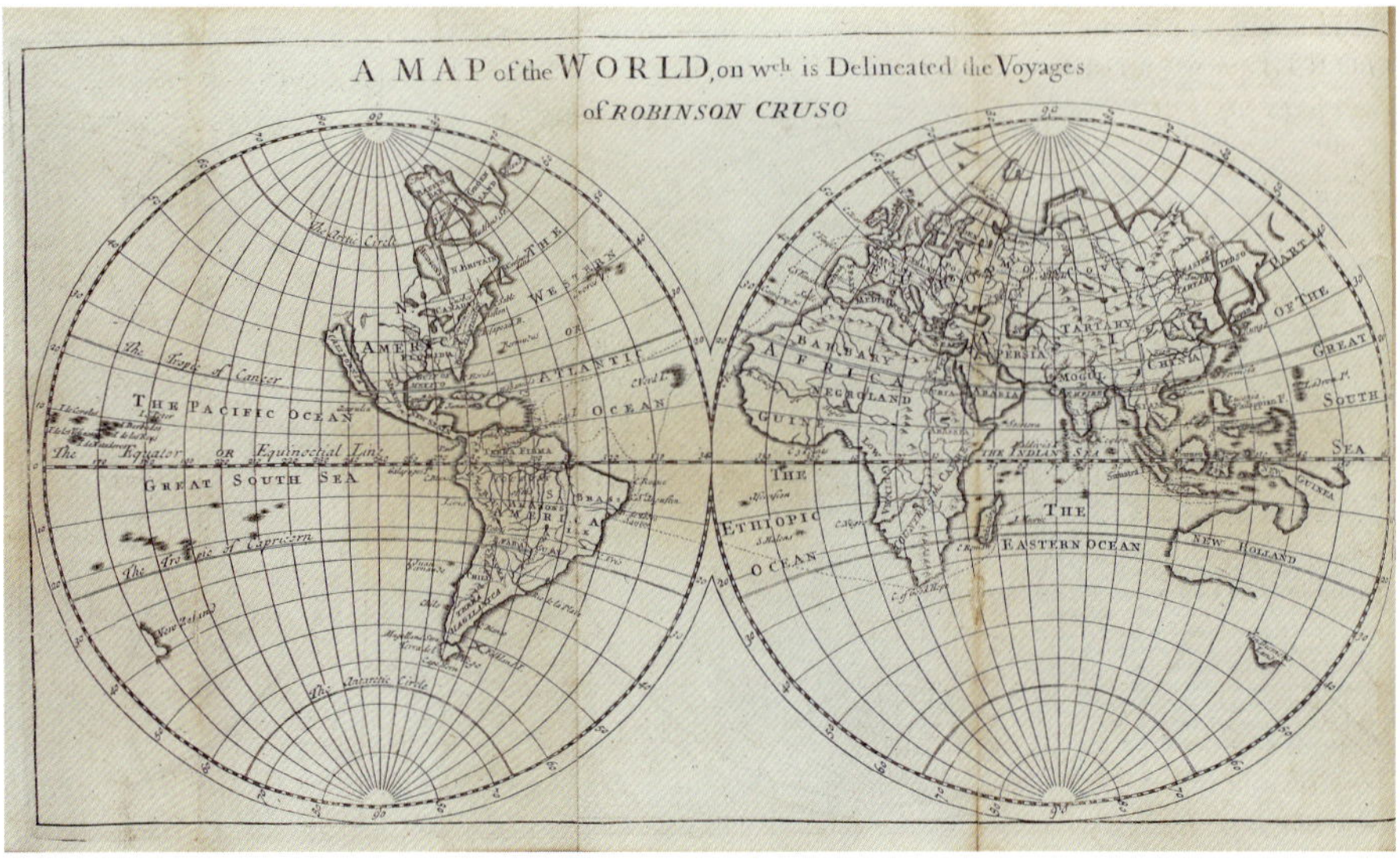

浅間山が噴火

1706　1704　1703

ロシア、カムチャツカ領有

ペテルブルク建設

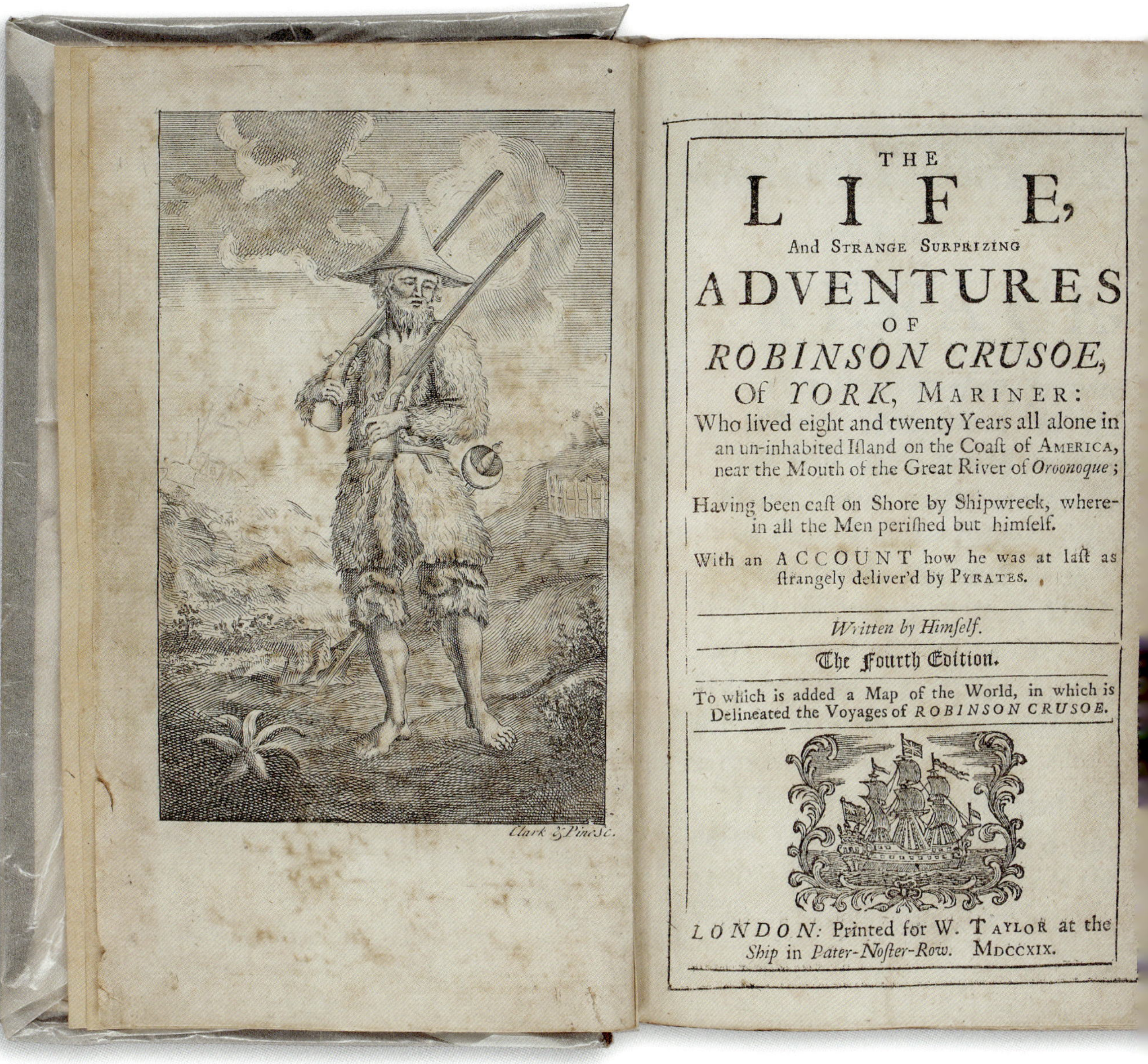

『ロビンソン・クルーソー漂流記』
この書籍の正式なタイトルは『彼以外の全員が犠牲になった難破で岸辺に投げ出され、アメリカ沿岸のオルーノクという大河の河口付近の無人島で28年間もただ一人で暮らし、ついには奇跡的に海賊に助けられたヨーク出身の船乗り、ロビンソン・クルーソーの生涯と奇しくも驚くべき冒険』というたいへん長いものです。

ちこまれ野性化したヤギを捕まえたり、野生のカブなどを採取したりして生きのび、その後1709年2月2日に救出されました。一方、彼を島におきざりにして出航した船は、その後多くの乗組員とともに海に沈んだのでした。

現在ではこのマス・ア・ティエラ島はロビンソン・クルーソー島と改名され、およそ六〇〇人が生活しています。セルカークが実際にどのように暮らしたのかはこれまで全くわかっていませんでしたが、2000年前後に行われた調査により、セルカークが生活した時期と同じ年代に比定される焚き火や柱の跡が発見されました。またセルカークも使ったであろう、当時の航海器具の一部も見つかっています。

宣教師シドッチが屋久島に漂着

18c初 ヴェルサイユ宮殿建設

1709 **セルカーク、無人島から救出される**

1707 グレート・ブリテン王国成立

西洋紀聞《せいようきぶん》と蝦夷志《えぞし》

『西洋紀聞』1715年頃／『蝦夷志』1720年頃　新井白石著（江戸時代）

新井白石が築いた洋学興隆の礎

正徳の治

　江戸時代中期の儒学者・新井白石は、正徳年間（1711〜16）を中心に、六代将軍家宣《いえのぶ》と七代将軍家継のもとで幕政を主導したことで知られています。儒教道徳に基づく文治政治を理想として、儀式典礼などを整備していったこの政治は、一般に「正徳の治」と呼ばれます。家宣は、自らの儒学の師でもあった白石を登用して政治の刷新をはかろうとしましたが在職わずか三年ほどで死去し、後を継いだ家継《いえつぐ》もまだ三歳と幼かったことから、白石は実質的に幕政を動かす重要な地位にありました。

　白石は、将軍職の権威を高めるために、家継と二歳の皇女との婚約をとりまとめたり、三家しかなかった宮家を増やしたりすることで、天皇家との結びつきを強めました。また、朝鮮通信使が家宣の将軍就任の慶賀を目的に来日した際に、これまでの待遇が手厚すぎたとして簡素化したり、朝鮮から日本あての国書に「大君」という将軍の称号が用いられていたのを、より地位の高い「国王」に改めさせるなどして、将軍の地位を明確にしていきました。

学者・新井白石の功績

　このほか白石は、『読史余論《とくしよろん》』などの歴史研究や、これから紹介する『西洋紀聞』などの洋学の先駆的業績でも有名です。『西洋紀聞』は、イタリア人宣教師ジョヴァンニ・シドッチから聴取した事柄をまとめたもので、鎖国当時の海外事情が詳細に記されています。

　1708（宝永5）年、ローマ教皇庁の司祭であったシドッチはキリスト教布教のため日本に密航しますが、ほどなく幕府に見つかってしまいます。屋久島で捕えられた後にまず長崎へ、そして江戸へと護送され、小石川のキリシタン屋敷に幽閉されました。白石は、幕政に携わるようになってすぐの1709（宝永6）年に、江戸で四度にわたってシドッチの取調べを行っています。その中で、当時の西洋事情や科学技術等についての豊富な知識を得ることになりました。この情報をもとに、白石は、江戸に参府したオランダ商館長からも

『西洋紀聞』1807年頃写
シドッチが所持していたキリスト教の祭具について説明している箇所です。白石はキリスト教を否定する一方で、ヨーロッパの技術や知識が優れたものであることを認めています。

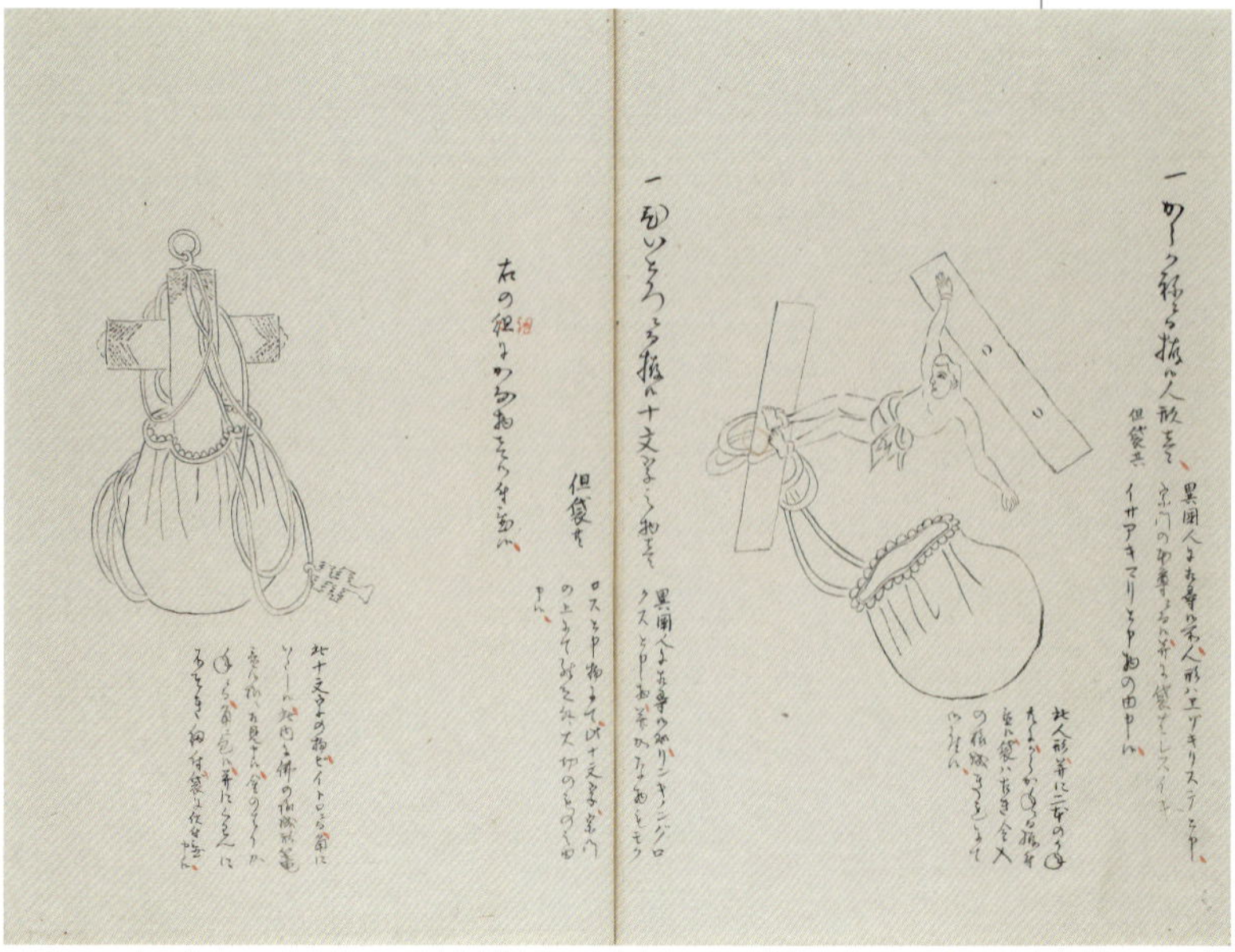

近松門左衛門『冥途の飛脚』初演　　新井白石の政治（〜16年）／新井白石、シドッチを訊問

1711　1710　1709

インドでシク教徒の反乱／ニューコメンの蒸気機関

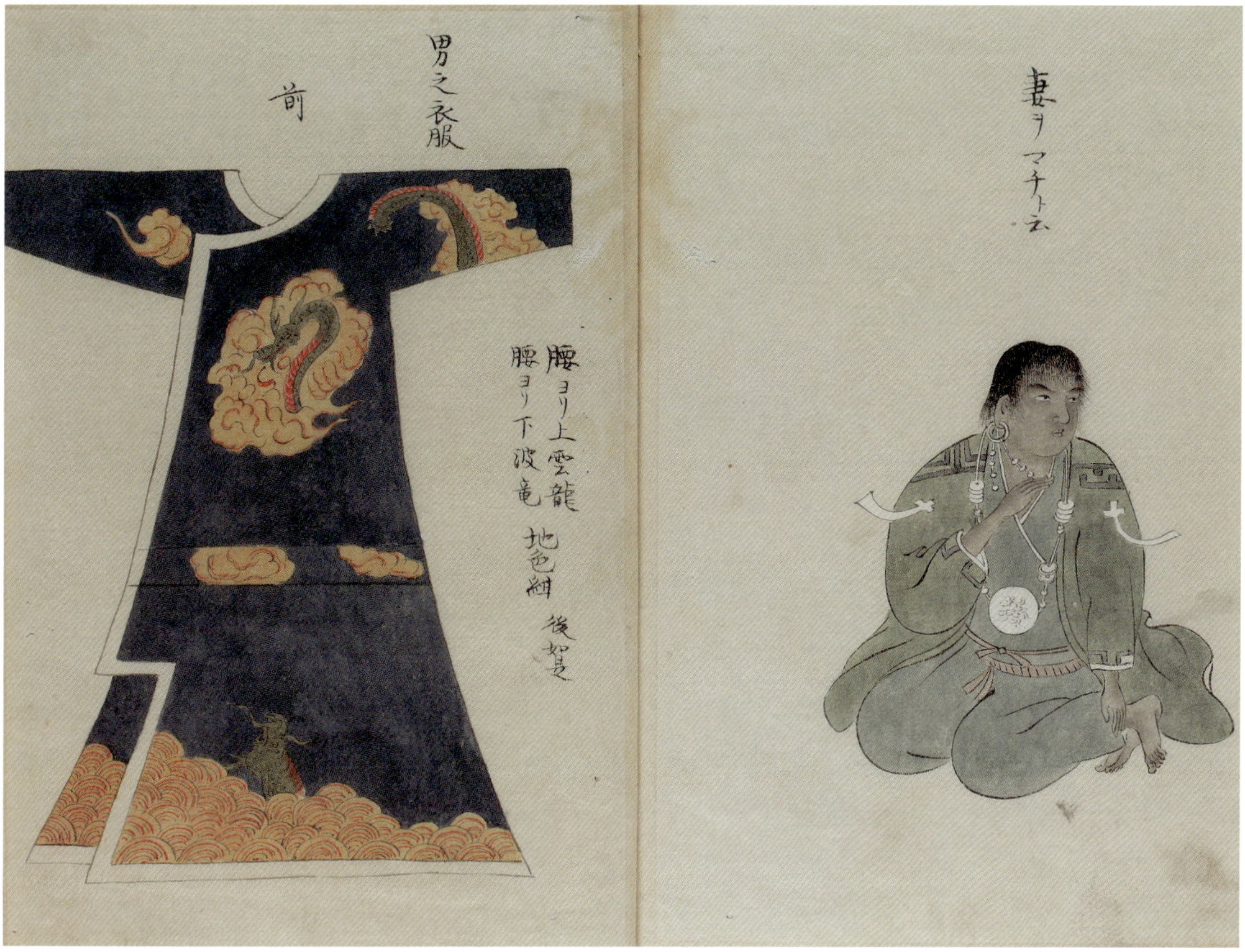

『蝦夷志』
白石は『蝦夷志』の中で蝦夷地を「蝦夷（北海道）」、「北蝦夷（樺太）」、「東北蝦夷（千島）」に分けて、各地の地理情報や先住民族であるアイヌの生活・社会状況などを説明しています。

話を聞くことで、内容の正確性を高め、『西洋紀聞』を著しました。

全三巻のうち、上巻にはシドッチの日本潜入と取調べ記事、中巻には当時の海外の地理・政治・風俗・物産、国際関係、下巻にはキリスト教に関する事柄が記されています。東洋文庫所蔵本はこの三巻が一冊にまとめられています。

本書が完成したのは1715（正徳5）年頃ですが、キリスト教は国禁であったため幕府内の関係者しか閲覧できず、新井家に秘蔵されていました。幕府に献上された1793（寛政5）年以降になって、写本が次第に知識人の間に広まり、洋学興隆の礎を築きました。

この著作のほかにも、東洋文庫には、白石による蝦夷地に関する先駆的著作の『蝦夷志』が収蔵されています。執筆にあたって白石は、中国の歴史書や、蝦夷を支配していた松前藩が幕府に提出した調書を参考にしたといわれています。蝦夷地周辺の豊かな資源を目的とした諸外国の進出が始まる江戸時代において、本書は蝦夷研究の基礎となりました。

西洋の学問の研究や知識の収得は、鎖国政策を敷いていた日本にとって困難なことでしたが、白石はいち早く世界の情勢や地理・民族などを説いて、後の学問や思想の発展に大きな影響を与えたのでした。

徳川吉宗、享保の改革
1716
1713
ユトレヒト条約

円《えん》明《めい》園《えん》

1785年頃(清代)

皇帝たちの愛した名園、ここにあり

西洋趣味にあふれた大離宮

円明園は、北京の西北の郊外(現在の北京市海淀区)にあった清朝の離宮であり、名園として、その名をつとに広く知られていました。1709(康熙48)年、清朝第四代皇帝康熙帝《こうきてい》が皇子胤禛《いんしん》(のちの第五代皇帝雍正帝《ようせいてい》)に明代の廃園を下賜し、園を建設して「円明園」と名付けたのが起源ですが、雍正帝の時代を経て、第六代皇帝乾隆帝の時代に増改修されました。この時、東に「長春園」、南東に「綺春園《きしゅん》」(のちに「静明園」と改名)が加わり、以降、一般的には、この三つの園を総称して「円明園」と呼ぶようになりました。その規模は、清の最盛期を形成した康熙・雍正・乾隆の三代、約百年以上を費やしても完成に至らなかったほど、壮大なものでした。当時の清における美術と技術の粋を集めて設計・建築され、一説には清の誇る宝の約半分がそこに収められていたとされています。乾隆帝はこの壮麗な離宮を愛し、一年のうちで北京の紫禁城に滞在するのはわずか数週間で、あとの七カ月間は円明園で過ごしたとも言われています。

1747(乾隆12)年、西洋の絵図を見て、噴水に興味を抱いた乾隆帝は、噴水とともに、それに合わせた西洋式建築物を長春園に建てることを決め、噴水の設計をフランス人のイエズス会士ミシェル・ブノワ(中国名:蒋友仁、1715〜74)に、西洋館の建築をイタリア出身のイエズス会士ジュゼッペ・カスティリオーネ(中国名:郎世寧、1688〜1766)に命じました。カスティリオーネは、宮廷画家として、康熙・雍正・乾隆の三人の皇帝に仕えた人物で、雍正帝が即位後にキリスト教の布教を禁止し、技術を持たない宣教師たちをマカオへ追放した後も、彼はその技量を認められて、宮廷内に留まることを許されたほどでした。しかし、いくら才能ある芸術家とはいえ、本来建築家ではないこともあって、カスティリオーネの苦心は相当なものであり、西洋楼といわれるヨーロッパの様式を取り入れた建築群の完成には十年以上の歳月を費やしたとされています。これらは、中国における最初の西洋式宮殿として、建築史の点から見ても、画期的なものだったといえるでしょう。記録によれば、庭園内には、西洋建築や噴水だけでなく、迷路なども作られていたといいます。円明園は、イエズス会士を仲立ちとした、中国によるヨーロッパ文化の吸収の精華であったともいえるでしょう。また、その一角に建てられた文源閣《ぶんげんかく》には、『四庫全書』の正本がおさめられていました。

昔の光、今いずこ…

しかし、時は移り、やがて欧米列強が強大な武力を背景に、積極的に東アジアに進出してくるようになります。アヘン戦争における清朝の敗北を経て、さらに1856(咸豊6)年アロー戦争が勃発しました。そして、18

年	日本	世界
1721	目安箱の設置	イギリスで責任内閣制はじまる
1720	江戸町火消いろは47組設置	清がラサを占領しチベット征服
1715		カスティリオーネ中国に来る

『円明園東長春園西洋楼図』
十二支の獣面人身像が周りを取り巻く噴水が印象的な「海晏堂」
円明園の西洋建築群がルネサンス・バロック・ロココ様式の混在する、他に類を見ない見事な景観だったことが偲ばれます。

60（咸豊10）年、英仏連合軍は円明園において、大規模な略奪と破壊、放火をおこない、海外にもその名を知られた円明園は廃墟となってしまったのです。

ここにあげた図版は、カスティリオーネの弟子たちが園内の西洋建築を描き、二〇幅の銅版画に仕上げたものの一葉です。これらは、中国人の手になる最初の銅版画であるといわれています。建物や庭園の描写はきわめて細密であり、清朝最盛期の栄華を象徴する、壮大な大離宮の在りし日のたたずまいを今に伝えてくれている貴重な資料です。

大噴水で名高い「諧奇趣」

倹約令
1732
1724
アメリカ13植民地成立
清の雍正帝、キリスト教布教を禁止

準《じゅん》回《かい》両《りょう》部《ぶ》平《へい》定《てい》得《とく》勝《しょう》図《ず》

乾隆帝勅版　18世紀後半（清代）

清朝の最盛期を現出した乾隆帝の二大事業

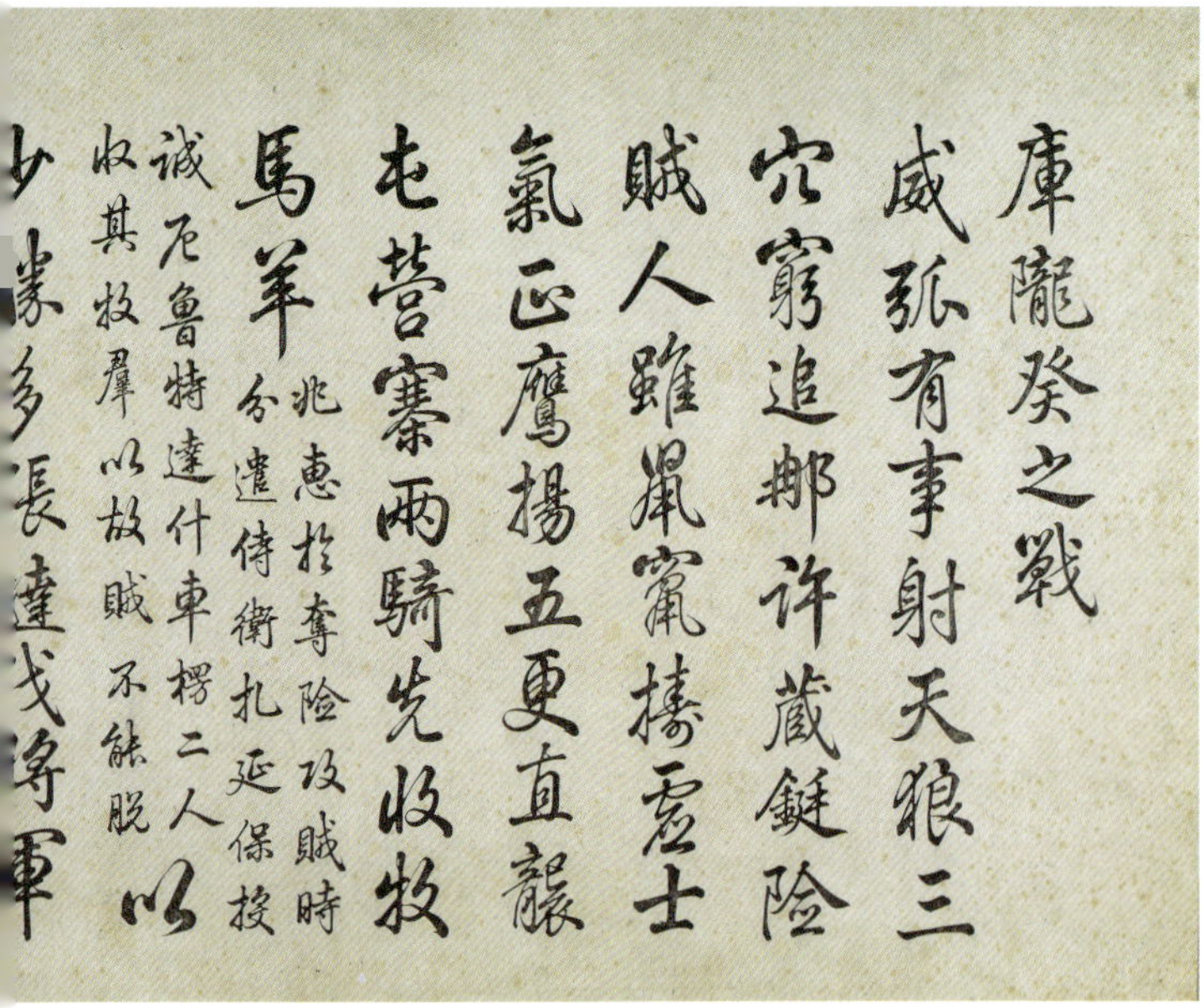

朕こそは完全無欠のエンペラー！

清朝の第六代皇帝となった乾隆帝（在位1735〜95）は、とても有名で人気の高い人物です。乾隆帝が中国全土を回って悪を懲らしめる連続ドラマが何シリーズも作られているほどです。彼は、康熙・雍正に続く清朝の最盛期を現出したといわれており、外征を重ね、清朝の支配領域は最大となりました。

のちに、乾隆帝自身が自己の治世中四五年間にわたる外征を「十全（すべて完全なること、の意）武功」として、『御製十全記』にまとめた上、これを満・漢・蒙・蔵の文字で一つの碑に刻ませ、さらに自らも、好んで「十全老人」と号したのです。この「十全武功」とは、金川（二度）、ジュンガル（二度）、ウイグル、ミャンマー、台湾、ベトナム、ネパールのグルカ（二度）への大規模な外征を指しています。とりわけ、乾隆帝が最も輝かしい戦績として誇ったのは、1755（乾隆20）年から60（乾隆25）年にわたった、新疆の天山山脈の北方にある準部（ジュンガル）と、南部にあたる回部（ウイグル）への遠征でした。乾隆帝は、1758（乾隆23）年には準部を、その翌年には難攻不落といわれた回部の平定に成功したのです。

輝ける戦勝図画はフランス製

乾隆帝は、この戦勝を記念し、長く後世に伝えるために、イタリア出身のイエズス会士ジュゼッペ・カスティリオーネ（中国名：郎世寧、1688〜1766）ら、宮廷に仕えていた四人の西洋人画家に命じて、戦図を描かせました。原図の完成後、皇帝の命を受けたカスティリオーネは、1765（乾隆30）年にこれをフランスに送り、彫版を依頼しました。パリの絵画アカデミーは、ルイ14世の御用彫金師であったシャルル・ニコラ・コシャン（1715〜90）に銅版画制作の総監督を担当させました。そして、1775（乾隆40）年、各図二〇〇枚の印刷画と七種類の原版がフランスから到着し、乾隆帝は、その出来栄えに大変満足したと伝えられています。これに、乾隆帝自筆の御題と序、家臣たちによる跋を清国において木版で印刷したものを加えて完成したのがこの「準回両部平定得勝図」です。東洋文庫では、これ以外にも銅版画二点を所蔵しています。

1734　青木昆陽『蕃藷考』
1735　乾隆帝の即位
1740　マリア・テレジア即位、オーストリア継承戦争

『準回両部平定得勝図』
銅版、全16図、56.5×93.5cm
画面奥から、両軍の騎馬戦（右手中盤）、捕虜となった回部の兵士たち（その手前）、清軍に幕舎が襲われ、回部の兵士らが追い立てられる様子（画面左）が、写実的手法で生き生きと描かれています。かなたには遥か遠く天山が、合戦の様を見下ろしています。

中国史上最大級の叢書編纂

一方で、国内に目を転じてみると、乾隆帝の行った大事業としては、勅命による大叢書『四庫全書』の編纂が挙げられます。中国全土から書物を集め、三四五七種、計七万九二二四巻を選び出したもので、中国の伝統的な図書分類法である四部（経・史・子・集）に従って分類整理されていることから、『四庫全書』と名付けられました。四部の書の表紙は、緑色（経部）・赤色（史部）・青色（子部）・灰色（集部）に色分けされていました。中国文化の伝統を継承・保護するという大義名分のもとに1771年（乾隆36）年に開始され、乾隆期以前の中国の主要な書物を網羅しており、皇帝の行った文化事業としては空前絶後のものです。その反面、大規模な検閲という意図も秘めており、清朝の国家統治にとって障害となるとみなされた書物は禁書扱いされました。完成後、正本七部、副本一部が浄書されて、正本は、文淵閣《ぶんえん》（北京・紫禁城）・文源閣《ぶんげん》（北京・円明園）・などに収められました。また、翰林院には副本が収蔵されましたが、清朝末期、戦乱のために、これらの多くは失われてしまいました。

『四庫全書』
東洋文庫では、そのほとんどが失われてしまった文源閣（円明園）本を数冊所蔵しています。

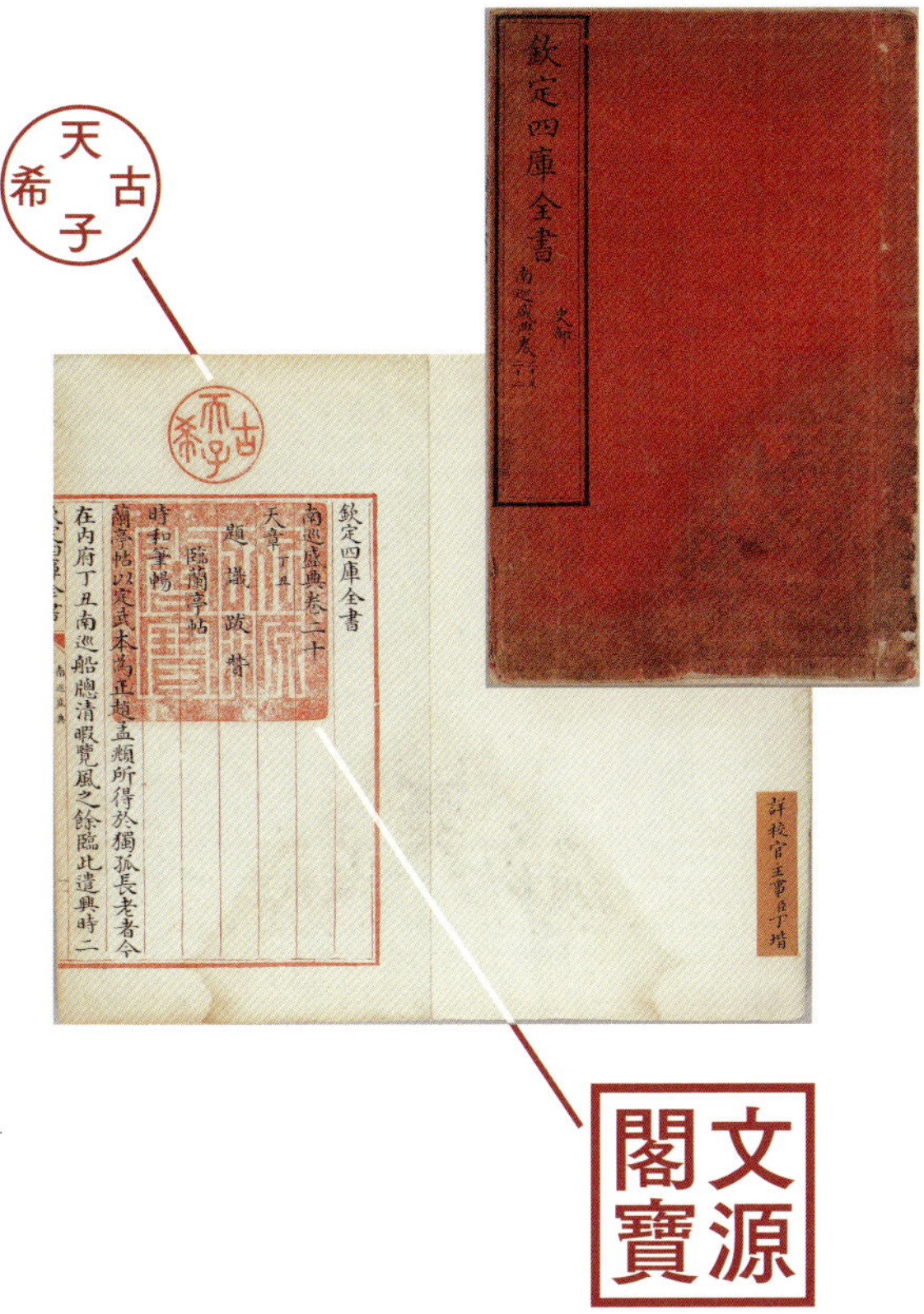

1755	1754	1748	1747	1746
清朝、ジュンガル部を滅ぼす	フレンチ・インディアン戦争	『仮名手本忠臣蔵』初演		加賀騒動
				清が外国人宣教師の居住を禁止

朱《しゅ》子《し》家《か》礼《れい》

朱熹編　１７５８年（朝鮮王朝）

朱子学による家庭生活の儀礼マニュアル

朱熹と朱子学と礼

『朱子家礼』は、中国南宋の朱熹（１１３０～１２００）による、家庭生活における儀礼が簡潔に記述されたマニュアルです。『文公家礼』、あるいは単に『家礼』とも呼ばれます。

朱熹は朱子学の祖としてよく知られています。唐末以来の戦乱によって貴族たちが没落すると、それに代わり士大夫と呼ばれる知識人が新たな官僚層を形成しました。官吏任用試験・科挙によって国政に参加する士大夫たちは、画一化した儒学の経典解釈に鋭敏な批判の目をむけ、そこに新たな論理体系を求めました。この新たな儒学が宋学であり、宋学はその大成者である朱熹の名をとって朱子学とも呼ばれます。宋学の出現に伴い、士大夫は自分たちの立場に相応しい礼を作りだし、家に整然とした秩序をもたらそうとしました。

『朱子家礼』は二つの部分から成ります。一つは儀礼を実践するために必要な図が掲載された部分であり、こちらは附録です。この図は何度も出版される中で次第に付け加えられていったものです。器物や衣服及び建造物とともに、それらの大きさを示す尺度が記されています。もう一つは、五つの礼に関する規範が記述された部分です。五つの礼とは、日頃から実践しなければならない通礼、二〇歳になった男子が行う冠礼、女性を妻として迎える昏礼、人が亡くなったことを哀しむ喪礼、ご先祖様をまつる祭礼のことです。

『朱子家礼』
1758年、漢城、7巻。『家礼』が最初にあつかう「通礼」です。通礼は祠堂に関する取り決めから始まります。祠堂とは、自宅の敷地内に建てる施設で、祖先をまつります。

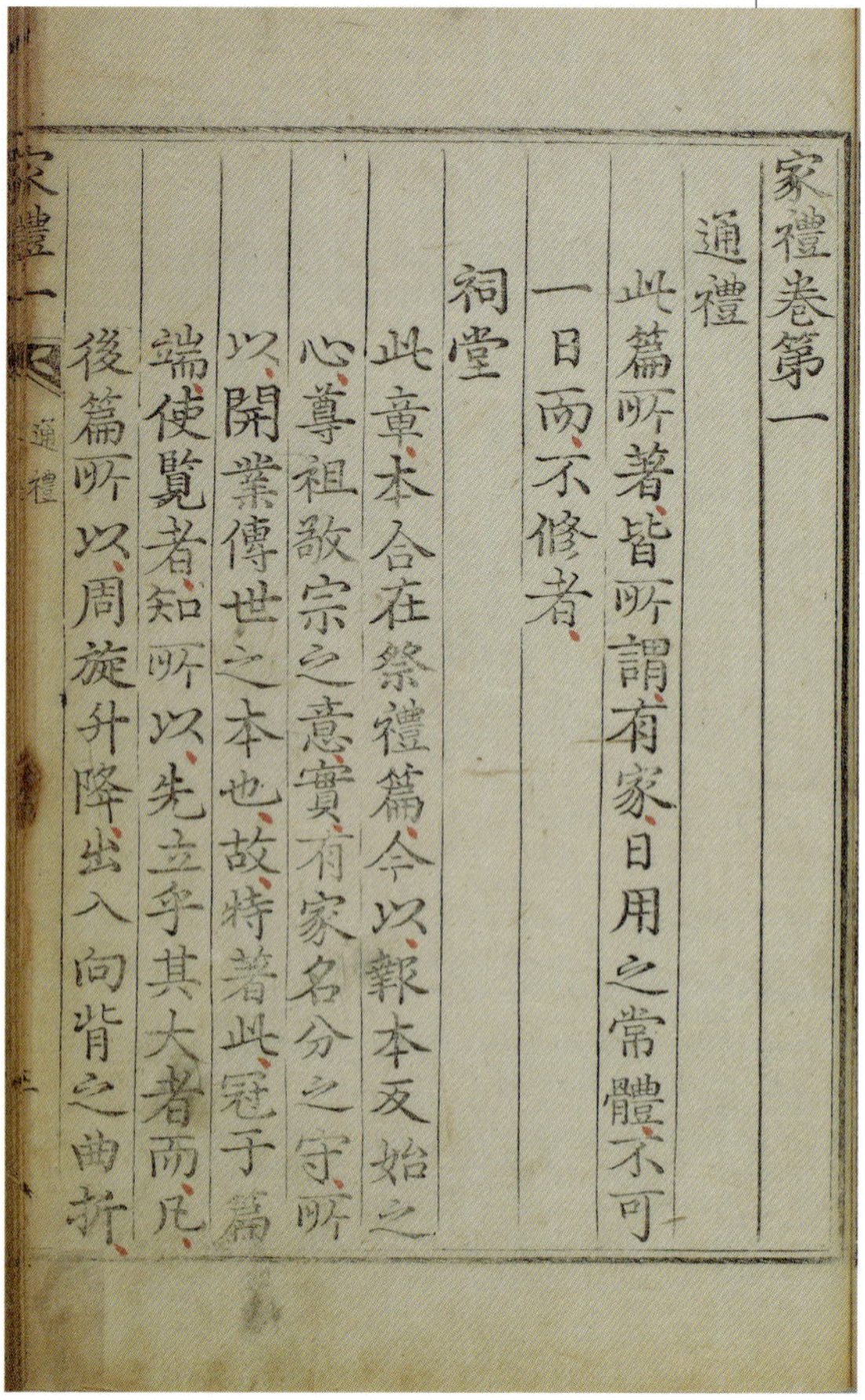
家禮卷第一
通禮
此篇所著皆所謂有家日用之常體不可
一日而不修者
祠堂
此章本合在祭禮篇今以報本反始之
心尊祖敬宗之意實有家名分之守所
以開業傳世之本也故特著此冠于篇
端使覽者知所以先立乎其大者而凡
後篇所以周旋升降出入向背之曲折

儒教政治を体現した朝鮮王朝

朱子学は明代になって国家の教学として認められ、朝鮮半島や日本など、東アジアに広範な影響をおよぼしますが、この『朱子家礼』もまた、ベトナムや朝鮮、琉球、そして日本と広く流布して長きに渡り読まれてきました。

朝鮮半島では、１３９２年に高麗の武将・李成桂《りせいけい》が新たに朝鮮王朝を起こしました。すでに、13世紀には朱子学が伝わっていたと言われ、李成桂を補佐した鄭道伝《ていどうでん》、趙夢周《ちょうむしゅう》などの知識人たちは、新たな国家で朱子学による

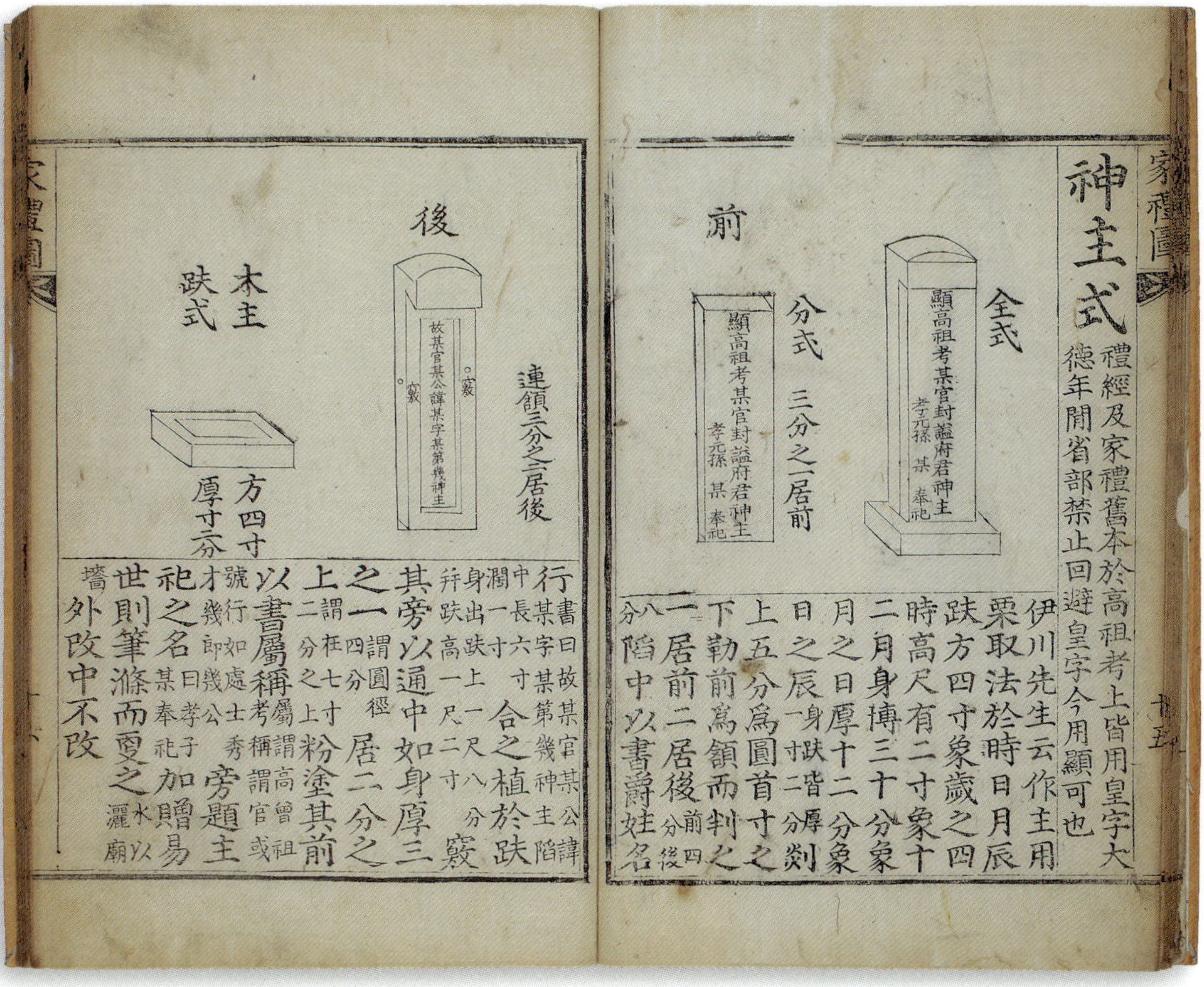

『朱子家礼』
神主の形を解説するための図
神主は現在私達の身近にあるもので言えば、位牌が近いのですが、仏式のように表面に戒名など書かず、姓名や官職を記します。普段は祠堂の中に専用のスペースを設けて、安置してありますが、何か儀礼を行う際に取り出す場合は、恭しく捧げ持たなければなりません。自宅が災害に見舞われたり泥棒が入ってきた時は、まず祠堂にある神主を避難させなければなりません。

理想的な社会を体現しようとしました。宋学において朱熹は、「性即理」すなわち「人間の本性がすなわち天理である」と説いたことから、朱子学は性理学とも呼ばれましたが、朝鮮王朝では、王のための講義や、成均館などの国家の教育機関においても、性理学が公の学問として認定され、その他の学問は異端視されました。特に、前王朝の高麗が熱心に保護していた仏教は激しく排撃されました。

東洋文庫の『朱子家礼』

東洋文庫が所蔵する三冊本の『朱子家礼』は、朱子学が国教のように信奉された朝鮮王朝において、漢城(現在のソウル)で刊行されました。朝鮮半島では早い時期に金属活字を用いた印刷が行われていたとされており、この『朱子家礼』も活字によって出版されました。活版印刷技術は豊臣秀吉による朝鮮出兵で日本に流出して、江戸初期の様々な印刷物の登場をうながしましたが、壬辰《じんしん》倭乱《わらん》と呼ばれた日本との戦争の後、清王朝の誕生の余波にもまれた17～18世紀の朝鮮半島は、国難の時代でした。このような状況で、国内の諸勢力の調整や文芸の復興に力を注いだのが朝鮮王朝の君主英祖です。この『朱子家礼』もまた、社会の混乱を収拾する一助として英祖が刊行したと考えることができるでしょう。

18c
イギリス産業革命の開始

1757
清朝、貿易を広州一港に制限／プラッシーの戦い

1755～57
朝鮮王朝で大飢饉が発生する

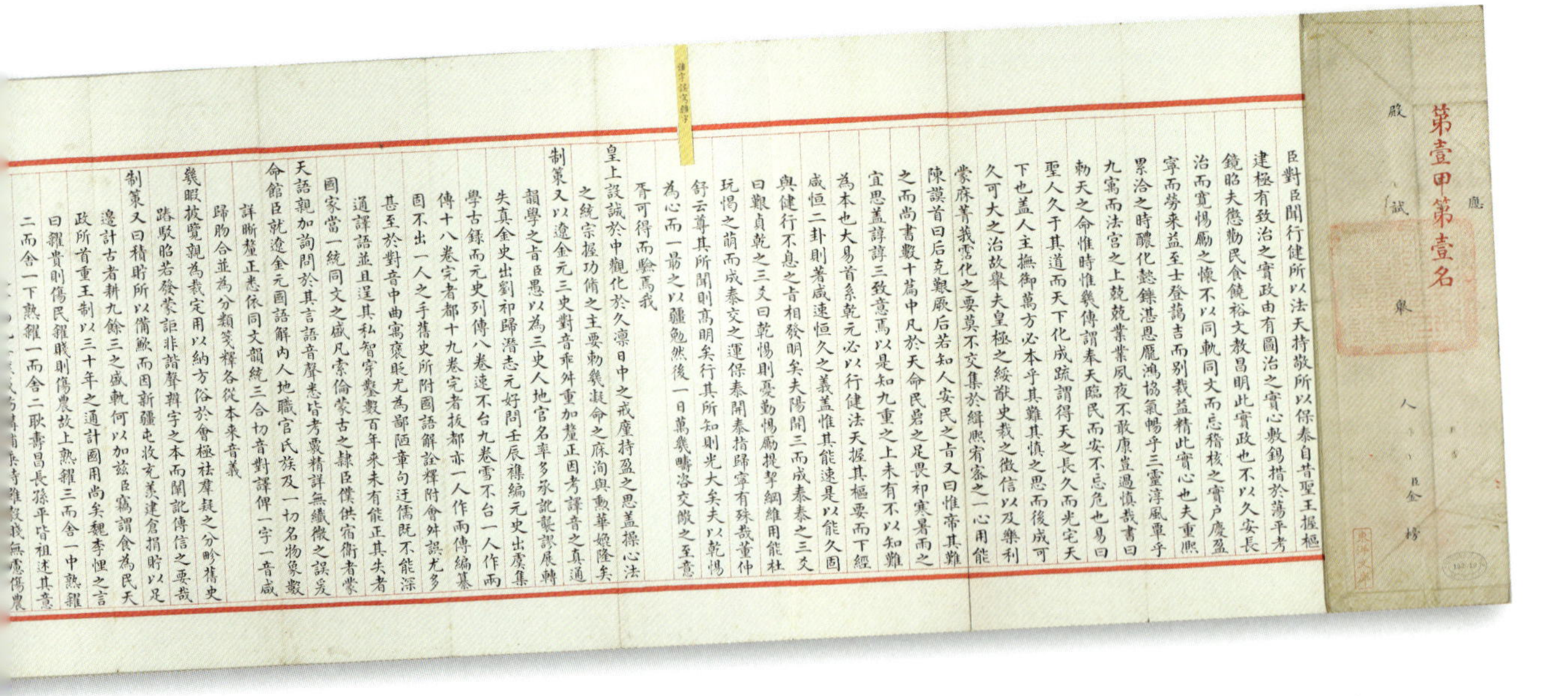
第壹甲第壹名

殿試

金榜

殿《でん》試《し》策《さく》

金榜　1772年（清代）

華麗なる主席合格者の答案

能ある者を採用せよ

科挙は、隋の文帝（楊堅《ようけん》）によって598年に開始されました。身分の上下にかかわらず、広く一般から能力のある人物を採用する制度です。

それ以前の中国では、前漢の武帝以来、皇帝を支える官僚を地方からの推薦によって採用してきました。この制度は、郷挙里選、九品中正法と名を変えながら6世紀まで続きます。しかしその実情は、儒学の素養を身につけた徳のある人物を採用したいという皇帝の願いとはほど遠く、地方有力者の子弟が推薦され、中央政界に進出したため、朝廷は門閥貴族によって支配されることとなりました。南北朝時代を経て、北周の外戚として実権を握った楊堅は、隋を建国したのち、589年に南朝の陳を滅ぼして、約三〇〇年ぶりに中国を再統一します。そして、新王朝にふさわしいあらたな官吏登用制度として、科挙を始めたのです。

隋の時代の科挙は史料が乏しく詳細は不明ですが、唐代になって制度として整ったと言われています。中国では、官吏登用のことを選挙といいますが、試験には種々の科目があることから、科目による選挙の意味で「科挙」という言葉が唐代に成立しました。遣唐使として海を渡った我が国の学者・阿倍仲麻呂（698〜770）は、科挙に合格して官吏を歴任しています。

家門の栄光をかけた受験戦争

宋代になると、地方試験である「州試」、中央の役所で行われる「省試」を経て、皇帝みずからが宮中で実施する「殿試」で官吏を選抜する制度がほぼ整いました。しかし人材を登用するための科挙は、時代を経るにしたがって、だんだんと試験の仕組みが複雑化し、明代になるころには、科挙のための学校は有名無実化し、試験のための試験がくりかえされる、本末転倒のありさまとなっていきます。清は、明代の科挙制度を受け継ぎ、カンニング用豆本の持ち込みや替え玉受験などの試験の不正をなくそうと試みましたが、これは逆に

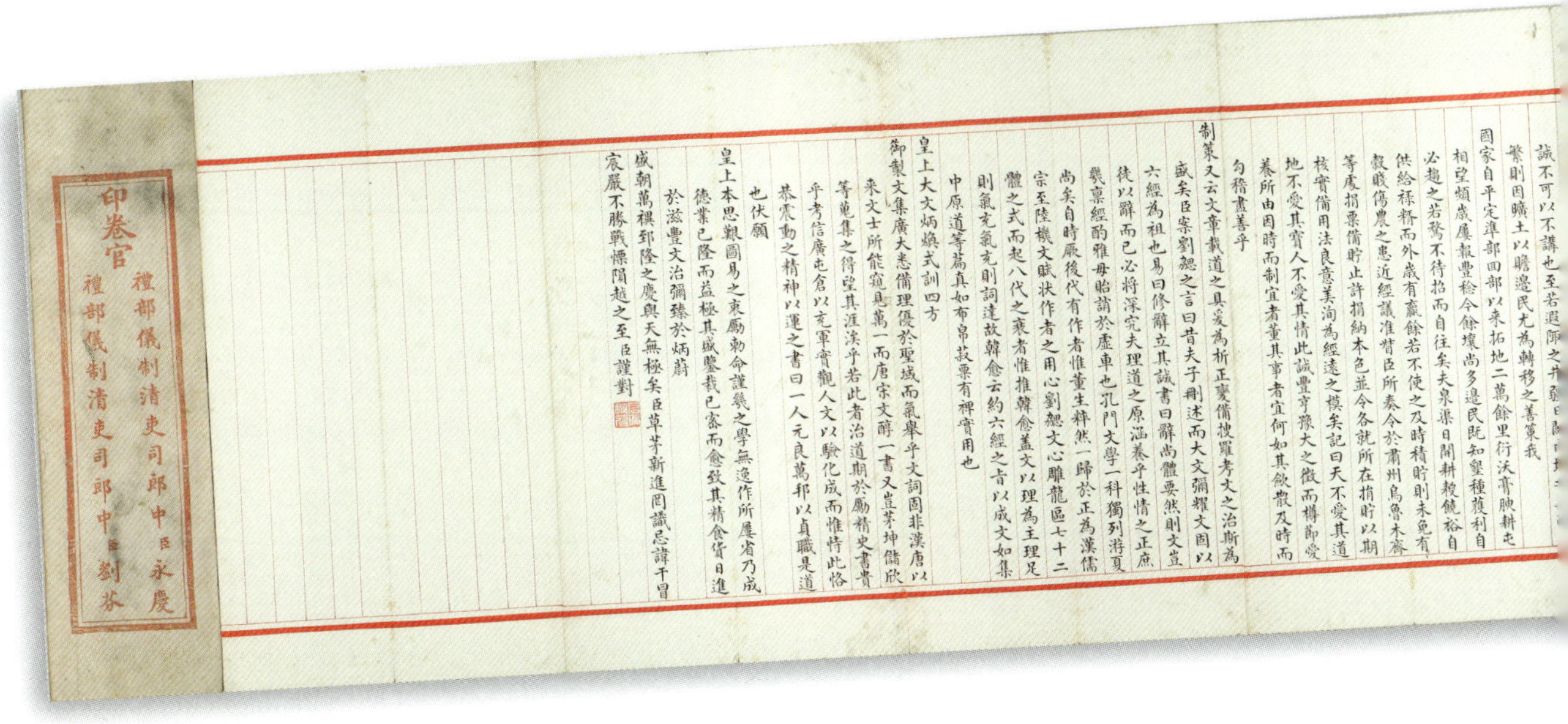

『殿試策』
この答案は、受験者の自筆ではなく、役人によって書き写されたものと考えられています。1カ所誤字がありますが(黄色い付せんの部分)、これは担当の役人が書き間違えたもののようです。

試験の回数を増やす結果となりました。

科挙は唯一の立身出世の道であったため、男子が生まれると三歳くらいから家庭教師をつけて科挙の受験勉強をさせました。約四三万字余りある儒学の四書五経をひたすら暗記し、その注釈書の内容を理解して技巧をこらした詩や文章を作るテクニックを磨くのです。数多くの試験を通過するためには、才能よりも環境が重要でした。富裕な家柄や、知識階級の家に生まれた者は圧倒的に有利でした。

「金榜」に名を残した金榜

ここに紹介する資料は、江南徽州《きしゅう》府歙県《きゅうけん》(現在の安徽省黄山市歙県)生まれの金榜《きんぼう》(1735~1801)が、乾隆37(1772)年に殿試を受験し、「第一甲第一名進士」、つまり首席合格者となった際の答案です。清代の殿試は、皇帝への上奏文の形式で、字数は最低でも一〇〇〇字、早朝に試験場に入ってから日没までに清書しなくてはなりません。そして、不正がないように受験生の姓名・年齢などが書かれた部分は糊付けされ、筆蹟がわからないように答案を朱字ですべて書き写した上で、誤りがないことを別の役人が見比べて確認し、審査する役人に渡します。審査の結果、上位一〇人の答案が皇帝の最終的な審査にまわりました。

一頁六行ずつ、朱色で行の罫線が印刷されている折本仕立てになっています。審査結果は、八人の審査官全員が満点をつけていて、その結果を記した紙片も残されています。また、受験者の名前「金榜」は、偶然にも科挙の合格者を記す掲示板の名前と同じです。そこには、科挙合格を願った家族の心がうかがえます。

1767 田沼時代開始
1769 ワットの蒸気機関
1772 乾隆帝による会試履試の制定
1773 ボストン茶会事件

解《かい》体《たい》新《しん》書《しょ》

「蘭学」の記念碑的翻訳書

杉田玄白等訳　小田野直武画　1774年(江戸時代)

西洋の知識を求める人々

徳川幕府は長く鎖国政策を取っていましたが、西洋の文化・学問・技術に対する研究や習得は、学者たちを中心に続けられていました。それは、今日、歴史学で「洋学」(「西洋学」の意)と呼ばれていますが、それ以前には、オランダの学問を意味する「蘭学」という名称が支配的でした。

18世紀頃までは、交易を許されたオランダ商館と関わるうちに通詞(通訳)がオランダの医術を習得するなどの例もありましたが、あくまでも個人の能力や経験に頼ったもので、組織的な学習ではありませんでした。学術書の入手が困難だったこともあり、学問としてはまだ未成熟な段階であったと言わざるをえません。蘭学が本格的なものとなったのは、八代将軍吉宗の時代(1716~45)でした。吉宗は、実用的な化学・技術を導入するために、禁書の制令をゆるめて、漢籍による西洋の学術の輸入を認め、青木昆陽にもオランダ語の習得を許可しています。続いて、田沼意次が政治の中心となった時期、西洋への関心はさらに高まったといわれています。この時期、蘭学の発展の上でも、また日本史上においても画期的な出来事が起こりました。日本最初の西洋解剖書の本格的な翻訳書である『解体新書』の刊行です。この本は、1774(安永3)年、江戸須原屋市兵衛が版元となり、全五巻で出版されました。

蘭学者たちの努力の結晶

『解体新書』は、ドイツ人、ヨハン・アダム・クルムスの著書Anatomische Tabellen(『解剖図』　1722年)のオランダ語訳本(ヘラルデ

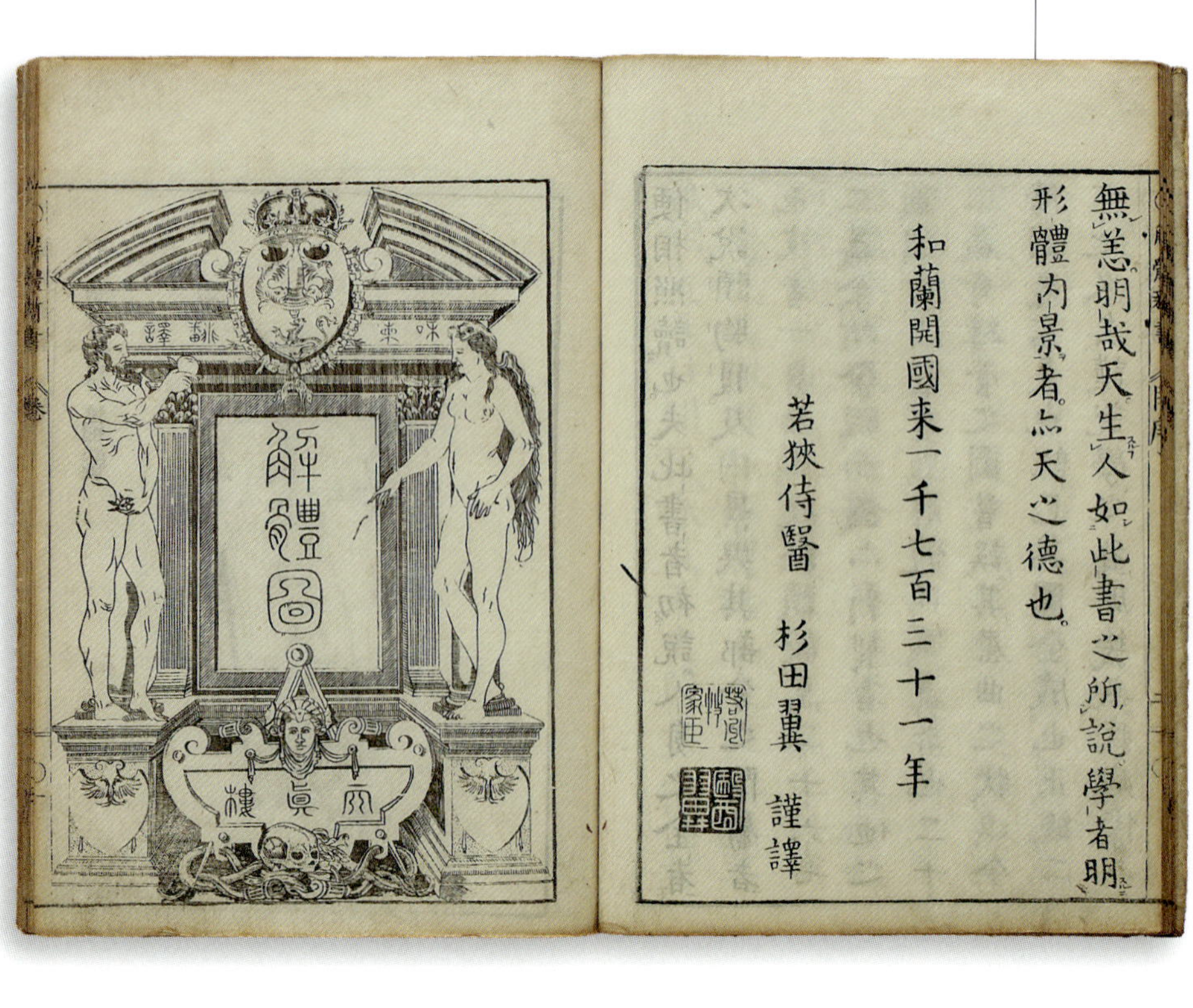

『解体新書』
東洋文庫に所蔵されている『解体新書』と『ターヘル・アナトミア』は、医史学者・藤井尚久博士(1894-1967)の旧蔵本で、1957年に寄贈されました。

『解体新書』の出版
1774
ルイ16世即位

1773
『四庫全書』の編集開始

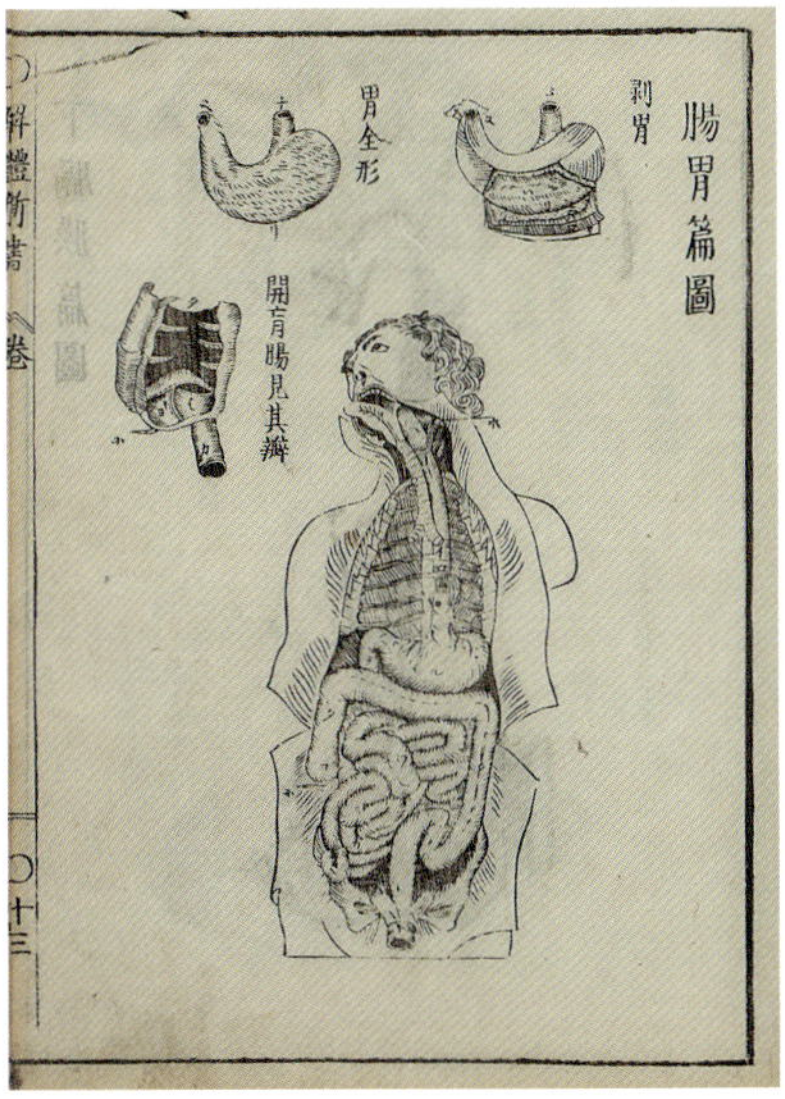

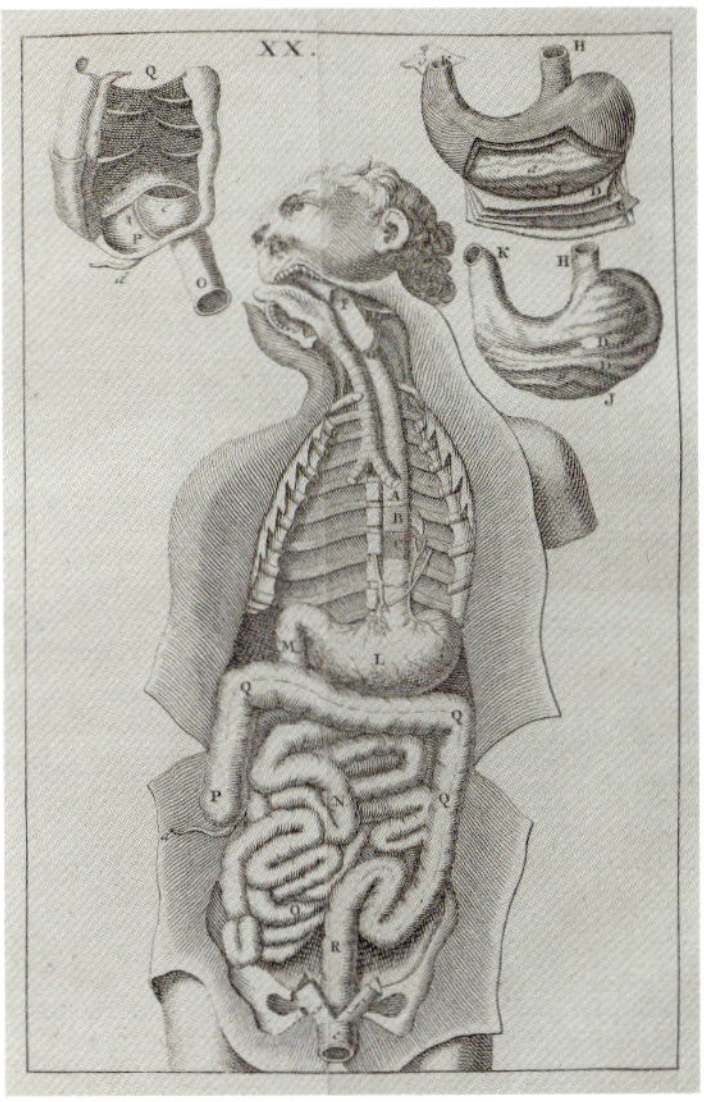

ユス・ディクテン訳、1731年刊)を杉田玄白、中川淳庵、桂川甫周、前野良沢らが協力して漢文で逐語訳したものです。彼らは、小塚原の刑場で、処刑された罪人の人体解剖を見学した際、『ターヘル・アナトミア』の解剖図が非常に正確であることに驚き、その翻訳を決意したといわれています。築地の中津藩邸内の前野良沢宅に同志が集まり、苦心しつつ訳業をおこなった様子が玄白の回想録『蘭学事始』の中に詳しく述べられています。玄白たちは、自らの研究に対する自負をこめて、その学問を「蘭学」という言葉で表現したのです。

原典となった『ターヘル・アナトミア』

東洋文庫では、原典となったオランダ語訳本も所蔵しています。タイトル・ページ図版にはラテン語でTABULAE ANATOMICAEと書かれていますが、文中にはTafelやAnatomiaの語も見受けられ、ここから『ターヘル・アナトミア』と通称されるようになりました。東洋文庫所蔵本は、1734(口絵は1731)年にアムステルダムで出版されたものです。

『ターヘル・アナトミア』の精密な解剖図を写したのは、のちに「秋田蘭画」と呼ばれる洋風画の技術を確立した秋田藩士・小田野直武でした。彼は、平賀源内から西洋画の技法を学んだことをきっかけに洋画の研究を始め、東洋画の画材と西洋画風の画題・構図が融合した独特の画風をつくり上げました。彼は、玄白と親しかった源内の紹介で、本書の挿絵を描くことになったと言われています。

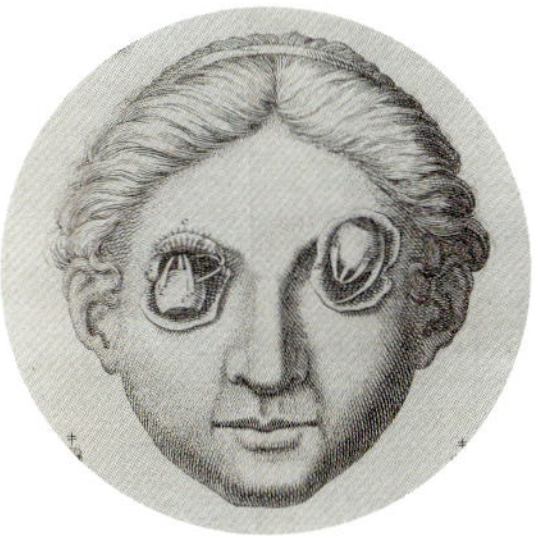

『ターヘル・アナトミア』

『解体新書』

『解体新書』挿絵
小田野直武は数種の解剖書の図を参考にして『解体新書』の挿絵を描いたといわれ、詳細に見ていくと、顔つきや体つきを日本人らしく描き変えていることがわかります。

エンカウンタビジョンで二つの貴重書を手に取るように！

『解体新書』や『ターヘル・アナトミア』のような貴重資料は、これまで保存上の観点から公開が困難でした。しかし、東洋文庫ミュージアムでは、最新の技術を取り入れたエンカウンタビジョンにより、二つの資料を間近に見ることができます。貴重書の画像とSFX映像を融合した今までにない展示スペースで、時空を超えた本の世界、そして杉田玄白たちが『解体新書』を完成させるまでのドラマに、エンカウンタ(遭遇)してください。

1775
アメリカ独立戦争／ベトナムにフランス人宣教師ピニョー来る

国《こく》富《ふ》論《ろん》（諸国民の富）

神の「見えざる手」が歴史を動かす!?

アダム・スミス　1776年

重商主義なんてもう古い！

18世紀半ば、ヨーロッパに大規模な社会構造の変革がおきました。世に言う「産業革命」です。産業革命には、いくつかの要因があったと言われていますが、16〜18世紀にかけて、国家が積極的に経済に介入して商工業が発達し、資本が蓄積されていたこと、農業技術の進歩によって食料増産が可能になり、増加した人口が賃金労働者となったことなどがあげられます。そのさきがけとなったのはイギリスでした。当時イギリスが支配していた広大な海外植民地は、生産した雑工業製品を売る市場として最適だったのです。

この産業革命後の新たな経済構造を解き明かそうとしたのが、アダム・スミス（1723〜90）の『国富論』です。産業革命が起きる前、ヨーロッパ各国では、絶対王政のもとに重商主義政策がとられ、国庫収入を確保するために大商人や東インド会社のような国策会社が保護されました。しかし、その結果、逆に貨幣が大量に国外に流出し経済を圧迫していたとも言われます。この重商主義政策のもとでイギリス政府の庇護をうけ、海外貿易を独占していた東インド会社を、アダム・スミスは批判しました。この主張は、産業革命を

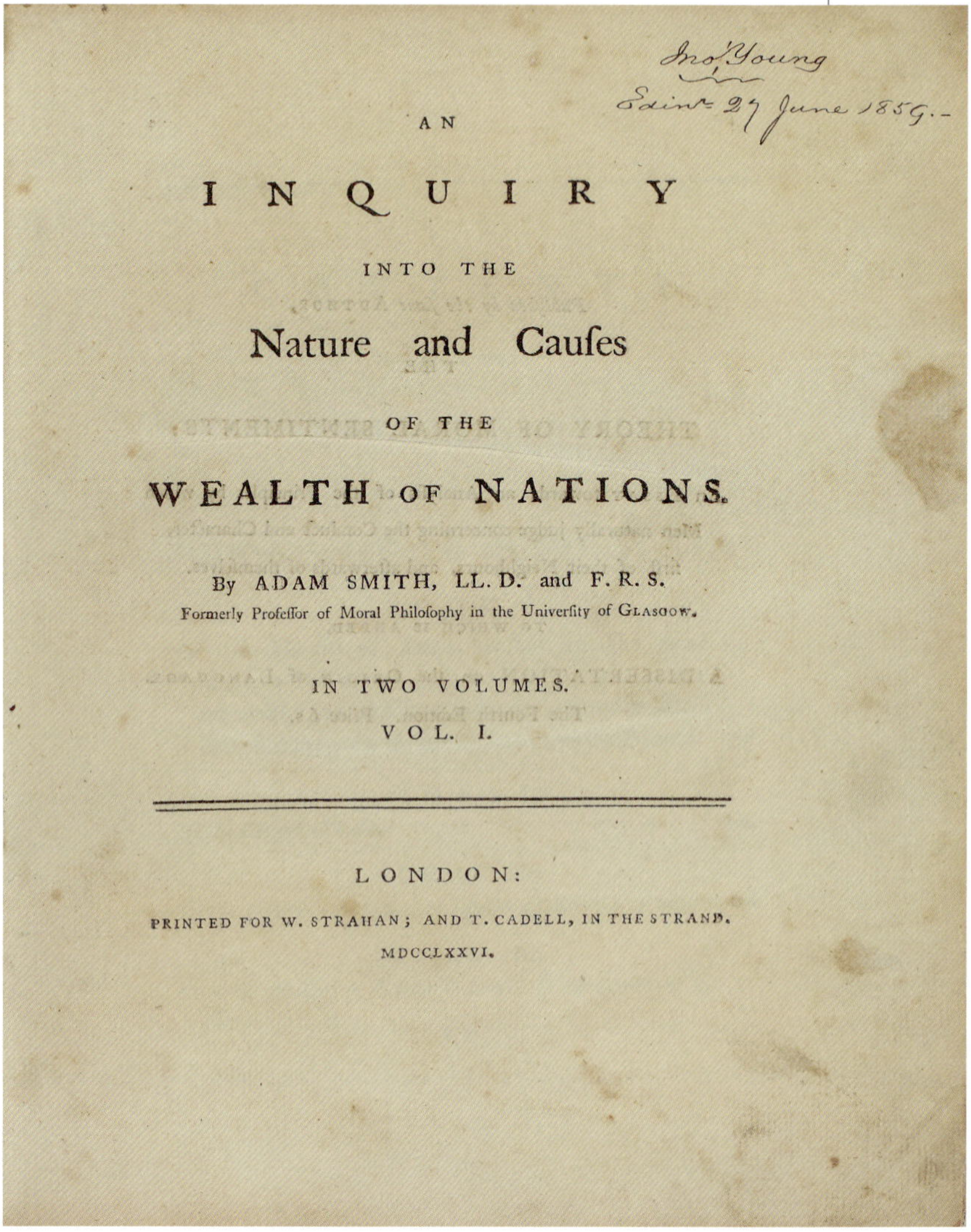
Jno. Young
Edinr 27 June 1859.-

AN
INQUIRY
INTO THE
Nature and Caufes
OF THE
WEALTH OF NATIONS.

By ADAM SMITH, LL.D. and F.R.S.
Formerly Profeffor of Moral Philofophy in the Univerfity of GLASGOW.

IN TWO VOLUMES.
VOL. I.

LONDON:
PRINTED FOR W. STRAHAN; AND T. CADELL, IN THE STRAND.
MDCCLXXVI.

『国富論』
本書は、経済学者のみならず、様々な人々に影響を与え、世界各国の言語に翻訳されました。東洋文庫では、1776年にロンドンで出版された初版本を所蔵しています。

松前藩がロシアの通商要求を拒否
平賀源内、エレキテルを完成
1779　1778　1776
ベトナムに西山朝成立
イギリス産業革命（18世紀後半）／アメリカ独立宣言

背景に力をつけた資本家たちに支持されます。自由貿易を求める声が高まるなかで、東インド会社は、1813年にインド、1833年に中国との貿易独占権を相次いで停止され、1858年に解散させられました。

リカード、マルクスを生んだ「経済学の父」

アダム・スミスは、イギリスのスコットランド生まれで、グラスゴー大学、オックスフォード大学で学び、のちにグラスゴー大学で道徳・哲学・法学を講義しました。次いで、貴族の家庭教師としてヨーロッパに旅行し、フランスに滞在して、ヴォルテールや、テュルゴー、ネッケルら重農主義者と交流し、帰国後、著作に専念して『国富論』を刊行しました。

アダム・スミスは『国富論』において、資本主義経済の体系的理論を試みたので、以後の経済学研究の出発点として「経済学の父」とよばれています。彼は資本主義社会を、分業と交換からなる商業社会としてとらえ、人間の生産労働が価値を生む源泉であるという「労働価値説」を完成させました。

『国富論』の名言として知られる「見えざる手(invisible hand)」は、スミスの著書『道徳感情論』と『国富論』に一カ所ずつ登場します。各個人がそれぞれの利益を追求しているのに、それが結果的に自由競争を通じて社会全体の利益をもたらしている状態を説明し、その背後に働いている市場メカニズムの自動調節機能を「見えざる手」と表現しました。なお、この言葉は一般に「神の見えざる手」というフレーズで知られていますが、「神の」という部分はスミス自身が述べたものではなく、19世紀以降の人々が用いたやや誇張した表現です。国王・政府が経済に介入せず、自由競争、自由貿易が経済を発展させるとスミスは考えましたが、それは一方で資本家と労働者の経済格差を生み、労働問題や伝統産業の衰退といった問題が指摘されるようになりました。カール・マルクスが主張した社会主義思想は、そのような問題を解決する資本主義経済の対論として生まれます。また、原料を求め、機械による大量生産を行い、世界市場を支配するという資本主義の構造は帝国主義へと発展していきます。近代世界のシステムは、「経済学の父」の手を離れ、歴史をダイナミックに動かしていきました。

『国富論』第4編2章に用いられた「見えざる手」の表現

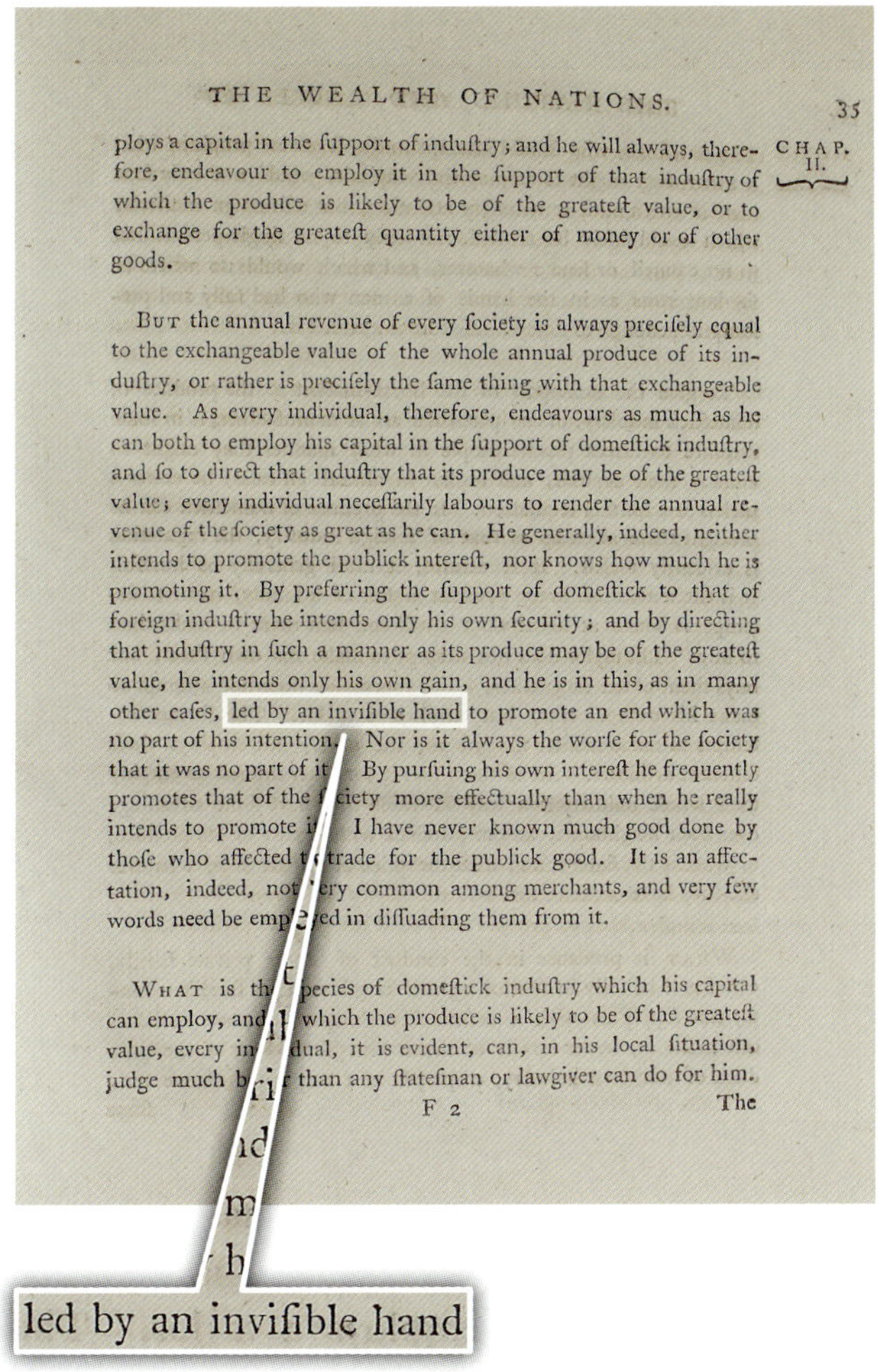

THE WEALTH OF NATIONS. 35

CHAP. II.

ploys a capital in the ſupport of induſtry; and he will always, therefore, endeavour to employ it in the ſupport of that induſtry of which the produce is likely to be of the greateſt value, or to exchange for the greateſt quantity either of money or of other goods.

But the annual revenue of every ſociety is always preciſely equal to the exchangeable value of the whole annual produce of its induſtry, or rather is preciſely the ſame thing with that exchangeable value. As every individual, therefore, endeavours as much as he can both to employ his capital in the ſupport of domeſtick induſtry, and ſo to direct that induſtry that its produce may be of the greateſt value; every individual neceſſarily labours to render the annual revenue of the ſociety as great as he can. He generally, indeed, neither intends to promote the publick intereſt, nor knows how much he is promoting it. By preferring the ſupport of domeſtick to that of foreign induſtry he intends only his own ſecurity; and by directing that induſtry in ſuch a manner as its produce may be of the greateſt value, he intends only his own gain, and he is in this, as in many other caſes, led by an inviſible hand to promote an end which was no part of his intention. Nor is it always the worſe for the ſociety that it was no part of it. By purſuing his own intereſt he frequently promotes that of the ſociety more effectually than when he really intends to promote it. I have never known much good done by thoſe who affected to trade for the publick good. It is an affectation, indeed, not very common among merchants, and very few words need be employed in diſſuading them from it.

What is the ſpecies of domeſtick induſtry which his capital can employ, and of which the produce is likely to be of the greateſt value, every individual, it is evident, can, in his local ſituation, judge much better than any ſtateſman or lawgiver can do for him.

F 2 The

天明の大飢饉

1783

1780

パリ条約でイギリスがアメリカ独立を承認

対英武装中立同盟

マリー・アントワネット旧蔵イエズス会《かい》士《し》書《しょ》簡《かん》集《しゅう》

1549〜64年

海を渡ったイエズス会士の情熱

血と汗と冒険の記録

本書の原題は『イエズス会宣教師らによる外国宣教に関する教化的で興味深い書簡集』です。16世紀末から18世紀後半までの間、世界中で布教活動を展開したイエズス会士の書簡報告をまとめたもので、1780〜83年にかけて、パリにおいて全二六巻セットで出版されました。イエズス会は、宗教改革で揺れ動くヨーロッパにおいて、1534年にイグナティウス・ロヨラ、フランシスコ・ザビエルらによって、パリのモンマルトルの丘の中腹にあるサン・ドニ聖堂で設立され、積極的にカトリックの海外布教をすすめました。本書をひもとくと、日本国内の地図をはじめ、日本の情報が細かく記され、時には表を使って説明されています。フランシスコ・ザビエルやルイス・フロイスといった日本でも有名なイエズス会士の名前のほか、Nobunaga つまり織田信長に関する記述も見られ、彼らを「南蛮人」と呼んで重用した信長の行跡も知ることができます。

この二六巻セットは、1702〜76年にかけて先に出された全三四巻のオリジナルの同名セットを地域別に分類するなど、読みやすく手が加えられており、同時期のヨーロッパ社会におけるシノワズリ(中国趣味)の流行や、啓蒙思想家のヴォルテールに影響を与えました。そして特筆すべき点は、東洋文庫所蔵の本書が、フランス革命の中で処刑されたルイ16世の王妃マリー・アントワネットの蔵書であったといわれている点です。

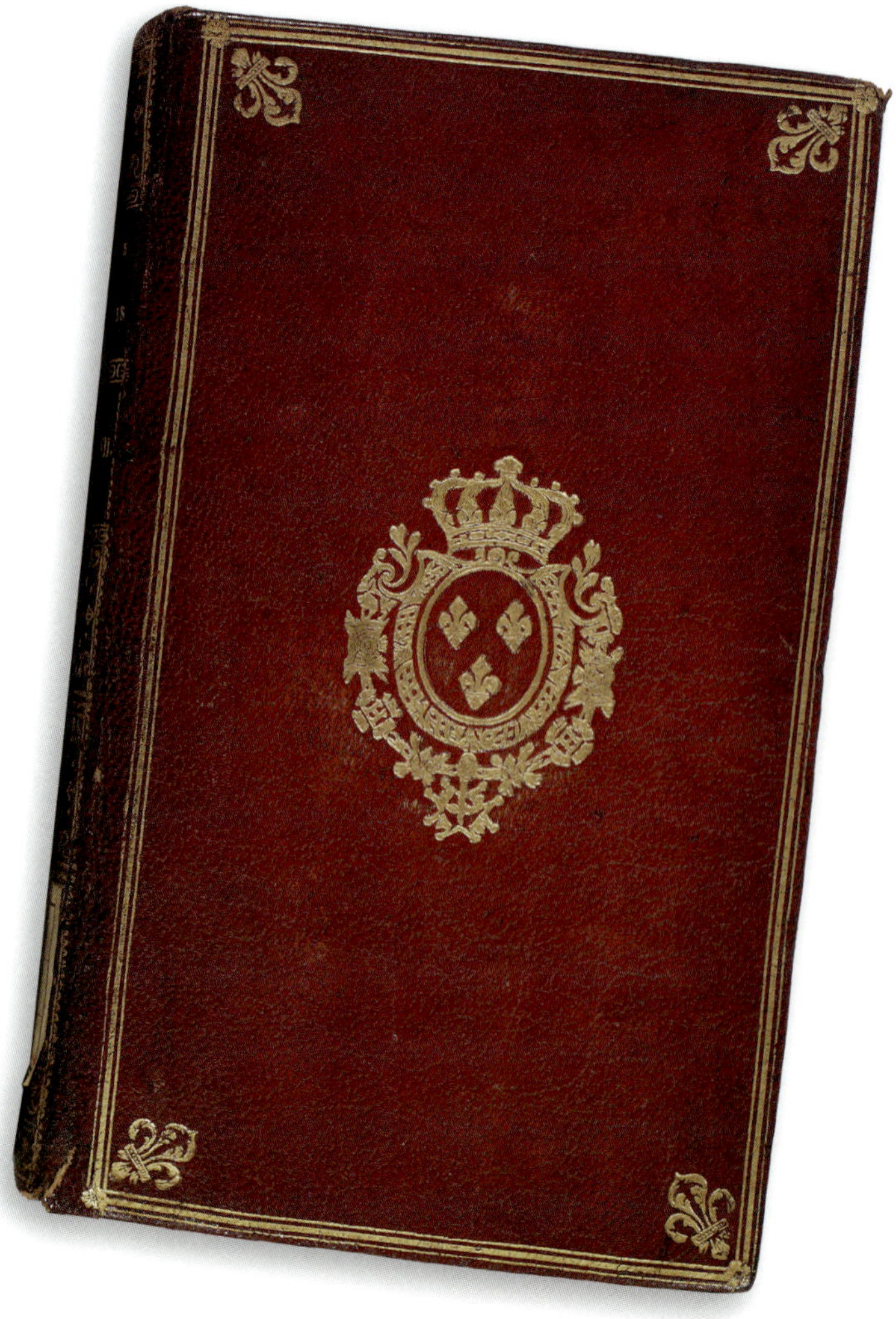

マリー・アントワネット旧蔵『イエズス会士書簡集』表紙に箔押しされたフルール・ド・リス。この紋章は「白百合」と訳されますが、実際にはアヤメ科のアイリスを図案化したものと言われています。

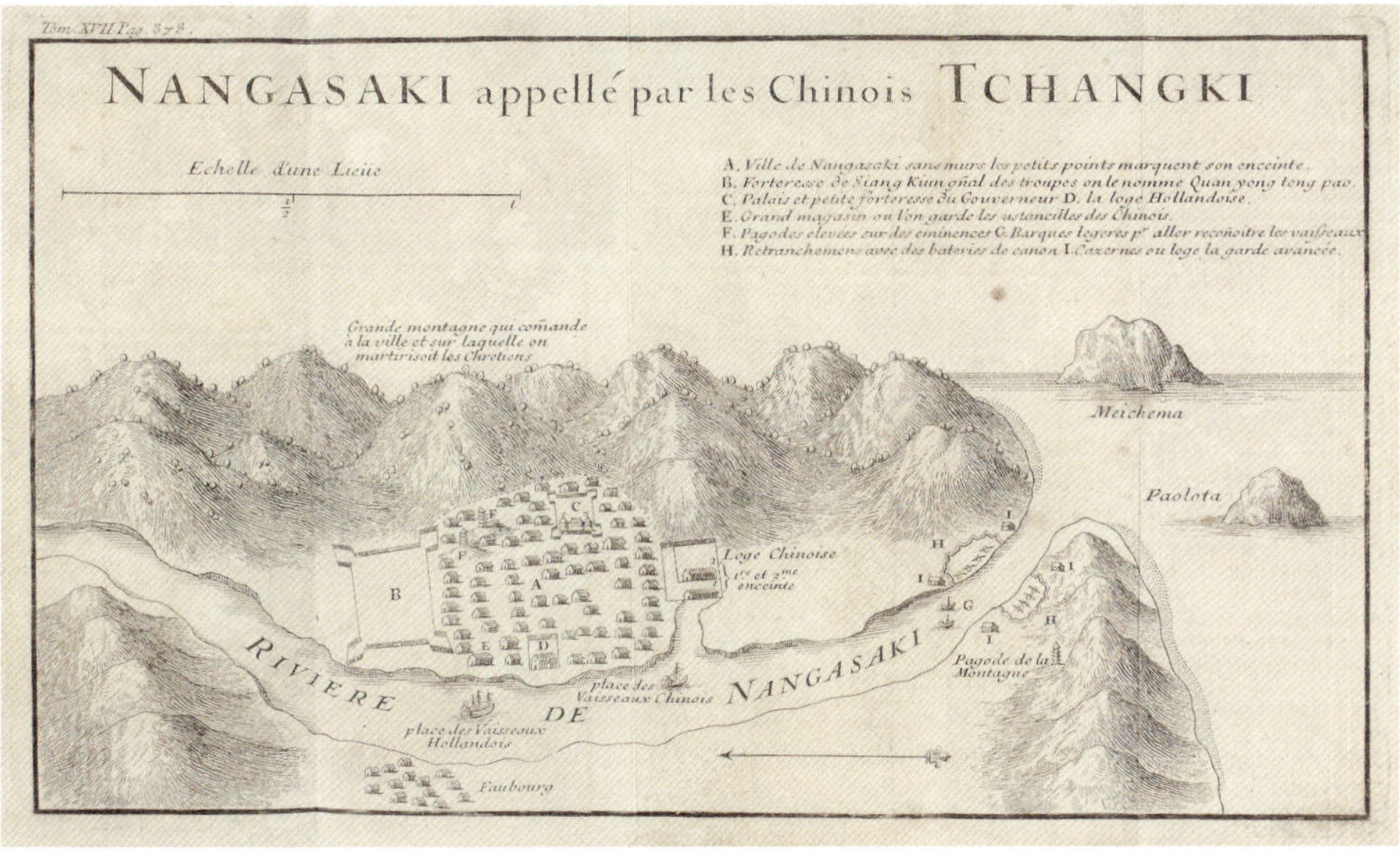

本書に折り込まれる18世紀当時の長崎の遠景

ベルサイユの百合　アントワネット

マリー・アントワネット（1755〜93）は、オーストリア大公マリア・テレジアの末娘としてウィーンで生まれました。幼少期は家族とともに狩りに出かけ、バレエやオペラを鑑賞するなど幸せな日々を過ごしました。オーストリアはカトリック信仰に篤く、イエズス会の海外布教活動を支援しました。イエズス会は、ヨーロッパ王侯貴族の信仰心を高めるため、殉教を題材とした音楽劇を上演しましたが、アントワネットは、細川ガラシャ（1563〜1600）をヒロインとした演目などを観たとされています。

母マリア・テレジアの相続に関して起こったオーストリア継承戦争（1740〜48）で隣国プロイセンと対立したオーストリアは長年敵対関係にあったフランスと同盟関係を結びました。その同盟のあかしとして、アントワネットは政略結婚でフランス王太子妃となったのです。

アントワネットは、無邪気で陽気な人柄である反面、軽率で浪費癖があったことから、王室費を濫用して、庶民の反感をかいました。1789年の三部会招集の後、バスティーユ牢獄襲撃によって始まるフランス革命では、王権維持のため、反革命工作をおこない、母国オーストリアと連絡をとっていました。1791年、オーストリアに逃亡をくわだてたことが発覚すると（ヴァレンヌ逃亡事件）、国民の彼女に対する信頼は完全に失われ、1793年、国王の処刑の後、みずからも断頭台の上で生涯を閉じました。

王家の紋章とフランス国旗

東洋文庫所蔵の『イエズス会士書簡集』は、全巻が革張りで、豪華な装丁がほどこされており、表紙にはブルボン家の紋章フルール・ド・リスがあしらわれています。伝説によればフランク王国メロヴィング朝のクローヴィスが紋章に採用したといわれており、その後のフランス王も採用しました。同じように、クローヴィスが洗礼を受けたランス大聖堂では歴代フランス王の戴冠式が行われ、フランク王家の血統が途絶えたとはいえ、フランスはフランク王国を継ぐ国家として、フルール・ド・リスを紋章として使用したのでしょう。現在のフランス国旗であるトリコロールは、パリ市民を表す青と赤、そしてブルボン家をあらわす白の組み合わせで表現されていますが、白は純白のフルール・ド・リスに由来する色であり、市民と王家の和解を意味しているとされます。本書の美しいブルボン家の紋章をみると、往時のフランス王家の栄光がしのばれます。

松平定信、寛政の改革
1787
1789
フランス革命開始／バスティーユ牢獄襲撃、フランス人権宣言／ワシントン、アメリカ初代大統領に就任

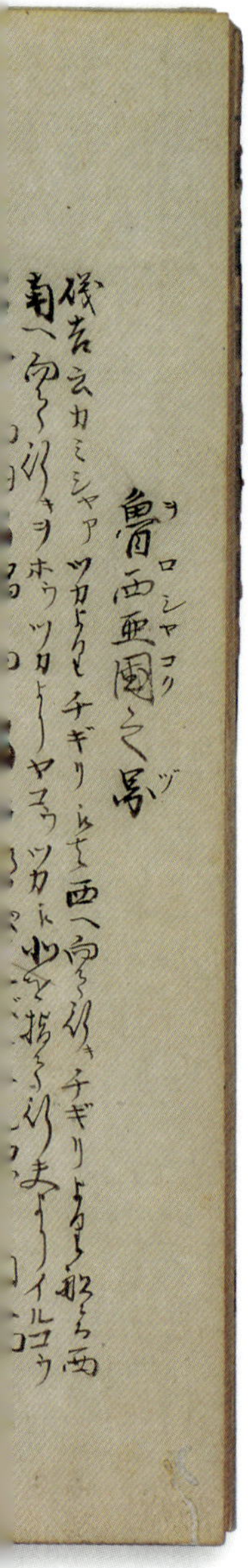

魯《ろ》西《し》亜《あ》国《こく》漂《ひょう》船《はく》聞《きき》書《がき》

桂川甫周記録　1792年(江戸時代)

漂流民による帝政ロシア実見記

絶望の漂流八カ月

時は18世紀末、イギリスの産業革命、アメリカ独立やフランス革命などによって、西洋では従来の社会構造までもが大きく変化し始めた激動の時代です。しかし、欧米の動きをよそに、アジアはいまだ、旧態依然とした平和の中でまどろんでいました。清は乾隆帝による長期にわたる治世のもとで「中華」の繁栄を謳歌していましたし、日本は江戸幕府の方針で鎖国を続けていました。

1782(天明2)年伊勢の船頭、大黒屋光《だいこくやこう》太夫《だゆう》(幸太夫とも。1751〜1828)ら一行一七人は、江戸に向けて神昌丸で白子を出帆しました。航海の途中、船は遠州灘(駿河沖)で強風のため漂流し、八カ月後の1783(天明3)年7月にアリューシャン列島の小島アムチトカ島に漂着しました。彼らはここに四年間在留し、その後1787(天明7)年にカムチャツカに移送され、オホーツク、ヤクーツクを経て、バイカル湖南岸の街イルクーツクに到着しました。イルクーツクには当時日本語学校があり、かつてロシアに救助された日本人漂流民等が教師となっていました。一行は既に残り六人となっていましたが、光太夫たちは早速本国帰還の嘆願書を提出します。しかし、彼らを日本語教師にしたい当局は返事を保留し、二年もの時間が空費されました。

鎖国後初！　ロシアからの帰還者たち

この頃、シベリアの学術調査で名高い博物学者キリール・グスタボーヴィッチ・ラクスマンが彼らの境遇に同情と理解を示し、光太夫らを帝都ペテルブルクに伴って、女帝エカチェリーナ2世に引き合わせたのです。こうして、1791(寛政3)年、エカチェリーナ2世の勅命で、ラクスマンの次男アダム・キリローヴィッチが、日本漂流民の送還と通商交渉を目的とした、帝政ロシア初の遣日使節として派遣されました。1792(寛政4)年冬、ラクスマンとともに根室に到着した光太夫たちは、鎖国後、公然と帰国した最初の漂流民となったのです。ロシアに残った者もいたため、故国への帰還を果たしたのは、光太夫、磯吉、小市の三名でした。しかし、根室滞在中に小市が死亡したため、光太夫と磯吉のみが松前で幕府に引き渡されました。その後、ラクスマンは、幕府から長崎入港の許可証を得て帰国しました。

ロシア学のはじめの一歩

この一連の出来事は、鎖国下にあった日本で非常に大きな関心を呼び、光太夫らの体験談や見聞録に基づいた著作がいくつかつくられました。特に有名なのが、1794(寛政6)年に完成した『北槎聞略《ほくさぶんりゃく》』(槎は「いかだ」の意)です。これは、第一一代将軍徳川家斉の命で侍医の桂川甫周が光太夫への質問をおこない、ロシアの政治・

『魯西亜国漂舶聞書』
この本は大黒屋光太夫本人ではなく、水夫(かこ)の磯吉の談話に焦点が絞られています。そのため、『北槎聞略』などには書かれていない内容が多く含まれているのが特色です。

経済・社会・言語などの八〇余項目について記録したもので、日本のロシア学の発端になったとされる名著です。甫周は『解体新書』翻訳にもたずさわった学識豊かな蘭学者であり、海外地誌をまとめる人物として、まさに適役だったといえるでしょう。その他にも、彼らが将軍に謁見した際の問答を甫周が記録した『漂民御覧之記』、幕府の役人による取り調べの内容を篠本廉がまとめた『北槎異聞』などがあります。

著名な作家の作品にも、この興味深い題材を元にしたものがあります。映画にもなった、井上靖「おろしや国酔夢譚」がよく知られていますが、吉村昭は『魯西亜国漂舶聞書』を読んで、小説『大黒屋光太夫』の執筆を思い立ったといわれています。

大黒屋光太夫、ロシアから帰還／ラクスマン根室に来航
1792
フランス第一共和政

林子平『海国兵談』刊行
1791
ピルニッツ宣言

マカートニーと乾《けん》隆《りゅう》帝《てい》

『イギリス使節マカートニーを謁見する乾隆帝』　1792年／『マカートニー書簡集』　1792〜94年

大英帝国使節団、清朝皇帝に拝謁

特命使節　中国へ

清朝では、1684(康熙23)年「展海令」の発布によって外国との貿易がようやく公認され、1757(乾隆22)年には、西洋人との交易の場を広東(広州)に限定することが定められました。長崎の出島のように、イギリス人は広東近郊の「夷館」と呼ばれる区画に居住し、そこから出ることは制限されていたのです。

1793(乾隆58)年、ジョージ・マカートニー(1737〜1806)を全権大使とするイギリス使節団を乗せたライオン号が中国に到着しました。その目的は、広州以外の貿易港の開港、税率の確定、貿易を管理する担当者の北京駐在などの交渉でした。マカートニーは、広東には立ち寄らず、北京を経由して、万里の長城を越え、9月に皇帝の夏の避暑地であった熱河(現在の承徳)で、清朝第六代皇帝である乾隆帝に謁見しました。彼がこのルートを選んだのは、清朝の中央政府との直接交渉をめざしていたからです。通常、外国人が清朝と交易を行うさいは、朝貢という形を避けるために、間に特権的な商人を置き、外国人の保証人とする方法が常でした。イギリス人はこれを「カントン・システム」と呼んでいましたが、マカートニーはあえて、これを避けたのです。

この乾隆帝との謁見の際に、イギリス使節団が皇帝に対し「三跪九叩頭」の礼(三回ひざまずき、その度に三度額を床に擦り付けるという最上級の礼)をとるか否かということが大きな問題となりました。その礼をとれば、清朝の朝貢国となってしまうため、対等の立場での交渉を望むイギリスとしては、その事態を避けなくてはなりません。マカートニーは乾隆帝の寵臣和珅と何度も話し合った結果、片膝をついて皇帝に拝謁することを許されましたが、彼が中国を訪問した目的であった各種の要求について、清朝側は自国の「地大物博」(領土が広大で、全ての物が揃っている、の意)」を理由に、受け入れようとはしませんでした。

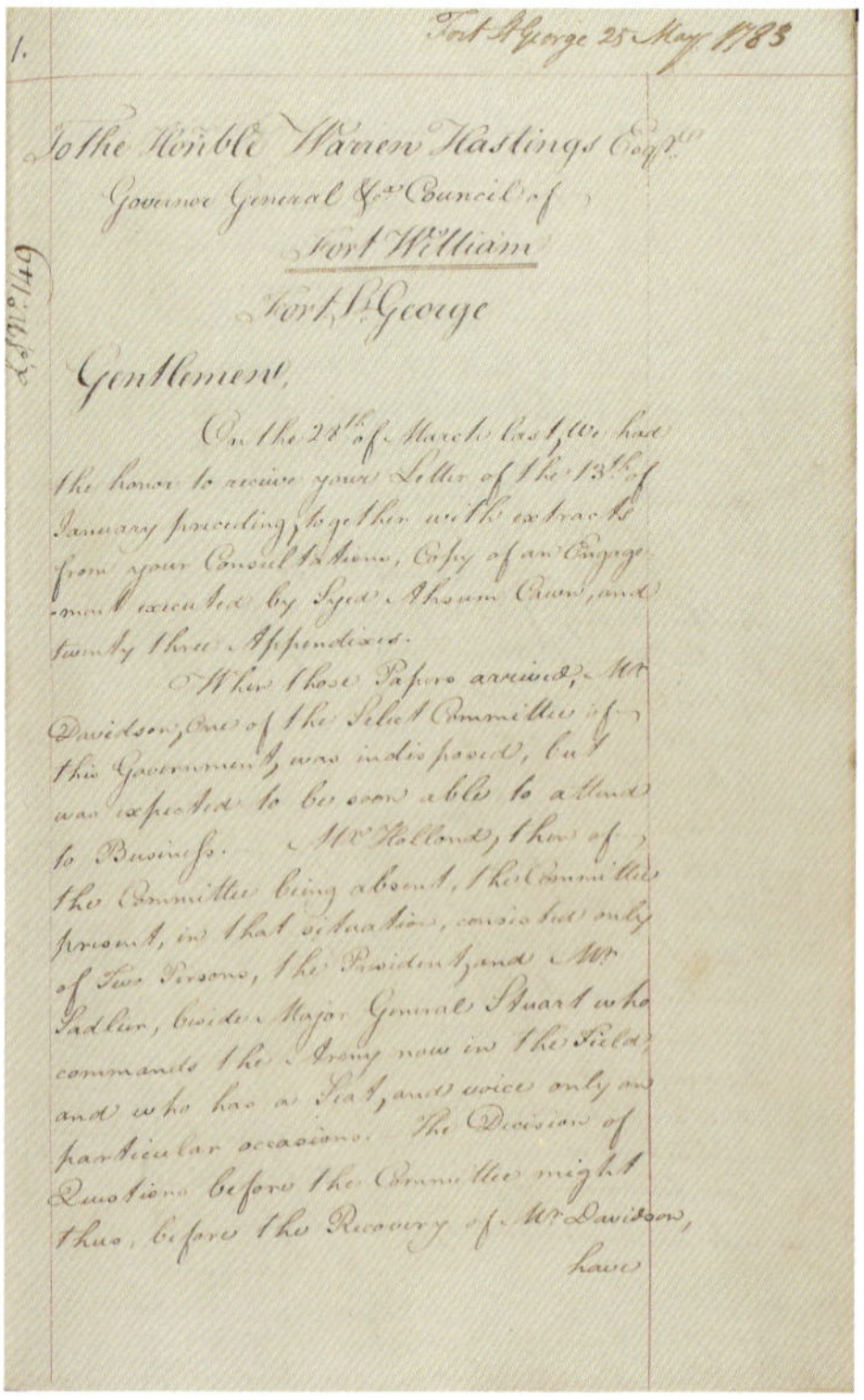
1. Fort St George 25 May 1783

To the Hon'ble Warren Hastings Esq.re
Governor General & c.a Council of
Fort William
Fort St George

Gentlemen,

On the 24th of March last, we had the honor to receive your Letter of the 13th of January preceding, together with extracts from your Consultations, Copy of an Engagement executed by Syed Ahsum Cawn, and twenty three Appendixes.

When those Papers arrived, Mr Davidson, one of the Select Committee of this Government, was indisposed, but was expected to be soon able to attend to Business. Mr Holland, then of the Committee being absent, the Committee present, in that situation, consisted only of Two Persons, the President, and Mr Sadlier, beside Major General Stuart who commands the Army now in the Field, and who has a Seat, and voice only on particular occasions. The Decision of Questions before the Committee might thus, before the Recovery of Mr Davidson, have

『マカートニー書簡集』
東洋文庫には本状の他にも数種類のマカートニーの書簡が保存されています。

マカートニーをめぐる想像と現実

『マカートニーを謁見する乾隆帝』は、この

『イギリス使節マカートニーを謁見する乾隆帝』
18〜19世紀にかけて銅版画の技術が確立すると、イギリスではカリカチュアが盛んに製作されました。ジェームズ・ギルレイは、イギリス初の職業諷刺画家ともいわれています。

一連の出来事を題材にしていますが、その日付からもわかるように、マカートニー中国到着以前に、遥か遠い異国での顚末を画家が想像して描いたものです。作者のジェームズ・ギルレイ(1757〜1815)は、カリカチュア(諷刺画)作家として知られ、デフォルメされた人物像や表情に、画家の皮肉めいた視線がうかがえますが、ここで画家が諷刺したかったのは、むしろマカートニーたちの姿を通して描いてみせた自国の対外政策なのです。

本来の目的に関しては不首尾に終わったマカートニーでしたが、中国国内を往復する際、彼は多くの情報を収集し、それを詳細に日記に書き残しています。これらの貴重な情報は、のちにイギリスがとった対中国政策にも少なからず影響を与えました。「マカートニー書簡集」からは、一外交官としての彼の観察眼や考え方をも垣間見ることができるでしょう。

このように、中華思想を核にした体制を固持し、西洋からの要求をはねのけることができた清朝ですが、その全盛期の終焉は間近に迫っていました。それは、やがて西洋列強の軍事力による、いわゆる「砲艦外交」に直面し、否が応でも「近代」への扉を開かずにはいられなくなる時代の到来でもあったのです。

ラクスマンが根室に来航
1792
1793
英マカートニー使節団の訪中／対仏大同盟／ベンガルに永代ザミンダリー制を施行／ルイ16世処刑

喜《き》多《た》川《がわ》歌《うた》麿《まろ》と歌《うた》川《がわ》豊《とよ》国《くに》

大判錦絵　1793年頃（江戸時代）　蔦屋重三郎版

美人画の名品が勢ぞろい

お江戸のトレンド

江戸時代に大流行した浮世絵は、町人の絵画として発展しましたが、その過程で、武家が支持していた狩野派をはじめとする他派の絵画傾向を積極的に吸収していきました。安価で良質な絵画を広く庶民が入手できるように、木版画を主としていたものの、肉筆画の制作も行われていました。浮世絵という言葉が定着し始めるのは天和年間（1681〜84年）とされていますが、この「浮世」という言葉には「現世」「現在」「俗世間」といった幾つもの意味がこめられています。その名からも窺い知れるように、浮世絵の扱う主題は当時の最先端の社会風俗、それも幕府が「悪所」とみなしていた遊里や芝居町などが中心でした。

浮世絵が、様式として、美人画・役者絵を中心に、古典的な完成の域に達したのは明和から寛政年間にかけて（17世紀末〜18世紀頃）といわれています。この時期、その美しさから「錦絵」と称される多色摺りの浮世絵が発明され、有名な絵師が数多く活躍しました。

美女を描けば、天下一品

その中で、特に現代でもよく知られており、人気の高い浮世絵師の一人が寛政年間（1789〜1801年）に活躍した喜多川歌麿（1753頃〜1806）でしょう。美人画家として名高い歌麿は、評判の遊女や市井の評判娘たちなど階層や年齢も多様な女性をモデルに選んでいます。彼女たちの個性的な美貌を繊細に描写して、微妙な心理や感情までも表現し、その魅力を引き出すように描いています。彼は、女性の上半身に視線を近付け、顔を大きくとらえて描く、いわゆる「大首絵」によって、その名を不動のものとしました。

『高島おひさ』は、歌麿の美人画の傑作と謳

『高島おひさ』1793年頃
難波屋おきた、芸者の富本豊雛とともに「寛政の三美人」と呼ばれて、江戸市中でアイドル的な存在だったそうです。

庶民文化、浮世絵の最盛期

1794　1793　1792

フランスでテルミドール9日のクーデタ

『紅楼夢』刊行

われる「大首絵」の逸品です。モデルのおひさは、江戸両国の煎餅屋高島長兵衛の娘で、1793(寛政5)年当時一七歳、実家が経営する水茶屋の看板娘として評判でした。東洋文庫所蔵の絵は保存状態も良好で、出版当時の鮮やかな色あいを鑑賞することができます。その他にも、歌麿の作品としては、江戸の日常生活を題材とした連作の一枚で年若い娘と少女が金魚を鑑賞し戯れている様子を描いた『金魚遊び』、花魁の華やかな装束が見事な『錦織歌麿形新模様　うちかけ』などが所蔵されています。特に、後者はほぼ完璧な保存状態の作品として知られています。

『錦織歌麿形新模様　うちかけ』1797年頃
従来は白く退色した作品のみが知られていたため「白うちかけ」と題されてきた本作ですが、東洋文庫所蔵のものでは美しい薄紅色を堪能できます。

江戸町人文化の華

また、同時代の歌川豊国(1769〜1825)は役者絵のジャンルで一世を風靡した浮世絵師ですが、東洋文庫所蔵の『丸木橋を渡る女たち』は、姫君と見える振袖の女性を中央に配し、それを囲むように女性たちが列をなして橋を渡っている情景を描いた作品です。

こうして、歌麿、豊国以外にも、美人画の鈴木春信や鳥居清長、役者絵では東洲斎写楽などが輩出したこの時期に、人物を主題とした浮世絵の技法や様式はほぼ完成されました。

絵師たちが画筆を振るったこの文化・文政年間(1804〜30年)は、江戸を中心として、町人文化が大いに発展し、化政文化と呼ばれています。

『丸木橋を渡る女たち』1804〜18年

乾《けん》隆《りゅう》大《だい》皇《こう》帝《てい》

偉大なる皇帝のリアル？な肖像画

アレグザンダー・ウィリアム画　１７９７年（清代）

中国史上有数のカリスマ皇帝

中国の皇帝支配は、秦の始皇帝から辛亥革命によって終わるまで二千数百年続きましたが、人々が豊かで平和に暮らした時代、「盛世」と讃えられる時期はわずか四回しかないとされており、その一つが清朝の康熙・雍正・乾隆の三代、およそ一〇〇年にわたる治世（１６６１～１７９５年）です。いわば、中国王朝史の最後の輝きが、清朝の第六代皇帝、乾隆帝（廟号は高宗、在位１７３５～１７９５）でした。

１７３５（雍正13）年、世宗雍正帝が五七歳で崩御しました。雍正帝は、歴代の支配者を悩ませてきた後継者問題の解決方法として「皇太子密建」の法を定めました。これは、皇帝存命中には皇太子を立てず、皇帝崩御の後、生前皇帝が隠しておいた後継者の名を大臣たちが見て即位させる、という方法でした。他の王朝と比べて、清朝に暗愚な皇帝が少ない理由の一つに、この密建による指名があったとされています。当時二四歳の第四子弘暦が、密建で即位した最初の例となりました。彼は幼い頃から聡明で、祖父である聖祖康熙帝に愛されていたと言います。

乾隆帝は、規律の緩みに陥る危険性もはらんだ祖父の「寛容」と、苛烈の傾向が強かった父の「厳格」との間を、自らの方針としました。軍機処主導による政治の安定や、対外貿易の活発化などによる経済力を背景に、「十全武功」に代表される外征による領土拡大と、『四庫全書』編纂などの文化的事業を推し進め、その治世は清の最盛期となったのです。

似ているのか？　いないのか？

ところで、美術を愛好した乾隆帝は、自らの肖像画を数多く描かせました。漢人風の衣装を身に付けた絵や、曼荼羅図の中央に自らを文殊菩薩として描かせたものもあり、甲冑をつけた西洋風の騎馬像をカスティリオーネに描かせたりもしています。

しかし、ここに挙げた『乾隆大皇帝』は皇帝の命によるものではなく、マカートニー使節団に随行した画家ウィリアム・アレグザンダー（１７６７～１８１６）が描いた水彩画を原画として、版画家ジョセフ・コリアーが仕上げた銅版画です。１７９７年にロンドンで刊行された、マカートニー使節団の副使ジョージ・レナード・ストーントン（１７３７～１８０１）の『ストーントンの旅行記』第一巻の口絵に用いられています。この肖像画は、乾隆帝の特徴を詳細にとらえた作品として評価されていますが、実際に画家が乾隆帝をその目で見たわけではありません。同じく使節団に随行していた砲兵中尉パリッシュのスケッチをもとに、アレグザンダーが描き直したものでした。とはいえ、中国では、下絵を提出して皇帝の批准を得てから制作にとりかかるなど、細部にわたる指示のもとで、皇帝の肖像（御容）が描かれることになっていました。そうした事情を考え合わせると、当時描かれた乾隆帝の肖像画としては、客観的で正確なものと考えてよいのではないでしょうか。

清朝の「おわりのはじまり」

１７９５（乾隆60）年、八五歳で乾隆帝は退位し、皇位を嘉慶帝に譲りました。絶頂期と

1795　乾隆帝が退位

1796　イギリスの探検家ブロートンの一行が室蘭に来航

イランにカージャール朝成立

『乾隆大皇帝』
副使のストーントンは、この肖像画について「骨格、服装、特徴は本人そのもの」としつつも、顔については一瞬しか見ていないため「特徴は似ているとはいえない」と微妙なコメントを残しています。

もいえる乾隆帝の治世でしたが、その斜陽はすでに始まっていました。1799(嘉慶4)年に乾隆帝が没すると、その寵愛を一身に集めた官僚和珅の不正な蓄財が明らかになり、総計八億両超といわれる莫大な私財は没収され、和珅は死刑になりました。この事例が端的に示すように、官僚による圧政に対して民衆は困窮しており、地方では民衆蜂起の兆候が表面化しはじめていました。嘉慶帝即位の年、ついに白蓮教徒の乱が起こりました。この大規模な民衆反乱を期に、清朝は大きく傾き、以後衰退の道を辿ることになります。

清《しん》俗《ぞく》紀《き》聞《ぶん》

ヒアリング調査に基づいた、中国事情の解説書

中川忠英著　1799年(江戸時代)

中国への関心の高まり

寛政後期から文化・文政期にかけて、日本では喜多川歌麿らの浮世絵が黄金期を迎え、町人文化が花開いていました。ロシア使節の来航もあり、鎖国中とはいえ海外への関心が強まってきていたといえます。一方、ヨーロッパでは、フランス革命後の動乱で各国が争う中、イギリスやフランスとの戦争でオランダは国力を消耗し、1799年にオランダ東インド会社が廃止されました。長崎へのオランダ船来航も次第に減り、全く来なかった年もあったほどです。このため、必然的に、当時の日本における対外貿易の中心は中国となっていました。

庶民が語る中国像

オランダ東インド会社解散の年に刊行された『清俗紀聞』は、編者中川忠英《ただてる》(1753〜1830)が長崎奉行に在職中、同地に滞在していた中国商人たちから乾隆期の福建・浙江・江蘇地方の風俗や慣行、文物を詳細に聞き取って、画家に絵図を描かせ、和漢混淆文で解説した調査記録です。実際の聞き取りや記録といった作業は、忠英が海外事情の調査に長じた部下に命じ、唐通事と呼ばれる中国語通訳官を使って行われました。

『清俗紀聞』は、年中行事、居家、冠服、飲食、閭学、生誕、冠礼、婚礼、賓客、羈旅、喪礼、祭礼、僧徒の六冊一三巻で構成され、書物からでなく、聴取によって得た情報の集大成であり、当時の中国の最も日常的で庶民的な風俗や文化を正確に、そして総合的にとらえようと試みた記録ともいえます。そして、現在からすると、清朝最盛期の民俗および社会・経済についての大変得難い資料です。また、解説書としては絵図の占める割合がかなり高いことも本書の特徴といえます。

この本が編纂された主な目的は、対中国貿易の監督と幕府の鎖国政策の執行の両立を求

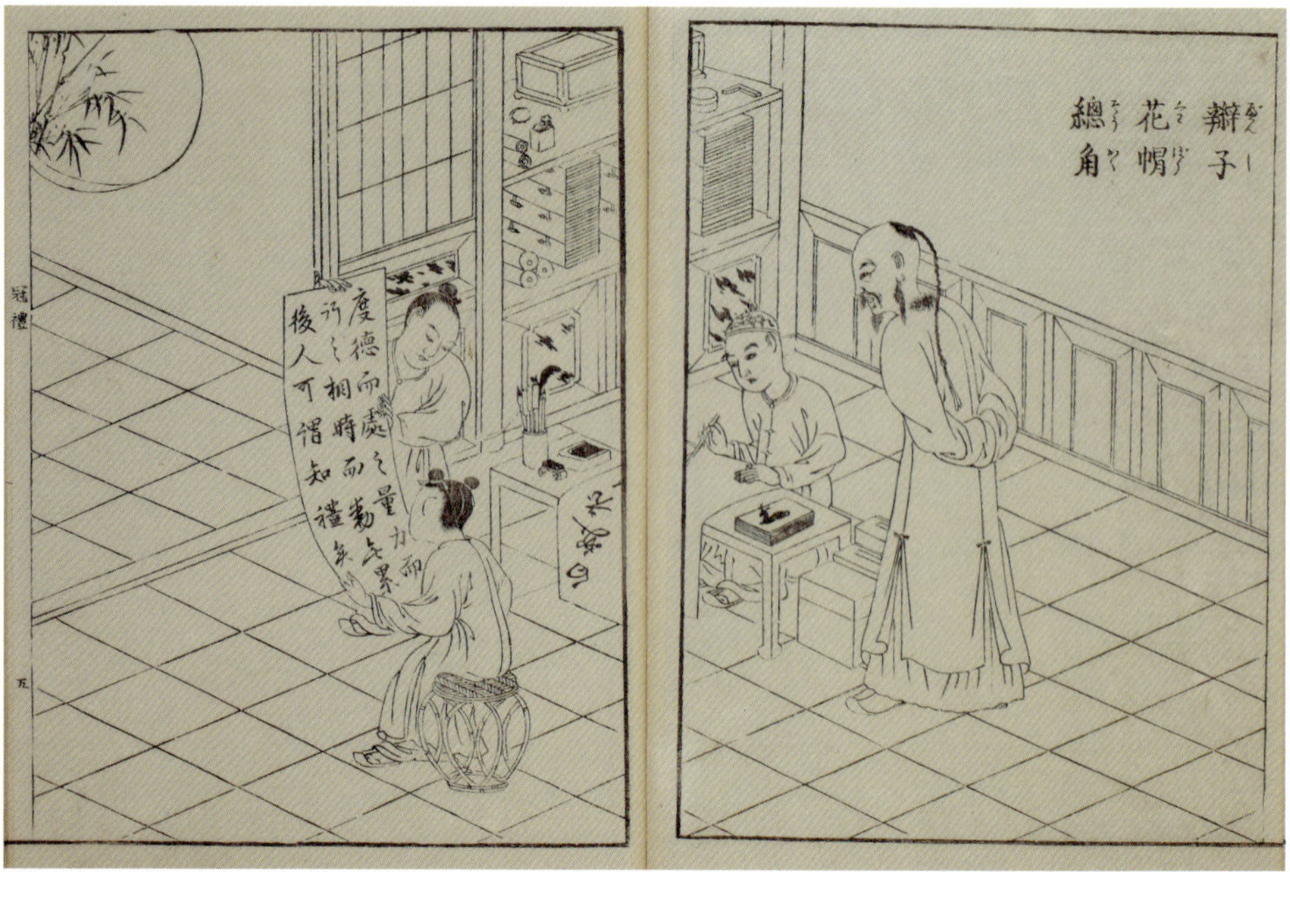

『清俗紀聞』
右から「辮子」「花帽」「総角」と図中人物の髪形の名称が記されています。

められていた、長崎奉行とその配下のための基礎資料の整備だったといいます。しかし、そうした実務面とは別に、本書には、海を越えてもたらされた文物を通して、中国文化への関心が高まっていた状況が色濃く反映されています。こうして日本に入ってきた清国東南部を中心とした文化・文物は、いわゆる「唐様《からよう》」「唐物《からもの》」としてゆっくりと鎖国下の日本に浸透し、近世の庶民文化形成に影響を及ぼしたと考えられます。

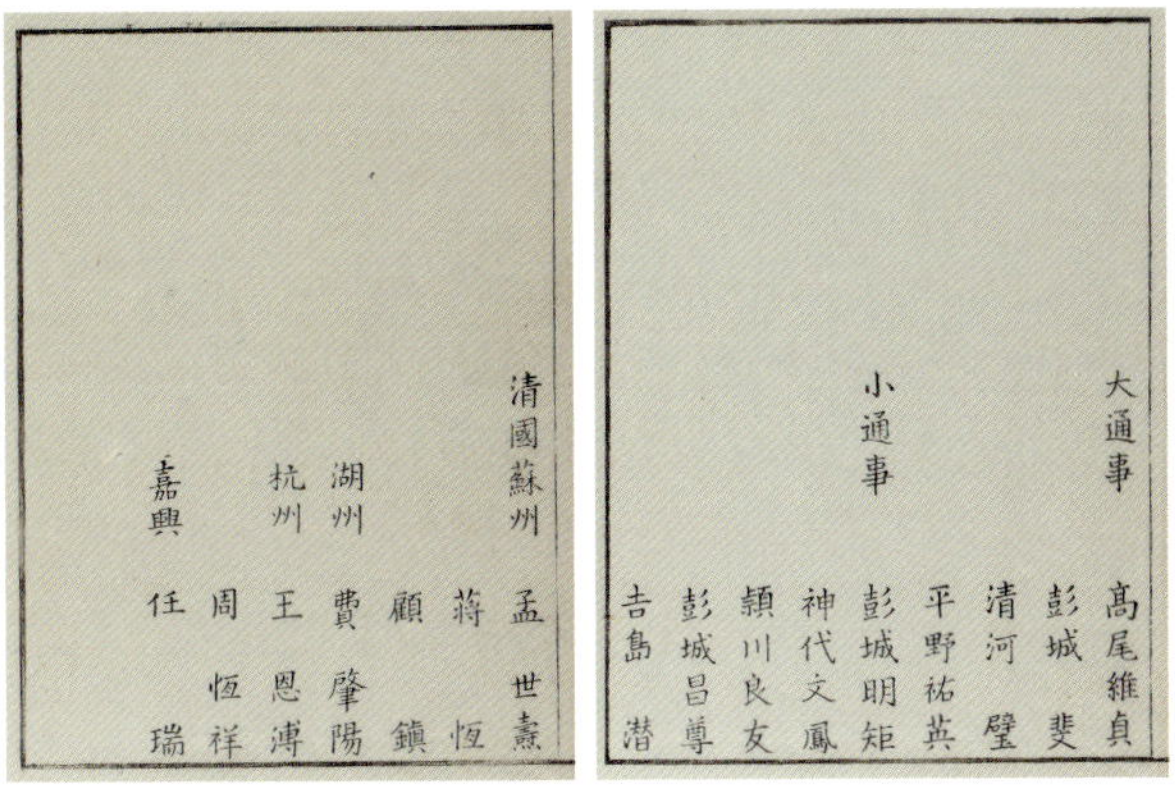
大通事
高尾維貞
彭城斐
清河璧
平野祐英
小通事
彭城明矩
神代文鳳
頴川良友
彭城昌尊
吉島潜

清國蘇州　孟世燾
蒋恆
湖州　顧鎮
費肇陽
杭州　王恩溥
周恆祥
嘉興　任瑞

『清俗紀聞』の跋文
序文は林大学頭述斎を筆頭に当時の知識エリートが漢文で執筆し箔を付けていますが、末尾の跋には編集に協力した大通事・小通事をはじめ、画工や取材対象となった清国人の姓名も載せており、忠英の人柄をうかがい見ることができます。

『清俗紀聞』の制作メンバー

編纂作業の中心となった近藤重蔵は、のちに蝦夷地で何度も調査・探検をおこなった人物として知られています。また、細部まで丁寧かつ具体的に描かれた絵図を手がけた画家の一人、石崎融思は長崎唐絵目利（鑑定人）もつとめた画家で、西洋画の技法にも通じていました。

編者の中川忠英は、旗本の五男として生まれ、父の跡を継ぎ、寛政の改革では目付として綱紀粛正につとめたといいます。1795（寛政7）年2月から長崎奉行となり、1797（寛政9）年2月までその任にあった忠英は、江戸に帰ったのちに『清俗紀聞』を出版しました。1807（文化4）年、ロシア使節レザノフの部下による襲撃事件が起こると、長崎時代の部下である近藤重蔵の蝦夷地対策に関する意見書を幕府上層部にとりもった縁もあり、自身も蝦夷地におもむいています。ちなみに、彼の四男が小栗家に養子へ行きましたが、その子息が、幕末に外国・軍艦・勘定奉行を歴任して日本の近代化に貢献したといわれる小栗上野介忠順です。小栗の開明的な姿勢は、案外祖父の中川忠英から受け継いだものもあったのかもしれません。

近藤重蔵が千島を探検　中川忠英勘定奉行となる

1799　1798　1797　1795

オランダ東インド会社廃止／フランス、ブリュメール18日のクーデター　ナポレオンのエジプト遠征　フランス総裁政府

チベット大《だい》蔵《ぞう》経《きょう》

『法華経』17〜18世紀写

世にも美しい経典

チベット仏教の誕生

紀元前6世紀にインドで生まれた仏教は、紀元前後頃にはアジアの各地へと伝わっていきましたが、その過程で、出家者が自己の救済を求める旧来の仏教と、多くの人を救済することをめざす大乗仏教に分かれ、特に大乗仏教がその信者を増やしていきます。しかし、ヒンドゥー教の広まりと社会不安などから、皮肉なことにインドでの信者は減っていきました。

セイロンや東南アジア、シルクロードを通って中国・朝鮮・日本へと伝わった仏教においては、西域の僧が仏典を漢訳したテキストが伝わりました。

一方、7世紀頃のチベットでは、吐蕃のソンツェン・ガンポ王の時に、唐の皇女である文成公主やネパールから妃が嫁いだことで仏教が伝わりました。チベットに伝わった大乗仏教は、チベット固有のボン教が融合して、8〜9世紀頃にチベット仏教が成立しました。チベットでは、チベット文字と文法を定め、原典からチベット語に翻訳された仏典の全集を備えるようになりました。これが大蔵経です。13世紀までに、チベット仏教では諸派が成立し、元の支配下ではフビライによって保護されました。しかし、元朝がチベット仏教のためにつぎ込んだ莫大な資金は、元末の財政難の一因になったと言われています。

華麗な装飾に来世を願う

チベットの本は横長の紙を綴じずに重ねたものを厚い板に挟むか、布に包み紐をかけた状態で書棚に並べます。文字は左から右に読み、一枚読み終わるごとに裏返して表紙の板の方に重ねてその裏を読みます。本資料は、17〜18世紀頃の成立とされるチベット語訳の筆写本で、河口慧海(1866〜1945)が第二回のチベット訪問で現地の高僧からもらい受けた仏典のうち、特に豪華な装丁の写本です。ある裕福な家庭の夫人が死後は仏として極楽浄土に生まれ変わることを願ってつくらせたもので、実際に読経で使っていたと思われます。表紙の板には精緻な浮き彫りが施されていて、紫紺に染めた長方形の紙二〜三枚を膠で貼り合わせて補強し、金・銀粉を溶いた絵の具で三〜八行の割合で文字を横書きで左から右に記しています。全二三九枚の紙は綴じずに重ね、上下に二枚の厚い板ではさんでいます。なお、一頁目に

1642 ダライ・ラマ5世がチベットを統一
1696 ポタラ宮完成
1720 清がラサに侵攻

『法華経』
この経典は、私たちにもなじみのある「法華経」ですが、サンスクリット語の原題では「サッダルマ・プンダリーカ・スートラ」と称し、「白蓮のようにすぐれた法」を意味します。チベット仏教では、「正法白蓮華と名づくる大乗経」と呼ばれています。

は紺紙に金泥で経典のサンスクリット名とチベット名が記されています。河口慧海は、唐の玄奘三蔵のように、漢語に音訳された仏典ではなく、仏陀の教えの原点であるサンスクリット語、チベット語の仏典を求めて、インドに渡りました。そしてネパールからのルートをたどり、１９０１年、日本人として初めてチベットのラサに入っています。河口慧海は約一年の滞在ののち、ラサを去り、一度帰国した後、１９１３〜１５年にかけて、二回目のチベット入境を果たしています。

伊能忠敬が蝦夷地を測量
1800

私の逸品

壇《だん》廟《びょう》祭《さい》祀《し》節《せつ》次《じ》

目の前によみがえる清代の舞楽

石橋崇雄　東洋文庫研究員
国士舘大学文学部長・教授

東洋文庫に通うことを許され、早40年になります。東大文学部に進学後、満洲語文献のことで神田信夫先生にご相談した御縁からでした。2回にわたる大改築によって素晴らしいタイル貼りが消える以前の東洋文庫で、あの重厚で不思議な気配の色濃く漂う書庫に初めて入ることが叶った時の感動と緊張は今でも克明によみがえります。ほどなくまったくの偶然から『壇廟祭祀節次』に巡り会います。少し光を落とした中に居並ぶ書架のそれも目立たない位置からその美しい帙《ちつ》は手招きしていました。あたかもライン川で誘うローレライのように。

この『壇廟祭祀節次』(1帙6冊)は、天壇・社稷壇・太廟・文廟など、広くよく知られた中国の壇・廟に関わる祭祀の詳細がわかり易くまとめてあるもので、これまで分析してきた結果からみて清朝の盛時に国家祭祀の実行要覧として編纂されたものと判断しています。

ところで、こうした清朝の国家祭祀であれば、『大清会典事例』や『欽定太常寺則例』などの記載を比較して検証することで式次第・楽章・関係者の服装というような詳細な情報を知ることができますし、実際、こうした手法で清朝国家祭祀の実態に迫ろうとした祖父丑雄《うしお》による詳細な研究もあります。それでは、『壇廟祭祀節次』から得られる新たな情報とは何でしょうか。また作成年代はいつ頃と考えられるのでしょうか。

全6冊の第1冊に見える漢文と満洲文の併記による序のほか、計3冊にわたる式次第にも漢文と満洲文とが混在していて、清朝における国家構造の特徴がよく現れています。序には記年がありません。ただ全体の内容から見て、清朝が楽部を設けた1742(乾隆7)年以降の編纂と考えられます。特に留意したいのは式次第で、祭祀の各担当官による「唱」の具体的内容が満洲文だけで伝えられていること、「楽章」に旋律記号が付記されていること、「楽章」の一語ごとにどの舞がどのように重なるのかを詳細に記していること、壇・廟の祭祀ごとに「文舞生」「武舞生」「青衣童子」の着衣・帽子・持ち物の形状・文様・色彩が当時のまま克明に伝えられていること、そして「文舞生」「武舞生」「青衣童子」による舞のしぐさが克明に描かれていることです。

一昨年秋期の東洋学講座で、研究部事務室の御協力によってこの「舞生」の舞が世界で初めての連動色彩画面で舞い始めた時の感激は忘れられません。『壇廟祭祀節次』は私が東洋文庫で出会った愛しく稀有な逸品なのです。

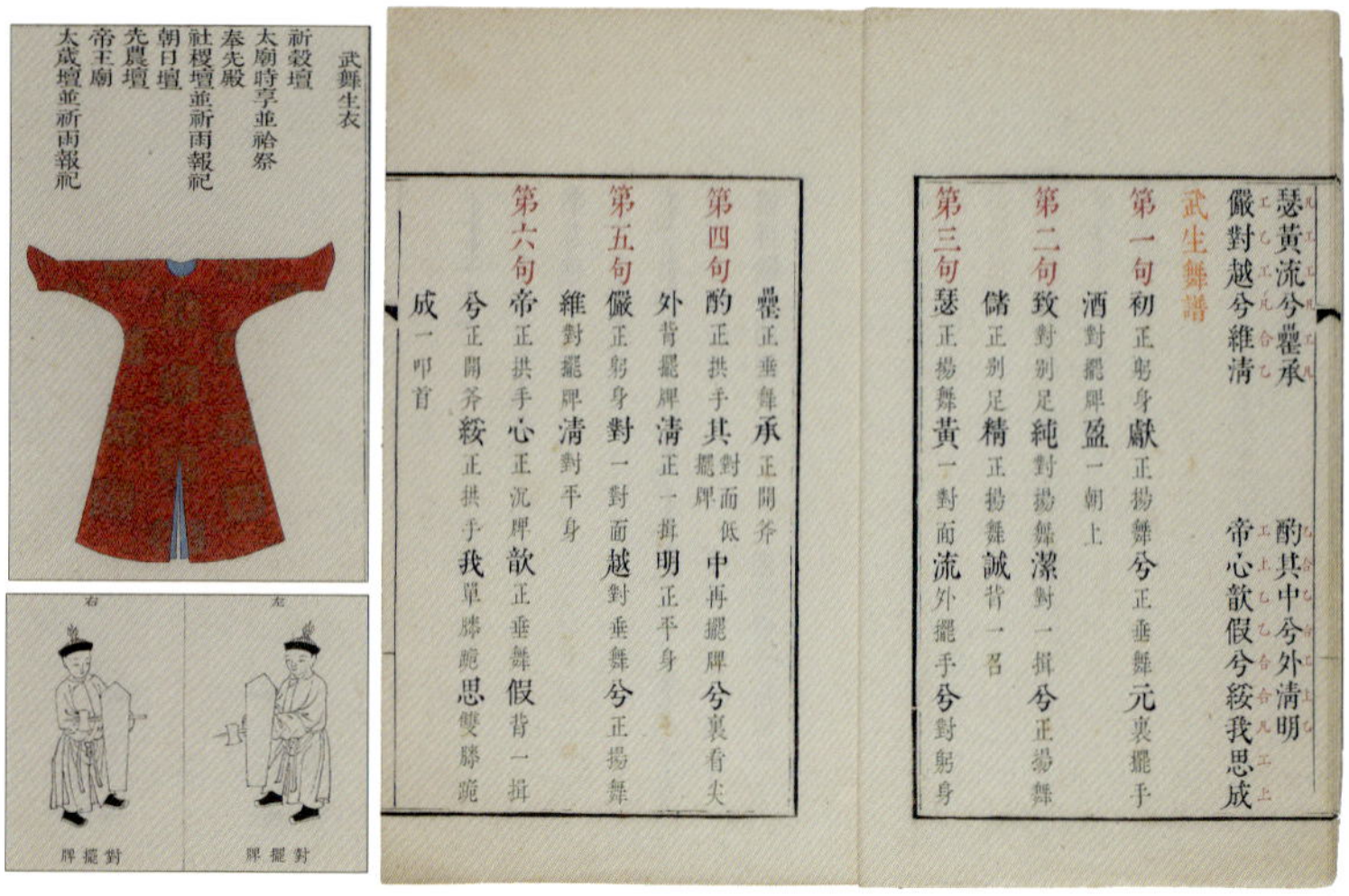

『壇廟祭祀節次』　活字印本　刊行年不明
「祈穀壇」祭祀の「初獻禮」における「寶平之章」に重なる「武生舞譜」で、図はその「衣」(朱色)と第五句の「維」に対応する「對擺牌」(左下段)という舞の姿。

第5章 激動の近代アジア——19世紀

アヘン戦争で清が敗北したとの知らせに衝撃を受けたのは、当の清朝ではなく隣国の江戸幕府でした。すでにその頃、日本近海には開国を求める異国船が来航していました。その9年後、浦賀にペリーの艦隊があらわれて、江戸ではこんな狂歌が作られます。日本の鎖国の終わりは、欧米の帝国主義列強がアジアを席巻する波乱の時代の幕開けでした。

泰平の眠りを覚ます上喜撰
たった四杯で夜も眠れず

無名人（1853頃）

大《だい》南《なん》寔《じつ》録《ろく》

19世紀後半

ベトナム最後の王朝の正史

ベトナム三国志

18世紀のベトナムでは、三〇〇年あまり続いた黎《れい》朝の支配が名目化し、北は東京《トンキン》鄭《てい》氏、南は広南《クァンナム》阮《げん》氏が支配する南北分裂の状態にありました。この混乱に乗じて挙兵したのが、ベトナム中部西山邑《せいざんゆう》の阮氏三兄弟です。彼らは鄭氏と連合して嘉定《かてい》(現在のホーチミン市)から広南の阮氏を駆逐し、1778年に王を称して西山朝を建国しました。嘉定陥落のおり、広南阮氏の阮福《ふく》暎《えい》は、ただ一人脱出に成功します。彼は、タイのチャクリ朝のラーマ1世に援軍を請い、メコンデルタの中国人勢力を味方につけ、フランスの援助をとりつけて西山に軍を進めましたが、ラックガム・ソアイムットの戦いで惨敗し、再び身をひそめました。

西山朝はこの後、東京鄭氏を倒し、さらに黎朝を圧迫して全ベトナム支配に乗りだします。黎朝の要請で出兵した清軍は、ドンダーの戦いで西山朝に敗れ、ここに黎朝は滅亡しました。しかし、この時、阮氏三兄弟にも権力をめぐる確執が生じていたのです。

戦う宣教師 ピニョー・ド・ベーヌ

故国を追放された阮福暎は、阮氏三兄弟の仲違いを知ると、フランス、ポルトガル、イギリスなどに支援を求め、再び西山朝を攻めようとしました。これに応えて積極的に阮福暎を支持したのが、フランス人宣教師ピニョー・ド・ベーヌ(1741〜99)です。ピニョーは、パリ外国宣教会に所属するカトリックの宣教師で、1765年にコーチシナに派遣

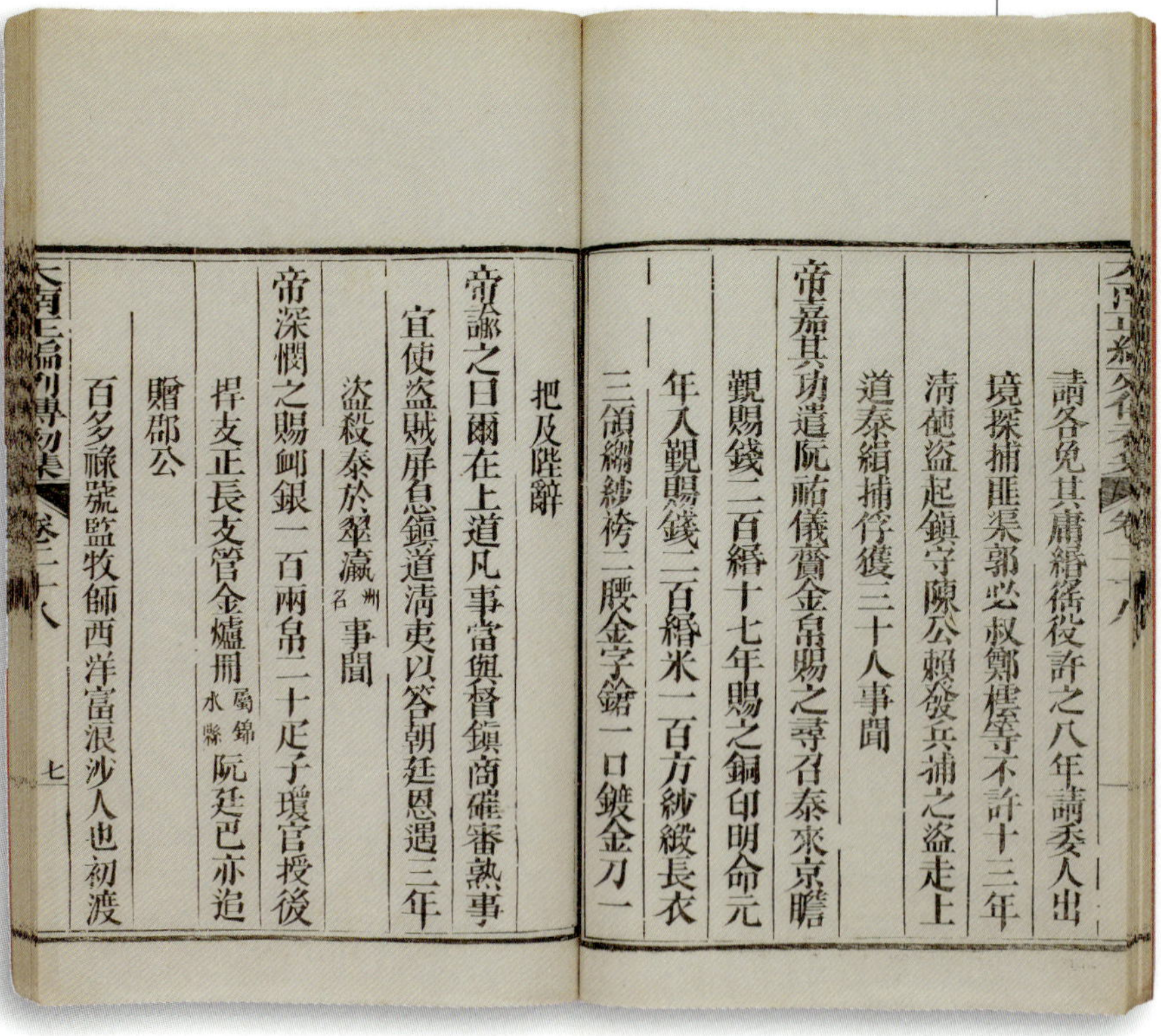

『大南寔録』
本書の後半部分は、フランス領インドシナの時代についての貴重な記述です。しかし、植民地問題やフランスとの関係については粉飾した記述が多く、他の史料との比較が必要です。

箱館奉行を置く
1802
ベトナムで阮朝建国／阮福暎ベトナムを統一
1800
清朝、白蓮教徒の乱を鎮圧

されました。彼は、義勇兵や武器を集めて阮福暎を支援したばかりでなく、さらにフランスに帰国して1787年攻守同盟を成立させました。ところが、その二年後にフランス革命が起こり、本国からの援軍は望めなくなります。驚くべきことに、ピニョーは自ら傭兵をひきいて西山朝と戦い、1792年にはクイニョン沖でその艦隊が西山朝の軍をやぶりました。しかし、暑さと疲労のため赤痢にかかり、五八歳で陣没しました。阮福暎は、ピニョーを丁重に葬り、自ら弔辞を読んだと言われます。

阮朝から仏領インドシナへ

この後、阮福暎は西山朝を倒し、1802年に即位して嘉隆帝となりました。阮福暎が創始した阮朝(1802~1945)は、ベトナム史上最大の領域を支配しました。

ここで紹介する『大南寔録』は、この阮朝の正史です。嘉隆帝阮福暎より前の広南阮氏の時代から、一二代皇帝啓定帝の時代までを記述しています。阮朝は、儒教に基づく中国官制を取り入れ、科挙を実施して、中央集権的な官僚制と専制君主制を目指しました。本書に代表される歴史書や地理書、清律にならった法令集などを国家事業として多く編纂しています。

建国当初、カトリック勢力との関係は比較的良好でしたが、第二代明命帝は、外来勢力と結びつくおそれのあるキリスト教勢力を厳しく弾圧したため、逆にフランスの侵略を招くことになりました。二次にわたるサイゴン条約の結果、コーチシナ六省をフランスに割譲し、さらに、宗主国である清が清仏戦争(1884~85)に敗れたため、ベトナム全土が1887年にフランス領インドシナの一部となります。

1935年、慶應義塾大学教授松本信広の尽力により、フエ宮廷は内部文書である『大南寔録』を六部だけ重刷することを許可しました。その六冊は、当時の東京および京都帝国大学、東方文化研究所東京支部および京都支部、そして慶應義塾大学と東洋文庫におさめられました。この事は、現在も東洋文庫に支部を持つフランス極東学院の当時の院長ジョルジュ・セデスの口添えによるものだったそうです。

めずらしい越南本

ベトナム人の手になる漢文、および漢字と字喃《チュノム》を交えて書かれた書籍を、越南本・漢喃《ハンノム》本・安南本などと呼びます。ベトナムには15世紀に中国の印刷術がもたらされ、出版活動がさかんになりました。越南本は、官版・坊刻とも題簽(外題紙)を付さないものが多く、表紙・裏表紙には安南紙の反故を貼り合わせて柿渋を塗り込んだものを使います。濃褐色に染まった表紙には、虫害や湿気から書籍を守る効果があったと言われます。

1804
オーストリアがハンガリー併合

環《かん》海《かい》異《い》聞《ぶん》と北《きた》蝦《え》夷《ぞ》地《ち》部《ぶ》

『環海異聞』 大槻玄沢記 1807年／『北蝦夷地部』 間宮林蔵述 村上貞助編 1810年写（江戸時代）

江戸後期、北方への熱い視線

日本人初の世界一周旅行記

1793（寛政5）年、仙台藩領石巻の廻船若宮丸は、船頭平兵衛ら一六人が乗り組み、江戸へと向かって出航しました。しかし船は塩屋崎付近で暴風雨に遭い、アリューシャン列島のオンテレイッケ島に漂着しました。その後ロシア各地をめぐった漂流民一〇名はペテルブルクでアレクサンドル1世に謁見し、水主の津太夫、儀平、左平、太十郎の四名が帰国を許されました。一行は、日本に修好使節として派遣されたニコライ・レザノフ（1764〜1807）にともなわれて帰国します。

この時の漂流民たちからの聞き書きの記録が『環海異聞』です。彼らはロシア初の世界一周船ナジェージタ号で帰国したため、本書は、奇しくも日本初の世界一周見聞録となりました。同じくロシア領に漂着した大黒屋光太夫らの体験をまとめた『北槎聞略』と並ぶ傑作とも言われます。

『環海異聞』は、仙台藩の藩医大槻玄沢が中心となってまとめました。玄沢は若い時に江戸への遊学を許され、杉田玄白の私塾・天真楼で医術を修めるかたわら、前野良沢にオランダ語を学んだ蘭学者でした。1807（文化4）年に完成した本書は、津太夫らとの質疑

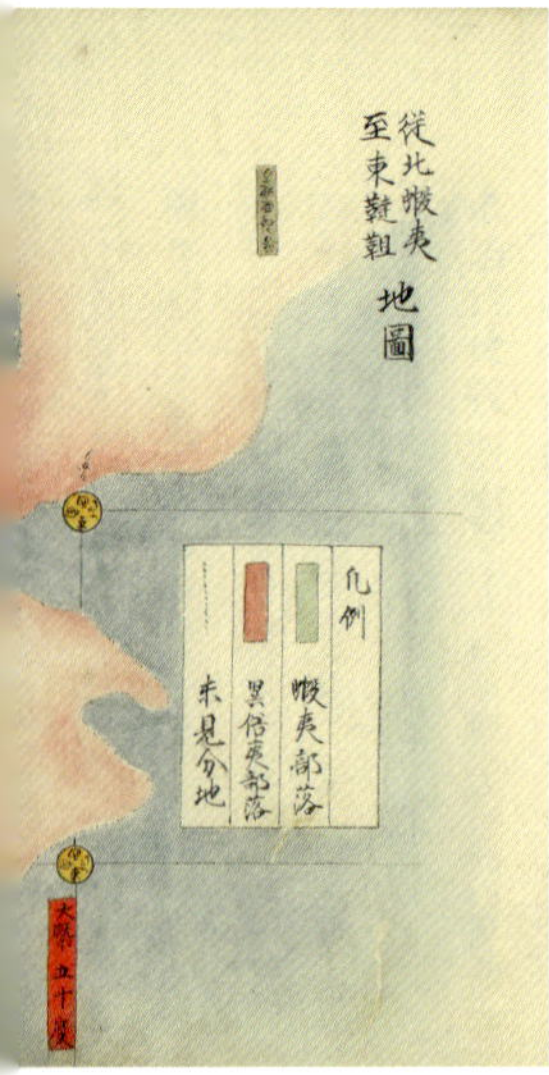

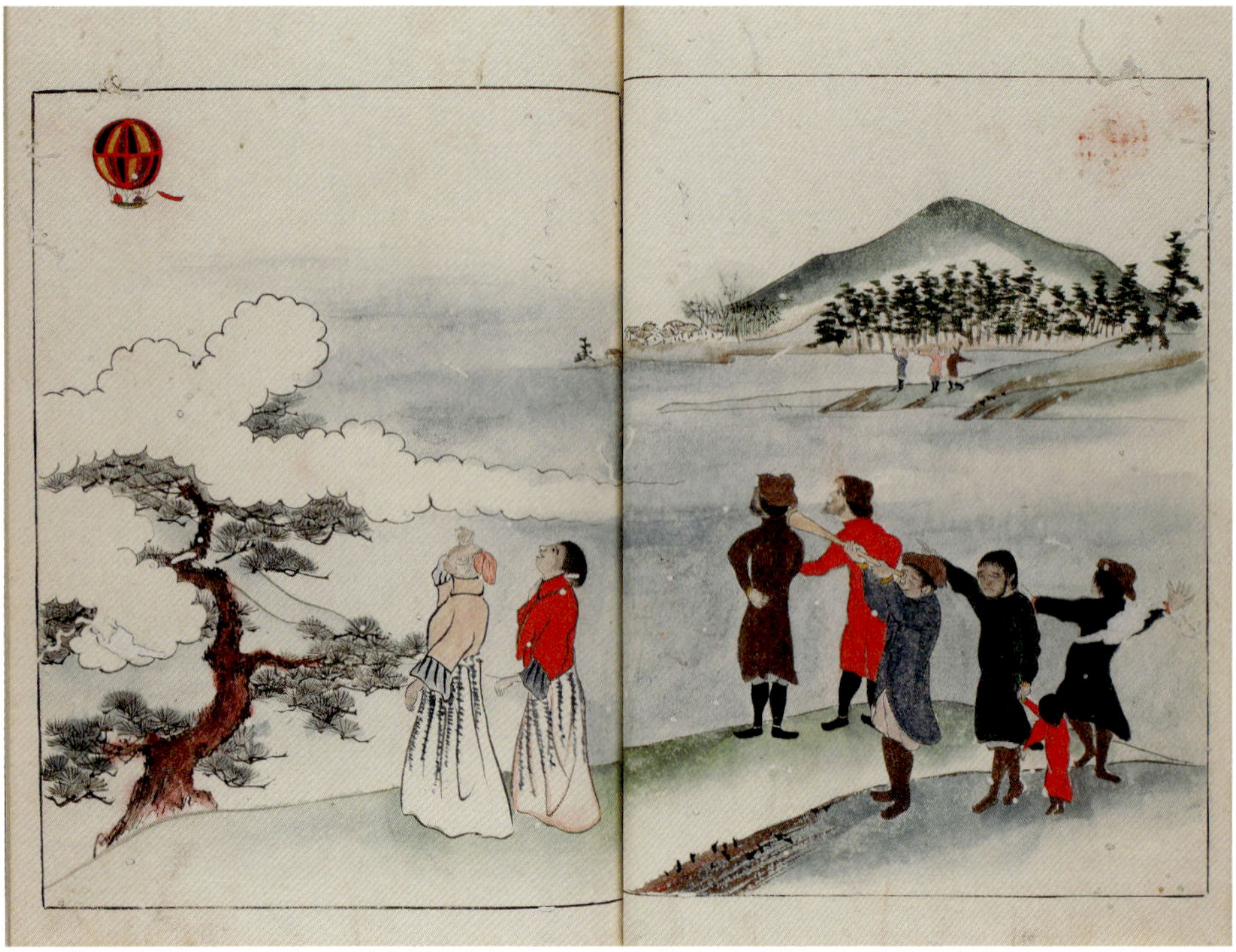

『環海異聞』

1805
華岡青洲が麻酔薬を用いて乳癌を手術
トラファルガーの海戦

1804
ニコライ・レザノフ、長崎に来航／ナポレオンが皇帝に即位

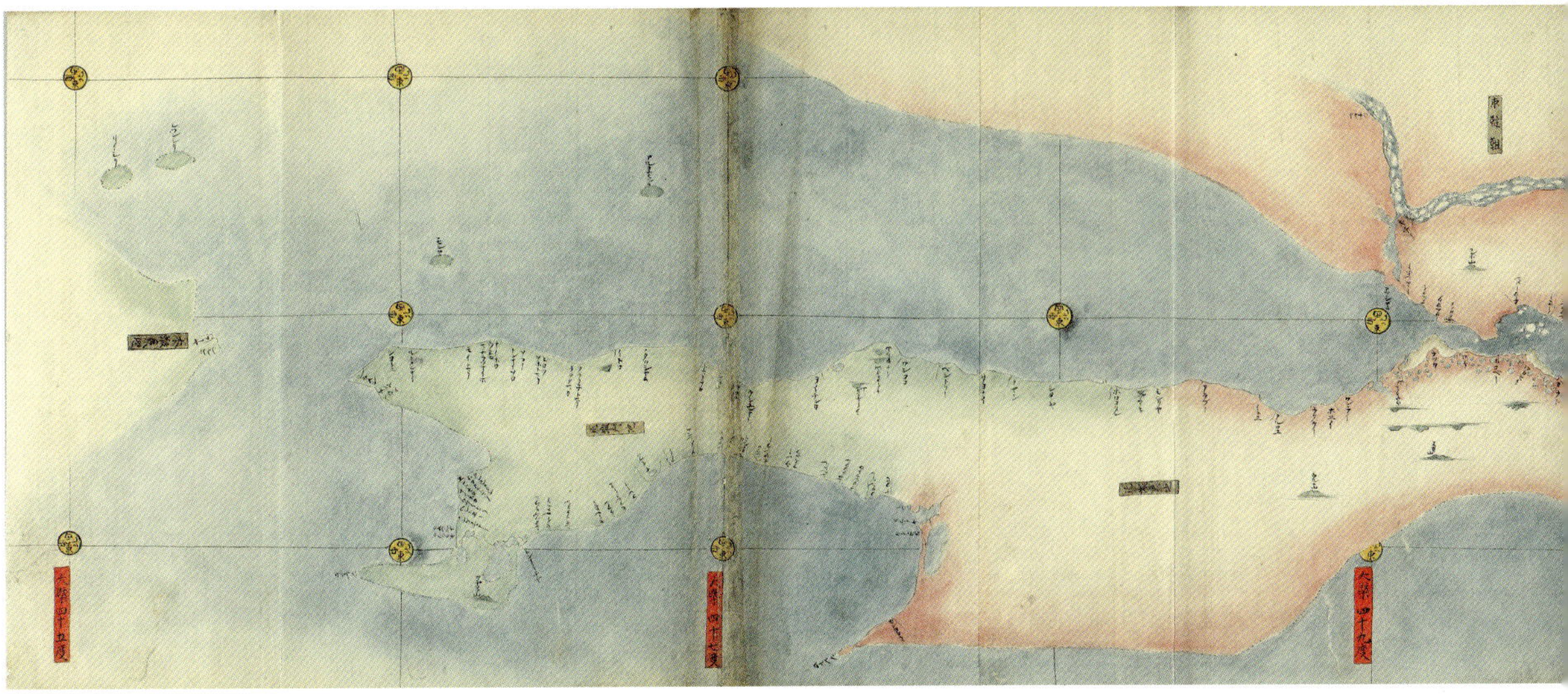

『北蝦夷地部』
編者の村上貞助は、間宮林蔵が地理学を師事した村上島之丞の門弟でした。林蔵とは兄弟弟子にあたるわけです。

応答を元にしつつ、玄沢が参考資料を収集したり、自分の意見を補ったりして書かれています。本文中には、漂流民の帰路を示した地図や衣服などの絵図を多く収録し、読者の理解を容易にしています。

樺太実地調査のパイオニア

一九世紀はじめ、帝政ロシアは、アラスカの植民地経営と極東・北太平洋における貿易の発展をもとめ、日本に足場を築く必要にせまられていました。しかし、開港を求めるレザノフに対して、幕府は強硬な姿勢を崩さずこれを拒否し、その態度に憤激したレザノフは、樺太《からふと》や択捉《えとろふ》島などの日本側根拠地を襲撃しました。この一件は、異国船に対する幕府の態度を硬化させます。蝦夷全地を直轄領とした幕府は、さらに東蝦夷地からロシアに近い樺太へと防備の視線を向け、北蝦夷地の全貌をつかむための測量が重視されるようになりました。

間宮林蔵（1775〜1844）は、1808（文化5）年、幕府の命により松田伝十郎とともに樺太を探検しました。その際、彼は東海岸を、伝十郎は西海岸を北上するというルートをとり、やがて合流した二人は実地調査から樺太が離島であることを確認しました。探検結果を松前奉行などに報告した後、再探検を幕府に願い出た林蔵は単身樺太に赴き、翌年には鎖国の禁を破って、樺太の先住民族の首長とともに海峡を渡り、黒竜江下流を調査しました。この時の探検によって、樺太が島であることが再確認されただけでなく、樺太と大陸間の海峡の様子が明らかになったのです。のちに林蔵は、シーボルト事件に関わって声望を落とすことになるのですが、皮肉にも、そのシーボルトが作成した地図で、樺太・大陸間の海峡最狭部を「間宮海峡」と命名したために、彼の名はヨーロッパに広く知られるようになったのでした。

東洋文庫所蔵の『北蝦夷地部』（写本）は、1810（文化7）年に画人、村上貞助《ていすけ》（1780〜1846）が、間宮林蔵の口述をもとにまとめたものです。本書には、地勢や産物、人物のほか、飲食、機械、使犬、交易、礼などの項目ごとの記述のほか、当時の樺太を知る上で貴重な多数の挿絵と地図が載せられています。カラフトアイヌの重要な労働力であった犬の使い方やスメレンクル人の子育てなどが挿絵とともに詳しく解説され、樺太での人々の生活をわかりやすく伝えています。

日本《に》本《ほん》幽《ゆう》囚《しゅう》記《き》

ヴァシーリイ・ミハイロヴィッチ・ゴロヴニン著　1818年

謎の国「ジパング」のベールをはぐ衝撃の一冊

囚われのロシア軍人

レザノフの部下が樺太・択捉島などで起こした襲撃事件の後、幕府は蝦夷地の守備を固めた上で、異国船が近寄った場合には船を拿捕し、乗組員を捕らえさせるという決定を下しました。このように、ロシアに対する警戒が高まっている時期、ある事件が起こります。1811(文化8)年、ロシア軍艦ディアーナ号が千島・樺太方面を調査・測量中に、薪や水の補給のため国後島に寄港し、艦長である海軍少佐ゴロヴニン(1776〜1831)が部下とともに、幕府の守備隊に捕らえられたのです。捕虜となったゴロヴニンら八名は松前と箱館に監禁され、二年三カ月あまりにわたる幽閉生活を送りました。

日本側は、先だっての襲撃事件は皇帝の命を受けたものであったのか、つまりロシアが国家として日本を攻撃するという意図があったのかどうかについて、彼に何度も尋問して確認したために、抑留が長期に及んだと言われています。また、ゴロヴニンが日本に接近した目的が、日本を攻撃するための事前調査ではないかという点についても繰り返し問いただしたといいます。ディアーナ号副艦長リコルドや、ディアーナ号の人質となった箱館の商人高田屋嘉兵衛《たかだやかへえ》らの尽力により、1813(文化10)年、ようやくゴロヴニンらは釈放されました。この抑留生活の間、ゴロヴニンは、彼の元を訪れた間宮林蔵などに、ロシア語やロシアの国情を教えたりしていました。

欧州よ、これがニッポンだ!

帰国後、ゴロヴニンは、日本での生活や、幽閉中に接した日本の知識人たちから得た、日本の学問水準、国内体制、習俗、民族性などについての知識を克明に記録した著書を出版します。これが、本書『日本幽囚記』です。1816年に初版が出版されると大きな反響を呼び、イギリス・フランス・ドイツ・オランダなどヨーロッパ各国で翻訳本が次々と出版されました。短期間に各国語に翻訳されたことで、ヨーロッパにおける日本認識に大きく貢献したと言われています。また、刊行から数年を経た後も、訳書が刊行されています。それは、日本という極東の国に対する、ヨーロッパ諸国の関心の高さの現れであると言えるでしょう。本書は日本語でも、かなり早い時期に翻訳が試みられています。抑留中のゴロヴニンからロシア語を学んだ馬場佐十郎らが、1821(文政4)年に、翻訳に着手しました。この最初の邦訳は、オランダ語訳本からの重訳でした。馬場の没後、この作業は青地林宗らに引き継がれ、1825(文政8)年、高橋景保の校訂を経て『遭厄日本紀事』と題されて出版されました。

『遭厄日本紀事』が刊行された年、幕府によ

1811　ゴロヴニンが国後島で捕縛される(ゴロヴニン事件)／蕃書和解御用掛を置く

1812　高田屋嘉兵衛ロシア船に捉えられる

ナポレオンのロシア遠征／アメリカ＝イギリス戦争

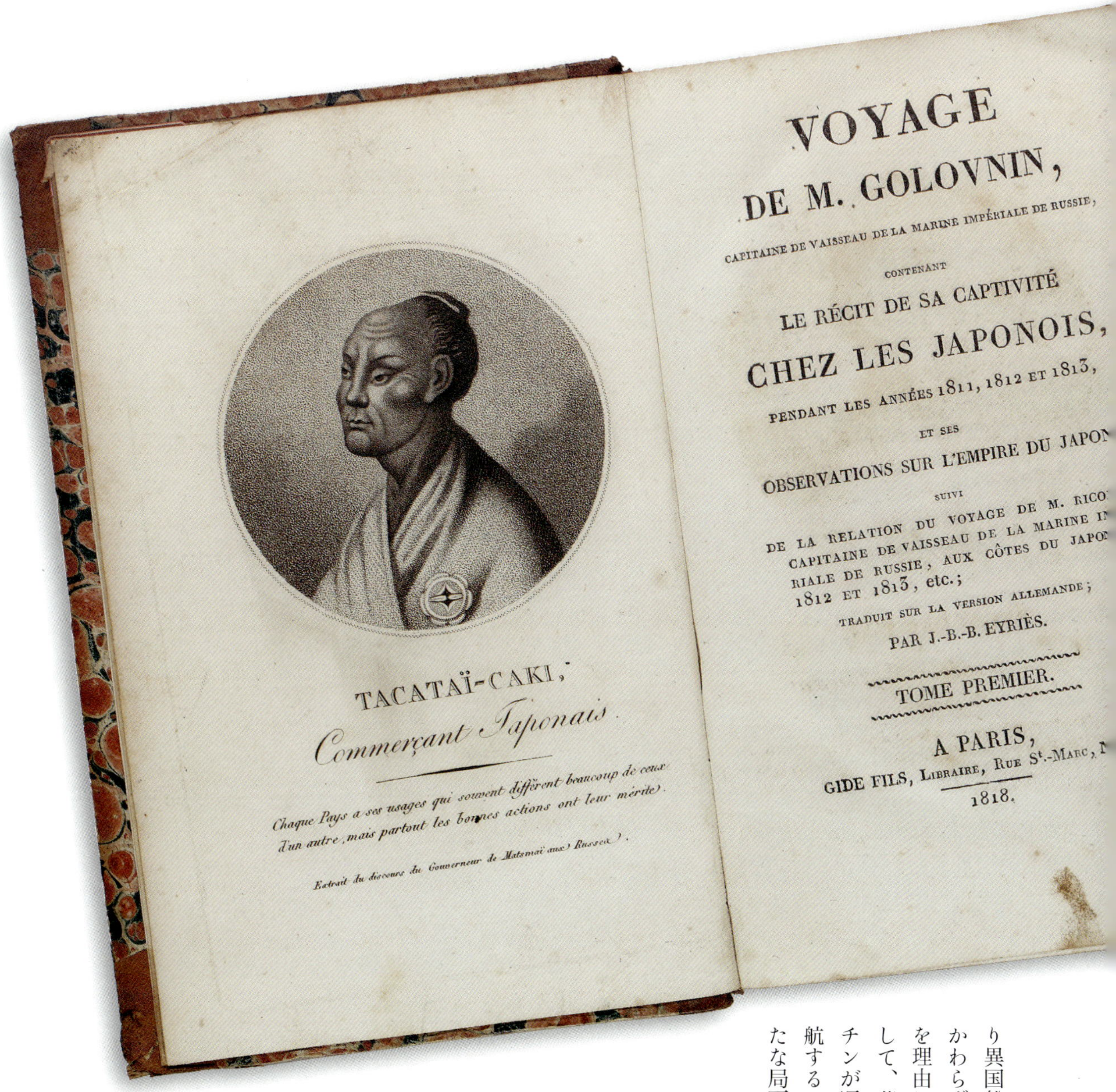

『日本幽囚記』
東洋文庫が所蔵するのは、初版の2年後にパリで刊行されたフランス語訳本です。この書物が欧州で強い関心を持って迎えられた実情をうかがい知ることができます。中扉の左ページには高田屋嘉兵衛の肖像画が掲載されています。

り異国船打払令が出されました。それにもかかわらず、その後も、ロシア船は漂流民返還を理由に、何度も日本に来航していました。そして、幕末の1853(嘉永6)年、プチャーチンが通商条約締結のため、長崎・下田へ来航することとなり、日本とロシアの関係は新たな局面を迎えるのです。

『日本幽囚記』出版
1818

広《かん》東《とん》の欧《おう》州《しゅう》商《しょう》館《かん》図《ず》

ウィリアム・ダニエル画　1805年刊

港町広州の栄華をしのぶ

人呼んで「広東十三行」

広東、すなわち広州は、珠江の三角州の北部、支流の合流地点に位置する港湾都市です。古くから南方における貿易港として存在していました。明代にヨーロッパ人が進出し、一時はマカオを占領したポルトガル人が広東貿易を独占しました。清朝の時代になると、オランダ、イギリス、フランスが通商を求めてきたので、1685年、広州の港に税関を置き、特許商人を仲介役として貿易を統制した上で、外国貿易の港を広州一港に限ることとしました。この特許商人たちの俗称が、広東十三行です。

清は、建国以来、海外貿易を禁止していましたが、台湾を拠点とする鄭成功の降伏によって反清勢力が消滅すると、1685年に海外貿易を許可し、広東・福建・浙江・江南の四省に港の税関である海関を設置して、関税を徴収させました。特に、広東の海関では有力な仲買人を洋貨行に指定し、輸出入品の取引を独占させるかわりに、確実に関税を納入させたのです。この洋貨行を十三行と呼びますが、「十三」は実際の業者数とは関係なく、多いときは五〇ほどが存在しました。アヘン戦争ののち、南京条約が締結されると、独占的組織は一切廃止され、洋貨行は解散させられます。広州は開港場となりましたが、その繁栄は香港や上海に奪われていきました。

広東名所の欧州商館

珠江沿岸に立ちならぶ外国商館を正面から描いた景観は、広州の代表的な景色として、これまでに多くの画家によって描かれてきました。東洋文庫が所蔵するモリソン・コレクションの中で、最も古い時代に描かれたのは、ボヘミア人画家ウェンゼル・ホラー（1606～77）の手によるものです。本図の作者、ウィリアム・ダニエル（1769～1837）は、叔父のトーマス・ダニエルとともにインドに七年間滞在し、風景画を数多く描いた後、そのうちの一四四枚を銅版画の一種であるアクアチントで製作し、出版しました。この版画集は『東洋の景観』として知られています。彼は、1784～85年と1793～94年に広州に滞在し、外国商館および珠江の対岸である河南の風景をスケッチしています。本図

19世紀初頭	1815	1814
広東十三行の全盛期	杉田玄白『蘭学事始』	伊能忠敬『大日本沿海輿地全図』
	ワーテルローの戦い	ナポレオン退位、ウィーン会議開催

『広東の欧州商館図』
この作品では、アメリカ商館が描かれていません。
このことから、絵の製作年代が、アメリカ商館建設の1785年よりも前であることがわかります。

は、１８０５年６月１日に出版されましたが、そのモチーフは最初の滞在時に描いたスケッチ画にもとづいています。ウィリアム・ダニエルはさらに、この詳細なスケッチ画をもとにして、ジャンク船や帆船の位置を少し変えた油彩画を１８０６年に描いています。

画期的だった一点透視の構図

従来、広州の港の景観は、おもに珠江対岸から見た風景として描かれてきました。しかし、ウィリアム・ダニエルの作品は、それらとはまったく視点を異にしています。欧州商館を正面からとらえる従来の手法に対して、ダニエルの絵では視点をやや南東に置き、一点透視図法を用いて手前から奥へと一直線に外国商館を描いています。この方法なら、左側のデンマーク商館から右側のイギリスおよびオランダ商館までをすべて画面に収めることが可能であり、本図が傑作と呼ばれるゆえんです。この技法は、後にジョージ・チネリー（１７７４〜１８５２）や多くの中国人画家たちによって受け継がれていきました。『広東の欧州商館』のモチーフは、時代によってその景観を少しずつ変えながら、多くの画家によって描かれており、貿易港広州のうつろいを示す、貴重な歴史資料としての価値も認識されています。

日本—Nippon—

フィリップ・フランツ・フォン・シーボルト著　1832〜59年頃

これぞ、元祖クール・ジャパン！

エリート医師は東洋マニア

フィリップ・フランツ・フォン・シーボルト(1796〜1866)は、ドイツの医学者の家系に生まれ、医学と博物学をおさめました。一時は開業したこともありますが、東洋へのあこがれが強く、1822年、オランダ東インド会社に入ります。オランダ領東インドの陸軍病院の軍医に任命され、バタヴィア(現・ジャカルタ)に到着しました。バタヴィアは、1619年にオランダがジャワ島に建設した貿易拠点で、後にはオランダ総督府が置かれた地です。バタヴィアに着いた二カ月後、シーボルトは、日本の出島のオランダ商館付き医師として赴任することになり、1823年に来日しました。この赴任の目的は、鎖国下にある日本との貿易について再検討することと、日本を博物学的に調査することでした。

蘭学の本場からきた先生

当時の日本では蘭学が盛んであったため、シーボルトに教えを請う人々が遠方から訪ねてきました。1824年には長崎郊外に鳴滝塾を開き、医学・博物学の講義と診療を行いました。この鳴滝塾は、オランダ語や医学を学ぼうとする医者や通詞(通訳)に門を開き、多くの弟子を育て、日本の蘭学発展に貢献したと言われています。1826年、オランダ商館長に従って江戸に向かい、一カ月ほど滞在して、江戸在住の蘭学者や医者と交流しました。特に、幕府の天文方の高橋景保《かげやす》(1785〜1829)からもらった日本地図や、最上徳内から聞いたアイヌ語や蝦夷、樺太に関する知識は、シーボルトの日本研究に大いに役立ちました。また、長崎と江戸の往復の間に、植物を採集し、富士山の高さを測量するなど、日本に関する多くの資料を収集しました。出島にもどったのち、これらの資料を整理・保存し研究をすすめました。

1828年、シーボルトは任期を終えて帰国することになりましたが、オランダに持ち帰る荷物の中に、高橋景保から贈られた伊能忠敬作成の日本地図など多くの禁制品のあることが発見されます。異国船の来航に神経をとがらせていた幕府にとって、日本沿岸の地図が海外に持ち出されることはゆゆしき一大事でした。シーボルトは、地図を押収された上、長崎と江戸で厳しい取り調べを受け、約一年のあいだ拘禁されました。のちにシーボルト事件と呼ばれる、この一件によって、シ

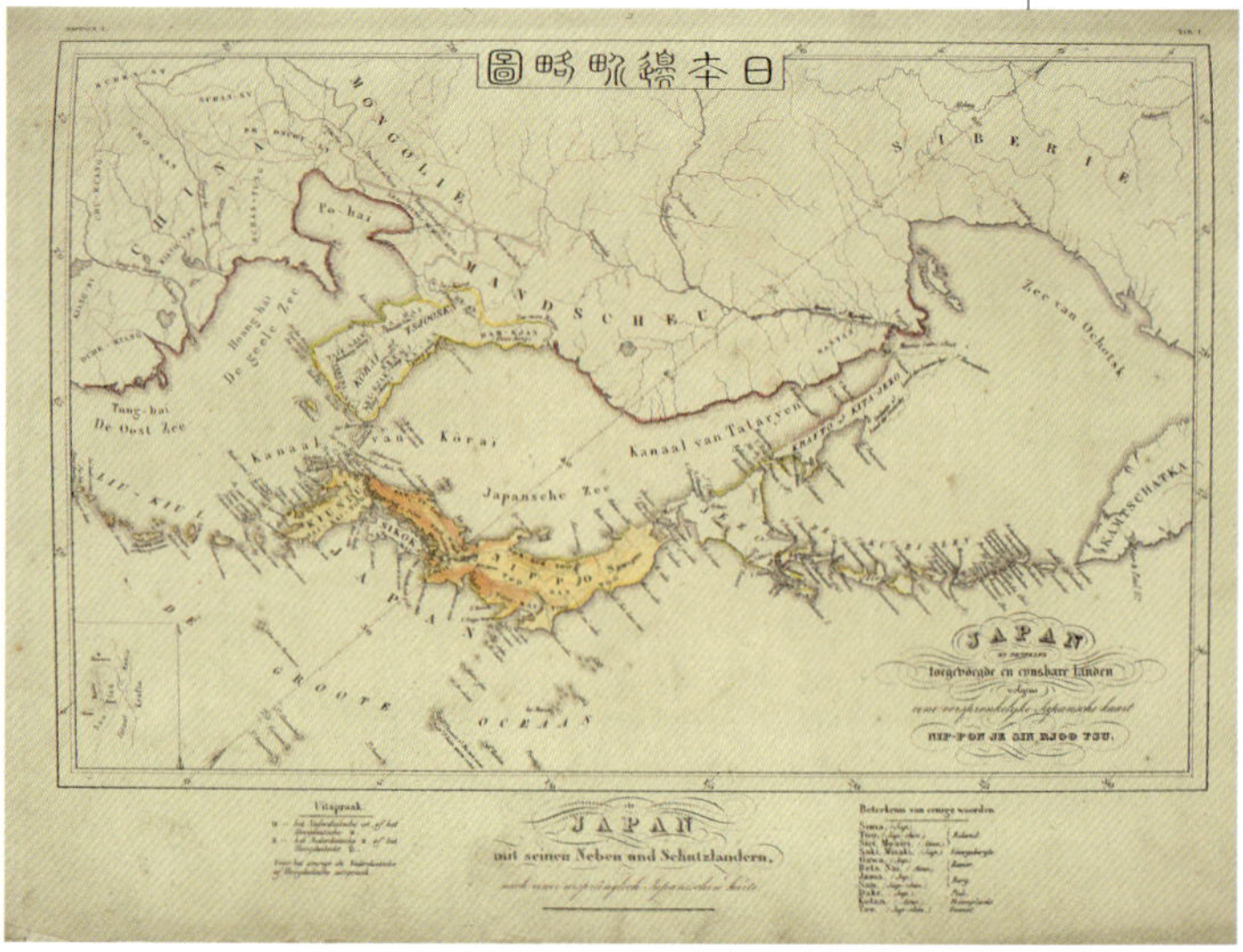

高橋景保の『日本辺界略図』に基づいた日本地図
間宮林蔵の樺太探検に関する情報も記され、シーボルトが訳出・命名した「間宮海峡」は、以後世界地図にも登場するようになりました。

1823	1824	1825
シーボルト、長崎に来る	シーボルト、鳴滝塾を開く	異国船打払令
		ロシアでデカブリストの乱

『Nippon』内の挿絵
鎖国中の日本にあって、唯一海外に開かれていた出島。右手にはオランダの商船、中央やや左手に中国のジャンクが見えます。

ーボルトは国外退去を命じられ、1829年に日本を去りました。

日本いろいろ絵入り図鑑

1830年、オランダに帰ったシーボルトは、日本に関する著作に専念し、その成果を『日本（Nippon）』として刊行しました。1832年から二十余年かけて刊行された大判の書物です。日本滞在中に収集した多くの資料、情報に基づいて、日本とその近隣の地理、歴史、宗教、考古学など多岐にわたる分野を研究・紹介しています。1853年、浦賀に来航したペリーや、長崎に来航したプチャーチンは、航海の前にシーボルトの著作を読んで、日本に関する知識を得たといわれています。

1858年の安政の五カ国条約で、日本とオランダとの間に通商条約が結ばれると、シーボルトの追放令は解かれ、オランダ貿易会社の顧問として、長男とともに再び長崎の地に上陸しました。貿易会社を辞職した後は、幕府の顧問として江戸に招かれましたが、わずか七カ月で解任され、長崎にもどったのち、1862年に帰国しました。シーボルトは、帰国してからも、再び日本を訪れることを願ったといわれていますが、その願いがかなうことはありませんでした。

シーボルト、日本から追放される
1829
シーボルト事件
1828
オスマン帝国からギリシアが独立

諸《しょ》国《こく》瀧《たき》廻《めぐ》り

葛飾北斎画　大判錦絵八枚揃　1832、33年（江戸時代）

世界的巨匠による、代表的な風景画連作

まさに「画狂」の人生

浮世絵の発展において中期にあたる明和～寛政年間（1764～1801年）、美人画・役者絵は様式としてほぼ完成しました。その後、後期に入り、行き詰まりを見せるようになったこれらの分野にかわり、浮世絵に新風を吹き込んだのが、風景画・花鳥画・武者絵・戯画などでした。風景画は、歌川派全盛の当時の時流に抵抗した葛飾北斎（1760～1849）が、洋風な表現を積極的に取り入れた作風で端緒を開き、1830（天保元）年に発表した『冨嶽三十六景』の成功によって、その評価を定着させたといわれています。

葛飾北斎は、『冨嶽三十六景』や『北斎漫画』などで、世界的に知られている浮世絵師です。彼は、1778（安永7）年、当時役者絵の大家として有名だった勝川春章の門に入り、絵師としての第一歩を踏み出しました。画号は、はじめ師の春章から字をもらい春朗と名乗りますが、それ以後、宗理・可候・北斎・辰政・錦袋舎・画狂人・戴斗・為一・画狂老人・卍など多くの名前を使用しました。また、生涯に転居を繰り返すこと九三回に及ぶといった奇行にまつわる逸話も数多く残されています。上述のように、斬新な構図や鮮やかな色調の風景画で傑作を残していますが、その作風は、造形性を最優先させた厳しい景観が特徴であるといわれており、同時期に風景画を競作するような形で発表していた歌川広重の描く風景とは対照的であったと評されています。北斎は、七十年の長きにわたって活躍し、浮世絵だけでなく、草双紙や読本の挿絵、絵入り狂歌本、摺物、絵手本、肉筆画といった幅広い分野にわたって膨大な作品を残しました。その画業にかける情熱と今も人々を魅了する作品群は、まさに「巨匠」と呼ぶにふさわしいといえるでしょう。

千変万化の水描写

『諸国瀧廻り』は、『冨嶽三十六景』と並び称される、葛飾北斎の風景画の代表作です。諸国の八つの滝を描いた連作で、それぞれの滝の形は北斎によって意図的に描き分けられて

東洋文庫所蔵『諸国瀧廻り』
保存状態が極めてよく、ほとんど退色が見られません。水流の清冽な群青や木々の深い緑が、江戸時代の日本の豊かな自然を伝えています。

「東都葵ヶ岡の滝」

「下野黒髪山きりふりの滝」

「東海道坂ノ下清滝くわんおん」

北斎『冨嶽三十六景』 1829

1830 フランス七月革命

いまず。右から順に「東都葵ヶ岡の滝」「下野黒髪山きりふりの滝」「東海道坂ノ下清滝くわんおん」「美濃ノ国養老の滝」の四図が先に刊行され、やや間をあけて「相州大山ろうべんの滝」「和州吉野義経馬洗滝」「木曾海道小野ノ瀑布」「木曾路ノ奥阿弥陀ヶ滝」の四図が発表されたと推定されています。版元の西村屋与八は、当時刊行中だった『冨嶽三十六景』の売れ行きなど市場の動向を見つつ、これらを並行して出版したと考えられています。ゆったりと、あるいはまっすぐに落ちる滝もあれば、枝分かれした流れが躍動感をもって岩肌を伝う様子が印象的な「下野黒髪山きりふりの滝」や、滝の文様化されたような表現が幻想的な趣すら漂わせる「木曾路ノ奥阿弥陀ヶ滝」など、北斎ならではの構図や造形を存分に堪能できるシリーズであるといえます。時を超えて伝えられた鮮烈な色彩は、見る者を制作当時の江戸へといざなってくれることでしょう。

「木曾路ノ奥阿弥陀ヶ滝」

「木曾海道小野ノ瀑布」

「和州吉野義経馬洗滝」

「相州大山ろうべんの滝」

「美濃ノ国養老の滝」

水野忠邦老中となる
1834
ドイツ関税同盟発足

天保の大飢饉
1833
イギリス東インド会社、商業活動を停止

北斎『諸国瀧廻り』
1832

清《しん》英《えい》交《こう》渉《しょう》の図《ず》

H・ダレル画　1842年

画家が切りとった緊迫の瞬間

林則徐 VS エリオット

清の欽差《きんさ》大臣林則徐(1785〜1850)が広東に派遣された当時、イギリスの貿易監督官は元海軍士官のチャールズ・エリオット(1801〜75)でした。林則徐は、広東に着くとすぐに外国人商人たちから貯蔵アヘンや今後永久にアヘンを持ち込まないという誓約書の提出を求めました。林則徐のアヘン取り締まりが始まると、武力を持たないエリオットは、やむなくアヘンの引き渡しに同意し、広州からマカオ、そして船上に避難します。しかしその一方で、イギリス本国に対し、中国と戦争することがイギリスの国益を守る最善の方法であることを訴えました。1839年8月、東インド艦隊のフリゲート艦二隻が先だって到着し、エリオットは清に対して攻撃をしかけ、清の船団を壊滅させました。

イギリス国内では、外相パーマストンの主導により、アヘンの没収・廃棄は、イギリスの貿易の危機であるとして、遠征軍派遣論が優勢となります。後に首相となるグラッドストンのように「正義に反した、邪悪な戦争」という反アヘン与論もありましたが、出兵予算はイギリス議会下院においてわずか九票差で可決され、さらに上院を通過しました。遠征軍の主席全権兼総司令官にはエリオットの従兄弟の

『清英交渉の図』
左から、イギリス海軍ハリー・ダレル卿、イギリス陸軍バレル准将、同海軍ブレマー准将など。右側は定海県知事姚懐祥、海軍総兵張朝発ら、中央は通訳をつとめたチャールズ・ギュツラフです。

大塩平八郎の乱／モリソン号事件
1837
イギリス、ヴィクトリア女王即位

奥羽で飢饉による死者10万
1836
アラモの戦い

ジョージ・エリオットが、次席全権にはエリオット本人が任命されました。

1840年6月、インドで主力が編制された遠征軍の第一陣が広東に到着しました。夏の終わりまでに中国海域に集結した遠征軍の陣容は、軍艦一六隻、輸送船二七隻、東インド会社の武装汽船四隻、陸軍約四〇〇〇名でした。エリオットは、林則徐が主力軍を集結させた広州を迂回して北上ルートをとります。この遠征軍の中には、旋回砲塔二門を装備した新型の鉄鋼蒸気戦艦四隻が含まれていました。東インド会社が所有するこの戦艦はめざましい働きをし、たちどころに清軍を蹴散らしました。

写真をしのぐ迫真の描写

本図は、1840年7月4日、イギリス軍が舟山列島の定海県に降伏勧告状をつきつけた図です。会見の場所は、イギリス艦隊の旗艦ウェルズリー号の艦上でした。写真が発明される以前、ニュースを伝えるのはこのような写実的な絵画や銅版画でした。写真が実際のその場の映像をとらえるのに比べれば、この絵は正確なものとは言えません。しかし、清英双方の代表者の迫真の表情は、この場の緊迫した雰囲気を伝えてあまりあります。それは、この会見を目撃した人物が肌で感じとった空気が、絵を通して伝わってくるからかもしれません。

清側は、降伏を拒否しましたが、とうていイギリス海軍の上陸を防げる状態にはなく、翌7月5日、イギリス軍は舟山島を占領しました。イギリス軍は、さらに北上して渤海湾に入り、8月9日、白河口沖に到着しました。そして、パーマストン外相の中国宰相あての書簡を清朝官憲に手渡して、回答を求めたのです。

混乱を極める清朝の外交

パーマストンは、アヘン代価の賠償を求めただけでなく、広東における林則徐の行動を強く非難しました。清朝は、イギリス軍が北京に近い渤海湾に現れたことに驚愕し、林則徐を罷免してしまいます。そして、欽差大臣には新たに琦善《きぜん》を任命し、広東でイギリスと交渉することを提案し、やっとイギリスの同意を得ました。琦善はチャールズ・エリオットとの交渉で、外交交渉による平和的解決をめざしましたが、国内の強硬派とイギリスの要求を調整できず、香港島の割譲をめぐって決裂しました。そこで、エリオットは1841年砲台を占領し、あわてた琦善は川鼻《せんぴ》仮条約に調印し、香港島の割譲や賠償金支払などを約束してしまいました。清朝はこれを認めず琦善を罷免し、再び抗戦を始めました。イギリスは香港島を占領し、秋には長江下流域を封鎖し、さらに上流の航行権をも制覇して、大運河が交差する鎮江《ちんこう》をおさえます。ここから南京は目と鼻の先でした。鎮江はまた、物資運搬の拠点であり、ここを封鎖された場合、江南の物資を首都北京に輸送できなくなるため、清朝は苦しい状況となりました。1842年8月、両国は南京条約を締結し、アヘン戦争は終わりをつげます。それは最後の中華帝国清朝が、落日の時を迎えた瞬間でした。

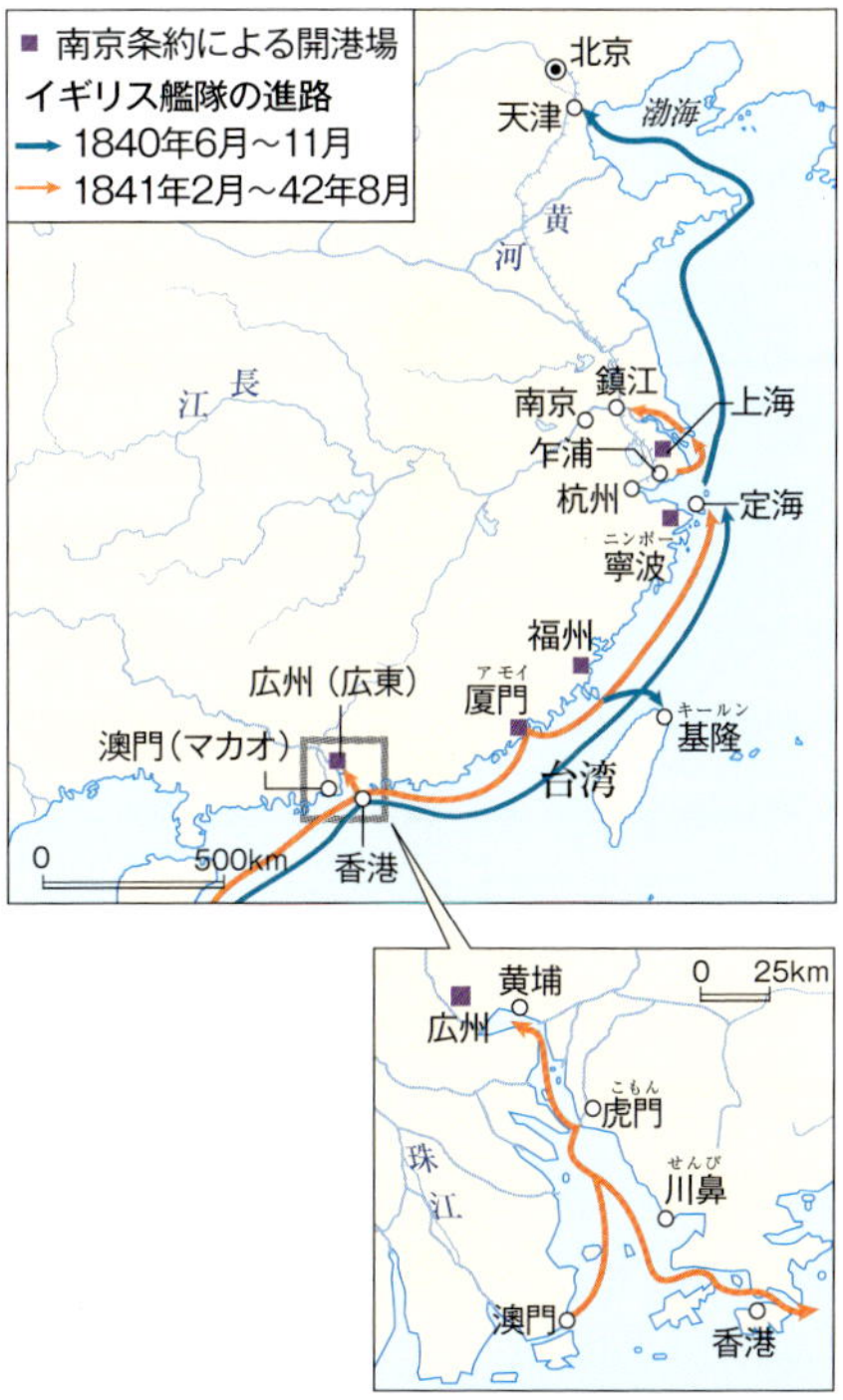

1840 アヘン戦争勃発／清英交渉
1839 林則徐が広州でアヘン取り締まり

アヘン戦《せん》争《そう》図《ず》と夷《い》匪《ひ》犯《はん》境《きょう》録《ろく》

『アヘン戦争図』　エドワード・ダンカン画　1843年／『夷匪犯境録』　編者不明　1844年頃

アジア激震　アヘン戦争の衝撃

イギリスが起こした「正義なき」戦い

19世紀のイギリスでは、清から生糸や茶などを大量に輸入し、輸入超過状態となっていました。この問題を解決するため、イギリスはインドのアヘンを中国に密輸し、その収入でインド産の綿花をイギリスに運んで綿布を生産し、これをインドで売るという、イギリスにとって都合のよい三角貿易を確立します。

これに対し、清朝はアヘン禁止論者の林則徐を欽差大臣に任命して広東に派遣し、アヘン密貿易の取り締まりにあたらせました。1839年、林則徐は広州湾頭の虎門において、この時期の年間取引量を上回る約一三〇〇トンのアヘンを没収、廃棄しました。イギリスは、武力で自由貿易を実現させるため、アヘン戦争を起こします。

新造戦艦ネメシスの活躍

ここに描かれているのは、1841年1月7日、広州近郊のアンソン湾（中国名：穿鼻洋）での海戦です。作者のエドワード・ダンカン（1803〜82）は、直接この海戦を見ていないため、記録をもとに想像で描きました。画面右奥に描かれたイギリス東インド会社所属の鋼鉄製蒸気戦艦ネメシス号が、画面手前の清のジャンク（木造帆船）を攻撃しています。三時間半の戦闘の中で、ネメシス号一隻で中国船十一隻を撃破したと伝えられています。ネメシス号は、東インド会社が当時の最新技術を投入して1840年に完成させました。

この海戦を描いた作品には、類似した二枚の異なる絵があり、東洋文庫では、その両方をカラーとモノクロで所蔵しています。モノクロの絵には、右端にボートがあり、何かを発射したように描かれていますが、カラーにはこのボートは存在しません。戦闘では、ネメシス号の砲撃がジャンクの火薬庫に命中して炎上し、清の艦隊を駆逐したとされていますが、もしかしたら火薬庫を炎上させたのは、この小さなボートからの発砲だったのかもしれません。

日本に伝えられたアヘン戦争の情報

大国清の威信を失墜させたアヘン戦争のニュースは、日本にももたらされました。江戸幕府は、海防問題や西洋諸国の動向を気にかけていたので、長崎在留のオランダ人、清国人に質問書を送って戦争の経過などをたずねています。

『夷匪犯境録』は中国でまとめられたアヘン戦争に関する史料集ですが、原本は現在の中国には残っておらず、日本に伝わったものが現存します。東洋文庫では、全五巻のうちの一、二巻の写本を所蔵しています。1840年にイギリス軍が浙江の定海を攻撃した様子から、1842年の南京条約締結までの公文書や、戦闘の見聞記、告示などの関連文献が書きとめられていて、イギリス軍が出した告

『夷匪犯境録』
「火輪夷船式」は蒸気戦艦を描いたものと考えられます。

『アヘン戦争図』カラー版は銅版に彩色したもの(41.7×60.0cm)

アヘン戦争を描いた二つのダンカンの作品。モノクロ版に存在する小さなボートが削除されたのは、ネメシス号の活躍を目立たせるためかもしれません。

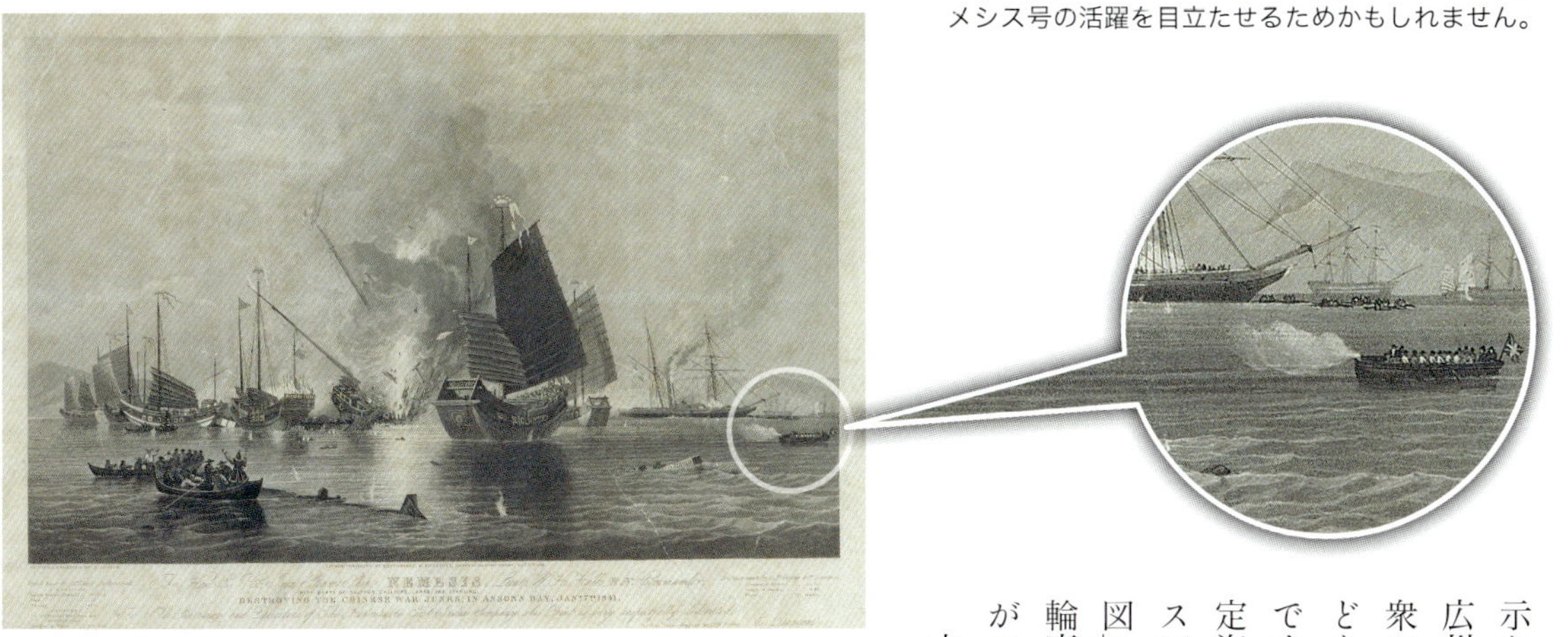

『アヘン戦争図』モノクロ版銅版画(50.5×70.2cm)

示なども載せています。さらに、広州近郊の三元里で起きた、民衆による反英闘争の際の檄文なども収録され、大変貴重な資料です。東洋文庫所蔵の巻二には、定海を囲む地域の地形やイギリス軍の陣容を描いた「定海輿図」、イギリス軍艦を描いた「火輪夷船式」の彩色図を見ることができます。

本書は、ペリーの来航後の1857(安政4)年、日向国高鍋藩にある明倫堂によって『夷匪犯境聞見録』(全六巻)の書名で木活字本として刊行され、当時の日本で広く読まれました。外国の脅威に直面した江戸幕府もまた、軍事改革や軍備増強に取り組むこととなるのです。

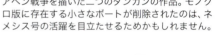

1840

アヘン戦争勃発／ムハンマド・アリー朝、エジプト総督世襲権／イギリスがニュージーランドを領有

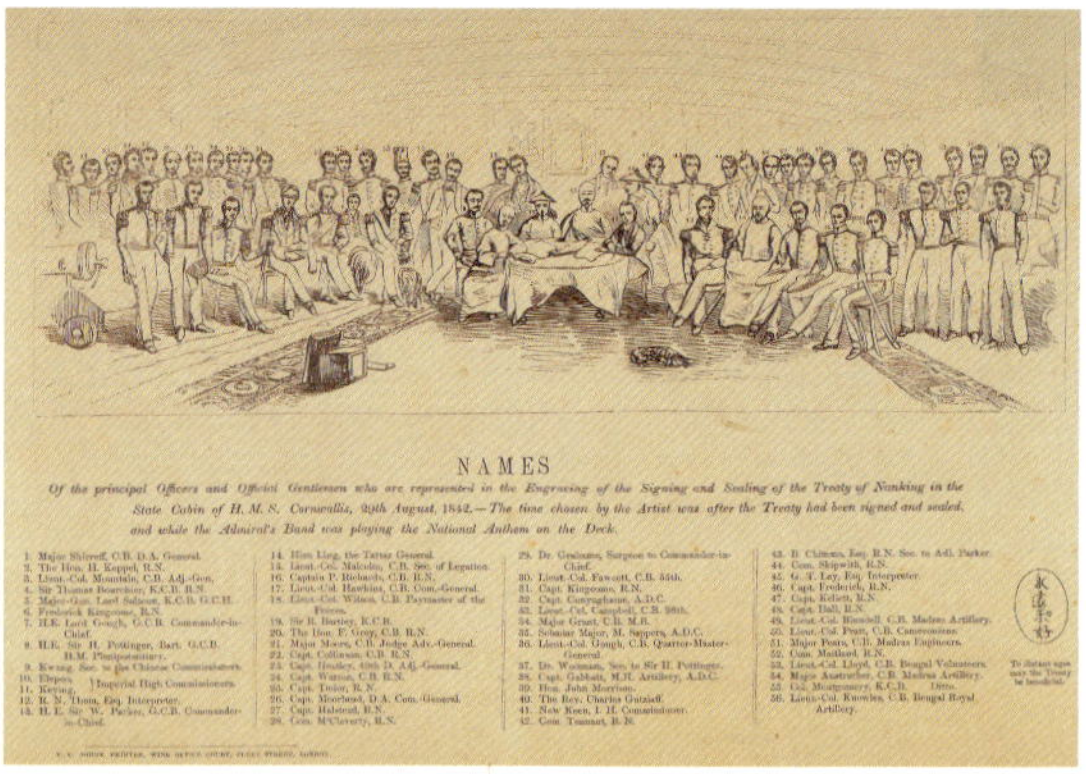

『南京条約図』
この調印式で通訳をつとめたドイツ人宣教師カール・ギュツラフは、『清英交渉図』にも登場します。和訳聖書を執筆するなど、日本語にも堪能でした。

南《なん》京《きん》条《じょう》約《やく》図《ず》

ジョン・プラット画　1846年

不平等条約、ここに始まる

大清帝国の屈服

アヘン戦争における、イギリス側の実質的指揮官は次席全権のチャールズ・エリオットでした。彼は、欽差大臣の琦善と交渉し、香港の割譲、廃棄されたアヘンの賠償金支払い、広州ほか四港の開港などを内容とする川鼻仮条約を結びましたが、清は条約締結を琦善の独断であるとして罷免し、武力を増強して抗戦の姿勢を示します。業を煮やしたイギリスは、エリオットに替えて、陸軍軍人で植民地行政官のヘンリー・ポティンジャー(1789~1856)を全権に任命しました。ポティンジャーは、1841年7月から乍浦《さほ》、上海を攻略し、長江をさかのぼって進み、大運河と長江の合流点である鎮江を封鎖して、やや上流にある南京への攻撃を通告しました。大運河を封鎖する戦略上の重要性については、かつてマカートニーがすでに指摘していたと言われます。南京攻撃の最後通告により、清はついにイギリスの勧告を受け入れ、南京条約を結びました。

本図は、南京沖の長江に碇泊するイギリスの軍艦コーンウォリス号の上で行われた南京条約調印の様子を描いたものです。清国の代表は欽差大臣の耆英と伊里布、両広総督の牛鑑、イギリスの代表はポティンジャーです。

終焉をむかえる中華世界

南京条約は全一三カ条で、その内容は、香港の割譲、広州、厦門《アモイ》、福州、寧波《ニンポー》、上海の五港の開港、開港場に領事を置くこと、公行(外国貿易を独占していた特許商人の組合)の廃止、戦費賠償金と廃棄されたアヘンの賠償金支払いなどです。この条約は、中国が欧米諸国と交わした最初の不平等条約であり、また、イギリスによる香港支配の始まりでもありました。1843年、イギリスは五港通商章程、南京条約の追加条約である虎門寨《こもんさい》追加条約を結んで、領事裁判権、最恵国待遇、関税に関

天保の改革
1841
ロシアで農奴売買禁止／清とイギリス、再び戦闘状態

する協定など、清にとって不利な内容を追加しました。さらに、1844年、イギリスの条約締結を見たアメリカとフランスは、イギリスとほぼ同内容の条約を結びます。これらの条約によって、永きにわたった中国の朝貢貿易の歴史は幕をとじました。清朝はアヘン戦争を、あくまでも地方における一事件として処理し、イギリスとの条約交渉においても、一貫して華夷思想の原理の中で対応しようとしました。約二〇〇〇年の間続いた中華世界秩序の一角が崩壊したことに、中国はまだ気付いていませんでした。

飲む打つ買うの人生さ

清とイギリスの戦争の発端となったアヘンは、中近東を原産とするケシ科の植物の果実を傷つけ、分泌される乳液を練り固めてつくった麻薬です。主成分はモルヒネで、鎮痛の効果が高いことから薬用として利用されてきました。トルコとインドが二大産地として知られています。後に、タバコに混ぜたり、特殊な煙管につめて火にあぶりながら喫煙されるようになると、急速に喫煙者が増え、経済的・社会的問題となりました。中国でのアヘン喫煙は、清初に始まり、雍正帝時代には禁令がたびたび発せられましたが、18世紀に入って喫煙の風習が急速に拡大しました。本資料は、イギリス海軍のハリー・ダレル(1814〜53)が描いたもので、アヘン窟の退廃的な雰囲気や、怪しげなお客たちが生き生きと描かれています。

『アヘン吸飲者とばくち打ち図』(1842年)

高島秋帆、砲術を教授

1842

南京条約締結

風《ふう》俗《ぞく》金《きん》魚《ぎょ》伝《でん》

曲亭馬琴作・画　1829年（江戸時代）

元祖ベストセラー作家の手書き原稿

鴎外・露伴も愛読した大作家

江戸時代後期、浮世絵をはじめ、江戸を中心とした町人文化が隆盛をきわめました。文芸のジャンルでは、黄表紙の山東京伝、滑稽本の十返舎一九などが人気を博しましたが、伝奇物をテーマとした読本で一世を風靡した人気作家が曲亭馬琴（1767〜1848）です。彼は、ほぼ原稿料のみで生計を営むことのできた、「日本で最初の著述家」であるともいわれています。本名は滝沢興邦《おきくに》といい、そもそもは旗本の用人の家に生まれた武士でした。

馬琴の代表作としては、葛飾北斎が挿絵を担当したことでも名高い『椿説弓張月《ちんせつゆみはりづき》』などが挙げられますが、やはり、その名を不朽のものとしたのは、全九輯九八巻一〇六冊にもおよぶ大長編小説『南総里見八犬伝』でしょう。この小説は、名前のみ知られていた八犬士を『水滸伝』の構想を借りて設定しなおし、各種史料を元にしつつ、里見家再興の過程を壮大なスケールで描いています。根底には勧善懲悪の思想が流れており、その骨太な構成や、因縁を中心にした登場人物同士の錯綜した関係、文章全体にちりばめられた多くの東洋的シンボリズムの複雑さからも、江戸末期最大の読本と呼ぶにふさわしい作品です。馬琴のライフワークともいうべき、この一大伝奇小説は、1814（文化11）年から1842（天保13）年という二八年の長きにわたり書き続けられました。この間、武家としての滝沢家の再興を託した長男の死や、自らも視力を失うなどの悲運に遭いますが、馬琴は、未亡人となった長男の嫁に口述筆記をさせて、この大作を完結させたのです。

馬琴版翻案メロドラマ!?

東洋文庫には、曲亭馬琴の自筆による手書き原稿が所蔵されています。それが、この『風俗金魚伝』です。この本が完結したのは1832（天保3）年とされ、刊行された本の挿絵は絵師の歌川国安が担当しています。しかし、1829（文政12）年に一六巻にわたって綴られた、この手書き原稿を見ると、版木を彫る前に、馬琴が自ら筆を取って、文章のレイアウトや挿絵の描き方について細かく指示していたことがよくわかります。

『風俗金魚伝』は、中国で、明末清初頃に成立したとされる青心才人《せいしんさいじん》作『金雲翹伝《きんうんしょうでん》』の翻案です。『金雲翹伝』はいわゆる才子佳人小説と呼ばれるもので、この小説ジャンルは伝奇的な要素が色濃く、「科挙に合格した主人公が美女を妻にする」というフォーマットがもっとも典型的な構成だとされています。『金雲翹伝』も、主人公金重と王翠翹・王翠雲の美人姉妹を中心に、王翠翹が多くの苦難や紆余曲折を乗り越え、かつて将来を誓った金重と結ばれるまでを描いています。馬琴は、この物語を足利時代に設定し、ヒロインを摂津国（現在の大阪府、兵庫県周辺）の金魚商の娘たちとしています。ヒロイン魚子（原作の王翠翹）は現世で散々な仕打ちを受けますが、実はそれは前世の悪行によることが物語の中で解き明かされ、そこに馬琴の因果応報観を見ることができます。また、馬琴の創作姿勢を反映してか、出家した魚子は仏の道を修め、金重郎（原作の金重）とは結ばれないまま、徳の高い尼として大往生を遂げるという、原作とは異な

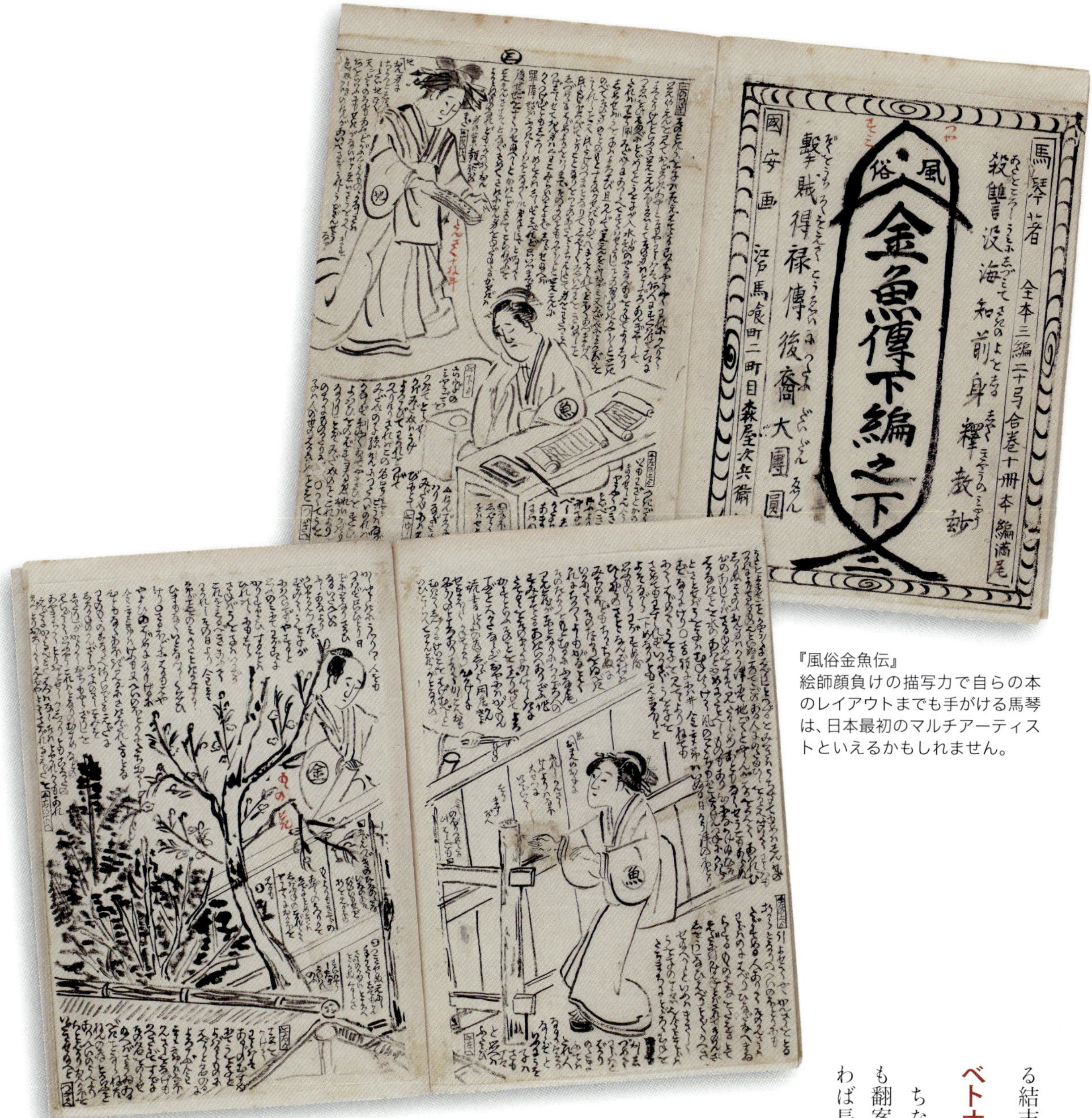

『風俗金魚伝』
絵師顔負けの描写力で自らの本のレイアウトまでも手がける馬琴は、日本最初のマルチアーティストといえるかもしれません。

る結末になっています。

ベトナムでもリメイク

ちなみに、この『金雲翹伝』はベトナムでも翻案されています。これは韻文を用いた、いわば長編叙事詩で『金雲翹《キムヴァンキュウ》』と題され、19世紀前半に阮朝の文人阮攸《グエンズー》によって書かれました。翻案にあたってベトナムの俗語や歌謡を組み込んだこの作品は、チュノム文学の最高峰とも讃えられ、ベトナムの国民文学的な古典作品とみなされています。

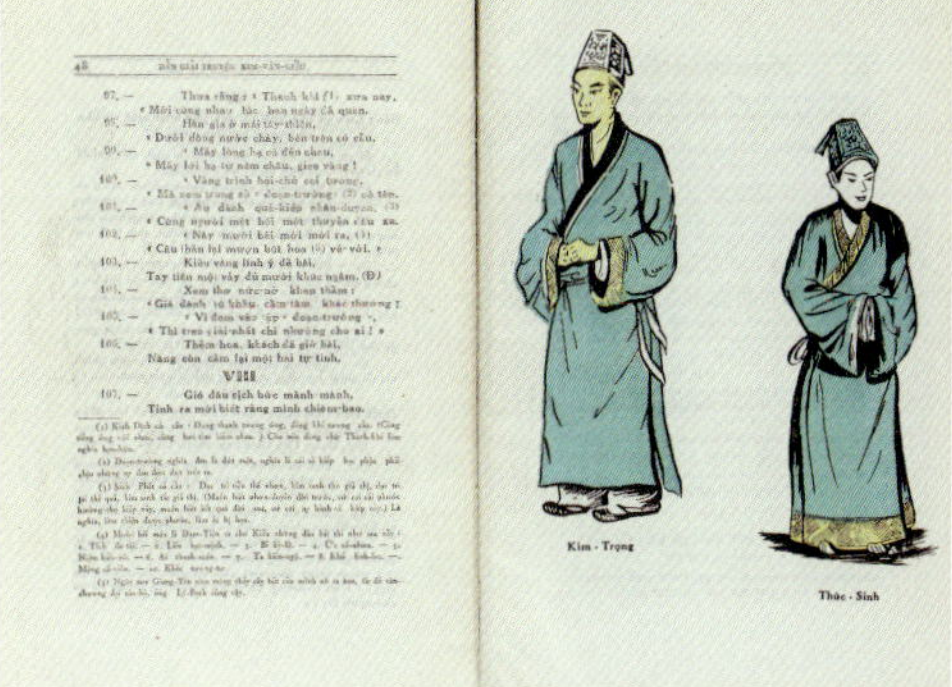

『金雲翹』（ベトナム語、1954年刊）

名《めい》所《しょ》江《え》戸《ご》百《ひゃっ》景《けい》

初代歌川広重・二代歌川広重画　大判錦絵貼込帖　1856〜58年（江戸時代）

海外にも名を馳せた名所絵の傑作

大胆な構図と繊細な描写

葛飾北斎の『冨嶽三十六景』が成功したことにより、一躍、風景画は浮世絵でも重要かつ人気のある分野として注目されるようになりました。次いで、1833（天保4）年にそれを追うようにして版行が始まったのが、『東海道五十三次』（保永堂版）でした。描いたのは、名所絵師として一世を風靡した歌川広重（1797〜1858）です。まるで競うかのように優れた風景画を次々に発表していった北斎と広重でしたが、その作風は大きく異なっていました。北斎に比べて、広重の描く風景画は現実の自然に近く、詩的な情緒に富んでいて親しみやすく、細やかな描写であると評されています。

歌川広重は、定火消《じょうひけし》の安藤源右衛門の長男として生まれました。少年の頃に両親を失い、若くして家督を継いだものの、生来絵を好んでいたため、家職を親族に譲って、浮世絵師になったという経歴の持ち主です。天保年間（1830〜44年）にはその活躍は目覚ましく、『東海道五十三次』で絵師としての地位を確立してからも、風景画の連作を矢継ぎばやに発表し、大いに人気を博しました。花鳥画など風景画以外の分野でも活躍しましたが、1858（安政5）年、当時流行していたコレラで亡くなったと伝えられています。

世界も愛した「ジャポニスム」

広重晩年の大作であり、その画業の集大成といわれる『名所江戸百景』は、一つのテーマに沿って制作された「揃物」とよばれる連作です。版元は魚栄と呼ばれた魚屋栄吉で、1856（安政3）年から広重の没年まで刊行されました。東洋文庫所蔵本は、広重の署名がある錦絵一一八枚に、二代目広重（1826〜69）による「赤坂桐畑雨中夕けい」と梅素亭玄魚（1817〜80）がデザインした目録を加えた計一二〇枚を画冊に仕立てたものです。

これらは、春夏秋冬の順番で配列されていました。描かれた地域は広く、現在の東京都だけでなく、埼玉県（「川口の渡し善光寺」）や千葉県（「真間の紅葉手古那の社継はし」）の風景にまで及んでいます。また、それまでの浮世絵版画では墨線による輪郭線で遠近感を表わす手法がとられていましたが、広重は墨線を極端に減らし、複数の色板を使い分けたぼかしによって遠近感を表現しています。従来の浮世絵版画にない表現方法は、木版画の技法を熟知した広重と彫師、摺師との緊密な連携によって生み出され、彼らの互いの技術に対する信頼関係がこの名作を誕生させたのです。

私たちは、ここに描かれた風景や年中行事などに、古き良き江戸情趣をしのぶことができますが、実際にはペリーの浦賀来航や安政の大地震など外圧や震災によって、世情は一段と不安定さを増していました。刊行の一〇年後には明治維新が起こり、江戸時代そのものが終焉を迎えます。ある意味で、この『名所江戸百景』は、明治維新後、急速に東京へと変貌していく直前の江戸の情景を切り取って後世に残した作品といえるのかもしれません。

このシリーズは海外でも人気が高く、「ジャポニスム」の代表例として知られています。その大胆な構図は、ヨーロッパの画家たちにも大きな影響を与えており、オランダの画家ゴ

- 1846　諸外国が来航し通商を求める
- 1848　フランス二月革命／カリフォルニアで金鉱発見
- 1850　佐賀藩が韮山に反射炉を築く／プロイセン欽定憲法制定

ッホ（1853〜90）は「亀戸梅屋鋪」「大はしあたけの夕立」を模写していますし、フランスの画家モネ（1840〜1926）やアメリカの画家ホイッスラー（1834〜1903）には広重の構図を取り入れたと思われる作品も見受けられます。

「虎の門外あふひ坂」
広重の作品に使用されている青色とりわけその藍色の美しさは欧米で高く評価され、「ジャパン・ブルー」「ヒロシゲ・ブルー」と呼ばれていたそうです。

初代歌川広重没
1858

太《たい》平《へい》天《てん》国《ごく》

A・F・リンドレー著　1866年（清代）

イギリス軍人が目撃した清朝最後の大反乱

幕末の日本が太平の眠りの中にあった頃、中国では清王朝に対する、最後のそして最大の反乱が起きていました。1851年に、中国南部の広西省で興った太平天国です。広東省の書生、洪秀全（1813〜64）が始めた上帝会という宗教組織が中心となって建国されました。

落第書生　洪秀全

清王朝で官吏になるためには、科挙と呼ばれる試験を何段階か受験し、合格することが必要でした。しかし、洪秀全はこの試験の最初の段階で、何度も失敗し、ある時はショックのあまり四〇日間寝込んだといわれています。この時、洪秀全は摩訶不思議な夢を見ました。仙人のような品の良い老人に「破邪の剣」を授けられ、その部下とおぼしき青年に妖魔を斬る鍛錬をほどこされるというものです。夢の謎が解けないまま、再び科挙を受験するために広州にやってきた洪秀全は、ここで人生を変える一枚のチラシを手にします。プロテスタントの牧師が配っていたそのチラシに描かれたヤハウェとイエス・キリストを見て、洪秀全は、この二人こそが夢に現れた老人と青年だと確信したのです。こうして、神の啓示を信じた洪秀全は、キリスト教を独自に解釈した「拝上帝会」という宗教を始めました。

神の軍隊の誕生

やがて上帝会は信者を増やし、大規模な組織となっていきます。当時の中国は、アヘン戦争に敗れ、西洋列強の進出を許したことによって、経済状態が混乱し庶民の生活は大変苦しいものでした。清王朝の重税や貧困から逃れるため、人々は太平天国に加わったのです。1851年、洪秀全は、広西省の金田村で新国家「太平天国」の建国を宣言します。これは、清王朝に対する公然たる反乱でした。太平天国軍は、五軍主将と呼ばれる忠王李秀成（1823〜64）らが中心となって、清軍を次々に打ち破りました。

イギリスなどの列強諸国は、はじめキリスト教を信仰する太平天国に接近しようとしましたが、結局は、上海の租界などの既得権益を守るため、清王朝を援助するようになります。

青い目の将軍

その頃、一人のイギリス軍人が香港に着任しました。オーガスタス・フレデリック・リンドレー（1840〜73）です。リンドレーは軍を退役すると太平天国へとむかい、忠王李秀成の幕僚となって軍事教練を行い、多くの戦いに参加します。中でも、部下数名とともに上海に潜入して蒸気船ファイヤーフライを

1850
カリフォルニアがアメリカに加入

『太平天国』
本書の献辞には、「忠王李秀成、生あるならば彼に捧ぐ、しからずんばその記憶に」と記され、リンドレーの太平天国に対する想いの深さがうかがえます。

強奪した活躍は、伝説的なものでした。その後リンドレーは病気にかかり、イギリスに帰国しました。一方、太平天国もまた、洪秀全の病死によって組織が分裂し、清王朝や列強の軍隊の連合軍にやぶれて１８６４年に滅亡します。

リンドレーは、帰国後イギリスで、TI-PING TIEN-KWOH:THE HISTORY OF THE TI-PING REVOLUTIONを執筆し、太平天国の実情を人々に知らせようとしました。本書には、リンドレーが見聞した太平天国の歴史とともに、美しい挿絵が掲載され、清王朝によって抹殺された太平天国の記録を伝える貴重な資料です。

太平天国の礼拝の様子。

東アジアの大国中国を大きく揺さぶり、未曾有の反乱「太平天国」を発生させる背景となった、西洋列強のアジア進出。その波は、日本をも巻き込んで歴史を大きく転換させようとしていました。

オランダ船が長崎に入港し、太平天国について報告
1851
太平天国の乱（〜64年）／ロンドン万国博覧会

難《なん》船《せん》人《じん》帰《き》朝《ちょう》記《き》事《じ》

中浜万次郎談　新作ほか記　1852年（江戸時代）

万次郎、漂流とアメリカを語る

　ジョン万次郎として知られる中浜万次郎（1827頃～98）は、土佐国幡多郡中浜浦の漁師の次男に生まれました。幼い頃より父について漁業を手伝っていましたが、一四歳の時に初めての漁で暴風にあい、太平洋を漂流して無人島に漂着します。運良くアメリカの捕鯨船に救われた万次郎は、アメリカ本国で教育を受けたのち、働きながら資金を蓄えて、十年後に琉球に帰りつきました。万次郎が船出したのは、アヘン戦争開戦の翌年である1841年、そして琉球に上陸した1851年はペリー艦隊の来航の二年前です。19世紀後半、東アジア全体が大きな変化をとげる時期に、万次郎はアメリカ本国に渡って自由主義や民主主義に触れ、鉄道や蒸気船などの科学技術に出会い、開国か攘夷かに揺れる日本に帰国したのです。

少年万次郎、アメリカへ

　万次郎ら五人が漂着した鳥島は、伊豆諸島の無人島で、現在はアホウドリの生息地として知られています。彼らは雨水をためて飲み、アホウドリを捕えて食べるなどして、何とか飢えをしのいでいました。漂着から半年あまりの後、彼らはアメリカの捕鯨船ジョン・ハラウンド号に救われました。最年少の万次郎は、船名にちなんで「ジョン・マン」とよばれ、船長ホイットフィールドをはじめ、乗組員たちからもかわいがられました。万次郎は、船長とともにアメリカ本国に渡り、帆船の所属地であるニューベッドフォードで約三年の間に小学校教育を終え、バートレット航海専門学校で測量術や航海術などを学びます。卒業後は水夫として捕鯨船に乗り、また1848年にカリフォルニアで金鉱が発見されると鉱夫として働くなどして資金を貯え、ハワイに渡って帰国の準備を進めました。勤勉でバイタリティあふれる万次郎のアメリカでの生活ぶりには目をみはるものがあります。ハワイでかつての仲間と再会した万次郎は、1850年、仲間二人とメキシコから中国に向かうアメリカ船サラボイド号に便乗し、1851年1月、琉球摩文仁《まぶに》間切《まぎり》の土を踏みました。

教授となった万次郎

　万次郎たちは琉球で薩摩藩の取り調べを受けた後、鹿児島に送られ、さらに長崎で厳重な取り調べと宗門改めの絵踏みを強要されます。アメリカから持ち帰った所持品は没収されてしまいました。こうして、万次郎が土佐藩に引き渡され、故郷に帰りついたのは、日本を離れて一二年後のことでした。土佐藩は万次郎に中浜の姓を許し、藩校で英語や海外の事情を教授させました。坂本龍馬や岩崎弥太郎は万次郎から英学を学んでいます。

　本資料は、万次郎の故郷中浜浦の庄屋の新作らの聞き書きによるもので、漂流談とアメリカの風土・風俗に関する記述に分かれています。万次郎の漂流記・アメリカ滞在記としては、ほかに川田小梁（河田小龍）がまとめた挿絵入りの『漂巽紀略』があり、こちらは藩主山内容堂に献上されました。この本が評判となって、万次郎は世に知られるようになりました。

　その後、日本と外国勢力との接触が増える中で、万次郎は外交や翻訳の仕事に従事し、1857年に軍艦操練所ができると教授として、

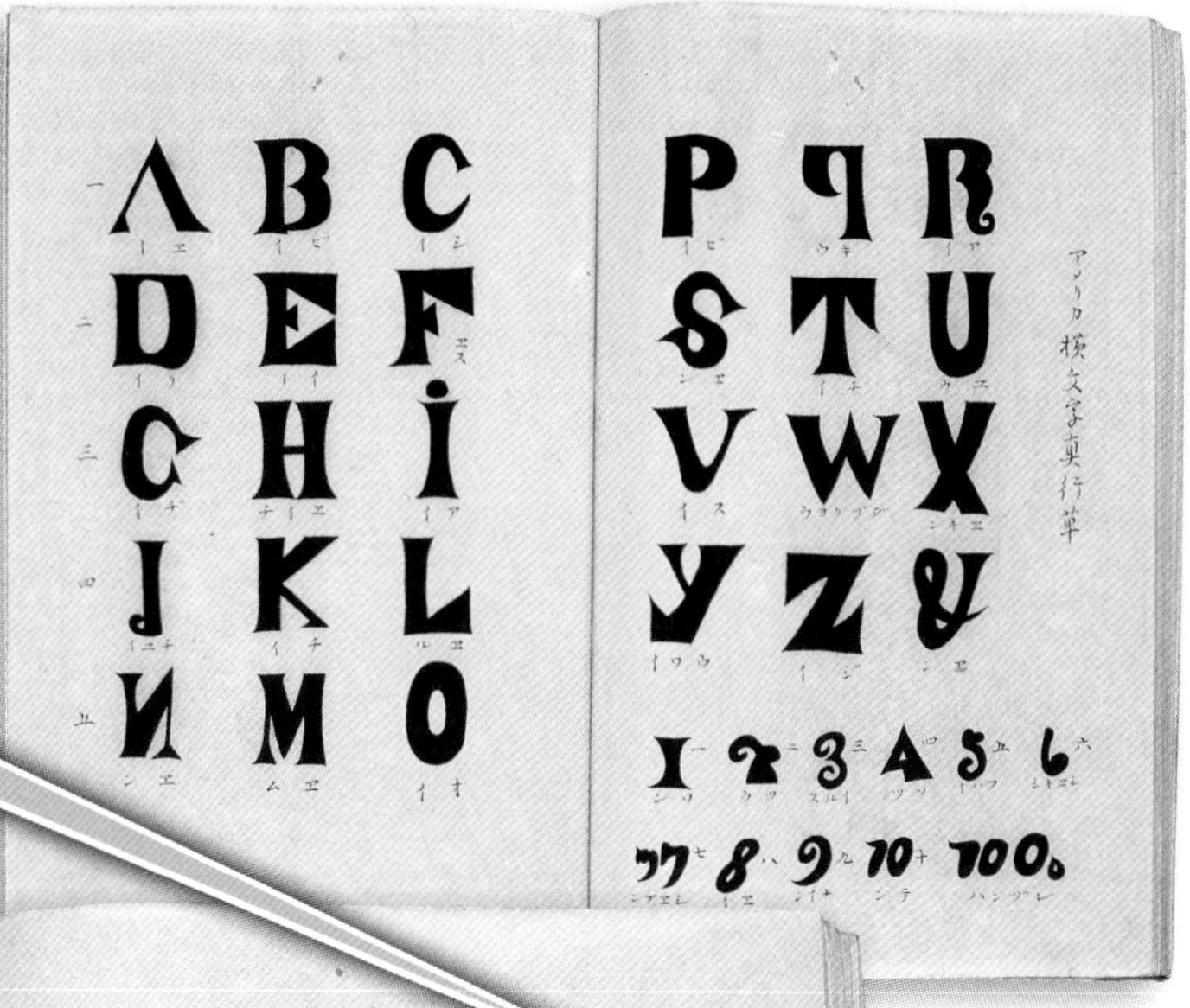

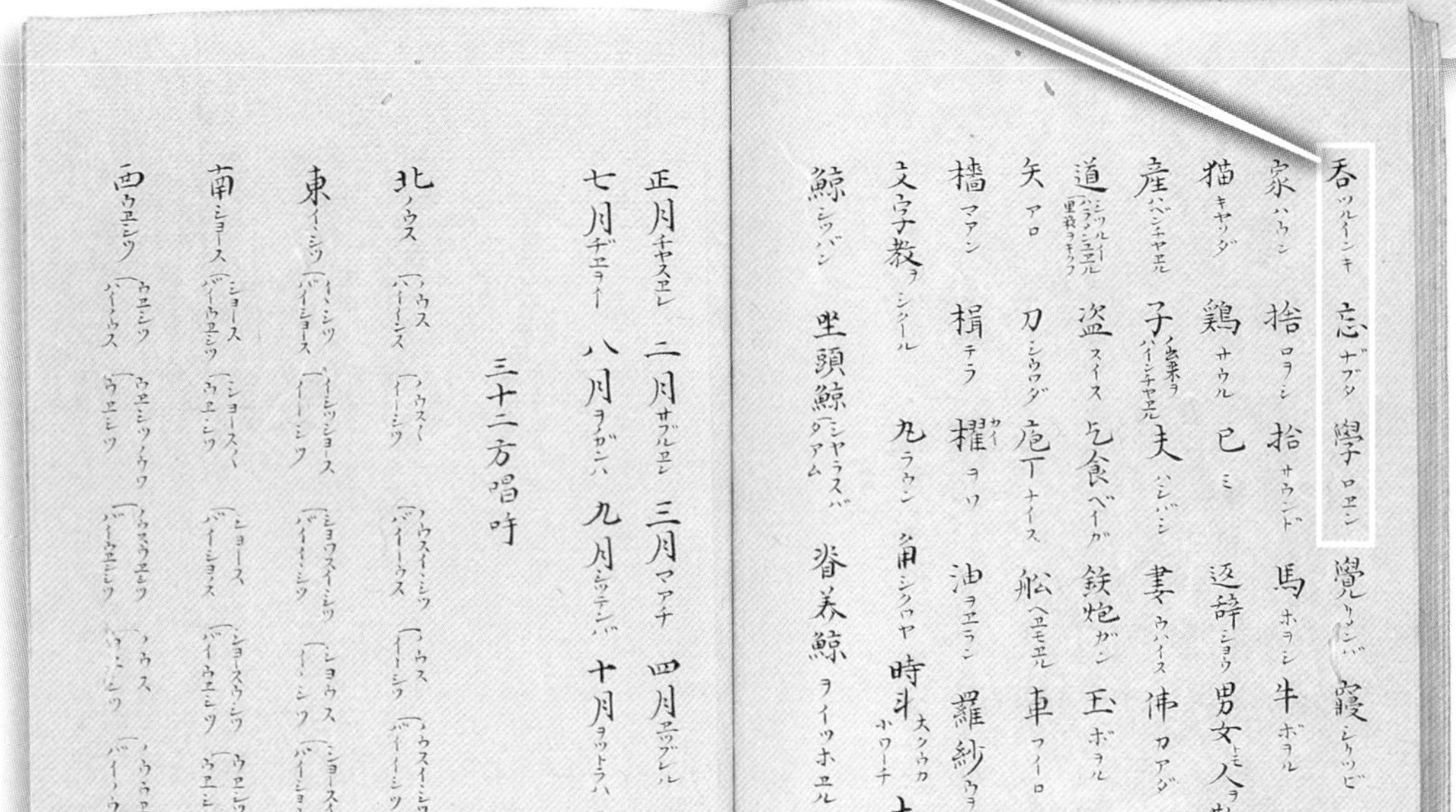

アメリカで学んだ測量術や航海術を指導しました。さらに1860年には、遣米使節の護衛艦咸臨丸に通訳主任として乗船しています。

その後も、薩摩藩、土佐藩で相次いで英学、航海術などを教授し、明治維新後は、官立の開成学校(東京大学の前身のひとつ)の英語教授をつとめました。なお、ジョン万次郎の呼び名は、井伏鱒二の『ジョン万次郎漂流記』(1938年)で用いられて広まったもので、実際にはそのように呼ばれたことはありません。

『難船人帰朝記事』
万次郎によるアルファベットと英単語
「吞 ツルインキ」= drink,「学 ロヱン」= learn
など実際の発音に近い読み方で記されています。
では「忘 ナブタ」とはどんな単語でしょうか。

銭屋五兵衛が獄死／オランダ商館長、明年のアメリカ来航を予告

1852

ナポレオン3世即位

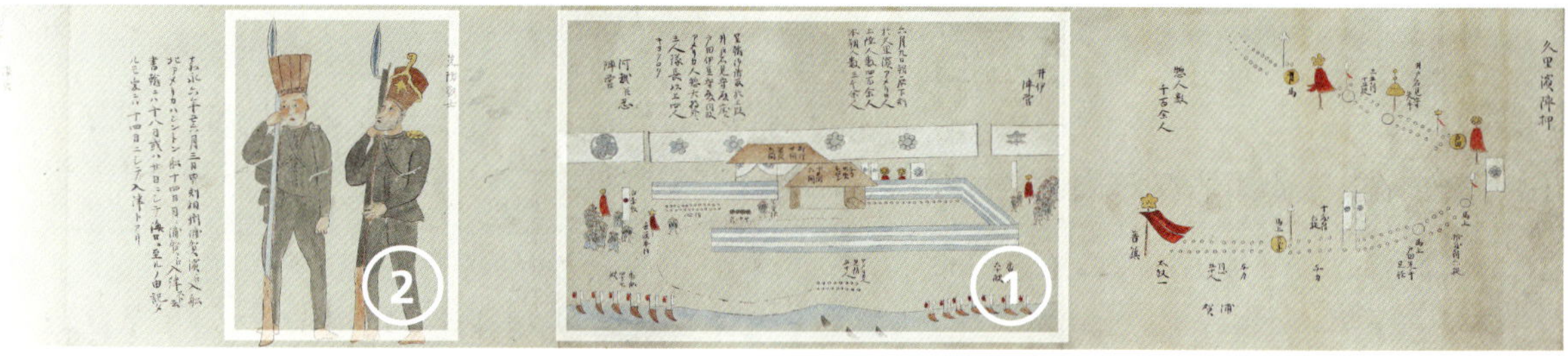

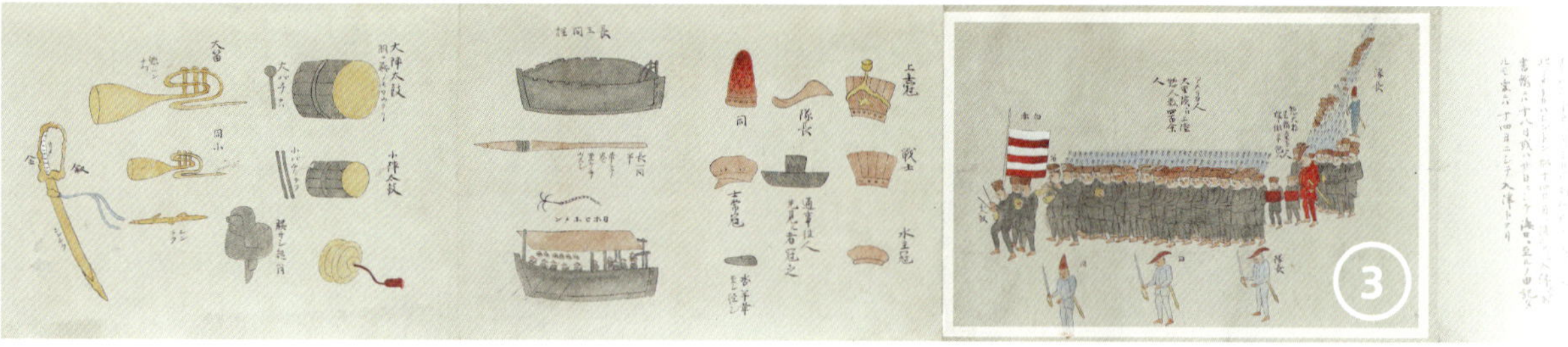

ペリー久《く》里《り》浜《はま》上《じょう》陸《りく》図《ず》

作者不明　1853年頃（江戸時代）

日米双方の様子を描いた戯画風のスケッチ

太平洋の彼方をめざして

1776年に一三植民地でイギリスからの独立を宣言したアメリカは、建国以来、フランスやスペインから土地を買収するほか、メキシコとの戦争による領土獲得などにより、フロンティアを西へと拡大していきました。特に、1848年のカリフォルニアの獲得以降、太平洋への関心が高まりました。時を同じくしてアメリカにも産業革命がおこり、太平洋における捕鯨基地として、また、中国との通商を行う上での足がかりとして、日本を寄港地とすることは不可欠な要素でした。こうして、第一三代大統領ミラード・フィルモアは、東インド艦隊司令長官兼遣日特使にマシュー・ペリー（1794〜1858）を任命し、外交軍事上先例のない広範な自由裁量権を与えて、日本に開国を迫ることとなったのです。

「蒸気船の父」ペリーの来航

ペリーはアメリカの海軍教育の改革に尽力し、海軍の近代化を強力に訴えたことで知られます。また、1837年にアメリカ最初の蒸気艦フルトン2世号を建造し、「蒸気艦の父」とよばれました。その蒸気艦の初代艦長となった後、海軍の要職を歴任し、1852年11月、東インド艦隊司令長官兼遣日特使となります。蒸気艦ミシシッピ号を旗艦とする軍艦四隻を率い、大西洋まわりで日本に向かったペリーは、1853年5月琉球に到着。その後、小笠原諸島の父島も訪れ、那覇と父島が太平洋横断汽船航路上の貯炭所・碇泊地に最適とみて、諸施設の建設を進めました。江戸湾に入り浦賀沖に投錨したのは同年6月のことです。この蒸気艦の来航に、江戸は騒然となりました。江戸幕府は一行を長崎に回航することを主張しましたが、ペリーは「日本最高位者以外とは会談せず」の原則を貫き、ついに久里浜でフィルモア大統領の国書を手渡すことに成功しました。その後、ペリーは中

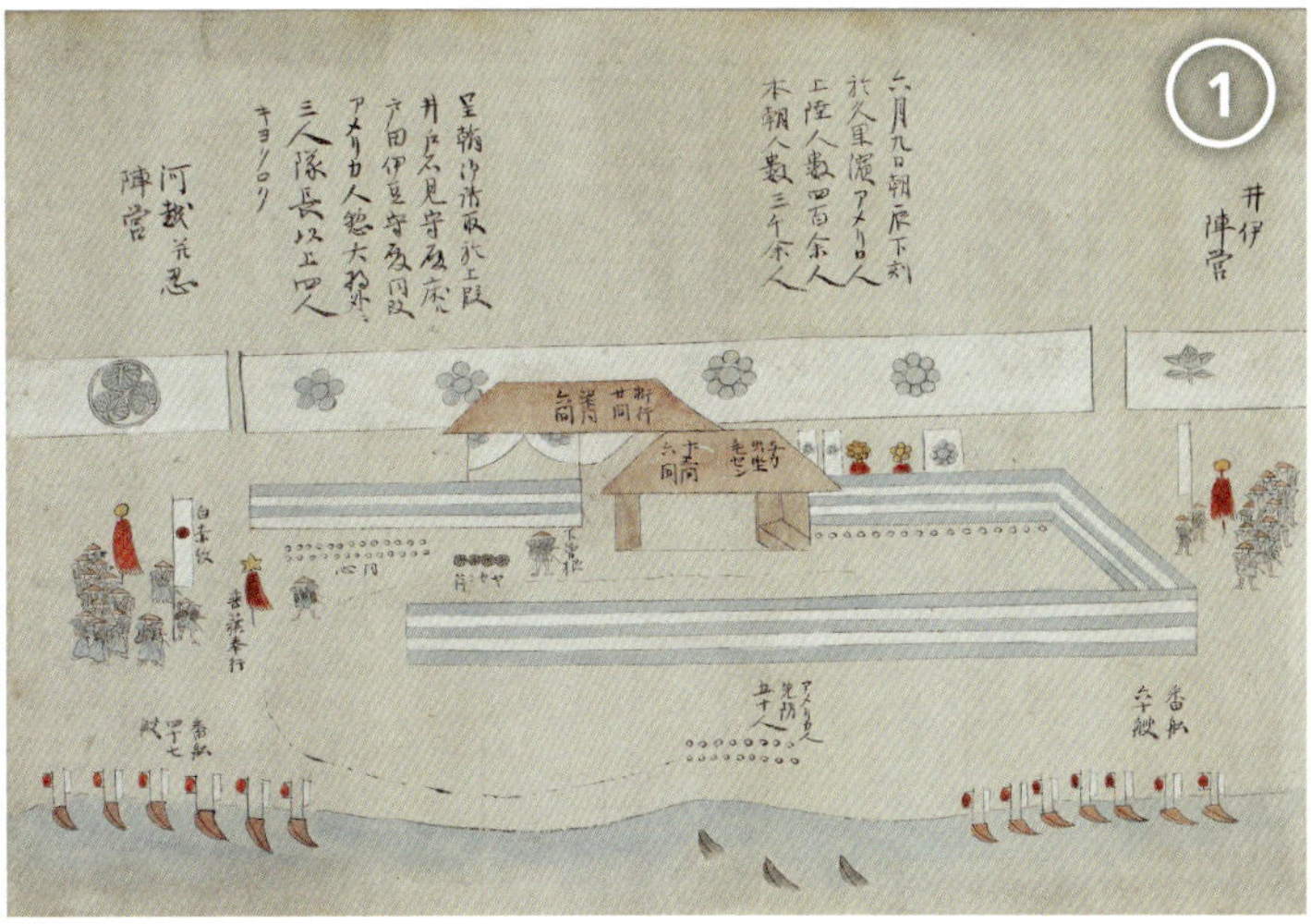

『ペリー久里浜上陸図』
東洋文庫では、このほかにも、ペリーの肖像画が載った『異国落葉篭』など、関連の資料をいくつか所蔵しています。

国に向かい、同時期に長崎に来航したロシアのプチャーチンと会談しています。プチャーチンは対日協同行動案を提案しましたが、ペリーはこれを拒絶しました。

久里浜にとどろく「アルプス一万尺」

国書の受け渡しが行われた久里浜は、現在の神奈川県横須賀市、浦賀と岬を隔てる三浦半島東端にあります。本資料は、1853年頃に、ペリー来航時の幕府の陣立て(①)や、米兵上陸の状況と兵の装備(②)、音楽隊の楽器などを、彩色画にして記録したものです。上陸した一行は総勢五〇〇人あまり。星条旗と軍楽隊を先頭に、国書と委任状を童子二人が捧げ持ち、その後ろに赤い服を着たペリーと護衛が続きました(③)。この時、軍楽隊は、当時のアメリカの愛国歌だった「ヤンキードゥードゥル」を演奏したといわれています。この曲は、のちに日本で「アルプス一万尺」の歌詞で知られるようになります。

1854年2月、ペリーは再び来航すると、江戸湾深く航行して幕府に圧力をかけ、横浜での会談の後、日米和親条約を結びました。アメリカ議会は、日本遠征の記録を出版するように決定し、ペリー監修のもとに、艦隊乗組員の日記なども加え、『ペリー提督日本遠征記』(1856年)が出版されました。この本には、ドイツのドレスデン生まれでペリー艦隊の随行画家ハイネ(1827〜85)が描いた久里浜上陸図、横浜上陸図が挿絵として載っています。

日米和親条約の日本側の調印書の原本は、幕末期の江戸城における火災により焼失してしまい、現在残っていません。2004年3月31日、日米交流一五〇周年を記念し、アメリカ国立公文書館が所蔵する同条約批准書のレプリカが日本側に寄贈されています。

戸《へ》田《た》浦《うら》露《ろ》国《こく》軍《ぐん》艦《かん》建《けん》造《ぞう》図《ず》巻《かん》

朝暾写　1855年頃（江戸時代）

日露民間交流ことはじめ

ペリーとプチャーチンの猛レース

16世紀以降シベリアへ進出したロシアは、南下政策を進める過程で、日本との通商を求めました。ラクスマンをはじめとするロシアの使節が何度か日本を訪れましたが、江戸幕府はオランダ、中国以外とは通商しないとして、その要求を拒絶してきました。ロシアはアメリカより五〇年も早くから、日本に開国を求めていたのです。アメリカが日本に使節を派遣したと知ったニコライ一世は、1852年、侍従武官長・中将のエフィム・プチャーチン（1804〜83）をロシア艦隊司令長官兼遣日使節に任命し、国境画定、開国通商を要請する国書を持たせて日本に派遣しました。10月、バルト海の軍港を出港し、喜望峰まわりで香港に到着したプチャーチンは、ここでペリーが先発したことを知ります。プチャーチン一行が長崎に来航したのは、1853年8月、ペリーの浦賀来航から遅れること約一カ月後のことでした。幕府との交渉は三カ月におよびましたが、結局は国書の受け渡しを行ったのみで上海に引き揚げました。ここでプチャーチンは、中国に待機していたペリーをたずね、対日共同行動案を提案します。ペリーに遅れをとり面目を失ったプチャーチンとしては、苦肉の策だったと思われますが、この提案はあっさり拒否されてしまいました。

天はロシアに味方せず？

1853年は、南下政策をすすめるロシアがクリミア戦争を始めた年でもあります。この戦争では、英仏がロシアに宣戦したため、プチャーチン一行は英仏艦隊の追撃を避けながら航行し、1854年8月、箱館、大坂を経て下田に来航しました。そしてやっと幕府と交渉のテーブルについた1854年12月、安政の大地震が東海地方を襲ったのです。マグニチュード八クラスのこの地震によって、プチャーチンの旗艦ディアナ号は津波にあい、大破してしまいました。幕府は下田でディアナ号の修理を行うことを提案しましたが、下田はアメリカが寄港地としており、英仏艦が姿をあらわす可能性もあったため、プチャーチ

プチャーチンの乗艦ディアナ号が下田で大破

1854

アメリカ共和党結成

ンは別の候補地を求めます。そこで、ディアナ号は西伊豆の戸田村《へた》へと回漕されることになりましたが、その途中荒波を受けて沖に流され、ついに沈没してしまったのです。地元の人々が大荒れの海の中からディアナ号の船員たち四〇〇名あまりを助けだしました。ディアナ号の航海日誌には、この時の様子が感謝と感動をこめて記されています。

友好の船 ヘダ号

プチャーチン一行の帰国用代替艦を建造するため、戸田村には全国から腕のいい船大工が集められました。この事業を指揮したのは、開明派として知られる伊豆韮山の代官江川太郎左衛門英龍《ひでたつ》です。ディアナ号の難破を知った英龍は、当時勘定奉行だった川路聖謨《かわじとしあきら》に代替艦建造を積極的に提案しました。日本では、江戸時代初期より大型船の建造が禁止されていましたが、1853年のペリー来航を機に、武家諸法度にある「大船建造の禁」を解禁し、諸藩に洋式軍艦の建造を奨励していました。ロシア軍人の設計による洋式帆船を建造することは、造船技術導入のまたとない機会でした。この時戸田で建造されたスクーナー型帆船「ヘタ号」は、日本における洋式船建造の先駆となったのです。

本図は、完成した「ヘタ号」の進水風景を、駿府官舎の画家朝暾《ちょうとん》が描いた彩色写生画です。絵巻には、この他八種類のロシア船旗やプチャーチン以下二六人のロシア人乗組員の容姿、年齢などが詳細に描かれています。進水風景を描いた場面では、日本人とロシア人がともに船が完成して喜んでいる様子がうかがえます。1855年2月、ロシアが長年念願としていた日露和親条約がついに締結されました。その後も、プチャーチンは追加条約締結のため、二度来日しています。

『戸田浦露国軍艦建造図巻』
沼津市立造船郷土資料博物館には、プチャーチンに関する資料が所蔵されていますが、中でも「露人四十七人風俗図」はこの絵巻の下絵であるといわれています。

日露和親条約の締結

1855

パリ万国博覧会

1856

クリミア戦争終結、パリ条約

英《えい》仏《ふつ》連《れん》合《ごう》軍《ぐん》の大《たー》沽《くー》砲《ほう》撃《げき》図《ず》

F・Le・B・ベッドウェル画　1860年頃

アロー戦争の勝敗を左右した、重大な一戦

『英仏連合軍の大沽砲撃図』は、英仏連合艦隊による1858年5月20日の大沽砲台への攻撃を描いたものです。横一列に整然と並んだ蒸気戦艦は砲塔を画面奥の陸地に向けており、手前には、すでに沈没したジャンクのものと思われる船の残骸が浮かんでいます。大沽の陣地にはいくつもの白煙があがり、かなたから砲撃の残響が聞こえるかのようです。静かな中にも、列強の圧倒的な軍事力を感じさせる情景は、F・Le・B・ベッドウェルによって描かれました。ここに紹介する石版彩色画は、ベッドウェルの油彩画をもとに、トーマス・ピッケンが完成させ、1860年頃に、ロンドンで出版したものです。

武力による条約改正

この戦闘は、イギリスとフランスが清を相手どって起こしたアロー戦争の一コマです。アヘン戦争終結後、南京条約の締結によって、福州と上海が開港し、上海を中心に、清国からの茶と絹の輸出と清国へのアヘンの輸入は発展しました。しかし、欧米の工業製品の輸出は伸び悩み、北京に外国公使が入ることは許されないなど、イギリスの希望とはほど遠い状況が続きました。1856年、香港船籍でイギリス人船長の帆船アロー号の中国人船員が海賊と疑われて、清の官憲に拉致されるという「アロー号事件」がおきます。これは、再び武力によって清を意のままにしようとしていたイギリスにとって、またとない好機でした。広東領事パークスは、欽差大臣葉名琛《ようめいしん》との交渉を故意に決裂させ、現地の英海軍は周辺の砲台を占領、総督衙門への攻撃を開始します。広東で排外運動が激化し、商館区域が焼き打ちにあうと、イギリスのパーマストン首相は中国への派兵を決定し、ナポレオン三世統治下にあったフランスもイギリスに同調しました。英仏連合軍は1858年1月に広東を占領して、葉名琛を捕らえ、2月にはアメリカ、ロシアとともに条約改正交渉を求めました。しかし清朝政府が言を左右にして応じなかったため、四カ国の代表は連合軍とともに海路を北上して、天津に近い大沽沖に到着、大沽砲台を砲撃します。英仏連合艦隊が天津に迫るという非常事態に、さすがの清も重い腰をあげ、急遽北京から高官二名が派遣され、6月には各国と個々に天津条約が結ばれました。

そして、「近代」外交が始まった

アロー戦争はこれで終わったわけではあり

『英仏連合軍の大沽砲撃図』
この絵画は、イギリス海軍史上でも重要な場面を描いたものとして、
イギリス国立海事博物館のコレクションにも入っています。

ません。1859年6月に英仏両公使が天津条約の批准交換のために北京に向かったさい、大沽砲台の守備軍に攻撃され、一旦上海に引き返す事態が起きました。1860年、英仏は再び連合軍を編成し、8月には総勢二万ともいわれる軍隊が北塘から上陸、再度大沽砲台を陥落させ、天津へと兵を進めました。9月、連合軍は北京に迫り、咸豊帝は熱河《ねっか》の離宮へと避難します。その後も交渉は難航し、これに不満を抱いた連合軍は、北京郊外の円明園に侵入し、略奪と破壊の限りを尽くしました。この時、壮麗を極めた円明園は破壊の後に火を放たれ、無残な廃墟となりました。10月、連合軍は北京に入城し、英仏は天津条約批准とともに、新たに北京条約を締結、調印しました。

この二つの条約により、外交使節の北京常駐や公式文書での「夷」字の使用禁止などが定められました。こうして中国は、「朝貢はあっても対等な国交はない」という伝統的な中華秩序を完全にくつがえす近代的な国際関係を受け入れたのです。しかし、今も残る円明園の廃墟が物語るように、東アジアにとっての「近代」は、明らかに、ヨーロッパの「近代」と同質とはいえないものでした。

1858
ムガル帝国滅亡、イギリス東インド会社廃止インドを直接統治

安《あん》政《せい》の五《ご》カ《か》国《こく》条《じょう》約《やく》

1858年(江戸時代)

砲艦外交に屈した江戸幕府

一方的な貿易の始まり

1854年の日米和親条約で日本は開国しましたが、自由貿易は認めていませんでした。日米和親条約にもとづいて下田に赴任したアメリカ総領事のタウンゼント・ハリスは、日本と通商条約を結ぶことを強く江戸幕府に求めていました。幕府の内部では意見が対立しましたが、老中首座の堀田正睦《まさよし》は、通商条約の調印を決意して、天皇からの勅許を得ることを求めます。しかし、欧米諸国の日本進出を排除したい孝明天皇はこれを許しませんでした。

1858年にアロー戦争の情報を得たハリスは、清を敗北させた英仏連合軍の情報で幕府の不安感をあおり、通商条約の調印を要求しました。幕府の大老井伊直弼はこの要求に屈して、勅許を得ないまま日米修好通商条約に調印しました。この条約は、日本に対して、江戸・大坂の開市、神奈川(後に横浜に変更、下

『安政の五カ国条約』
日米修好通商条約 第6条の部分

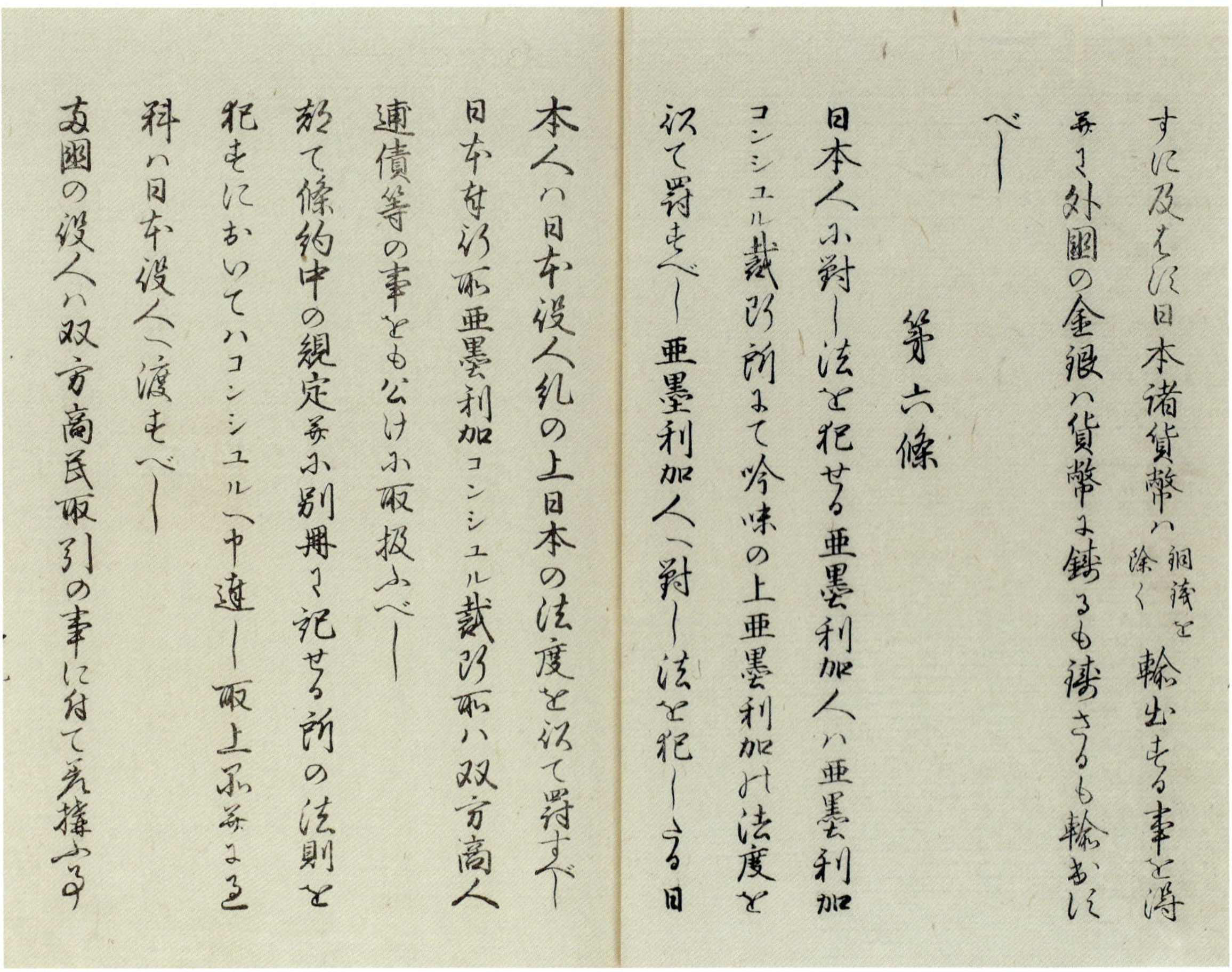
すに及はす日本諸貨幣ハ銅銭を除く輸出する事を得
并に外国の金銀ハ貨幣に鋳るも鋳さるも輸出す
べし
第六條
日本人に対し法を犯せる亜墨利加人ハ亜墨利加
コンシュル裁断所にて吟味の上亜墨利加の法度を
以て罰すべし　亜墨利加人へ対し法を犯したる日
本人ハ日本役人糺の上日本の法度を以て罰すべし
日本奉行所亜墨利加コンシュル裁断所ハ双方商人
逋債等の事をも公けに取扱ふべし
都て条約中の規定并に別冊に記せる所の法則を
犯すにおいてハコンシュルへ申達し取上品并に過
料ハ日本役人へ渡すべし
両国の役人ハ双方商民取引の事に付て差構ふ事

安政の五カ国条約／安政の大獄／江戸で西洋医が種痘所を設置

1859　スエズ運河起工

1858　清、イギリス・フランスと天津条約

田は閉港）・長崎など四港の開港と自由貿易を認めさせたものです。また、治外法権や、関税自主権の喪失といった条項をふくんでおり、不平等条約として知られています。

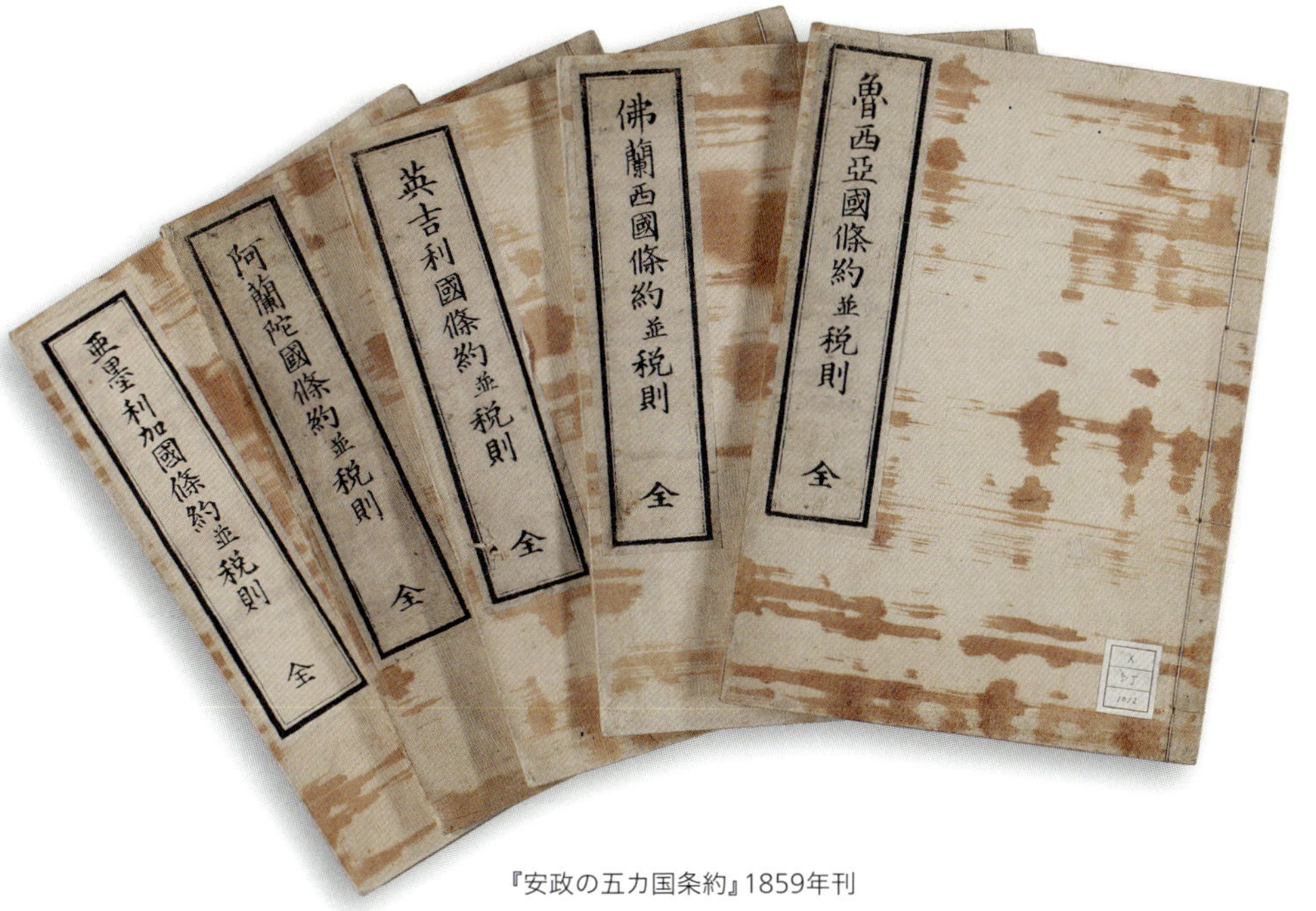

『安政の五カ国条約』1859年刊

震災被害にあった原本

日本は、アメリカについで、オランダ、ロシア、イギリス、フランスとも同様の通商条約を結んだため、この一連の条約は「安政の五カ国条約」とよばれました。東洋文庫をはじめ大学図書館などが所蔵しているのは、その写本であり、原本は現在、外務省外交史料館に保管されています。1909年、史料編纂のために東京帝国大学史料編纂所に貸しだされましたが、1923年の関東大震災でオランダ、ロシアの条約書は焼失してしまいました。残った三カ国との条約書も蒸し焼き状態となり、外務省に返還された後に補修を行ったものの、原本の一般公開は今も困難な状況です。そのため、現在は精密に再現したレプリカが常設展示されています。

これらの条約を結んだことで、日本の外国との貿易取引は飛躍的に増し、社会と経済に大きな変化をもたらしました。また、無勅許での条約調印や将軍跡継ぎ問題への干渉など、井伊直弼の強硬な行動に対して、幕府を批判する動きが高まっていきます。これに対して井伊直弼は、1858年から59年にかけて「安政の大獄」を起こし、幕府を批判していた吉田松陰などを処刑しました。これに憤った水戸藩の浪士たちは、1860年3月、桜田門外で井伊を暗殺します。この事件をきっかけに、幕府の権威は急速に失われていきました。

咸臨丸の太平洋横断

1860年2月、日米修好通商条約の批准書交換のため、外国奉行新見正興を正使とする遣米使節が、アメリカのポーハタン号に乗船して江戸を出航しました。この時、幕府がオランダより購入した軍艦咸臨丸が出航しています。艦長は勝海舟で、通訳として中浜万次郎も乗船していました。咸臨丸は日本人が操船する船として初めて太平洋横断に成功しました。安政の五カ国条約がもたらしたものは暗いニュースばかりではなかったといえるでしょう。

1860 桜田門外の変／咸臨丸、アメリカに向かう

1861 リンカン大統領に就任／南北戦争

日本・中国・シャムの風景

王立枢密上級宮廷出版　1864年

プロイセン使節団の見た、東洋諸国の風景と文化

ドイツよりの使者、アジアに到着

18世紀以降、欧米では、政府の名の下に「遠征」をおこなう際、画家を帯同する例が多く見られます。特に、学術調査を伴う場合は、その地域の風景や自然、人々の風俗や動植物相を図像として示すことが調査結果の整理・分析のために重要だったからです。例えば、ナポレオンのエジプト遠征の成果は『エジプト誌』として結実し、ピラミッドやスフィンクスを描いた細密な銅版画が残されています。また『ペリー提督日本遠征記』にも、わが国の風土文化や動植物などの様子が美しい手彩色図版として収録されています。

1860（万延元）年、フリードリヒ・ツー・オイレンブルク伯爵（1815～81）率いるプロイセン使節団が、ドイツ諸国を代表して日本を訪れました。プロイセン使節団はアルコーナ号以下四隻からなる艦隊でしたが、うち一隻は日本近海で遭難し、残る三隻が江戸湾に投錨しました。オイレンブルクは、日本・中国・シャム（現在のタイ）と、プロイセンを含むドイツ諸国との間に条約を締結する、という使命を帯びており、その最初の訪問国が日本でした。すでに、江戸幕府は、相手国に一方的な特権を認める条約を米英仏露蘭といった国々と結んでいましたが、この時は条約相手国の数の多さに難色を示しました。交渉の末、使節団は、日本とプロイセンとの間の条約のみという条件で基本的に合意し、日普修好通商条約は翌年1月24日に調印されました。条約締結後、プロイセン使節団が搭乗したアルコーナ号は江戸湾を出発し、横浜を経由して長崎に入港しました。彼らはそこでしばし休息をとってから、上海に向かって長崎を出港しました。使節団は、そのまま清とシャム王国へと針路を取り、この両国とプロイセンの間にも修好通商条約を結ぶことに成功したのです。

目で見て楽しめる報告書

このプロイセン使節団は、オイレンブルク伯爵を特命全権公使とし、書記官・公使随員・医師以外にも、著名な地質学者フォン・リヒトホーフェン等の学術調査員や実業界の代表者たち、製図家などが参加していました。リヒトホーフェンは東西交渉路を「シルクロード」と命名したことでも知られています。メ

チャオプラヤー川下流の寺院ワットアルン

1860　プロイセン使節団、来日

1861　福澤諭吉、遣欧使節に随行　ロシアで農奴解放令／イタリア王国成立

駿河湾からのぞむ富士山

日本の風景

中国の街並

同じ頃、日本では歌川広重の名作『名所江戸百景』が世に出ています。二つのエドを見比べてみるというのも、面白い鑑賞法かもしれません。

ンバーには、画家のアルベルト・ベルク(1825~84)、スケッチ画家ヴィルヘルム・ハイネ(1827~85)、写真技師のカール・ビスマルクもいました。ハイネは既にペリー来航の際にも画家として二度随行しており、この時が三回目の来日でした。

東洋文庫が所蔵している六〇枚の「日本・中国・シャムの風景」はフォトリトグラフという技法で制作した石版画に彩色をほどこしたものです。1862年、使節団がプロイセンに帰国した後、外交文書などとともに、三部からなるプロイセン使節団の公的報告書の一部として、ベルリン王室から出版されました。作者については、お抱え絵師として随行していたベルク、または写真の心得もあったハイネのどちらかであろうと考えられています。ただし、オイレンブルクの書簡によると、ハイネは上海で使節団から離脱したので、北京から香港、シャムの風景図は彼の描いたものではありえません。

使節団は飽くなき探求心で、当時の日本の風景や建築物などを新鮮な視線で切りとり、精密な絵画として仕上げました。また、そこに添えられた詳細な解説においては、日本の風物や文化について西洋と異なる点を認めつつ、高い評価を与えています。

薩英戦争 1863
朝鮮で大院君が執政

生麦事件 1862
プロイセンでビスマルク執政

和《わ》英《えい》通《つう》韻《いん》伊《い》呂《ろ》波《は》便《びん》覧《らん》

尚友堂主人校　1868年(江戸時代)

英語を学ぶ絵入りの入門書

これからは英語だ!

鎖国時代の日本では、18世紀になると徐々に蘭学への感心が高まり、オランダ語の解剖書を翻訳した『解体新書』や蘭和辞書『ハルマ和解』が出版されました。19世紀には幕府も洋書の翻訳を開始し、諸藩もこれにならいました。江戸と長崎ではじまった蘭学は、京都、大坂、さらに全国へと広まり、1811年に幕府は蕃書和解御用を設けて、オランダ語を中心とした洋書の翻訳をすすめました。この外国語翻訳機関は開国後には蕃書調所となり、後に東京大学の前身の一つとなりました。

1853年、ペリーの来航によって日本は新たな外国語の壁にぶつかります。英語との邂逅です。ペリーとの交渉では、英語をオランダ語に訳し、そこから日本語にする作業で意思疎通をしました。日本側の意図を伝える場合は、その逆の作業が必要となります。このため、交渉の内容が伝わらず、話しあいは難航しました。日米和親条約が締結され、やがて領事のハリスが着任し、アメリカとの外交交渉は本格化しました。オランダ語にかわって英語が必要とされる時代がやってきたのです。

語学の基本　辞書の作成

1859(安政6)年、中浜万次郎は『英米対話捷径』を刊行しました。この本は、日本が開国してから最初の英会話の辞書といえるもので、全二一三の日常会話の対訳がのっています。万次郎の英語の発音は、聞いた音をそのまま発音したもので、『英米対話捷径』にカナで記載された発音は、現在の英和辞書の発音とは異なっているものが多くあります。たとえばwaterはワラですが、これはウォーターと発音するよりも実際のアメリカ英語の音に近いと言われています。しかし、日本における漢文などの基礎的学問の素養がない万次郎は、口語通訳としては有能でしたが、文章を日本の文語に翻訳することはできませんでした。

明治維新前年の1867年、幕末に来日したアメリカ人宣教師・医師のヘボン(1815〜1911)によって日本初の和英辞書『和英語林集成』が出版されました。巻末には英和の部も付されています。この辞書は、幕末から明治初期に使用されていた語彙を収録していて、初版には日本語の見出し二万七七二語、英語の見出し一万三〇語が収載されていました。文明開化による語彙などの激増によって、再版・三版とも大幅に増補・改訂され、1910年の九版まで重版されて、日本の英学隆盛に大きな貢献をしました。

海援隊によるビギナーズ・イングリッシュ

『和英通韻伊呂波便覧』は、坂本龍馬が創設したことで知られる海援隊が発行した英語の入門書です。龍馬は、1860(安政7)年に江戸で出版された『商貼外和通韻便覧』の版権を得ましたが、出版前年の1867年12月10日に暗殺されてしまいます。かつてシーボルト門下であった長岡謙吉は第二代海援隊長になると、『商貼外和通韻便覧』の序文を差し替え、題名を改めて、1868年に再版しました。

いろはのローマ字の綴りや、簡単な英単語

坂本龍馬、海援隊を設立　1865　リンカン暗殺
四国艦隊の下関砲撃／新撰組、池田屋を襲撃　1864　太平天国滅亡
1863　奴隷解放宣言

を筆記体とともに示した綴字書で、英字はコンシュル・フローエンドが、和字は書家の巻菱湖が筆をとり、楷書に近い読みやすい文字で記されています。また、ここに紹介した頁からもわかるように、初学者のための工夫が随所に見られます。

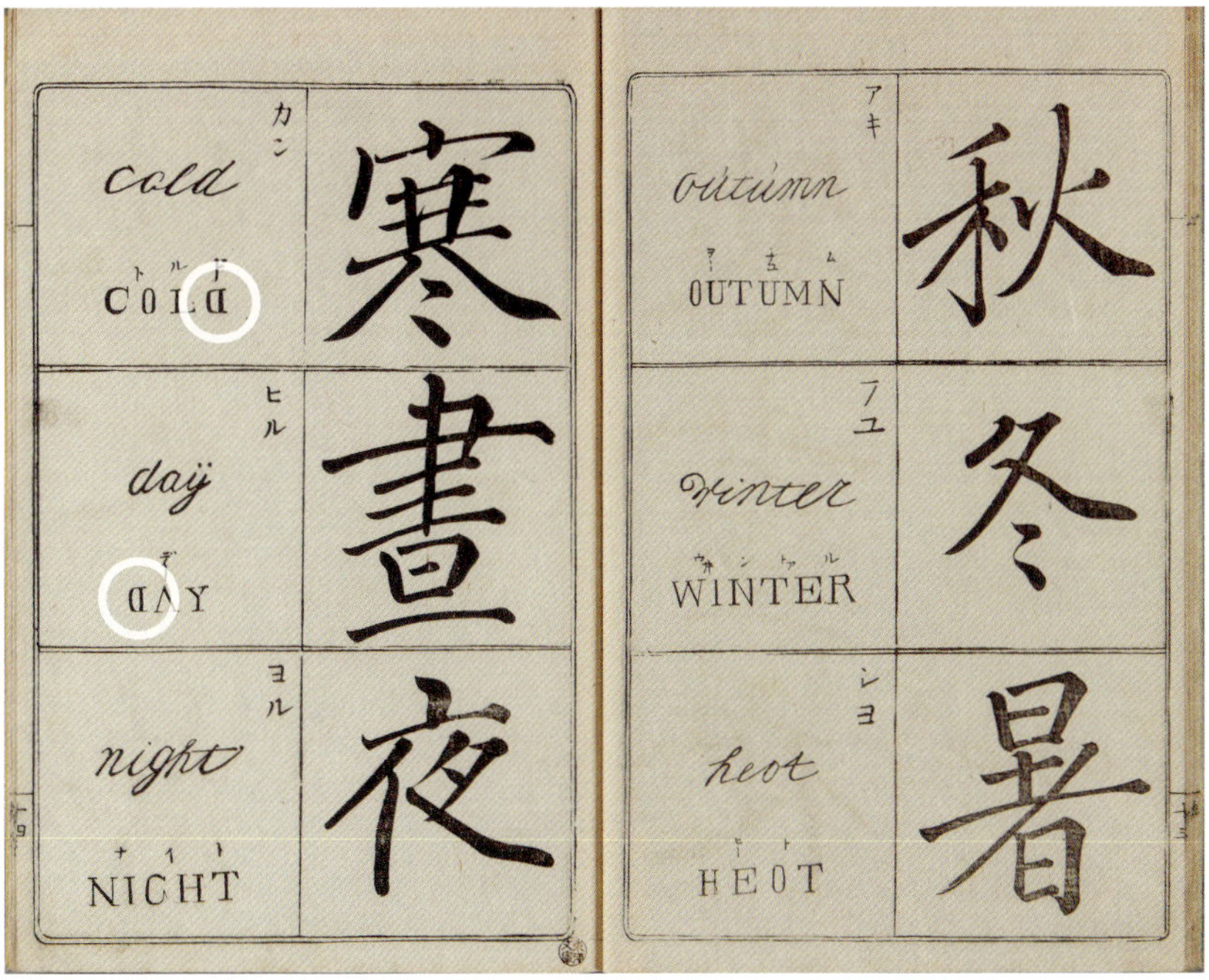

『和英通韻伊呂波便覧』季節の頁
「D」が左右逆に？　アルファベットが普及していなかった時代ならではの誤り。

『和英通韻伊呂波便覧』時間の頁
西洋時計図に紙製の長針・短針がとりつけられており、回転させることで学習の幅が広がります。

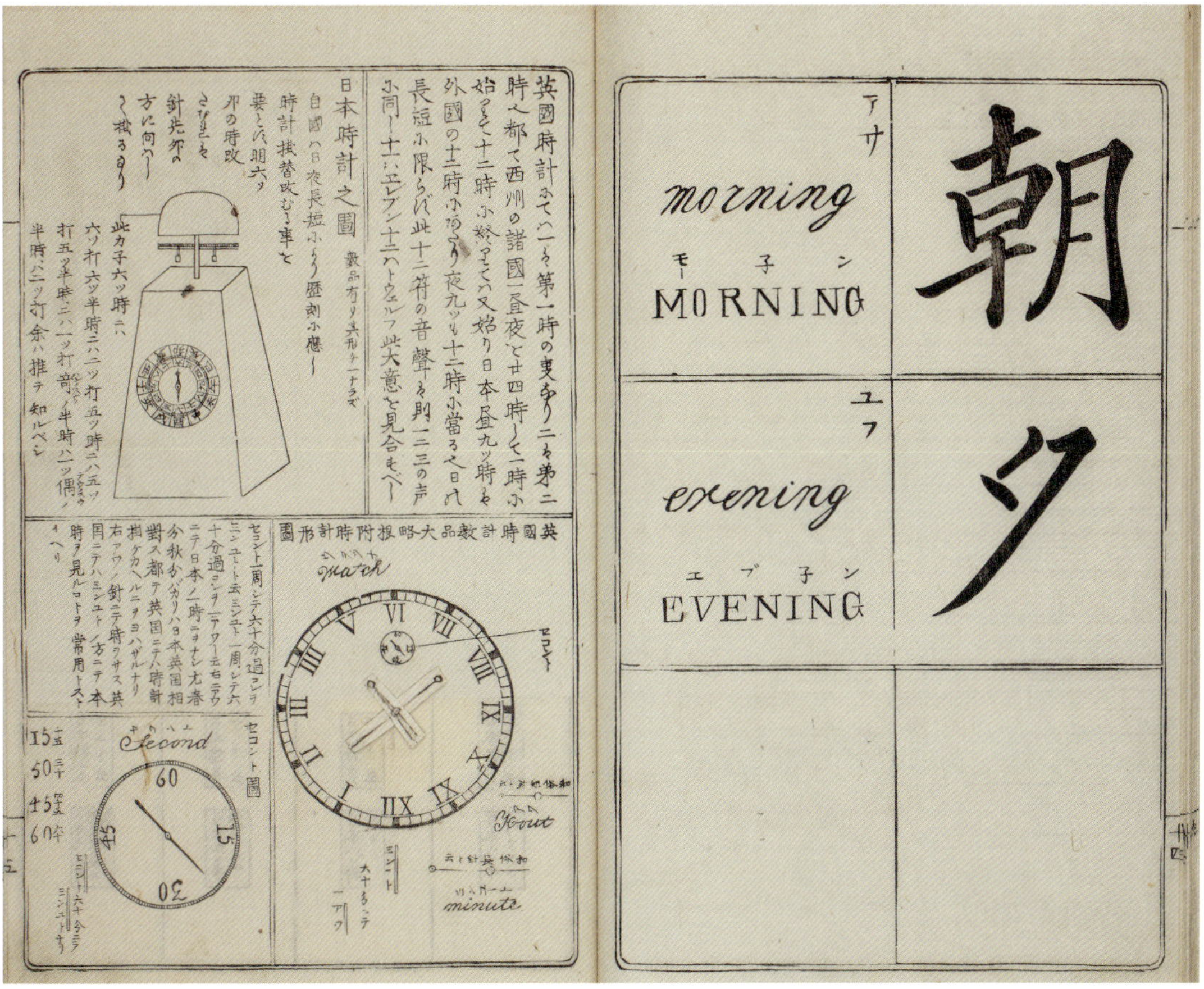

坂本龍馬暗殺される／大政奉還

1867

1866

プロイセン＝オーストリア戦争

延《え》叙《ぞ》・北《きた》延《え》叙《ぞ》歴《れき》検《けん》真《しん》図《ず》と北《きた》蝦《え》夷《ぞ》余《よ》誌《し》

『延叙・北延叙歴検真図』目賀田守蔭著　1859年／『北蝦夷余誌』松浦武四郎著　1860年（江戸時代）

来た、見た、描いた！ 蝦夷の地図と地誌

蝦夷を空からながめたら

地図の中には、一般に「絵図」と呼ばれる種類があります。風景画の中に地名や説明などを書き込んだ、絵の要素が強い絵画的地図とでもいうべきものです。そのうち、蝦夷を描いた絵図としてよく知られているのが、幕臣目賀田守蔭《めがたもりかげ》（1807〜82）が1859（安政6）年に作成した『延叙・北延叙歴検真図』全一二冊です。

この風景図は『延叙歴検真図』と『北延叙歴検真図』からなり、東洋文庫が所蔵しているのは、守蔭自身の筆写による写本と考えられます。ある程度のデフォルメも見受けられますが、その描写は細部に至るまで精密で、美しい極彩色の絵図となっています。各地の風景は、主として斜め上方から見た鳥瞰図として描かれているので、ページを開くと、まるで眼下に広がる雄大な景色を一望するかのようです。

目賀田守蔭は、旗本目賀田弥《や》左《ざ》衛《え》門《もん》の長男として江戸に生まれました。江戸南画の総帥、谷文晁《たにぶんちょう》の門に入り、文晁流の実景図の技法を学びました。守蔭は、同時に、国学者前田夏蔭《なつかげ》の門人でもあったため、1856（安政3）年に前田が幕府から蝦夷地史料の収集と編纂を任されると、他の二人の門人とともに蝦夷地および北蝦夷地に赴き、各地で詳しく実地調査をおこないました。画才のある守蔭は北海道および樺太《からふと》島沿岸の風景を写実的に描いた『延叙・北延叙歴検真図』を制作し、幕府に献上しました。この原本は残念ながら失われましたが、美麗な写本・類本が残されており、これらをもとにして、明治維新後の1871年に守蔭自身が、筆をとり二八帖の『北海道歴検図』として描きなおしました。その絵画的価値は高く評価されており、現在でも北海道内の市町村史の口絵などに使用されています。

『延叙・北延叙歴検真図』
これは冊子ではなく巻物状の形態で、全93巻が現存しています。守蔭自筆の絵には彩色と無彩色があり、また、草稿であるため、丁寧に描かれた絵もあれば、スケッチもありますが、その卓越した描写力からは画家としての実力をうかがい知ることができます。

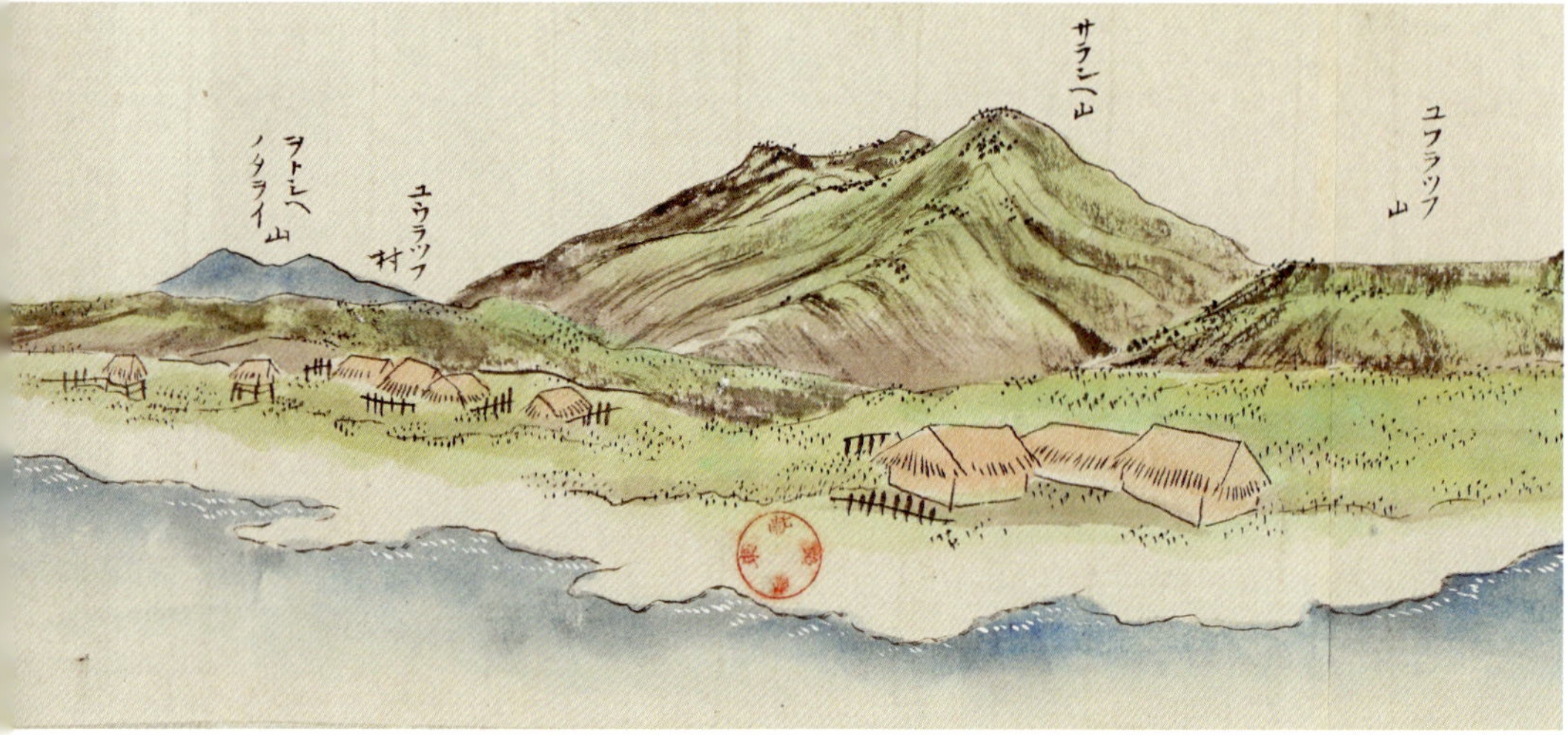

蝦夷地が北海道に改称／版籍奉還　1869
明治維新　1868
1867

大陸横断鉄道開通／スエズ運河開通
オーストリア＝ハンガリー帝国成立

『北蝦夷余誌』
調査・探検の中で、松浦はアイヌ語を覚えるなどして、積極的に現地の人々と交流を深めました。

異郷を見守る暖かい視線

1799（寛政11）年以降、蝦夷を直轄地とした幕府は、その後、伊能忠敬や間宮林蔵による測量に基づいて精密な地図を完成させました。これは、のちにヨーロッパの地図を訂正させるほどの精度だったといわれています。しかし、この地図に描かれたのは海岸線のみであり、内陸部については空白の状態でした。

1856（安政3）年から58年にかけて、東蝦夷地すなわち南千島をふくむ東北海道部を管理する箱館奉行は、当時、蝦夷地御用掛《ごようがかり》の任にあった松浦武《まつうらたけ》四《し》郎《ろう》（1818〜88）に命じて、その地図に山脈・水脈・地名などを記入させました。のちに『東西蝦夷山川地理取調図』が、わが国初の実測による刊行日本図『官板実測日本地図』に採用されたことからも、その完成度の高さがうかがえます。

松浦武四郎は、すでに、1845〜46年、1849年に蝦夷地を踏査しており、この地に関して充分な知識と体験とを持った人物でした。その経験と実績を買われて、1855（安政2）年に幕府の蝦夷地御用掛に起用され、さらに蝦夷地の調査を進めました。御用掛を辞任した後は、市井において、日誌や調査の結果をまとめた『東西蝦夷山川地理取調紀行』全二二巻をはじめとして、蝦夷地に関する多くの著作を刊行しました。また、この時、松浦は蝦夷地の様子を広く一般に伝えるため、幕府に提出した調査書を元にして、紀行文を地域ごとに読みやすくまとめなおしています。ここに紹介する『北蝦夷余誌』は、そうした著作のうちの一冊です。当時、南部にはアイヌ民族、中部以北にウィルタ民族、北部からアムール川流域にかけてニヴフ民族が暮らしていましたが、『北蝦夷余誌』には彼らとの出会いやそれぞれの文化の違いなどが記されています。

「北海道」の名付け親

松浦武四郎は、明治維新後に開拓使判官に任用されました。今でいえば局長級の職ですが、彼は明治政府のアイヌ政策に同調できず、1870年には辞任しています。在任中、松浦は道名の選定に深く関わりました。彼が挙げた六つの候補のうちの「北加伊（ほっかい）」の「加伊」を「海」と変更して、「北海道」と名付けられたとされています。「加伊」は「夷人」の自称でした。松浦自身も「北海道人」と号していたため、この雅号から命名されたという通説も流布しているようです。

徴兵令 1873
廃藩置県 1871
ドイツ帝国成立

琉球《りゅうきゅう》画誌《がし》

小田切春江著　1832年(江戸時代)

描かれた江戸時代末期の琉球使節団

琉球の呼び名

琉球とは、中国による呼び名が一般化したものです。「りゅうきゅう」の名が最初にあらわれたのは、『隋書』東夷伝の中の「琉求」です。隋の煬帝は琉球を従わせようと使節を送りましたが、従わないので宮殿を焼き、捕虜を数千人連れ帰ったと書かれています。後、『新唐書』や『元史』にも「琉求」や他の文字で登場し、一部は台湾を指していることもあったと考えられています。14世紀頃の琉球は、北山・中山・南山の三王国が分立していましたが、明の太祖洪武帝(在位1368〜98)は、朝貢を求める使節を送り、三王国とも朝貢するようになりました。そして、『明史』の記録にある「琉球」の文字が以後使用されるようになりました。その後、1429年、中山王の尚巴志《しょうはし》が三山を統一して琉球王国を形成しました。

人、もの、文化を伝えた琉球使節

1609年、薩摩藩の島津氏が琉球を服属させましたが、中国に対しては琉球と薩摩の関係を極秘として、朝貢貿易を続けさせました。以降、大政奉還までの間に、琉球は幕府に対して一八回ほど朝貢の使節を送っています。この使節は「江戸のぼり」とも呼ばれました。琉球を出帆した使節は、しばらく鹿児島に逗留し、その後長崎から下関へと向かい、船で瀬戸内海をぬけ、大坂、京都を経由して東海道を江戸へと上ったそうです。

本資料は、名古屋の通俗画家・小田切春江《おだぎりしゅんこう》が、1832(天保3)年に来朝した琉球使節が名古屋城下を通過する前後の状況を、遠近法を駆使して描き、肉筆の絵本としたものです。使節そのものの様子よりも、使節に興味を持って見つめる民衆の姿がよく表現されています。例えば、評判を聞いて、すぐに唐人《とうじん》や琉球人の格好をした物乞いが町に出現した

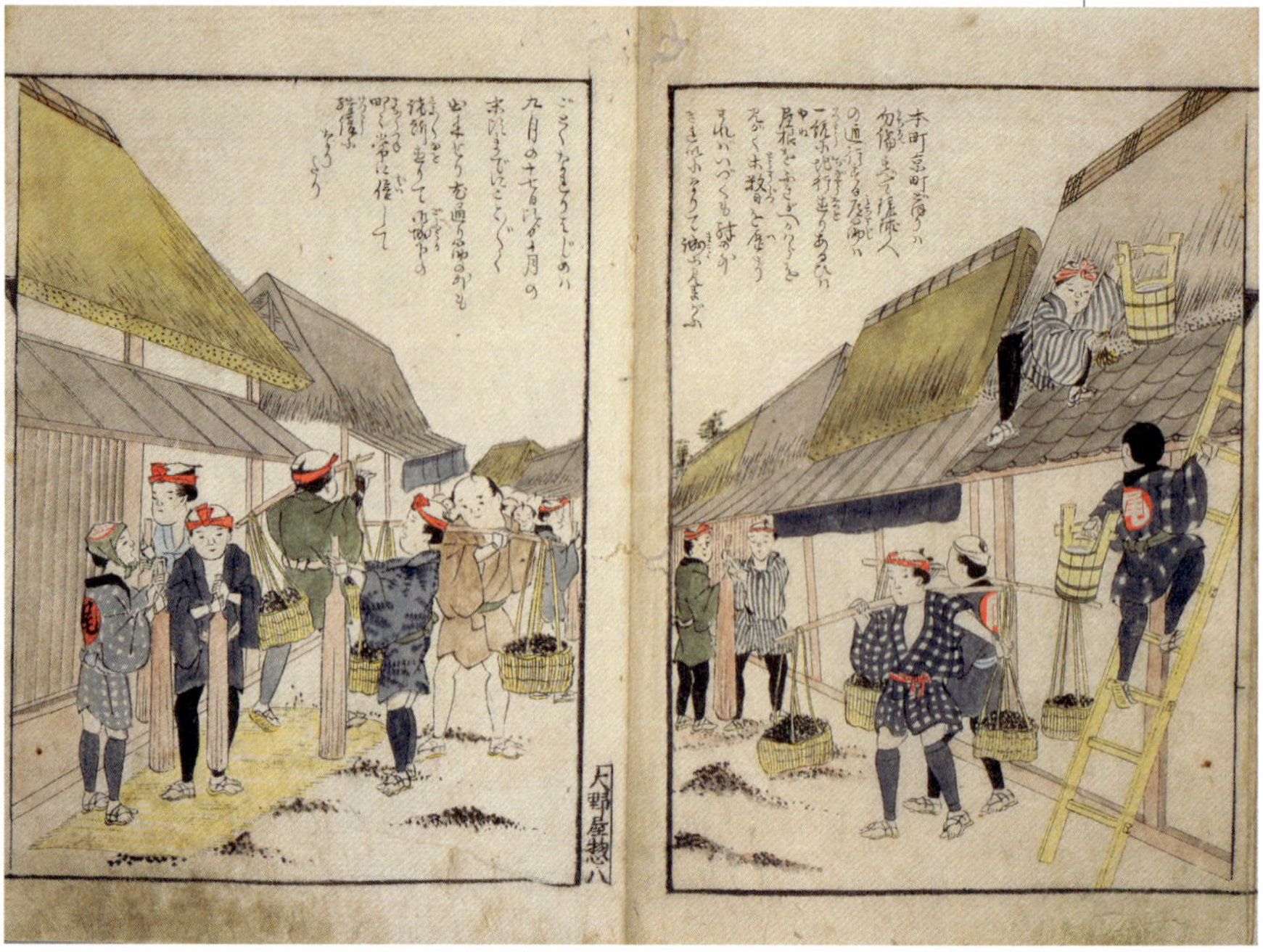

『琉球画誌』に描かれた町内の清掃の様子

西南戦争	日朝修好条規	ロシアと千島樺太交換条約	台湾出兵
1877	1876	1875	1874
ロシア=トルコ戦争／インド帝国成立	トルコ、ミドハト憲法発布		

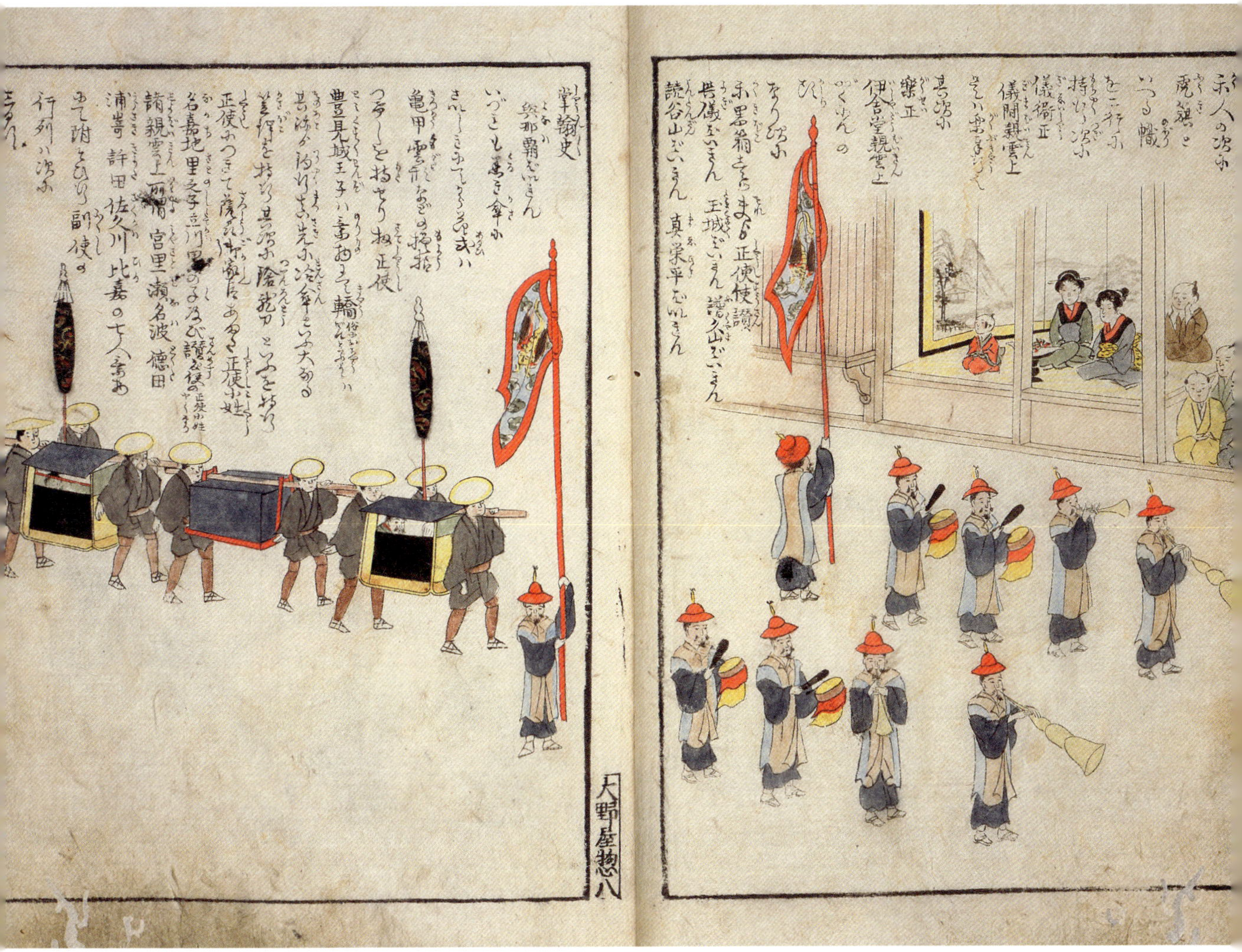

『琉球画誌』に描かれた使節の図
本書に用いられている罫紙には、名古屋の代表的な貸本屋・大野屋惣八の文字が入っています。自筆稿本のまま貸本にされていたことがわかります。

様子、町内の清掃や飾り付けのありさま、行列の前に立って水をまく人物のリアルな描写などがあります。

琉球使節には、琉球舞踊の踊り手や琉球音楽の奏者も加わっており、沿道の芸能に影響を与えたとされます。また、諸芸に通じた随行員と薩摩藩や幕閣の人々との交流は、琉球に日本の文化を伝えました。中国、日本双方に朝貢したことで、琉球には中国と日本の文化が融合した独特の文化が形成されたといえます。

沖縄県の設置と「琉球」の復活

1867年の大政奉還の後、1871年に廃藩置県が行われ、全国が政府の直轄地となるにおよんで、琉球は鹿児島県に編入されました。それ以前の琉球は、薩摩藩に服属しながら、清を宗主国《そうしゅこく》とする両属関係にありました。明治政府のすすめる琉球処分によって、1879年沖縄県が設置され、日本への帰属が明確になると、清は琉球を自国の属国であるとして、日本に猛抗議しました。日本は、日清戦争に勝利することでこの問題を解決します。第二次世界大戦後、沖縄を占領したアメリカは、琉球の呼び名を使用し、琉米政府を置きました。1972年、沖縄諸島は日本に返還され、ふたたび沖縄県となったのです。

琉球が沖縄に改称
1879
1880
清で李鴻章が海軍を創設

ビゴーの風刺画と小泉八雲の書簡

『トバエ』ジョルジュ・ビゴー画　1887〜90年／『往復書簡』ラフカディオ・ハーン、バシル・ホール・チェンバレン　1890〜96年（明治時代）

日本を紹介した幕末明治の日本通外国人

日本で出会った同い年の研究者

ギリシア生まれの小説家・日本研究家のパトリック・ラフカディオ・ハーン（1850〜1904）は、1890年にアメリカの出版社の通信員として来日し、その六年後に日本国籍を取得して小泉八雲を名乗ります。日本語学者チェンバレンの紹介で島根県立松江中学校の英語教師となり、翌年熊本の第五高等中学校に移りました。ここで、出雲出身の妻節子と結婚します。1896年から六年半にわたって東京大学で英文学を講義し、早稲田大学に移った1904年に亡くなりました。一〇数冊に及ぶ日本時代の著作のうち、出雲の生活を書いた『知られぬ日本の面影』と、日本各地の伝説や幽霊の話などを集めた『怪談』は特に有名です。チェンバレンが来日間もないハーンを松江中学校に紹介した縁で、ハーンとチェンバレンには親交がありました。

本資料の往復書簡は、1890〜96年にかけてハーンがチェンバレンや親しい友との間でやりとりした自筆の手紙一二八通です。カタカナで互いの名を記した封筒は、なんともほほえましく、二人の友情の深さが思われます。

イギリス生まれの日本語学者・日本研究家のバジル・ホール・チェンバレン（1850〜1935）は、1873年にお雇い外国人として来日し、1874〜82年に海軍兵学寮で英語を教えました。1886年からは東京帝国大学の教師として日本語を講じて、日本の言語研究に大きな影響を与えました。1891年には、外国人として同大学初の名誉教授になりました。また、日本語や日本に関する研究だけでなく、琉球やアイヌに関する研究、俳句や『古事記』を英訳したことでも知られます。

あこがれの日本はいずこ?

一方、パリ生まれのフランス人画家ジョルジュ・フェルディナン・ビゴー（1860〜1927）は、二二歳の時に来日しました。幼い頃から絵の才能を開花させたビゴーは、一二歳でパリの美術学校エコール・デ・ボザールに入学しますが、家計を支えるために退学し、小説の挿絵などを描いて生計をたてていました。有名な作品では、エミール・ゾラの著作『ナナ』の挿絵があります。やがてビゴーは、交流していた芸術家や文化人から、ジャポニスム、特に浮世絵の影響を受け、日本に強い

ラフカディオ・ハーンのチェンバレンへの書簡

明治十四年の政変／国会開設の詔
1884　1882　1881
清仏戦争
ドイツ・オーストリア・イタリア三国同盟

ビゴーの風刺画
ビゴーは商人・農民・車夫・物乞い・兵士などの庶民を対象とした銅版画や絵画も多く発表しています。彼が17年間の滞在中に出版した漫画雑誌は、5種110冊、漫画集は30種以上にのぼり、「絵で描いた日本人論」ともいわれています。

関心をいだくようになりました。しかし、ビゴーが来日した時、日本はすでに文明開化の時代であり、西洋文化を追いもとめる日本人は、古き良き自国の文化を忘れさろうとしていました。日本の変貌のはげしさに、ビゴーは落胆しました。

変わりゆく日本に風刺をこめて

1882年から二年間、陸軍士官学校の画学教師を務めたビゴーは、1887年からは横浜の外国人居留地で、漫画雑誌『トバエ』をはじめとする数々の風刺雑誌、風刺画集の刊行を始めました。教科書にしばしばとりあげられる「漁夫の利」や「ノルマントン号事件」といった作品をはじめ、条約改正や日本をめぐる内外の政局、欧米と肩をならべようと背のびする日本人を風刺した漫画を描き、官憲に注意人物とみられていました。ビゴーがこうした風刺画を自由に描くことができたのは、当時の日本が不平等条約改正前で、治外法権のもとにある居留地では、出版の自由が保障されていたためです。日清戦争では、イギリスの新聞『ザ・グラフィック』の特派員として朝鮮に従軍しましたが、写真機の性能の向上により、報道画家の存在意義がうすれていくことに不安を感じました。1899年、条約改正によって居留地が廃止されると、ビゴーは官憲の弾圧をおそれて帰国しました。

近代化という荒波の中で、あられもなく変わっていく日本の姿にビゴーは失望しましたが、その失望を笑いにかえて漫画を描いたのです。明治の日本を風刺したビゴーの作品には、つきはなすような冷たい視線はありません。むしろ、背のびする日本に対するあたたかいまなざしが感じられるのです。

『日本素描集』1886年刊より

大日本帝国憲法発布 1889
ビゴー、漫画雑誌『トバエ』を創刊 1887
フランス領インドシナ連邦成立 1887
インド国民議会成立 1885

写真で綴《つづ》る日記

アルフォンス・フォン・ムンム撮影　1902年頃

ドイツ外交官が撮った、20世紀初めの中国の風景

拳で闘う秘密結社 VS 列強連合軍

　清が欧米列強とむすんだ不平等条約では、居留地や租借地以外でのキリスト教の布教が認められていませんでした。このため、中国内地を多くの宣教師がおとずれ、教会が建てられるようになります。宣教師は、時には土地をめぐる争いに介入したため、現地の住民との摩擦がはげしくなっていきました。1860年代になると、教案とよばれる、宣教師にからんだ紛争が多発するようになります。

　こうした情勢を背景に、山東省の義和団が民衆の支持をあつめていきました。義和団は、護身術の一種である義和拳と、嘉慶《かけい》期の大規模な民衆蜂起の母体となった白蓮《びゃくれん》教の流れをくむ集団です。義和拳は、拳法を修行し、鍛錬をつんで呪文を唱えれば、刀剣や銃でも傷を負わなくなるという信仰を特色としていました。そのため、敵対する勢力からは「拳匪《けんぴ》」「Boxer」などと呼ばれていました。義和団の勢力はたちまち直隷《ちょくれい》、河南、山西などの諸省に広がり、1899(光緒25)年、排外主義の「扶清滅洋《ふしんめつよう》」の旗をかかげると、その力を利用しようと清朝の保守派は彼らを庇護しました。義和団は、教会の破壊、宣教師や信者たちの殺害といった反キリスト教的行動だけでなく、鉄道や電柱などの「洋」を象徴するもの全てに対し、無差別に攻撃を加えるようになりました。1900(光緒26)年、ついに義和団は北京市内にまで進出し、列強の公使館を包囲するにいたりました。これが「義和団事件」です。列強は八カ国連合軍を天津から北京へ進め、それに対して清朝は列強に宣戦します。連合軍の北京入城後、西太后や光緒帝は西安に避難し、北京はしばしば列強の共同軍事管理下におかれます。この時、連合軍の将兵がおこなった略奪ははげしく、多くの財宝や文化財が海外に持ちさられることになりました。連合軍により義和団は鎮圧され、翌1901(光緒27)年、清朝は列強との間に、巨額の賠償金

原題は、"Ein Tagebuch in Bildern"。東洋文庫ホームページの蔵書検索から閲覧することができます。

資料に貼付されたG. E. モリソンの蔵書票

日清戦争

1899　アメリカが中国の門戸開放を要求
1898　戊戌の政変
1896　アテネで第1回オリンピック
1894　孫文がハワイで興中会を結成

の支払いを含む最終議定書（辛丑《しんちゅう》和約）を結ぶことになったのです。

外交官のトラベラーズノート

ムンムの写真をもとにした辛丑和約締結のスケッチ。

ここに挙げた図版は、条約締結時に撮られたものです。この写真をおさめた『写真で綴る日記』は、ドイツの外交官アルフォンス・フォン・ムンムが北京、上海などの市街地を撮影した写真集です。フランクフルト出身のフライヘル・アルフォンス・ムンム・フォン・シュヴァルツェンシュタイン（１８５９～１９２４）は、義和団事変に際し、賠償交渉のため、ドイツ全権大使として北京に派遣されました。ムンムは、１９００年７月にジェノヴァを出発し、同年10月に北京に到着していますが、この本に収録された写真は、彼のジェノヴァ出発から１９０２年７月までの旅行と日常の様子を克明に撮影したものです。明確な記述はありませんが、おそらくベルリンで１９０２年頃刊行されたと思われます。東洋文庫の所蔵本には、著者の自筆で、１９０４年１月１日に、ロンドン・タイムズの北京特派員であったG・E・モリソンに寄贈したと記されています。

秘蔵写真を絶賛公開中！

この写真集はその年代の古さからも、収録された写真の内容の豊富さから見ても、大変貴重な図像史料です。たとえば、キャプションに「Inselpalast（島の宮殿）」とある写真は、検証の結果、光緒帝が西太后により幽閉されていた瀛《えい》台であろうと同定されています。もちろん、通常ならば、外部の者が絶対に立ち入れない場所ですが、ムンムはドイツ全権大使だったため、西太后と光緒帝が北京にもどる前に、特別に西苑に入ることができたのでしょう。この他、当時の習俗・習慣などを撮影した写真もあり、文化的な記録という意味でも非常に稀有な史料といえます。

このように、質量ともに充実した古写真の数々を、現代の私たちは、鮮明な画像で手軽に見ることができます。『写真で綴る日記』は、東洋文庫と国立情報学研究所によるデジタル・シルクロード・プロジェクト内の「『東洋文庫所蔵』貴重書デジタルアーカイブ」(http://dsr.nii.ac.jp/toyobunko/La-161/V-1)で公開されています。

ポーツマス条約　日露戦争　日英同盟
1906　1905　1904　1902　1900
イランで立憲革命　義和団事件

ニコライ2世の東方旅行記《とうほうりょこうき》

エスペル・ウフトムスキー記録　1893年

ロシア最後の皇帝、若き日の「東方見聞録」

皇太子ニコライの東方旅行顛末記

ニコライ2世（1868〜1918）は、三〇〇年あまり続いた帝政ロシア、ロマノフ王朝最後の皇帝です。アレクサンドル3世の長子として生まれたニコライは、父と同じく専制政治の忠実な擁護者であるよう教育を受けました。彼は語学に秀でており、ロシア内外を広く旅行しましたが、皇太子時代の1890年から翌91年にかけて、エジプト・インド・東南アジア・中国・日本を歴訪しました。この旅行の途上、1891年に日本を訪れた際に、滋賀県大津で、巡査津田三蔵《つださんぞう》に斬りつけられ、頭部に重傷を負いました。これが、いわゆる「大津事件」です。その後、日本で一週間ほど療養していた皇太子ですが、本国からの命に従い、旅行を中止し、本来の目的だったウラジオストクでのシベリア鉄道起工式に皇帝の名代として出席するために、日本を離れたのでした。

本書『ニコライ2世の東方旅行記』（全三巻）は、この時の東方旅行の見聞録を、随行していたウフトムスキー公爵がまとめたものです。19世紀末の東方諸国の状況に関する重要な資料であるのはもちろんですが、とりわけ日本人にとっては明治日本の時代風俗および当時の日露関係を知る上で、大変興味深い内容といえます。本書には、寄港地の風景を描いた、美しく精緻な版画やリトグラフが収録されており、史料的な価値だけでなく、美術的な観点からも高く評価されています。東洋文庫は、1893年にサンクトペテルブルクで出版された、ロシア語によるオリジナル版の他にも、刊行後に英語などの別言語で翻訳された版も所蔵しています。

『ニコライ2世の東方旅行記』
口絵に描かれたニコライ2世
ニコライ2世の記録としては、本書のほかに36年間にわたり、処刑の4日前まで書きつづけていたという日記があります。『東方旅行記』や日記などを合わせ読むことで、より深く、この時代のロシアを中心とした政治状況や外交情勢などを読みとくことができるのではないでしょうか。

帝政ロシアのラスト・エンペラー

1894年、皇太子ニコライは父の突然の死によって帝位につき、ニコライ2世となりました。戴冠後、ひと月足らずで結婚した皇后との間に生まれた皇子アレクセイが先天的に血友病を患っていたことは、皇帝夫妻の心

1908　青年トルコ革命
1910　日本、韓国を併合
1911　不平等条約改正
1911-12　辛亥革命で清滅亡、中華民国建国

を悩ませ続けました。これが原因で、怪僧ラスプーチンを信頼し登用したことが、ロマノフ王朝末期の宮廷を一層混乱させたといわれています。国内では労働者や学生のデモが起き、革命を目指す社会主義者の一部はテロリズムに走るようになっていました。外交面では、満洲および朝鮮半島をめぐって日本と対立を深め、1904年に日露戦争が起きました。陸海で敗北を重ねたロシアは、1905年のポーツマス条約により、朝鮮半島の自由処分、ロシア軍の満洲撤兵、遼東半島租借権およびハルビン―旅順間鉄道の日本への譲与などを認めることになりました。

アーグラ城砦からタージ・マハルをのぞむニコライ2世一行

「今、何と言ったのだ?」

日露戦争はロシア国民の生活を圧迫し、ついにこの年、第一次ロシア革命がおきます。これによりロシアは立憲専制国家となりましたが、革命がいったん終息すると、皇帝は態度を変え、革命運動を弾圧するようになりました。その後、ドイツと対立したことからロシアは第一次世界大戦に巻き込まれますが、大戦中の1917年に第二次ロシア革命が起こり、ニコライ2世は退位しました。こうして、帝政ロシアは終わりを告げたのです。ボリシェヴィキ政権が樹立された後、1918年に皇帝一家はエカチェリンブルグに幽閉され、射殺されました。処刑隊に死刑執行を告げられた時、ニコライ2世は「何と言ったのだ?」と聞き返したと言われます。

皇帝一家の遺骸の所在や事件の詳細が長らく不明だったため、逃避行説や第四皇女アナスタシア生存説なども一種の伝説として信じられてきましたが、1994年に遺骨のDNA鑑定がおこなわれ、ニコライ2世の遺体だと科学的に確認されました。その時に鑑定材料の一つとして使用されたのは、大津事件の時、皇太子の傷口を押さえたハンカチに残された血痕だったということです。

1914 第一次世界大戦
1915 対華二十一ヵ条要求
1917 ロシア革命
岩崎久彌がジョージ・アーネスト・モリソンの蔵書を購入
1919 パリ講和会議

東洋文庫について

東洋文庫は、東洋学(広大なアジア全域を対象とする学問)の専門図書館です。三菱第三代社長の岩崎久彌(1865~1955)によって1924年に設立されました。東洋学分野の専門図書館として、日本では最古・最大、世界でも五指に数えられます。

稀に見る愛書家であった岩崎久彌は、明治時代の末年頃から和漢の貴重書、とくに日本に関する文献の収集に力を注ぎました。また、日本の東洋学の発展における欧文資料の重要性を見出し、1917年にオーストラリア出身のジャーナリスト、ジョージ・アーネスト・モリソン収集の資料約2万4千点を購入しました。さらに、その後の7年間で和書・漢籍・洋書・アジア諸言語の区別をまたいで約5万4千冊もの文献が買い足されました。

これらを継続的に公開し、広く社会に貢献するための拠点を設けるべく、当代一流の有識者たちと協議を重ねて設立したのが東洋文庫です。久彌は、設立にあたって土地と建物、これまでに収集した書籍、運営していくための基本資金を寄付しました。自身は財団の運営には関わらず、役員等に就くこともありませんでしたが、その後も蔵書の拡充を全面的に支援しました。

終戦後は財閥解体に伴い、経済的に非常に厳しい運営が続きました。しかし、図書部分は1948年に国立国会図書館支部となり、研究部分は文部省、民間企業等からの補助金・寄付金を受けて、その後も着実に研究図書館としての発展を目指してまいりました。20

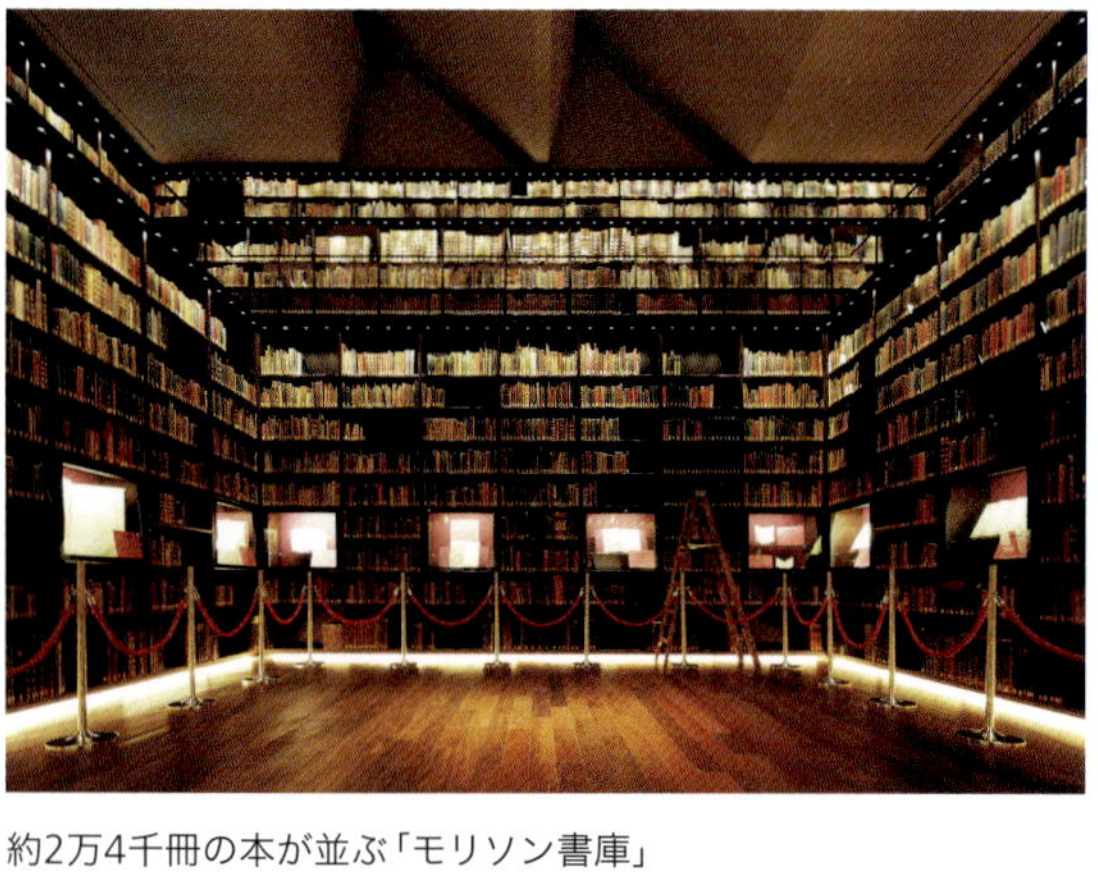

約2万4千冊の本が並ぶ「モリソン書庫」

創立時の東洋文庫外観

０９年に国立国会図書館との支部契約を終了し、２０１０年には三菱グループ各社の寄付により全面建替をした新施設が竣工しました。

東洋文庫の蔵書は、現在約１００万冊にのぼります。この中には、国宝５点、重要文化財７点が含まれます。蔵書の内訳は、漢籍40％、洋書30％、和書20％、他アジア言語10％（韓国語・ベトナム語・タイ語・サンスクリット語・ペルシア語・トルコ語・アラビア語など）です。これほど広くまとまった数での収集は、世界的にもあまり例がありません。図書の貸出は行っていませんが、一般に無料で閲覧に供しているほか、蔵書目録の作成と刊行、インターネット上での書誌・画像データの公開にも力を入れています。

また、東洋文庫では、伝統的な手法によるアジア諸地域研究（歴史・文化および資料研究）の充実を図ると共に、現代的視点に立った超域アジア研究を展開しています。研究員は約２５０名おり、現在は６部門13研究班体制のもとで、それぞれのテーマごとに共同研究を進めています。研究成果は和文・欧文の刊行物で定期的に発表し、一般向けの講座も開催しています。また、国内だけでなくフランス国立極東学院、台湾中央研究院、ハーヴァード燕京研究所など、世界の東洋学研究機関と連携し、研究者の交流、活発な情報交換に取り組んでいます。

より多くの方々にアジア、アフリカの歴史や文化に関心を持っていただくことを目指し、２０１１年10月に新たにミュージアムを開設いたしました。定期的に大規模な展示替えを行い、東洋文庫が所蔵する貴重な史料を様々なテーマのもとで公開しています。歴史知識の有無に限らず、誰もが気軽に楽しめることを特長としたミュージアムです。

東洋文庫利用案内

閲覧室

開館時間：9：30～16：30
閲覧料：無料
休館日：日曜・祝日、火曜日、年末年始
※閉架式、図書の貸し出し不可
貴重書の閲覧は要事前予約
（2015年4月現在）

ミュージアム

開館時間：10：00～19：00（入館は18：30まで）
入場料：大人900円、中高生600円、他
休館日：火曜日（祝日の場合は翌平日）、展示替え期間
（2015年4月現在）

アクセス

駒込駅（JR山手線、東京メトロ南北線2番出口）徒歩8分
千石駅（都営地下鉄三田線A4番出口）徒歩7分
巣鴨駅（JR山手線・都営地下鉄三田線）徒歩15分

公益財団法人 東洋文庫
〒113-0021 東京都文京区本駒込2-28-21
03-3942-0122（図書部）、03-3942-0204（研究部）、
03-3942-0280（ミュージアム）、03-3942-0121（総務部）
URL: http://www.toyo-bunko.or.jp/

現在の東洋文庫外観

■ **コラム「私の逸品」執筆者**

斯波義信（東洋文庫文庫長）

梅村　坦（東洋文庫研究員、中央大学教授）

濱下武志（東洋文庫研究部長）

石橋崇雄（東洋文庫研究員、国士舘大学教授）

■ **解説執筆者**（編集委員を除く）

平野健一郎	岸　佳央里	原山　隆広
安藤万有子	篠﨑　陽子	日野康一郎
伊藤　千尋	清水　信子	福地　智子
岡田　貴子	高木　雅弘	堀井　亮
岡本　真則	武田　祐樹	宮内　彦成
小此木敏明	橘　伸子	森　天眞
角山　典幸	谷嶋美和乃	矢久保典良
川合　奈美	谷家　章子	渡邉　絢
川下　俊文	根木　優	

■ **編集委員**

山川　尚義	瀧下　彩子
會谷　佳光	牧野　元紀
岡崎　礼奈	山村　義照
櫻井　徹	

記録された記憶
東洋文庫の書物からひもとく世界の歴史

2015年2月20日　1版1刷　印刷
2015年2月28日　1版1刷　発行

編　者　公益財団法人 東洋文庫
発行者　野澤伸平
発行所　株式会社 山川出版社
〒101-0047　東京都千代田区内神田1-13-13
電話　03-3293-8131（営業）　03-3293-8134（編集）
http://www.yamakawa.co.jp/
振替　00120-9-43993
印刷・製本所　岡村印刷工業株式会社
装丁・本文組版　黒岩二三［Fomalhaut］

Printed in Japan　ISBN 978-4-634-64075-7

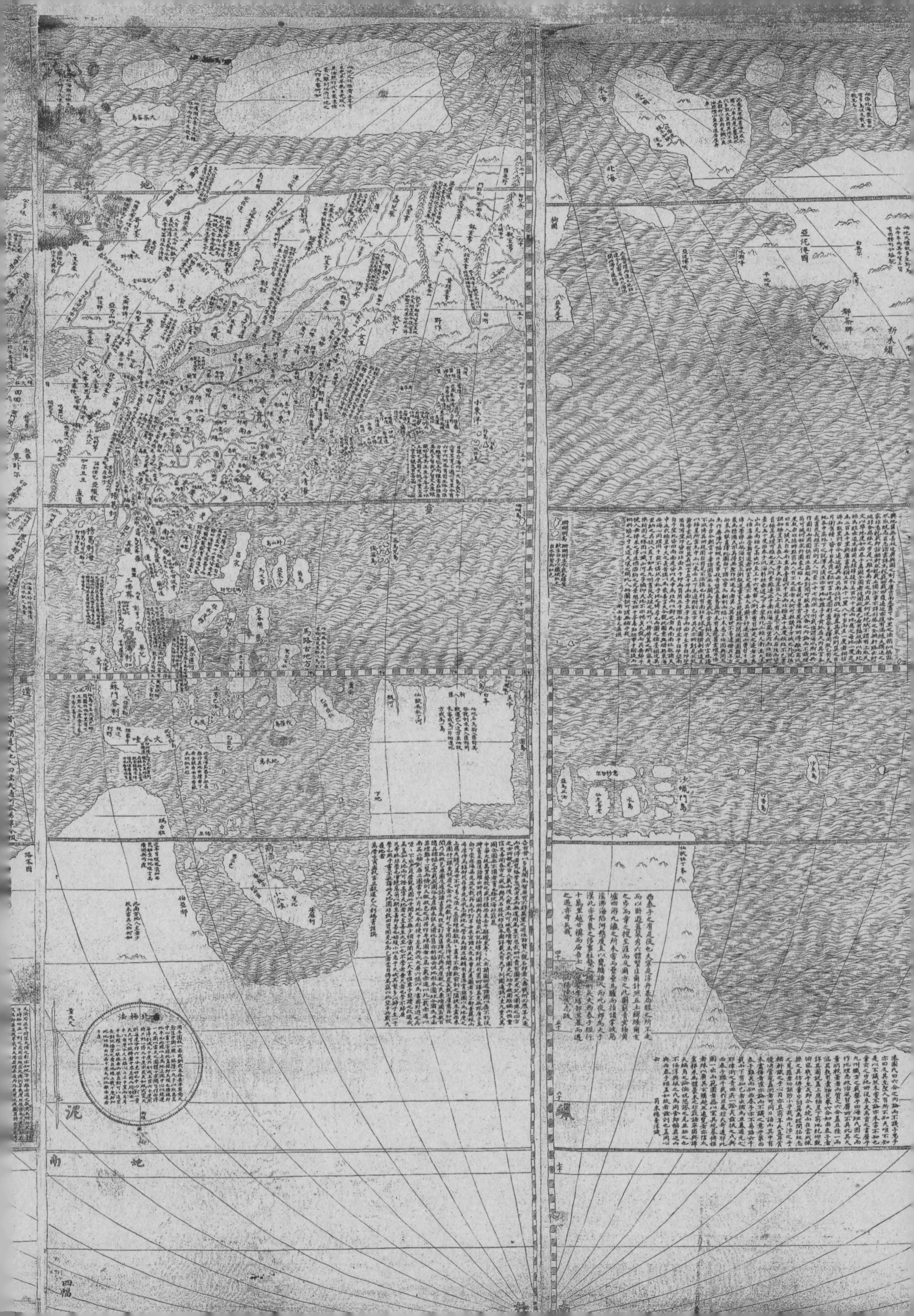

南
地
泥
四幅